Jahrbuch
Bildung und Arbeit 1998

Jahrbuch
Bildung und Arbeit

Jahrbuch
Bildung und Arbeit '98

Helmut Heid, Ernst-H. Hoff,
Klaus Rodax (Hrsg.)

Ökologische Kompetenz

Leske + Budrich, Opladen 2000

Gedruckt auf säurefreiem und alterungsbeständigem Papier.

Die Deutsche Bibliothek – CIP-Einheitsaufnahme

Ökologische Kompetenz / Helmut Heid ... (Hrsg.). - Opladen : Leske + Budrich, 2000
(Jahrbuch Bildung und Arbeit '98)
ISBN 3-8100-2259-4

Satz: Institut zur Erforschung sozialer Chancen (ISO), Köln
Druck: Druck Partner Rübelmann, Hemsbach
Printed in Germany

Inhalt

Helmut Heid, Ernst-H. Hoff, Klaus Rodax

Ernüchterung und Herausforderung

Zur Situation

Es scheint, als habe in den letzten Jahren im ökologischen Diskurs eine große Ernüchterung eingesetzt: Umweltanliegen gelten in manchen Beiträgen auf politischer Ebene als Luxus, den man sich nicht mehr ohne weiteres zu leisten gewillt ist. Die Zeiten, als der *Club of Rome* mit den „Grenzen des Wachstums" (*Meadows u.a.* 1972) den Startschuß zur globalen ökologischen Debatte gegeben hatte, sind - nach Jahren einer mit viel Verve geführten Umweltdiskussion - offenbar weitgehend *passé*. Skepsis und Ratlosigkeit, wie der globalen ökologischen Herausforderung zu begegnen sei, haben sich in der Öffentlichkeit breitgemacht. Wurde noch im Gefolge des allmählichen Fortschritts der Industriezivilisation allzu leichtgläubig davon ausgegangen, daß sich Umweltprobleme angesichts eines nie geahnten Ausmaßes der „Beherrschung der Natur" gleichsam von selbst lösen würden, so ist diese Vorstellung mittlerweile einer grundlegenden Ernüchterung gewichen. Der Prozeß der Umweltzerstörung - darin stimmen wohl die Experten unterschiedlicher Couleur weitgehend überein - hat gegenwärtig eine Dimension erreicht, die die zivilen Lebensgrundlagen irreversibel zu beschädigen droht, wenn weiterhin wirtschaftlichem Wachstum unbedingte Priorität eingeräumt wird.

Offenkundig haben Probleme der Globalisierung und des Welthandels, Finanzkrisen mit verheerenden wirtschaftlichen und sozialen Folgen in vielen Ländern, die wachsende Ungleichheit zwischen Arm und Reich und in Deutschland vor allem: die anhaltende Massen- und Dauerarbeitslosigkeit den ökologischen Diskurs immer wieder überlagert und in den Hintergrund des öffentlichen (Medien-)Interesses gerückt. Umweltanliegen gewinnen möglicherweise erst mit zunehmendem wirtschaftlichem Wohlstand an subjektiver Relevanz. Proteste aus der Umweltbewegung kommen nicht von ungefähr in der Regel aus privilegierten, mit Bildungs- und Sozialkapital gut ausgestatteten gesellschaftlichen Schichten, die größte Mühe haben, aus Umweltthemen eine Frage von allgemeinem Belang für weite Bevölkerungskreise zu machen. Gerade Wissenschaftlerinnen und Wissenschaftlern wächst hier angesichts der interessierten Neigung, diesen Diskurs durch Mehrdeutigkeiten zu verstümmeln und auf „beruhigende Dichotomien des manichäischen Denkens" zu reduzieren (*Bourdieu* 1998, 32), eine außerordentliche Verantwortung zu.

Bei alledem ist in weiten Kreisen der Bevölkerung das Bewußtsein für fortschreitende Belastungen der Umwelt durch Ökonomie und Technik durchaus entwickelt, wie Umfrageergebnisse immer wieder ausweisen. Umweltschutz wird noch regelmäßig als eine der wichtigsten gesellschaftlichen Aufgaben bezeichnet. Allerdings ist in vielen Studien der Umweltbewußtseinsforschung auch immer wieder eine Diskrepanz zwischen „Umweltbewußtsein" und „Umwelthandeln" beobachtet worden. Der Gedanke der „Nachhaltigkeit" und der Balance zwischen ökologischen, ökonomischen und sozialen Prozessen läßt sich offenbar nicht leicht in individuelles Handeln umsetzen. Die noch vor einigen Jahren optimistisch vorgetragene Frage, wann die Menschen ihr Umweltverhalten ändern, ist einer grundlegenderen gewichen: Warum ändern Menschen ihr Umweltverhalten nicht? Versuche, diese Diskrepanz mit Hilfe von Einstellungserhebungen zu erklären, sind ebenso verbreitet wie im Ergebnis äußerst unbefriedigend. Fragen nach den äußeren Barrieren für Umwelthandeln bleiben ebenso unbeantwortet wie die nach den inneren Prozessen, die vom Wissen über globale Problemlagen zu lokalem Handeln (*think globally, act locally*) oder aber zum Unterlassen eines solchen Handelns führen.

Ökologische Kompetenz als gesellschaftlicher Schlüsselbegriff?

Klarheit über den für dieses dritte *Jahrbuch Bildung und Arbeit* konstitutiven Schlüsselbegriff „ökologische Kompetenz" ist geboten, wenn er nicht seine inhaltlichen Konturen verlieren soll. An Klärungsversuchen hat es nicht gefehlt. So hat etwa *Oskar Negt* (1989) mit seinem Vorschlag, „ökologische Kompetenz" als „gesellschaftliche Schlüsselqualifikation" zu fassen, die auf das Leben künftiger Generationen und einen übergreifenden

Generationenvertrag zielt, einen wichtigen Anstoß gegeben. Ein solcher Kompetenzbegriff enthält, so wäre hinzuzufügen, zwei unterscheidbare, aber nicht unabhängig voneinander realisierbare Komponenten: erstens die *Zuständigkeit* beziehungsweise Verantwortlichkeit für die Erfüllung und im Idealfall auch für die Definition einer Aufgabe, die Lösung von Problemen, und zweitens die *Fähigkeit* zu ihrer Erfüllung. Es mag möglich und in bestimmten Bereichen gesellschaftlicher Praxis auch üblich sein, Menschen für Obliegenheiten für zuständig zu erklären, zu deren Wahrnehmung sie die dafür vorausgesetzten Urteils- und Handlungsfähigkeiten erst entwikkeln müssen. Aber zum einen kommt es dabei auf die Fähigkeiten an. Zum anderen gehören Urteils- und Handlungsfähigkeiten zu den wichtigsten Konstitutionsbedingungen von Zuständigkeit und Verantwortlichkeit (*Heid* 1997, 81f). Denn aus dem Wissen, durch eine Handlung unerwünschte Konsequenzen einer Unterlassung mit kalkulierbarer Wahrscheinlichkeit verhindern zu können, resultiert das darauf bezogene Bewußtsein von Zuständigkeit und Verantwortlichkeit.

Als Konstitutionsbedingungen entsprechender Zuständigkeiten sowie als unentbehrliche Voraussetzungen zur Definition, Beurteilung und Lösung kompetenter Problemstellung sind diese Fähigkeiten zwar notwendige, nicht indes auch schon hinreichende Bedingungen. Denn Problemlösungsinitiativen haben nicht nur individuelle Kompetenz, insbesondere Wissen und Urteilskraft, sondern ebenso gesellschaftliche Realisierungsbedingungen zur Voraussetzung. Diese Bedingungen individuellen Handelns sind zwar in hohem Maß Resultat gesellschaftlicher Praxis, dennoch sind sie nicht beliebig und insbesondere oft nur sehr vermittelt individuell änderbar. Hinsichtlich ihrer Veränderbarkeit oft außerordentlich träge Realisierungsbedingungen ökologisch kompetenter Handlungsabsichten begrenzen das, was durch individuelles soziales Handeln erreicht und realistischerweise erstrebt zu werden vermag. Damit ist eine wichtige Ursache für die häufig diagnostizierte und beklagte, gleichwohl in ihren Details bis heute nicht befriedigend geklärte Diskrepanz zwischen ökologischer Kompetenz und ökologischer Performanz angesprochen. Aus diesem Grund dürfte die Diskrepanz nur dann befriedigend erklärt oder gar überwunden werden, wenn die gesellschaftlichen, insbesondere die ökonomischen Realisierungsbedingungen individuellen Handelns in die Analyse, in die Handlungsplanung und in die ökologische Praxis einbezogen werden.

Dabei muß jedoch nicht nur mit den gesellschaftlichen Realisierungsbedingungen der Lösung ökologischer Probleme gerechnet werden. Ursachenbezogene Aktivitäten zur Definition und Lösung ökologischer Probleme haben gleichfalls die Analyse und das Berücksichtigen der Entstehungsbedingungen jener Sachverhalte zur Voraussetzung, die nach Maßgabe ökologischer Beurteilungskriterien problematisierbar sind. Was als ökologisch richtig gilt, ergibt sich nicht aus Sachzwängen, sondern hängt nicht zuletzt von politischen Entscheidungen ab. Dabei spielen persönliche Wertungen und Prioritätensetzungen eine ausschlaggebende Rolle. Aber - das darf nicht aus dem Blick verloren werden - ohne das Wissen um die natürlichen und ökonomischen Funktionszusammenhänge der Ressourcenbewirtschaftung bleiben diese Entscheidungen letztlich unverantwortlich. Die - stets selektive - Nutzung dieses Wissens hängt zudem wesentlich von der höchst ungleich verteilten Definitions- und Sanktionsmacht derer ab, die ihre Interessen dabei durchzusetzen vermögen.

Die gesellschaftlich erzeugte Ungleichheit der Möglichkeiten, die natürlichen Bedingungen menschlichen Überlebens zu definieren und zu nutzen, besteht indes nicht nur unter und zwischen den Verursachern und Nutznießern ökologischer Schädigung, sie ist ebenso im internationalen und im Generationenvergleich von hoher menschlicher und politischer Brisanz. Deswegen kann die Beschäftigung mit ökologischer Kompetenz sich nicht allein auf bildungstheoretische, bildungspolitische oder -praktische Fragestellungen, Handlungsabsichten und Aktivitäten beschränken. Zur Bestimmung und Lösung der damit angesprochenen Probleme und der hierzu erforderlichen ökologischen Kompetenz haben andere, nämlich wirtschafts-, sozial-, kultur- und naturwissenschaftliche Disziplinen ebenso ihren unentbehrlichen Beitrag zu leisten.

Wir wollen hier ein heuristisches Modell der Bedingungen ökologischer Kompetenz vorschlagen. Es soll als Orientierungshilfe dienen, als Klassifikationsraster für die Schwerpunkte dieses Jahrbuches, und im Ablauf zusammenhängende, aber auf unterschiedlichen Ebenen gesellschaftlicher Strukturen und Prozesse erscheinende Phänomene analytisch zu unterscheiden helfen (hierzu: *Hurrelmann* 1986, 71; vgl. auch *Kell* 1997). Zugleich sollte so die erhebliche Differenz zwischen Forschungsbedarf und Forschungsstand deutlich werden, die wohl auch in einer Tendenz zum Rückzug in Diskursnischen und -zirkel begründet ist, die infolge paradigmatischer Sichtverengung und immunisierender Kommunikationsbarrieren von Fortschritten in den Nachbardisziplinen wenig Notiz nehmen und den dort vielleicht erreichten Standards hinterherhinken. Schließlich reicht es jedenfalls nicht, das Thema lediglich mit großem moralischen Impetus anzugehen.

Prämisse unserer Überlegungen ist die allgemeine These, daß sich ökologische Kompetenz in wechselseitiger Abhängigkeit von sozialer und räumlicher Lebensumwelt herausbildet, in einer „interaktiven" Beziehung, Kommunikation von Ebenen der unmittelbaren sozialen (Familie, Gleichaltrigengruppen usw.) und räumlichen Lebensumwelt (etwa Natur, Sachumwelt, Institutionen „vor Ort"). Diese Wechselwirkungsprozesse sind nicht zufällig, sondern sozial strukturiert und teilweise wiederum abhängig von den dafür bedeutsamen informellen Kleingruppen und sozialen Netzwerken sowie den mehr oder weniger stark formalisierten und organisierten Institutionen (öffentliche Einrichtungen und Dienstleistungsunternehmen, Schul- und Hochschulwesen, Betriebe, Kirchen, Instanzen sozialer Kontrolle, Massenmedien usw.). Kleingruppen, Netzwerke und Organisationen werden ihrerseits durch die davon zunächst unabhängigen und übergeordneten, historisch gewachsenen ökonomischen (Besitz- und Einkommensverhältnisse), sozialen (Milieus, soziale Felder), politischen (Machtverhältnisse), rechtlichen und kulturellen Strukturen (Werte, Normen, Religionen, Ideologien) der Gesellschaft geformt.

In diesem Jahrbuch haben wir Beiträge aus verschiedenen Disziplinen versammelt, die diesem Anspruch gerecht zu werden versuchen. Der in den letzten Jahren erkennbar veränderten Qualität des Problems haben wir, einem - neben dem Anspruch interdisziplinärer Bearbeitung des Themas - weiteren Prinzip der Jahrbuch-Reihe folgend, durch verstärkte Einwerbung internationaler Beiträge Rechnung zu tragen versucht. Im deutschen Diskurs zur Umweltproblematik scheint der Bezug auf Erfahrungen in Europa und Übersee, von kurzen Verweisen auf globale Umweltprobleme und internationale Vereinbarungen und von einigen wenigen Experten, Spezialisten abgesehen, eher ausgespart zu bleiben und nur zufällig zustandezukommen.

Bedingungen und Genese ökologischer Kompetenz

Das Jahrbuch '98: *Ökologische Kompetenz* ist, neben den Rubriken, in drei Teile untergliedert, die den verschiedenen Ebenen unseres heuristischen Modells entsprechen. Als Hintergrund kommt den historisch gewachsenen gesellschaftlichen Strukturen als allgemeinen Rahmenbedingungen ein besonderes Gewicht zu. Ansätze allmählichen Umsteuerns in grundlegenden gesellschaftspolitischen und kulturellen Handlungsfeldern wie dem Verhältnis von Ökologie, Ökonomie, den Risiken eines vor allem auf technisch-wirtschaftliche Effizienz setzenden Wandels und politischem System, ein in seinen kulturellen Repräsentationen sich manifestierendes widersprüchliches Mensch-Natur-Verhältnis sind für den Prozeß der individuellen Anverwandlung ökologischer Reflexions- und Handlungsmuster und der Aneignung ökologischer Kompetenz von größter Bedeutung.

Iring Fetscher erinnert in seinem Beitrag daran, daß es auf der Makroebene eines Grundkonsenses bedarf, wenn die Gesellschaft, in der wir leben, auf einer demokratisch gelebten Identität aufbauen will; Weimar sei letztlich am Fehlen eines solchen demokratischen Grundkonsenses gescheitert. Nach dem Krieg seien es ein weitreichender Negativkonsens gegen totalitäre Systeme und die Gleichung von Wirtschaftswachstum und Wohlstand als dem wichtigsten sozialen *tranquillizer* der Industriegesellschaften gewesen, die die junge Bundesrepublik zusammengehalten haben. Dieser Grundkonsens schwinde mittlerweile, wo das Wohlfahrtsversprechen nicht mehr ohne weiteres eingelöst wird und die politische Technokratie immer nur mangelnde *Propagierung* ihrer Optionen zu industriellem Wachstum oder Kernenergie beklage, ohne *sie selbst* offen zu diskutieren, und Wahlen lediglich als lästige Legitimationsbeschaffung ansehe. Erforderlich sei ein Moratorium, das Präjudizien des Umgehens mit unserer Umwelt verhindert und den gesellschaftlichen Diskurs fördert.

Ein offener gesellschaftlicher Diskurs, der sich nicht auf den Meinungsaustausch von Spezialisten beschränkt, hätte allerdings auf einer beachtlichen Reihe von Unbestimmtheiten und Widersprüchlichkeiten aufzubauen, die nicht nur in politischen Interessendifferenzen begründet, sondern auch in uneinheitlichen kulturellen und normativen Besetzungen verankert sind. Werden diese nicht beachtet, droht der Diskurs babylonisch zu geraten. *Pina Lalli* berichtet aus einer Drei-Länder-Vergleichsstudie über die sozialen Repräsentationen von Natur und mit ihrer Gestaltung verbundener Risiken. Das auf *Émile Durkheim* zurückgehende und von *Serge Moscovici* dynamisierte Konzept der „Repräsentationen", in unserem Falle: von Natur und ökologischen Risiken, verspricht allerdings eine entschieden bessere Aufklärung über widersprüchlich erscheinende soziale Phänomene als die Aneinanderreihung von Statementbatterien zur Messung eines Konstrukts „Umweltbewußtsein" - eben weil es, in der Tradition der *Durkheim*-Schule, von der Existenz kollektiver Bilder ausgeht, die immer *sozial hergestellt*, also ganz und gar keine individuellen Phantasmagorien sind; das gelte, so

Lalli, auch für das Risikobewußtsein. Einheitliche Repräsentationen hätten sich in der Studie nicht entdecken lassen; sie schwankten vielmehr zwischen Verlustschmerz *Rousseau*scher Prägung, Katastrophenszenarien und dem Glauben an die Unbegrenztheit technischer Gestaltbarkeit der Umwelt. Sie plädiert vor diesem Hintergrund für ein aufgeklärtes Umgehen mit Unsicherheit, dem „Gefährten auf dem Weg der Moderne".

Die Unbestimmtheiten zu minimieren gilt es einem Strang des pädagogisch motivierten (Teil-)Diskurses zufolge, das Leitbild der „Nachhaltigkeit" zu popularisieren. *Hellmut Lange* zieht eine sehr skeptische Bilanz aus den bisherigen, immer politisch geleiteten Operationalisierungsversuchen einer Zielvorstellung, die wie in der Unternehmensführung zur selbstläuferischen Fokussierung des Handelns und Denkens beitragen und letztlich zur Internalisierung der Zielvorstellung führen soll. Tatsächlich differieren Wertvorstellungen und vor allem ebenso manifeste wie legitime Interessen und damit Relevanzsetzungen derart, daß es strukturell zu ihrer Bündelung nur in *win-win*-Situationen kommen könne; ansonsten folge das Definitionsrecht politischer Macht. Das - dies auszudeuten sei erlaubt - reichlich naive, *Lange* an die Unkompliziertheit eines Wechselrahmens erinnernde Postulat des Wechsels zum neuen Leitbild erlange vor allem für Einkommensschwächere Zumutungscharakter und fordere so den Verzicht auf Sinnbezüge des eigenen Handelns. Dennoch biete die Heterogenität der Operationalisierungen zugleich die Chance, sich mit den Interessendifferenzen explizit auseinanderzusetzen. *Langes* Schlußfolgerung, daß es in Zukunft einer erheblich erhöhten Kompetenz der Moderation von Interessenkonflikten in diesem Feld bedürfe, daß die Bedeutsamkeit professionellen politischen Handelns mit dem Ziel des Interessenausgleichs zu- und nicht etwa abnehme, gibt zu denken.

Roland Bogun und *Günter Warsewa* bestätigen die eigentümlichen theoretischen und methodologischen Defizite der Umweltbewußtseinsforschung. Das Konstrukt „Umweltbewußtsein" lasse die immer differenten Handlungsbedinungen der Akteure in der Entscheidungssituation außer acht. Mit der These, daß alles *andere* als inkonsistenes Verhalten erstaunen machen müßte, gehen sie noch einen Schritt weiter: Angesichts der vielfältigen Motivkonkurrenzen und -allianzen könne ein konsequent umweltorientiertes Handeln theoretisch kaum plausibel erscheinen; die Befolgung alltagsuntauglicher Verhaltensimperative gerate im Gegenteil eher zu abweichendem, das heißt eben *nicht* „normalem" Verhalten. Sie unterscheiden zwischen Prozessen „vollständiger" und „unvollständiger" Normbildung auf der Makroebene; die *ecological correctness* zähle zu letzteren.

Normkonkurrenzen eröffneten den einzelnen unter den Bedingungen von Pluralisierung alternative, gleich legitime Optionen in einem allerdings sozial unterschiedlich breiten Möglichkeitsraum. Das Wissen um die diesen Optionen inhärenten Risiken stelle schließlich, als „Navigator" quasi im Raum von Optionen und Möglichkeiten, die Kompatibilität individueller Prioritäten und gesellschaftlicher Bedingungen her.

Wenn die einzelnen nicht bereit sind, ihr Verhalten besserer Einsicht anzupassen, und die vielbeschworene Lenkungsfunktion des Marktes versagt oder in die falsche Richtung weist, meint eine nicht gerade bedeutungslose Fraktion der Umweltbewegung, dann muß auf der Makroebene ein wenig nachgeholfen, der Möglichkeitsraum der gesellschaftlichen Bedingungen anders geschnitten werden. Bei der ökologischen Steuerreform handelt es sich um einen solchen Versuch. *Anselm Görres* plädiert dafür, die Lenkungspotenz des Steuersystems aktiv zu nutzen und die Belastung der Umwelt zu verteuern; eine derart kompetente, behutsame Regulierung sei wirksamer als moralische Appelle. *Görres* sieht durchaus die soziale Schieflage eines solchen Ansatzes; wie immer bei indirekten Steuererhöhungen würden die Belastungen der Arbeitnehmer, der Arbeitslosen, Sozialhilfeempfänger und Rentner zunächst absolut und relativ steigen. Im Zuge der Umgestaltung des Steuersystems solle es dafür zu einer Umverteilung in Höhe von etwa drei Milliarden Mark von den Unternehmen zu den privaten Haushalten kommen. Abgesehen davon, daß eine Nettobelastung der Unternehmen mittlerweile explizit ausgeschlossen wird, lohnt es sich nachzurechnen, wieviel eine solche kompensatorische Umverteilung dem einzelnen Haushalt bringen würde.

Vielleicht mag es den einen oder anderen verwundern, in einem Buch zum Thema „Ökologische Kompetenz" als Klassiktext *Friedrich Engels'* Skizze über den „Anteil der Arbeit an der Menschwerdung des Affen" zu finden, zumal doch gerade *Engels*, wie es für sein Jahrhundert typisch war, den Industrialismus als Motor des Fortschritts und Basis der Beherrschung der Natur durch den Menschen sah. Für den Materialisten stellte sich aber die - für ihn idealistische - Frage des Widerspruchs von Natur und Menschwerdung gar nicht so, wie es heute im Kontext der Diskussion von „Weltrisikogesellschaft" und „zweiter Moderne" kritisiert wird. Statt dessen zeigt *Engels* auf höchst aktuelle Weise Folgeprobleme des menschlichen Eingreifens in das ökologische System mit seinen fatalen unvorhergesehenen Nebenwirkungen auf. Er spricht von „Raubbau", „Vernichtung" der Natur, auf die der Mensch, deren Teil er doch nur ist, existentiell angewiesen sei, verdeutlicht dies an Rodung, Beweidung und ihren Folgen, der Erosion, in

Europa und dem Teil der Welt, die wir heute die dritte nennen und wo dies mittlerweile in industrialisierter Form geschieht. Die Natur „räche" sich für unbedachte Eingriffe - „und dann wundert man sich noch, daß die entfernteren Nachwirkungen der (auf den ersten, handgreiflichsten Erfolg) gerichteten Handlungen ganz andre, meist entgegengesetzte sind." Es gelte, sich die Kompetenz anzueignen, auch die nur mittelbaren Wirkungen produktiver Tätigkeit einschätzen zu können.

Die gesamtgesellschaftlichen Rahmenbedingungen und Zusammenhänge (auf der Makroebene unseres heuristischen Modells) den einzelnen, sei es in Form von materialen Vorgegebenheiten, sei es als Verhaltensanweisungen, zu vermitteln und, umgekehrt, die Intentionen und das Handeln der einzelnen mit den Makrostrukturen zu verbinden, bedarf es in einer komplexen, zumal pluralen Gesellschaft mediatisierender Institutionen. Die im zweiten Abschnitts des Jahrbuchs versammelten Beträge beleuchten das und demonstrieren exemplarisch ihren Gestaltungsbeitrag, welchen Spielraum sie haben, aber auch welchen Interessen, Spannungen und Konflikten sie dabei unterliegen und wie sie mit den gesellschaftlichen und individuellen Ansprüchen umgehen, wie sie sie berücksichtigen, auskühlen oder unterlaufen. Den Reigen der Beiträge über das Geschehen auf der Mesoebene und über Projekte der Neugestaltung ihrer Institutionen eröffnen *Urs P. Thomas* und *Jean-Guy Vaillancourt* mit ihrem Bericht über den Stand der Forschung zu den internationalen Organisationen die Lebensgrundlagen erhaltender Entwicklungspolitik. Einen zentralen Stellenwert besitzt - wie bei *Engels* - auch heute die integrierte Bearbeitung von Ökonomie und Ökologie; das zeige sich nicht zuletzt in Begriffsschöpfungen wie *ecolonomy* oder *ecolomy*, am Konflikt so gegensätzlicher Paradigmata wie der weltweiten Liberalisierung von Handel und *investment* einerseits und auf den Schutz von Artenvielfalt und Ökosystem abzielender *ecopolitics* andererseits. Und eines der Hauptthemen der einschlägigen internationalen Institutionen ist die im Nord-Süd-Konflikt sich manifestierende Ausbeutung der Dritten Welt und der gegensätzlichen Positionen von reichen Staaten, die sich an „Luxus"-Immissionen gewöhnt haben, einerseits und armen Ländern, die auf „Überlebens"-Immissionen angewiesen sind, andererseits. Beides kreuzt sich dann möglicherweise noch im Saatgut-Gentechnologie-Konflikt, wo sich südliche Landwirtschaft und nördliche *life industries* einander gegenüberstehen - ein hochkomplexes Politik- und Forschungsfeld. Langsam, berichten *Thomas* und *Vaillancourt*, bildeten sich informale Experten- und Gesinnungsnetzwerke heraus, die diesen Konflikten entgegenarbeiten könnten. Von zunehmendem Interesse sei es deshalb, deren Beziehungen untereinander und zu den offiziellen Organisationen, die sich hier ergebenden, den schließlichen politischen Entscheidungen zugrunde liegenden Prozesse zu untersuchen.

Wie die eigenen Institutionen funktionieren - oder eben auch nicht - läßt sich am besten durch deren Verfremdung nach Utopia oder Kaukasien studieren. *Helmut Loiskandls* Bericht über die Geschichte der Umweltschutzbewegung in Japan - wenn man das eher spontane *single-purpose*-Geschehen denn überhaupt so bezeichnen will - hat ein wenig von diesem Verfremdungseffekt an sich. Er zeigt, wie kulturgebunden Formen und Abläufe des Protests und des Widerstands, wie wenig übertragbar die eigenen Rezepte auch in einer „globalisierten" Welt sind. Im Zeitalter individualisierter Lebensgestaltung und enttraditionalisierter Formen des Umgangs mit Umwelt in den nordatlantischen Gesellschaften mutet der auf frageloser Akzeptanz vertikaler Loyalitätsstrukturen aufbauende, immer partikularistische, immer lokozentrische „responsive Pluralismus" Japans seltsam anachronistisch, *Loiskandls* plausible These, daß die Umweltbewegung dort möglicherweise eher als staatsinduziert gelten müsse, geradezu befremdlich an. Dabei zeitige der auf der Makroebene nach wie vor wirksame, basale Konfuzianismus kollektive Leistungen, die in westlichen Gesellschaften so nicht möglich wären. Der Blick über den Zaun unserer Selbstverständlichkeiten könnte der eigenen, gewissermaßen kollektiven Kompetenzentwicklung in Sachen Ökopolitik zugute kommen, indem er das Geschehen und die Allgültigkeit der Strategien vor der eigenen Tür relativiert.

Oleg Yanitskys Mehrebenenanlyse der Reproduktionsmuster der russischen Umweltbewegung unter den rapide wechselnden Bedingungen einer Gesellschaft im Umbruch ist ein weiteres erhellendes Beispiel für die Notwendigkeit ihrer Relativierung. Während Japan als ideales Exempel für die Persistenz und Widerständigkeit seit Jahrhunderten überkommener Strukturen angesehen werden kann - und ihre *Modernität*, wenn denn der Begriff nicht lediglich für etwas irgendwie, jedenfalls anderes, sondern für ein aufgeklärtes und den Menschen angemessenes Umgehen mit wechselnden Bedingungen stehen soll -, repräsentiert der Fall Rußland das Gegenstück: das Aufkommen modernerer Bewegungen in einer Gesellschaft, der sämtliche Strukturen weggebrochen sind und deren „Massen" aufgrund dessen im „wilden Kapitalismus", „antimodern", nach den alten Wurzeln suchen. Inwieweit die russische Umweltbewegung im Zuge der Interaktion mit ihrer Umwelt, zunehmender organisationeller Kompetenz, Selbstbezogenheit und Bürokratisierung beim Aufbau neuer Strukturen ihr altruistisches Grundkonzept halten kann und nicht zur Klientelpartei gerät, meint

Yanitsky, sei völlig offen. Hier, bleibt anzumerken, könnte der Sondercharakter einer nationalen Entwicklung allerdings auch im Allgemeinen politisch-sozialer, transnationaler Gesetzmäßigkeiten aufgehoben sein, könnten *Robert Michels'* alte Thesen neuerliche Bestätigung erfahren.

Um die Kompetenz mediatisierender Institutionen geht es auch in *Barbara Adams* Beitrag. Am Beispiel des BSE-Skandals stellt sie die Fähigkeiten vor allem der *Print*-Medien in Frage, die neue Rolle professionell zu bewältigen, die ihnen bei der Vermittlung von Gefahren und, zum Beispiel, gesundheitlichen Risiken zukomme, deren kausale Entstehungszusammenhänge wie im Falle von Rinderwahnsinn und *Creutzfeld-Jacob*-Krankheit immer weniger offenkundig sind, weil raum-zeitliche Koinzidenzen immer weiter auseinanderfallen. Während Wissenschaft sich zunehmend vorsichtig äußere, notgedrungen mit Gegenwahrscheinlichkeiten operiere, die der auf verläßliche und handlungsleitende Information angewiesenen Öffentlichkeit die geforderte Sicherheit verweigern, politische Institutionen ihre Glaubwürdigkeit verspielten und auf ihr Eigeninteresse fixierter Ökonomie schon gar kein Vertrauen entgegengebracht werde, falle es der Presse schwer, die scheinbaren Gesetzmäßigkeiten von *hard* und *soft news* zu durchbrechen, Ambiguität zuzulassen und kompetent an die Stelle täglich neuer vermeintlicher Sicherheiten zu setzen. Neue, diesen Aufgaben gerecht werdende Institutionen seien wohl erforderlich.

Ökologische Kompetenz zu vermitteln, ist verbreitetem Verständnis zufolge - neben primär-umweltlichen Institutionen wie der Familie - zuallererst Aufgabe der pädagogischen Institutionen. *Peter Dickens* und *John Parry* berichten über die Evaluation eines landesweiten umweltpädagogischen Feldexperiments in England, bei dem es darum ging, neue Wege einer ganzheitlichen Aneignug ökologischer Kompetenz zu eröffnen. Erkenntnisziel war es insbesondere auch zu erfahren, wie das Wissens- und Praxisniveau von Angehörigen jener Segmente erhöht werden könnte, deren eher praktische, informale Fähigkeiten und Kenntnisse in Umwelterziehung und Umweltdiskurs normalerweise untergehen, nicht thematisiert werden. Wenn die neuen Informationstechnologien jenseits euphorischer Szenarien tatsächlich eher zu Vereinzelung oder zu einer nur virtuellen Vergemeinschaftung führen, wie war dann soziales Lernen zu fördern, wie waren multiple, im Prozeß der Moderne zunehmend separierte Wissensformen gerade bei Ungeübten zu reintegrieren? Die Ergebnisse, die hier vorgestellt werden, machen Mut; sie demonstrieren die Chancen, die die neuen Techniken gerade auch hinsichtlich neuer Anforderungen an Teamfähigkeit und Kreativität bieten, - und daß Lernen auch in der Schule Spaß machen kann.

Lernarrangements zu schaffen, die die Vieldimensionalität eines jeden Umweltthemas zumal in einer pluralistischen Gesellschaft erfahrbar *und* bearbeitbar werden lassen, ist auch das Anliegen des Modells der „didaktischen Netze", das *Joachim Kahlert* vorstellt. Hier geht es nicht um die Vollständigkeit der Bearbeitung eines Themas oder die Ausgefeiltheit von Kategoriensystemen. Je nach Ausgangsort der jeweiligen Lerngruppe bieten sich, unter immer multipler Perspektive, unterschiedliche disziplinäre oder thematische Startpunkte, Schwergewichte und Elaborationsniveaus an. Das Ziel ist in allen Fällen dennoch das gleiche: die Vielschichtigkeit eines Themas und die Legitimität differenter Standpunkte erfahrbar zu machen und schließlich Verständigungsorientierung in einer Gesellschaft zu lernen, in der allgemein verbindliche Wertsetzungen seltener werden und Verständigung, dann um so wichtiger, zu einem knappen Gut geworden zu sein scheint. Dementsprechend ist weniger das Ergebnis als der Prozeß einer Lernsequenz von Interesse.

Wenn *Kahlert* einerseits fordert, ökologisch relevante Entscheidungen vor dem Hintergrund individueller Nutzenerwartungen zu diskutieren, andererseits in kritischer Wendung gegen den Solismus konstruktivistischer Ansätze ins Feld führt, irgendwann erfordere das Bestehen auf subjektiven Welt- und Handlungsentwürfen um seiner selbst willen doch die Reziprozität, das heißt Wahrnehmung von und Sich-Einlassen auf die vielen anderen subjektiven Entwürfe im Handlungsfeld, dann spricht er damit den - für ihn komplementären - Dualismus zwischen individuellen und kollektiven Zuständigkeiten und Verantwortlichkeiten an, der zu einem der zentralen Gegenstände des interdisziplinären *Streitgesprächs* wurde, bei dem die in dieser Jahrbuch-Reihe dominanten Erziehungs- und Sozialwissenschaften einmal nicht zu Wort kommen sollten. Es ist wohl charakteristisch für die zeitgenössische Diskussion, daß die Eckpunkte des Gesprächs zwischen dem Volkswirt *Wolfgang Buchholz*, dem Juristen *Reinhard Hendler*, dem Physiker *Martin Creuzburg* und dem Moraltheologen *Herbert Schlögel* einerseits vom Ökonomen, andererseits vom Theologen vertreten werden. Besteht die eine Disziplin ihrer herrschenden Meinung zufolge trotz des nicht selten konzedierten Versagens des Marktmechanismus auf der regulierenden Macht des Eigennutzes, fragt die andere nach den Mindeststandards für Solidarität und nach der ethischen Verantwortung des Menschen für die ihm - zumindest generativ - nur begrenzt überantwortete Natur. Deutlich wird in dem Gespräch, wie sehr die, wie *Schlögel* es nennt,

Vorentscheidungen der einzelnen Disziplinen deren Beitrag zur Debatte um ökologische Kompetenz strukturieren. Bemerkenswert ist jedenfalls das deutliche *understatement*, mit dem Volkswirt und Jurist den Anteil ihrer jeweiligen *communities* an der Definition und gesellschaftlichen Bearbeitung der anstehenden Probleme diskutieren. Es muß schon, denken wir, nachgefragt werden, wessen Eigennutzen sich letztlich - auch in den vorgeschlagenen mediatisierenden, zunehmend global zu organisierenden Institutionen - durchsetzt und ob nicht - gerade unter Bedingungen zunehmender Pluralisierung - die Gestaltungsmacht zum Beispiel acht einzelner Karlsruher Richter erheblich größer ist als das tradierte professionelle Ethos der Selbstbescheidung konzedieren mag.

Dem individuellen ökologierelevanten Handeln auf der Mikroebene, im Kontext der Strukturen und Prozesse auf der gesamtgesellschaftlichen Makroebene und der intermediären Mesoebene der Institutionen, wird dann im dritten Abschnitt des Jahrbuchs vornehmlich unter dem Gesichtspunkt des Widerspruchs zwischen Umweltbewußtsein und Umweltverhalten nachgegangen. Im Lichte dieser Untersuchungen muß die zentrale Botschaft des *Club of Rome*, letztlich könne nur eine grundsätzliche Veränderung der Wert- und Zielvorstellungen

„die notwendigen Triebkräfte freisetzen, welche die Menschen dazu bringen können, persönliche Opfer zu bringen und die notwendigen Änderungen politischer und wirtschaftlicher Machtstrukturen anzuerkennen, um einen Gleichgewichtszustand zu erreichen" (*Meadows u.a.* 1972, 14),

reichlich naiv klingen. Es wird nämlich offenkundig, wie schwierig ein solches Unterfangen ist, wenn nicht die individuellen, auf subjektiven Kosten-Nutzen-Erwägungen aufbauenden Relevanzsetzungen Beachtung finden, wenn nicht die unmittelbaren sozialen und räumlichen Lebensumwelten einbezogen werden und nicht zugleich deren konfliktreiche Verklammerung mit den übergreifenden institutionellen und gesellschaftlichen Strukturen berücksichtigt wird.

Welch enorme Bedeutung diese Verklammerung für das Verhältnis von individuellem Umweltbewußtsein und -handeln hat, haben *Ernst Hoff* und *Jens Walter* in einem Feldprojekt zum ökologischen Kontrollbewußtsein von Industriearbeitern erfahren. Dabei darf nicht außer acht bleiben, daß es sich bei dem vor einem halben Jahrhundert von *Julian B. Rotter* eingeführten „Kontrollbewußtsein" um eines der elaboriertesten einschlägigen Konzepte handelt. Dennoch ergaben sich im Feld derart systematische Inkonsistenzen, daß das Ursprungskonstrukt überarbeitet werden mußte. Die vielbemühte „Kluft" zwischen Umweltwissen und -bewußtsein einerseits und Umwelthandeln andererseits, so ergab sich letztlich, ist selbst ein theoretisch unterkomplexes Konstrukt: Es läßt die (Handlungs-)Ebenen beziehungsweise den Bezug der Handlungsentwürfe der einzelnen auf diese Ebenen außer Betracht. So kommt es dann zu durchaus nachvollziehbaren Diskrepanzen und Vermischungen zwischen „externalen" und „internalen" Vorstellungen: Man kann eben durchaus, individuell, zur Mülltrennung bereit sein, und zugleich darum wissen, daß man als einzelner allenfalls sehr vermittelt in den globalen Müllhandel einzugreifen vermag. Der von *Hoff* und *Walter* präsentierte Vorschlag eines dem angemessenen neuen Entwurfs berücksichtigt, daß die Welt weder „orthogonal" noch dual eingerichtet ist.

Hartwig Heine und *Rüdiger Mautz* beschreiben dann, ebenfalls auf der Basis eines empirischen Forschungsprojekts, die Transformation des internalen Kontrolltypus, der für die technokratischen Spitzen in Vergangenheit gewiß der „normale" war. Aufgrund der Entwicklungen im Konflikt-, Handlungs- und Gestaltungsfeld Chemieindustrie-Umweltschutz, auf der Makroebene, waren die Chemiemanager gezwungen, ihre Strategien des Umgangs mit öffentlichen Vorhaltungen und Ängsten zu überdenken und dabei sukzessive auf interaktionistische Kommunikationsmuster einzugehen, berichten sie. Waren dies zunächst eher lediglich auf Öffentlichkeitswirksamkeit abgestellte *appeasement*-Strategien, so sei es im Verlauf zunehmend zur aktiven Adaption einer interaktiven Kontrollstruktur gekommen, die den erlebten Kontrollverlust der internalen Variante partiell zu kompensieren versprach. Wiederum sind es dann die ihrerseits dem Wandel unterworfenen, nunmehr restriktiveren gesamtgesellschaftlichen Rahmenbedingungen, die schließlich, meinen *Heine* und *Mautz*, zur Korrektur dieses Weges führen könnten: zu einer „ökologischen Eiszeit".

Hermann Stier geht von der Überlegung aus, daß Appelle an umweltverantwortliches Handeln, dem die Subjekte immer nur medialen Charakter zuerkennen könnten, auf konkurrente unmittelbare Bedürfnisse der einzelnen trifft, die zu Relevanzabwägungen führen. Kosten-Nutzen-Saldierungen geschehen aber auch unter marktgesellschaftlichen Bedingungen, führt er aus, nicht neoliberalen Modellen oder ungebrochenen *rational-choice*-Ansätzen entsprechend; vielmehr spielten „weiche", lebensweltbezogene Kosten-Nutzen-Kriterien eine entscheidende Rolle bei der Vermittlung von Umwelteinstellungen und Umwelthandeln. Seine politik-ethischen Prämissen führen ihn zu ähnlichen Schlußfolgerungen, wie sie sich in den meisten hier versammelten Beiträgen finden, und zurück zu den Gestaltungsoptionen auf der Makroebene. Letzten Endes bedarf es des Kennen-, Aushalten- und Gestaltenlernens gesellschaftlicher Widersprüche in einem interessebesetzten Politikfeld.

Robert Jungk, dessen Lebenswerk *Rainer Eisfeld* vorstellt, hatte zu diesem Zweck mit seinen Mitarbeitern die „Zukunftswerkstätten" aufgebaut. Ihm ging es darum, die Vorsprünge der technischen Bürokratie gegenüber der seiner Einschätzung nach nicht Schritt haltenden Entwicklung der politischen Kultur wenigstens tendenziell einzuholen. Die Zukunftswerkstätten hatten das Ziel, in Laien-Arbeitsgruppen demokratische Planungsprozesse zu lernen und zu praktizieren. *Jungk* hatte, wie *Eisfelds* Darstellung ausweist, schon sehr früh vieles von dem vorweggenommen, was später zum Standardthema der ökologischen Debatte werden sollte - sei es die Einsicht in die Begrenztheit technischer Machbarkeit, das Bestehen auf einer ganzheitlichen Betrachtung des Mensch-Natur-Verhältnisses, das Prinzip der Retinität oder, vor allem anderen, das unnachgiebige Insistieren auf kompetenter Wahrnehmung von Verantwortung. Das bedeutete für ihn, den Wissenden, immer Grenzen *und* Möglichkeiten eines „wissenden" Fortschritts auszuloten - und den Entwurf des Morgen nie ohne die Aufarbeitung des Gestern anzugehen.

Ein wenig wie bei *Thomas Morus'* Utopia oder *Bert Brechts* Kaukasien könnte sich der Blick auf das ferne Beispiel der Vereinigten Staaten auswirken: *Hans Bertram* plädiert in seinem kritischen Rückblick auf das *Jahrbuch Bildung und Arbeit '97* dafür, die Fixierung auf die vertrauten Sichtweisen des Bildungs- und Beschäftigungssystems zu lockern und sich einmal auf ein anderes Umgehen mit den Entwicklungen einzulassen. Es ist schon bemerkenswert, wie nahe seine Forderung an die *Jungk*schen Imperative anschließt: Er vermißt vor allem die Zukunftsentwürfe - auf der Basis der Untersuchung der Vergangenheit, wie er an einem seines Erachtens vorbildlichen Beitrag demonstriert - und empfiehlt den Herausgebern, die Autoren künftig mehr zur Formulierung von Zukunftsvorstellungen zu ermutigen.

In den Beiträgen zum *Jahrbuch Bildung und Arbeit '98* sollte, meinen wir, deutlich werden, daß die Erforschung der Bedingungen ökologischer Kompetenz ein vielschichtiges Unternehmen darstellt. Den Strukturen der gesellschaftlichen Verhältnisse und ihrer Entwicklung kommt sicherlich ein besonderes Gewicht zu. Individuelle Handlungsspielräume und Verantwortlichkeiten in den unmittelbaren sozialen und räumlichen Lebensumwelten dürfen dabei aber ebenso wenig aus den Augen verloren werden, wie die Weiterentwicklung der Institutionen einer demokratischen politischen Kultur. In diesem Spannungsfeld der Geschehnisse auf gesamtgesellschaftlicher Makroebene, der Mesoebene intermediärer Umwelt und der Mikroebene der alltäglichen Lebensprozesse bieten sich wohl die interessantesten Möglichkeiten einer interdisziplinären Weiterarbeit an. Einen Schritt auf diesem Weg hoffen wir mit diesem Jahrbuch getan zu haben.

Die Herausgeber möchten schließlich allen danken, die sie mit Rat und Tat und bei der Auswahl der Beiträge mit gutachterlichen Stellungnahmen unterstützt haben - nicht zuletzt *György Széll*, der an der Weiterung auf die transnationale Perspektive wesentlichen Anteil hatte. Allen hat die Mitwirkung an diesem Jahrbuch infolge von Verzögerungen und Ausfällen viel Geduld abgefordert, namentlich jenen Kolleginnen und Kollegen, die ihre Beiträge schon sehr früh vorgelegt hatten und dann lange auf den Abschluß des Jahrbuches warten mußten: Ihnen sind wir für ihre Langmut zu besonderem Dank verpflichtet. Bedanken möchten wir uns ebenso wieder ausdrücklich bei dem bei der Produktion des Jahrbuchs federführenden *Institut zur Erforschung sozialer Chancen (ISO)* in Köln, *Bettina Müller*, die die Manuskripte in eine druckreife Form gebracht hat, und *Axel Bolder,* in dessen bewährten Händen wieder die Endredaktion des Jahrbuches lag und der den Beiträgen mit vielen Verbesserungsvorschlägen den letzten Schliff gegeben hat.

Regensburg, Berlin, Bielefeld, im Juni 1999

Iring Fetscher

Ökologie und Demokratie - ein Problem der „politischen Kultur"*

In unserer Gesellschaft ist es immer wieder zu offenen Konflikten zwischen organisierten Gruppen oder auch Einzelpersonen mit ökologischen Zielen und Organen der „öffentlichen Macht" gekommen. Ich brauche nur an die Auseinandersetzungen in Gorleben, Wyhl und andernorts zu erinnern. Die politischen Repräsentanten des Staats behaupteten dabei, sie kämpften lediglich für die Aufrechterhaltung der rechtsstaatlichen Ordnung, die demokratisch legitimiert sei. Nehmen wir einmal an, das sei - wenigstens im Prinzip - eine ehrliche Überzeugung. Worauf beruht sie dann? Sie geht davon aus, daß in unserem Staat die Gesetze von demokratisch legitimierten Parlamenten verabschiedet worden sind, daß Regierungen parlamentarischen Vertretungen (bzw. deren Mehrheiten) gegenüber verantwortlich sind und daß daher auch die Aufrechterhaltung der Rechtsordnung - wenn nötig auch mit Mitteln polizeilicher Gewalt - sowohl legal als auch legitim ist.

Diese Demokratieauffassung verlangt als Voraussetzung für das Vorhandensein von Demokratie:

1. durch Wahlen legitimierte Gesetzgebungs- und Regierungskörperschaften,
2. an Gesetze gebundene Verwaltungen und Regierungen,
3. die Existenz (und legale Betätigungsmöglichkeit) einer Opposition,
4. Informationsfreiheit, Freiheit der Meinungsbildung, der Organisation und so weiter.

Alle vier Bedingungen sind - nach herrschender Lehre - in der Bundesrepublik erfüllt. Allenfalls wird bei der Informationsfreiheit hinsichtlich der Sonntagszeitungen und der Tageszeitungen in manchen Städten und Gebieten eine leichte Einschränkung gemacht. Als „Gegengewicht" gegen

---

* Überarbeitete und aktualisierte Fassung eines Kapitels aus *Fetscher* 1991.

regionale Zeitungsmonopole wird dann auf die „öffentlich-rechtlich" strukturierten Rundfunk- und Fernsehsendeanstalten verwiesen.

Nehmen wir einmal an, diese - und andere mögliche Einschränkungen - seien jedenfalls nicht schwerwiegend genug, um deshalb schon die demokratische Verfaßtheit der Bundesrepublik in Frage zu stellen, wofür einiges spricht, so bleibt dennoch eine äußerst triftige weitere Frage. Zwar ist es richtig, daß eine Demokratie ohne Existenz einer legalen (und arbeitsfähigen) Opposition nicht lebensfähig ist, aber eine Demokratie kann auch nicht auskommen ohne einen grundsätzlichen Konsens: eine fundamentale Übereinstimmung, die zwar nicht alle Lebensbereiche umfassen kann und muß, aber doch ausreichend groß ist, um den Verzicht auf die gewaltsame *Durchsetzung* eigener, abweichender Auffassungen, der in der Anerkennung des Mehrheitsprinzips enthalten ist, zu ermöglichen.[1]

Formen des Grundkonsenses: Nationalismus, Anti-Totalitarismus, Wirtschaftswachstum

Die *Rousseau*-Tradition versteht unter Demokratie eine Gemeinschaft von Menschen, in der - zumindest tendenziell - eine Identität oder Einheit von Regierenden und Regierten besteht. Jeder *citoyen* soll sich mit dem „Gemeinwillen", der im Gesetz seinen Ausdruck findet, identifizieren, ihn als seinen eigenen Willen wiedererkennen können.

Um diese Identifizierung möglich zu machen, müssen aber die realen Interessen der *citoyens* wenigstens weitgehend identisch sein. Und dazu müssen ihre materiellen Lebensumstände einander gleichen oder doch wenigstens sehr ähnlich sein. „Niemand", so heißt es im *contrat social*, „soll so reich sein, um einen anderen kaufen zu können, und keiner so arm, um sich an einen anderen verkaufen zu müssen." Nur soweit diese „ideale so-

---

1 In der Geschichte der Demokratietheorien unterscheiden wir gewöhnlich zwischen Konsensus- und Konflikttheorien. Realistischerweise muß konzediert werden, daß beide Bestandteile - in unterschiedlicher Mischung - unentbehrlich sind, wenn von einer „realen" Demokratie gesprochen werden soll.

ziale Basis" gegeben war, hielt *Jean-Jacques Rousseau* im Grunde eine Demokratie in seinem Sinn (die er Republik nannte) für möglich.

Den Polen, in deren Gesellschaft es sehr erhebliche Standes- und Klassenunterschiede gab, empfahl *Rousseau* in seinen *Considérations sur le gouvernement de Pologne* allerdings gleichsam als Surrogat für die nicht vorhandene, erst allmählich durch Reformen anzustrebende soziale Homogenität - den Patriotismus. Durch die Betonung des gemeinsamen Abgrenzungsinteresses - sowohl nach Osten gegenüber den Russen wie nach Westen gegenüber den Preußen und Österreichern - sollten die fehlende soziale Homogenität und die fehlende Ähnlichkeit der materiellen Interessen vorläufig ersetzt oder überdeckt werden. Als nationalbewußte Polen sollten sich arme Bauern, städtische Handwerker und adlige Großgrundbesitzer als Einheit, als zusammengehörig fühlen. Nationalkostüme, nationale Feste, die gemeinsame nationale Religion (die vom griechisch-orthodoxen Christentum der Russen wie vom Protestantismus der Preußen sich unterschied) sollten das erforderliche Minimum an Konsens und Identifikation ermöglichen, ohne das ein demokratisches Gemeinwesen nicht existenzfähig ist. *Rousseaus* Vorschlag an die Polen hat in der Tat während des gesamten 19. Jahrhunderts als wirksames Mittel des sozialen Zusammenhalts in den kapitalistischen Klassengesellschaften gedient. Es hat weit erfolgreicher gewirkt als er es voraussehen konnte und als es später marxistische Sozialisten annahmen.

Daß das Gefühl oder das Bewußtsein nationaler Zusammengehörigkeit zur Unterstellung gemeinsamer nationaler Interessen führen und die Hinnahme sozialer Benachteiligung bewirken kann, sehen wir an einigen Nationen bis zum heutigen Tag. Der Begriff „Nation" selbst bezeichnet ja - im Unterschied zu „Volk" - die politisch bewußte, von der Mehrheit gewollte und akzeptierte Zusammengehörigkeit zu einem demokratisch verfaßten Ganzen. Im Unterschied zu den Franzosen etwa bezogen die Deutschen ihr nationales Selbstbewußtsein ganz ausschließlich aus der emphatischen Ablehnung anderer Völker und deren abweichender politischen Verfaßtheit. Lange Zeit war diese Ablehnung mit der konservativen bis reaktionären Zurückweisung der „Prinzipien der Französischen Revolution" und der „abstrakten, westlichen Demokratien" eng verknüpft; der deutsche Volksbegriff war betont unpolitisch, ein politischer Akzent lag allenfalls auf der *Zurückweisung* der revolutionären Errungenschaften „des Westens" - der Niederländer, Engländer und Franzosen. An diesem Widerspruch zwischen dem nationalistischen Selbstverständnis erheblicher Teile des deutschen *Estab-*

lishments zur 1918 erkämpften parlamentarisch-bürgerlichen Demokratie ist die Weimarer Republik - unter anderem - zugrunde gegangen. Die Masse der sozialdemokratischen Arbeiter, die dem Bürgertum das Geschenk verspäteter bürgerlicher revolutionären Errungenschaften gemacht hatte, wurde von diesem gleichen Bürgertum - gemeinsam mit den bewußten Anhängern des vorrevolutionären Status - bekämpft und als „innerer Feind" zurückgewiesen. Ein wirklicher Konsensus kam nicht einmal zwischen den bürgerlichen Liberalen und den Reformsozialisten zustande. Die Weimarer Republik - das ist eine Banalität, an die jedoch erinnert werden muß - ist nicht am Fehlen legaler Opposition, sondern am Fehlen eines solchen demokratischen Minimalkonsenses zugrunde gegangen.

Die zweite deutsche Republik, die 1949 nicht nach einer - noch so lahmen - vorausgegangenen Revolution, sondern als „Geschenk der Alliierten" auf dem Boden der Trizone errichtet werden konnte, basierte bis etwa 1956 auf einem negativen Konsensus: der Ablehnung dessen, was man Totalitarismus nannte. Die Kompromißformel war für die alten Antifaschisten akzeptabel, weil sie darunter vor allem die Zurückweisung des Nazisystems verstanden, und sie war für die ehemaligen Mitläufer der Nazis bequem, weil sie es ihnen erlaubte, lediglich an die Sowjetunion und die DDR zu denken, von denen behauptet wurde, sie seien ja „weit schlimmer als das Dritte Reich". Dieser antitotalitaristische Konsens wurde lange Zeit von Rechtskreisen gern beschworen, weil er es erlaubte, innenpolitische und soziale Konflikte zu unterdrücken. Forderungen nach Vergesellschaftung von Grundstoffindustrien oder des Bankgewerbes zum Beispiel konnten unter dieser Voraussetzung nicht sachlich hinsichtlich ihrer Nützlichkeit diskutiert werden, sondern wurden von vornherein als „Aufkündigung des antitotalitären Grundkonsenses" verurteilt. In dem Bemühen, das Grundgesetz, das ausdrücklich gegenüber der Gestaltung des Wirtschaftssystems neutral ist, als ehernen Schutzwall gegen jeden Versuch der Sozialisierung zu funktionalisieren, gehen einige Verfassungslehrer - allerdings nicht das Bundesverfassungsgericht - so weit, Marktwirtschaft und Privateigentum an den Produktionsmitteln zu Verfassungsbestandteilen zu machen.

Nicht allein dieser - an der Oberfläche dominierende - alte Grundkonsens ist aber hinfällig geworden, sondern auch ein weniger explizit ausgesprochener und dennoch weit wirksamerer, der zu jahrzehntelanger Massenloyalität gerade auch der arbeitenden bundesdeutschen Bevölkerung geführt hat: der Konsens, daß Wirtschaftswachstum die Voraussetzung des Fortschritts und ein damit verbundener ständig wachsender Wohlstand Sinn des Daseins sei. Regierungen wurden dafür gelobt und anerkannt, daß sie schnelles Wirtschaftswachstum sicherstellten, wurden gestürzt, wenn es ihnen nicht rasch genug gelang, Rezessionen zu überwinden. Regierungsparteien und Opposition waren sich stets darin einig, daß Wirtschaftswachstum die unabdingbare Voraussetzung aller anderen „Güter" sei. Der amerikanische Soziologe *Luther Carpenter* hat diesen Konsens als fundamental für so gut wie alle westlichen Nachkriegsgesellschaften bezeichnet. Seit 1945 sei das rasche Wachstum des Bruttosozialprodukts das Hauptziel westlicher Regierungen gewesen, die Grundlage des Wohlfahrtsstaatskompromisses, die Antwort auf Forderungen nach sozialer Gerechtigkeit bei der Verteilung von Reichtum und Macht. Es habe erlaubt, die Reallöhne und die sozialen Dienstleistungen zu verbessern, ohne die ökonomischen Privilegien der Großunternehmen anzutasten.

Weil dieser Zusammenhang zwischen relativer Zufriedenheit der Bevölkerungsmehrheit und Respektierung der Interessen der großen Unternehmen in der Tat besteht, drängen so viele Politiker in der westlichen Welt nach wie vor auf erneutes Wirtschaftswachstum. Wachstum und die damit - zu Recht oder Unrecht - verbundene Erwartung eigener Wohlstandsmehrung ist noch immer der wichtigste soziale „*Tranquilizer*" der Industriegesellschaften.

Auf der Basis des Konsenses hinsichtlich der Wünschbarkeit von industriellem Wachstum konnten im allgemeinen die Kontroversen in bezug auf die Lohnquote zwischen den Tarifpartnern leichter ausgetragen werden. Auf der Grundlage eines Konsenses hinsichtlich des Wachstums schrumpfen die Auseinandersetzungen um die Wirtschaftspolitik auf einen Streit um die besten „Ankurbelungsmethoden" zwischen Keynesianern und neoliberalen Anhängern von *Milton Friedman.* Jenseits dieses Konsenses aber liegt die Herausforderung durch ökologische Parteien und Gruppierungen. Nicht als ob alle Ökologen Anhänger des Nullwachstums oder einer Schrumpfung der Produktion sein müßten, aber doch so, daß sie ganz andere Prioritäten setzen und industrielles Wachstum in der bisherigen Form ablehnen. Welch weitreichende Konsequenzen diese Prioritäten haben, konnte man am Beispiel einer kompromißlos auf Wachstum setzenden Regierung ablesen: Um alle „Hemmungen" wirtschaftlichen Wachstums zu beseitigen, hatte *Ronald Reagan* selbst die schon bestehenden Umweltschutzbestimmungen überprüfen und teilweise außer Kraft setzen lassen, hat er einen Mann mit der Leitung des Amts für Umweltschutz betraut, der als Anwalt die Gegner der Umweltschützer in Prozessen erfolgreich vertreten hat, hat er die Bestimmungen über das Verbot der Bleibeimischung zum Benzin aufgehoben und so weiter. Das alles, ohne von der Mehrheit der Gewerkschaften oder der Kongreßmitglieder dafür vernehmbar getadelt zu werden. Der Einspruch der - in Amerika übrigens außerordentlich zahlreichen - Umweltverteidiger hat ihn nicht beeindruckt. In Kanada freilich, das mehr als fünfzig Prozent seiner Umweltbelastung aus den USA „bezieht", wuchs der Unmut darüber, von dem großen Nachbarn als Müllkippe benutzt zu werden.

Ein Moratorium im kulturellen Wandel?

Auch wenn sich die ökologische Bewegung dessen noch nicht überall bewußt ist: Die Durchsetzung ihrer Ziele und die Anerkennung ihrer Prioritäten setzt eine vollständige Änderung der sozialen, politischen und kulturellen Prioritäten, Wertungen und Zukunftserwartungen voraus. Die eine - scheinbar partikulare - Frage: ob wir das industriell-technologische Wachstum weiterhin „ungezügelt" zulassen oder gar fördern sollen, hat, wenn sie mit „nein" beantwortet wird, weitreichende Konsequenzen. Die Furcht vor diesen Konsequenzen und die mangelnde Vorstellungskraft der meisten Repräsentanten des politischen und ökonomischen *Establishments* hat bisher im allgemeinen die Bereitschaft auch nur zu einem wirklich offenen Diskurs mit Anwälten alternativen Wirtschafts- und Lebensweisen verhindert.

Bei den Anwälten des alternativen Lebens - auf der anderen Seite - herrscht verständliche Skepsis, was die Lernfähigkeit des politischen Systems und der politischen Kultur der Bundesrepublik angeht. Der Verweis auf die Rechtsstaatlichkeit und die Existenz legaler Oppositionsparteien reicht eben nicht aus, wenn eine Gruppe eine stillschweigende Voraussetzung in Frage stellt, von der alle übrigen Parteien ausgehen. Da diese Voraussetzung aber keineswegs ein „oberster Wert" oder ein „höchstes Ziel" ist und noch weniger den Schutz der Verfassung für sich in Anspruch nehmen kann, muß es auch erlaubt sein, sie in Frage zu stellen.

Darüber hinaus können die Anwälte der ökologischen Kurskorrektur auf zahlreiche Gefahren verweisen, die aus einer Fortsetzung des bisherigen Wegs mit Notwendigkeit resultieren (und von denen viele aber auch bereits eingetreten sind).

In einigen Experten-Gremien wird schon seit längerem über die sogenannte „soziale Akzeptanz" von Energiesystemen gesprochen. Damit ist die Bereitschaft der Bevölkerung zur Hinnahme bestimmter Risiken oder Konsequenzen zum Beispiel (a) der weiteren Duldung von Kernkraftwerken und (b) des Ausbaus alternativer Energiesysteme (Sonnenenergie, „Energiequelle Energieeinsparung") gemeint. Solange Wachstum als ein generell erstrebenswertes, ja unabdingbares Ziel angesehen wurde, war die Bereitschaft zur Hinnahme erheblicher Risiken um des Wachstums willen durchaus vorhanden. Seit dieses Ziel immer fragwürdiger geworden ist, mußte aber auch die Risikobereitschaft schwinden. Die historischen Vergleiche mit der Einführung der Eisenbahn, der städtischen Gasbeleuchtung, der Elektrizität und so weiter sind daher nicht angebracht. Wenn seinerzeit Neuerungen nur von rückständigen Minderheiten auf dem Lande bekämpft wurden, so finden sich heute in den Reihen der Kritiker eine Menge Ingenieure und Wissenschaftler, die selbst an den Erfindungen mitgearbeitet haben.[2] Vermutlich zum ersten Mal in der Geschichte der Demokratie kann ernstlich die Frage gestellt werden, ob die Aufrechterhaltung freiheitlicher, demokratischer Verhältnisse mit beliebigen Energiesystemen und Technologien vereinbar ist, also die Frage nach der „Sozialverträglichkeit" von Energiesystemen *(Meyer-Abich* 1984). Das Kriterium der Sozialverträglichkeit ist nach der Empfehlung der *Enquête-Kommission „Energiepolitik"* des VIII. Deutschen Bundestags sogar einer der vier Basisgesichtspunkte, die bei der Entscheidung zwischen energiepolitischen Optionen zu berücksichtigen sind.

Die Wende, von der *Erhard Eppler* seit 1975 spricht, setzt letztlich eine kulturelle Wandlung voraus, die nicht nur eine Abkehr von der Wachstumsgesellschaft, sondern auch eine Umorientierung vom quantitativ meßbaren Lebensstandard auf eine qualitative Vorstellung von befriedigendem Dasein verlangt. Die Erkenntnis, daß es sich bei der ökologischen Frage letztlich um eine säkulare kulturelle Wende handelt, daß von einer allmählich wachsenden Minderheit der Bevölkerung in den hochindustrialisierten

---

2 Ein frühes Beispiel hierfür findet sich im Lebenswek *Robert Jungks* in diesem Jahrbuch.

Staaten (am meisten dort, wo der Nationalismus am schwächsten ist) der „Grundkonsens", daß Wachstum des Bruttosozialprodukts die Voraussetzung des „guten Lebens" sei, aufgekündigt wird, müßte von den Repräsentanten des politischen Systems - der Demokratie - in ihrer vollen Tragweite berücksichtigt werden. Wäre das der Fall, dann könnte die Opposition gegen den Betrieb von Kernkraftwerken, den Bau von Autobahnen und so weiter nicht mehr mit unspezifischen Kostendrohungen oder als bloß „vorübergehender Störfaktor" unter Verweis auf den Wechsel von Mehrheiten vom Tisch gefegt werden.

Auf der anderen Seite kann aber auch die engagierte ökologisch bewußte Minderheit (auch wenn sie Anspruch auf Minderheitenschutz hat) nicht verlangen, daß sich die Mehrheit unverzüglich umorientiert, ganz abgesehen davon, daß die notwendige Wende weitgehende Veränderungen unseres Verhaltens und unserer Wertorientierung verlangt, zu der selbst engagierte Ökologen noch nicht immer bereit sein dürften.[3]

Als während des konfessionellen Bürgerkrieges im 17. Jahrhundert die widerstreitenden Konfliktparteien sich nicht einigen konnten, wurde der politische Frieden dadurch wiederhergestellt, daß sich der Staat aus der Sphäre der religiösen Streitigkeiten herauszog. Eine analoge Haltung ist deshalb bei unserer Streitfrage nicht möglich, weil der moderne Staat selbst als handelndes Subjekt energischer Förderer der technologischen Entwicklung ist. Ohne seine Entscheidungen, ohne die Vorfinanzierung nuklearer Forschung, die Abdeckung des überhöhten Risikos, das privatwirtschaftlich nicht tragbar ist, wäre die Entwicklung zum Beispiel der Kernenergie kaum möglich gewesen und kann sie weder fortgesetzt noch abgebrochen werden. Der Staat kann sich deshalb auch nicht aus der Diskussion um künftige Energiesysteme und die industriellen Entwicklungen heraushalten. Er kann aber - oder vielmehr eine sensible demokratische Öffentlichkeit sollte - angesichts der Ernsthaftigkeit der Fragen, die nicht ohne weitgehenden Konsens entschieden werden können, sich zu einem *Moratorium* bereitfinden, wie es die *Enquête-Kommission „Energiepolitik"* schon empfohlen hatte. Danach sollte für eine absehbare Zeit beiden Seiten die Möglichkeit gelassen werden, ihre gegensätzlichen Auffassungen und Wege zu demonstrieren, ohne daß durch den weiteren Ausbau der Kernenergie ökonomische und technologische Präjudizien geschaffen würden, die dann in fünf

3 Siehe auch den Beitrag von *Hellmuth Lange* in diesem Band.

(...) unser Verantwortungsgefühl als Lehrer (...) drängte (uns) alles zu tun, was wir konnten, um

1) unseren Mitbürgern zu helfen, die komplexe und schnell eskalierende Situation zu verstehen, 2) psychischen und politischen Widerstand aufzubauen gegen die plutokratisch-militaristische Oligarchie, die in Nord-Amerika zur Macht drängte, 3) uns daran zu beteiligen, die brauchbaren Dinge zu retten, die beim Verfall der sozialen Ordnung in Nord-Amerika und West-Europa übrigbleiben würden, 4) teilzunehmen an der Formulierung der Prinzipien und Praktiken eines alternativen, sozialen Systems, während wir 5) eine Möglichkeit aufzeigten, wie man in einer unruhigen Welt gesund und vernünftig leben kann.

Die beste Lösung dieser Probleme schien uns eine unabhängige Ökonomie zu sein, die (...) einen bescheidenen Lebensunterhalt im Austausch für eine Halbtags-Arbeit bot und uns daher die Hälfte unserer Zeit zum Forschen, Lesen, Schreiben und Reden lassen würde. Wir waren (...) in der Lage, genug Zeit und Energie neben dem Broterwerb zu erübrigen, (...) um einen aktiven, wenn auch kleinen, Teil in der Erwachsenenbildung der USA zu spielen und um die öffentliche Meinung ein wenig zu beeinflussen, während wir gleichzeitig ein Leben führten, das wir als vernünftig, einfach und achtenswert empfanden.

Wir hatten versucht, in einigen Städten zu leben, innerhalb und außerhalb der Vereinigten Staaten. In unterschiedlicher Stärke stießen wir immer auf die gleichen Hindernisse, die einem einfachen, ruhigen Leben im Weg standen - Unübersichtlichkeit, Stress, Anspannung, Künstlichkeit und hohe Kosten. Die Ausgaben mußten bar bezahlt werden, deshalb hätten wir unter den Bedingungen arbeiten müssen, die die Stadt erzwang - zu ihrem eigenen Vorteil und Nutzen. Selbst wenn Bargeld für uns kein Problem gewesen wäre, waren wir überzeugt, daß es praktisch unmöglich war, längere Zeit dem Druck der Großstadt standzuhalten und dabei Gesundheit, geistiges und emotionales Gleichgewicht und ein ehrliches und gutes Sozialverhalten zu bewahren. Nach sorgfältigen Abwägungen entschieden wir, daß wir gesünder, ruhiger und lebenswerter auf dem Lande leben konnten als in irgendeiner Stadt oder Vorstadt.

Die Stadt verließen wir mit drei Zielen. Das erste war *ökonomisch.* Wir suchten ein Leben, unabhängig von Wirtschaftskrisen, so unabhängig wie möglich von den verschiedensten Güter- und Arbeitsmärkten, in welches Arbeitgeber und Verwaltungen, seien es nun private oder öffentliche, nicht eingreifen konnten. Das zweite Ziel war ein *gesundheitliches.* Wir wollten unsere Gesundheit erhalten und verbessern. Wir wußten, daß der Stress des Stadtlebens groß war und wollten ein solides Fundament für unser Wohlbefinden schaffen, wobei Bodenverbundenheit und selbstgezogene, organische Lebensmittel eine große Rolle spielen würden. Das dritte Ziel war *sozial* und *ethisch.* Wir sollten uns so weit wie möglich von den härteren Formen der Ausbeutung befreien und distanzieren: der Plünderung dieses Planeten, der Versklavung der Menschen und Tiere, dem Abschlachten von Menschen im Krieg und von Tieren zur Nahrungsgewinnung.

Wir waren gegen die Anhäufung von Profit und unverdientem Einkommen durch Nicht-Produzenten und wollten unseren Lebensunterhalt mit unseren Händen erarbeiten, aber dabei noch genug Zeit und Muße für unsere Neigungen haben. Wir wollten Regeln und Strafen durch Respekt vor dem Leben ersetzen. Anstelle der Ausbeutung wollten wir eine Verbrauchs-Wirtschaft setzen. Wir wollten Einfachheit statt Komplexität, Vielfalt und Verwirrung. Statt der verrückten, hektischen Eile wollten wir ein ruhiges Tempo, mit Zeit zum Betrachten, zum Staunen und zum Nachdenken. Wir hofften, daß wir Sorgen, Angst und Haß zurücklassen könnten und dafür Ernsthaftigkeit, Sinn und Eins-Sein gewinnen würden.

Aus: Helen und Scott Nearing, Ein gutes Leben leben, Schaafheim o.J., 8f (zuerst: o.O. 1954) oder zehn Jahren alle Optionen in anderer Richtung zumindest außerordentlich erschweren.

Vor allem aber sollte klar sein, daß in dieser Frage der Hinweis auf die formal-demokratischen Verfahren nicht mehr ausreicht, um Legitimitätsüberzeugungen zu begründen. Genauso wenig wie sich die religiösen Minderheiten im 17. Jahrhundert - in England und den Niederlanden - durch Mehrheitsbeschlüsse von ihren Glaubensüberzeugungen abbringen ließen, lassen sich heute Gegner der Nukleartechnologie, die sich auf mindestens gleich gewichtige Gutachten von Fachleuten berufen können wie deren Verteidiger, davon überzeugen, daß wir in die „Steinzeit" zurückfallen, wenn wir auf diese technologische Möglichkeit verzichten, und daß sie sich aus diesem Grund dem Mehrheitsvotum beugen müssen.

Technokraten, die - wie *Helmut Schelsky* das im „Technischen Staat" ganz richtig beschrieben hat - in demokratischen Wahlen ohnehin nur leider bisher unentbehrliche Legitimationsbeschaffungsmittel sehen, auf die sie gern verzichten würden, gehen nach wie vor davon aus, daß das Volk im Grunde keine Ahnung hat, was für es gut ist. Der einzige Fehler, dessen sie sich selbst anklagen, ist daher ungenügende Propagierung der Kernenergie und des industriellen Wachstums als Allheilmittel. Immerhin wird dieses Defizit ja seit einiger Zeit mit erheblichem Werbeaufwand nachgeholt.[4] Die für diese Werbe- und Manipulationszwecke aufgewandte Phantasie könnte freilich weit nutzbringender auf die Entwicklung alternativer Energiequellen und alternativer Arbeits- und Lebensformen verwandt werden. Das mit der politischen Kultur einer lebendigen Demokratie allein vereinbare Moratorium in bezug auf den Ausbau von Kernenergie könnte erweitert werden durch die Zulassung und bewußte staatliche Förderung alternativer umweltfreundlicher Produktionsbetriebe und Lebensformen.

André Gorz, Ernst-Ulrich von Weizsäcker, Bertram Schefold und andere haben den Gedanken einer „dualen Wirtschaft" entwickelt; das heißt eines Wirtschaftssystems, in dem - nebeneinander - Platz ist für industrielle Produktionsformen und handwerklich-manufakturelle oder auch gärtnerische Produktionsweisen, wobei zwischen beiden marktförmige Austauschverhältnisse bestehen. Dieser zweite - weniger kapitalintensive und weniger umweltbelastende - Sektor der Wirtschaft müßte - zumindest anfangs - von Staats wegen gefördert werden. Entweder indem ihm Steuererleichterungen,

---

4 Siehe hierzu den Beitrag von *Heine/Mautz* in diesem Band.

eine Negativsteuer, zugebilligt werden, die ja ganz plausibel als Belohnung für die Umweltfreundlichkeit, die zur Senkung der öffentlichen Kosten für Umweltverbesserung und Heilung umweltgeschädigter Kranker beiträgt, gerechtfertigt werden könnten, oder indem direkte Transferzahlungen erfolgen. Einen solchen Ausgleich hält zum Beispiel *Schefold* für notwendig, weil es kaum möglich sein würde, ohne ihn die in diesem Sektor Tätigen ausreichend mit den notwendigen Gütern und Dienstleistungen zu versorgen, und weil auch nicht gut angenommen werden könnte, daß die dort Tätigen ohne weiteres auf ihren gewohnten materiellen Standard verzichten, auch wenn sie mit Verringerungen des Komforts sich abfinden dürften. Die im industriellen Sektor Tätigen könnten zwar über höhere Geldeinkommen und damit größere Konsumchancen verfügen, müßten sich aber dafür auch mit den Belastungen industrieller Arbeit und eines industrialisierten Milieus abfinden.

Meines Erachtens wäre die Folge einer solchen dualen Struktur von Wirtschaft und Gesellschaft, daß allmählich auch der industrielle Sektor Formen attraktiverer Arbeit, umweltfreundlicherer Technik und dauerhafterer (weniger rasch verschleißender) Produkte anbieten müßte. Es könnte zum Beispiel ein Konkurrenzkarnpf um qualifizierte innovationsfähige Arbeitskräfte einsetzen, bei dem es mehr um interessante, Selbstbestimmung zulassende Formen von Tätigkeit als um die bloße Einkommenshöhe geht. Je mehr solche Arbeitsmöglichkeiten im alternativen Sektor angeboten würden, desto größer müßten die Anstrengungen des industriellen Sektors sein, gute Techniker, Ingenieure und so weiter zu halten oder zurückzugewinnen.

Ich will diese Zukunftsvision nicht weiter ausmalen. Sie hat zweifellos den Vorteil, die notwendige Wende ohne eine revolutionäre Veränderung vorstellbar zu machen. Ob sie freilich realisierbar ist, steht auf einem anderen Blatt. Sie ist gewiß ein „reformistisches" Projekt, eins, das mit der Aufrechterhaltung demokratischer Verfassungen vereinbar ist. Vor allem aber unterstellt es eine Offenheit und eine Lernbereitschaft, die sich leider bei den ökonomisch führenden Eliten der Industriestaaten in diesem Umfang bisher noch nicht überall finden läßt.

Arbeitslosigkeit, Globalisierung und ökologische Kurskorrektur

Das Ende des Kalten Krieges und der Ost-West Konfrontation hat - vor allem in den USA - bei einigen Politikern zur Suche nach neuen „Hauptfeinden" geführt - mögen das nun „islamische Fundamentalisten", „internationale Terroristen" oder „mafiose Drogendealer" sein. Solche durchaus auf reale Gefahren verweisenden Feindbilder dienen auch dazu, unzufriedene Bevölkerungsschichten und unter anderem auch engagierte Ökologen zu „disziplinieren". Deren Forderungen nach einer Kurskorrektur haben in diesem kulturellen Klima weniger Chancen, gehört zu werden, als noch vor zehn oder fünfzehn Jahren. In Europa spielt der Hinweis auf Massen- und Dauer-Arbeitslosigkeit und die sich beschleunigende Globalisierung eine ähnliche Rolle.

Auf der anderen Seite hat das Schlagwort von der „nachhaltigen Entwicklung" (*sustainable development*) allgemein wenigstens verbale Zustimmung gefunden. Das dürfte allerdings weniger auf den konkreten Inhalt des Konzepts als auf dessen Verschwommenheit zurückzuführen sein. Ernst genommen verlangt es nämlich nicht weniger als eine radikale Umstellung der Arbeits- und Lebensweise der Menschen - in erster Linie in den hochentwickelten Staaten Europas, Nordamerikas und Ostasiens. Gemeint ist nicht nur eine Abkehr von ständig noch wachsender Schadstoffbelastung von Wasser, Luft und Boden durch die Produktion und den Konsum der reichen Gesellschaften, sondern auch die Beendigung einer Entwicklung, die zu immer größeren Abständen zwischen dem Wohlstand der reichen Gesellschaften und den Menschen in den ärmeren und ärmsten Staaten der Erde führt. Die Kirchen und die Ökologen, entschiedene Menschenrechtsanwälte und auf Frieden und Interessenausgleich bedachte Politiker sind hier eine Meinung: die Parole „Weiter so!" führt ins weltweite Chaos, die Eigendynamik globalisierter Finanz- und Warenwirtschaft bringt ohne politische Steuerung die gewünschte „nachhaltige Entwicklung" nicht zustande.

Wenn dennoch immer wieder Regierungen und politische Parteien beziehungsweise deren Propagandisten auf Arbeitsbeschaffung durch mehr Wirtschaftswachstum (allein und ohne Differenzierung) setzen, so ist das einem kurzfristigen, allein an populären Schlagworten orientierten Denken zuzuschreiben. Ganz ähnlich wie die Erscheinungen von Kriminalität und

Gewalt vordergründig und lautsprecherisch durch verschärfte Strafandrohung bekämpft werden sollen, dient angeblich allein steigendes Wirtschaftswachstum „ohne wenn und aber" zur Überwindung von Arbeitslosigkeit. Leider ist es in der Periode relativer Stabilität versäumt worden, die im Interesse der notwendigen Kurskorrektur vorzunehmende entschiedene Veränderung unserer Art und Weise des Produzierens und Konsumierens nachdrücklich zu propagieren. Jetzt - angesichts der wirtschaftlichen Krisen in Osteuropa, Ostasien, Lateinamerika und so weiter sowie strukturell bedingter Arbeitslosigkeit - erscheint es doppelt schwierig, den notwendigen demokratischen Konsens für diesen Wandel zustandezubringen.

Allein Demokratien aber sind auf lange Sicht lernfähig. Gewaltsame Umstürze mögen - vorübergehend - den Anschein eines überfälligen Kurswechsels mit sich bringen, sie führen aber in der Regel bald zu einer Erstarrung der führenden Eliten, deren Lernfähigkeit mit ihrer Etablierung erschöpft ist. *Wolfgang Harichs* Grundirrtum bestand in der Hoffnung auf einen aufgeklärten „Öko-Stalinismus", der bei ihm die Folge einer Verzweiflung an der Langsamkeit des Umlernens demokratischer und sozialistischer Bevölkerungsteile war. Auf die Förderung der Lernfähigkeit und einer rationalen Aufklärung über langfristige Interessen aller kommt es aber an. Junge Unternehmer, einzelne und in Organisationen wie *Greenpeace*, *WWF* und *BUND* zusammengeschlossene engagierte Personen drängen auf dieses Umlernen. Im Augenblick bläst ihnen der Wind populistisch an kurzfristigen Erfolgen (sei es der Arbeitsbeschaffung oder der scheinbar erfolgreichen Kriminalititätsbekämpfung) orientierten Politik ins Gesicht. Aber auch in ihren eignen Reihen droht zuweilen gefährliche Ungeduld, die in selbstzerstörerische Gewaltsamkeit umschlagen kann. Um jene Wende auf friedlichem, demokratischen Wege zustandezubringen, ist es notwendig zu erkennen, daß eine solide Form der Arbeitsbeschaffung zugleich mit einer Hinwendung zur „nachhaltigen Entwicklung" möglich ist. Dazu gehören unter anderem

1. die Nutzung der gesteigerten Produktivität der Industrie nicht mehr zur Vermehrung der Produkte, sondern zur Verkürzung der Arbeitszeit auf diesem Sektor sowie zur Erzeugung dauerhafterer Produkte und deren „Erneuerbarkeit",
2. die Entwicklung sozial anerkannter, nützlicher - an kulturellen, gesundheitlichen, musischen und ähnlichen Bedürfnissen orientierter - Dienstleistungstätigkeiten,

3. die Verlagerung des Strebens nach Anerkennung vom Prestigekonsum als „Mittel" zur Befriedigung in der als sinnvoll erfahrbaren Tätigkeit selbst und deren allgemeiner Achtung.

Hierzu gehört in erster Linie auch die Aufhebung der traditionellen geschlechtsspezifischen Arbeitsteilung, sowohl durch Einbeziehung von mehr und mehr Frauen in den Bereich der Erwerbstätigkeit als auch durch Übernahme häuslicher, erzieherischer, betreuender Arbeiten durch die Männer. *Friedhelm Hengsbach* (1996) hat gezeigt, daß die Vergrößerung der Frauenerwerbsquote unter anderem auch die Gefahr der Überlastung der Berufstätigen durch Sozialkosten erheblich verringern würde. Das Verhältnis der Anzahl der Arbeitenden zur Zahl der Rentner wird auf diese Weise nicht in dem von Apokalyptikern der Zukunft des Sozialstaates beschworenen Ausmaß verändert. Selbst wenn das nur für eine gewisse Übergangszeit zutreffen dürfte, stellt auch dieser Hinweis eine Hilfe für die allgemeine Akzeptanz der notwendigen Kurskorrektur dar: Der Sozialstaat muß weder an der Aufgabe des Übergangs zur nachhaltigen Entwicklung noch an der Notwendigkeit von Arbeitsbeschaffung scheitern.

Populär ausgedrückt besteht die Aufgabe der Politikerinnen und Politiker darin - als verantwortungsbewußte Vordenker und Repräsentanten der langfristigen Interessen der Menschen -, von einer Orientierung an der sogenannten „Öffentlichkeit", die sich im Dunstkreis über den Stammtischen (oft genug ressentimenthaft) artikuliert, zu einer Orientierung an einer mehr und mehr an der Norm eines herrschaftsfreien, langfristigen Lebensinteressen und Überlebensinteressen dienenden Diskurses überzugehen. Die Differenz dieser beiden „Öffentlichkeiten" läßt sich vielleicht auf die Alternative „Stammtisch oder Habermas" zuspitzen. Gegen die intolerante Dominanz der Stammtisch-Öffentlichkeit hat sich schon der große britische Liberale *John Stewart Mill* in seiner Schrift *On Liberty* gewandt, weil sie individuelle Kreativität im Interesse tradierter Konformität unterdrückt. Die Herstellung und Bewahrung einer aufgeklärten rationalen Öffentlichkeit ist dagegen eine ständige Aufgabe, an der sich - im Prinzip wenigstens - alle Bürgerinnen und Bürger beteiligen sollten.

PINA LALLI

Representing Ecology: Nature and Risk in Contemporary Social Communication

1. Introduction: About Social Representations

The aim of this paper is to present the basic theoretical perspective and some interpretative aspects resulting from a study on social representations of nature, environment and ecology in three European countries, Italy, France and Germany.[1] The theoretical core of this study is founded upon the approach of social representations which we can tie above all to the name of *Serge Moscovici* (1961; 1984). He transformed the *Durkheimian* concept of collective representations into a 'social phenomenon' in order to single out the process and the dynamics of its mobile and circulating character. *Moscovici* recovered the 'structural meaning' which *Émile Durkheim* had attributed to collective representations, but reinterpreted it in a more dynamic capacity: he didn't accept the static feature of collective representations as appropriate to contemporary society. He

'contrasts science with common sense and notes changes, over time, in the relationship between the two. In *Durkeim*'s days, science was often a consequence of the progressive refinement of common sense. Knowledge, in the process of becoming refined, becomes, of course, less and less common and, hence, more and more esoteric. In the modern world, *Moscovici* believes in the direction of causality is often reversed, i.e. science is, quite commonly, the basis, rather than the outcome, of common sense' (*Farr* 1993, 16f).

1 The study, supported by an EU contribution from the DG XII, was coordinated by *Nicole Eizner*, *CNRS*, Paris X, Nanterre. In Germany the national coordination was assured by *Beate Brüggemann* and *Rainer Riehle*, *INFIS*, Berlin. For detailed reports see *Eizner* (1994; 1995); *Lalli* (1995); *Brüggemann/Riehle* (1995).

Then, the theory of social representations essays to explain the ways of conferring significance in everyday communication to the flow of events and information that circulate in our society, and indicates new configurations of the common sense of things. We can consider it as an anthropology of modern world, where social representations are everyday objects of interactive bargaining among people and little groups. The point is that they are not individual products of perceptual data, but are themselves social creations. *Moscovici* contrasts them with mere opinions, motivations or other cognitive principles, arguing that 'it is our representations which, in the last resort, determine our reactions' (1984, 65). Social representations are something

> 're-made, re-constructed rather than something constructed anew since, on the one hand the only reality available is that which has been structured by past generations or by another group, and on the other, we re-produce it in the outside world' (p. 53)

It stands that the reality to which we can refer is socially represented: we can react to an event or to a stimulus insofar we have elicited and objectified it and re-created it; this processes could not be studied as the activities of an isolated individual, since they are tied in with the social environment and with the local context and group to which we belong.

In other words, social representations are 'independent variables'. They have their autonomy and allow groups and individuals to exercise a series of mutual 'molecular influences' that constitute an important part of the 'thinking society', which is the common sense world. They orient our everyday 'practical thought' 'towards communication, comprehension and mastery of the social, material and ideal environment' (*Jodelet* 1984, 361). This practical thought does not necessarily need a distinction between rational or irrational paths: perhaps, social representations are that which remains when other representations have played their role (cf. also *Geertz* 1973), which is when they have presented and spread their information on the everyday world and in the cultural frame of society; for example by means of mass media. Chattering, speech and local frames of social interaction become the main places for the eliciting and joining process of making it meaningful; so new ties, new configurations, new combinations of sense are re-created. In fact, the major function of social representations is to transform 'the unusual into the usual', what is unfamiliar and worrying into something familiar, known, recognizable. The 'two processes that generate social representations' are anchoring and objectifying (*Moscovici*

1984, 28ff), that is, setting 'strange ideas' in areas which are regarded as familiar ones and saturating them with reality, turning them 'into the very essence of reality' (p.38). Thus, we can name and classify something strange and unknown, and at the same time we can turn something abstract into something concrete, real.

'In this way, pre-existing representations are somewhat modified and those things about to be represented are modified even more, so that they acquire a new existence' (p.37).

It therefore becomes important to use 'the phenomenon of social representations' as a reflexive instrument in order to understand how we are facing to new communication about something called 'environment' or 'nature'. How and in which significant ways are we able to recognize a word as 'ecology', whose different meanings are supported by political, scientific and mass medial information?

'As Moscovici once remembered, there were trees before there were ecologists. Ecology, however, enables us to view trees differently to how we normally see them' (*Farr* 1993, 17).

Here is that which we would want to understand in the perspective of common sense, beyond the idea of fragmented opinions by isolated individuals: how something having a great variety of different meanings and which appears at the same time anonymous since belonging to another perspective of knowledge (the science vs. the everyday common sense) can become 'a communicable image or be readily linked to other images' (*Moscovici* 1984, 34). And, we can add, that which is too 'namable', too meaningful to be classified, runs the risk to become a source of uncertainty. This is perhaps the difference between the 'noise' and the very 'communication', following *Niklas Luhmann* (1986). Only when it assumes a recognizable 'relevance', a 'noise' can turn itself into a very social representation which allows the communication among the members of a community. As *André Giordan* writes, the uncertainties about environment are multifarious, hence it becomes very difficult to form an opinion. 'Any actor of this debate floods the society with information' (1996, 160). Perhaps, he considers, we have to change our frames of thinking, because technology is unable to cope with this kind of risk uncertainty. A cultural change is a first priority, that is, a new (or renewed?) understanding of our social representations of environment, nature and ecology.

Today many sources of information revolve this themes in an effervescent fashion and some prominent social scientists indicate ecology as one of the compulsory issues which the latter half of this century must confront. But we are far from a very social communication about ecological questions, perhaps because we cannot be able to cope with the new cultural frames of contemporary risks. Their representation shows many contradictions and 'cognitive dissonances' which require new capacities to take our action in a context of uncertainty.

This is the core of our hypothesis on social representations of nature and environment: what and how people learn to cope with the multifarious information about ecology, by generating a system of social representations that allows any selection of what is taken into account for their social action. The question is *not* to know isolated individual opinions, attitudes or perceptions; we would prefer to understand how our social or cultural frames are working to make environment and ecology meaningful for our collective action. Its legitimacy is linked in to its social representations' relevance. Its efficiency in coping with high-consequence risks depends also on the ways of anchoring and objectifying in everyday common sense the multifarious features of the risks themselves, such as they are scientifically constructed and socially re-constructed. The shared sense of a social community rather than a monolithic, ideological system reveals the dilemmatic aspects of social life and supplies the features of everyday thinking (see *Billig* 1993, 45). This approach has points of similarities to *Mary Douglas'* suggestion (1992) about the need for the sociologists to join anthropologists in a *systematic* study of culture, if they want to understand the role of social components in the environmental question.

Now we can present some interpretative frames resulting of our study whose complexity required heterogeneous techniques of gathering and analysis (content analysis of some mass communication samples, interviews, *analyses de similitude* as elaborated by *Paul Vergès* 1985, *Jean-Claude Abric* 1984, and *Claude Flament* 1981, and so on). It is difficult to present a synthesis here (for more details, cf. *Lalli* 1995). However we can identify a specific sphere which refers to an interpretative part of the Italian case: the emerging representations about nature, opposed to the other emerging pole, the environment.

2. Nature as Latter 'Modernity Utopia'

The myth of a state of natural and free wilderness belongs to modern society from its beginnings. But now, 'can the very natural nature still exist?', as a subject of our study told us. So this woman wanted to express to us the almost unbearable doubt which today is tied to the word of 'nature'. The *green nature*, the chlorophyllian cycle that assured the purification of the polluted environment is in danger. This is a danger of loss, of a definitive loss. The blame of an excessive technology haunts the idea of a 'naturing' nature, mother of harmony and purity. This is the main discoursive knot which is anchored in the frame imposed by the most part of mass media when they essay to propagate ecological questions to the common sense. Nightmare utopias - in *Norbert Elias'* words - anguish utopias talking about, for example, a nuclear catastrophe spread over the horizon of our future...

We still have, however, the dream of the nature: overstepping the restricted boundaries of polluted towns, we like to gaze at the supposed zero point of civilization where it becomes possible to reset a new alliance with the lost nature. We wish to preserve us from the threat of a hard reaction of an injured or damaged nature and, at the same time, from the threat of a definitive loss. A social representation of nature clearly emerges across the whole study in Italy. It reveals its predominant social features; they tend to be repeated with almost imperative regularity: nature is original, endowed with an equilibrium which was in itself incorruptible and in many way sacred. Images of purity, of charming landscapes, ecstatic and contemplative feelings, an intrinsic order of solar and arboreal images. From this idyllic picture the 'terrible' features of a wild, unpredictable nature have been almost entirely removed; gone is the nature which brings death or illness with earthquakes, floods, volcanic eruptions, bee stings or snake bites... Ritualized to the utmost in the ambit of *loisir* as a place or moment of vacation, escape, shelter or exotic refuge, nature stands out as an ostentatiously *autonomous* system of representation.

It is ostentatious because it appears more as an alternative or the opposite of something, that is dichotomous with respect to something else. For example, as an alternative to the city: 'the way of escaping from promiscuity, noise, smells, confining apartments'(*Eizner* 1994, 26). Trees and green become the opposite of building and greyness. Green colour represents one of the main images in which we find the process of *objectifying* the idealized nature: a sort of vital cycle as a social breathing perpetuates a constant purification that is renewed with the renewal of the cycle of chlorophyll, absorbing 'poison' and freeing 'oxygen'. A reservoir of vital energies that appears again and again as something to be preserved. The chlorophyllic green colour takes the place of the white one in becoming the concrete sign of purity and uncontamination, the symbol of cleaning and harmony. Taken for granted: 'natural nature' is equal to green vegetation. Green is to natural as white was to clean (*Douglas* 1970; *Heller* 1979; *Lalli* 1990). Hygienics cares that represented a scientific conquest in the XIXth century in the war against bacteria and illness are replaced by the wilderness of natural parks: we turn to account a 'good' wilderness against the human grey of the built environment. In the first modern towns we dreamed of creating the gardens as a sort of 'green lungs' which allowed industrial workers a social breathing and represented for them a new sacred urban place as new cathedrals devoted to the cult of nature (see *Péraldi* 1985). Nowadays the gardens are not enough: scaling from the least wild to the wildest (hence from the least pure to the purest), we must preserve more and more wild areas, more and more large parks as natural reservoir against the danger of a definitive loss: 'from the cathedrals to the jungles'. We wish to isolate and embellish nature, 'as well as the baroque recreated it in its castles' (*Moscovici* 1972, 375). The state of nature as a place of intrinsic danger and threat or as the space for human and cultural exploitation is changed in this new frame: the 'doctrine of nature's protection', where we would arrive to create - by the park - a more natural nature than nature, an enormous *trompe-l'oeil*, a sort of scene-painting represented on the stage of our built environment.

The natural reservoir of vital energy is under the constant threat of an 'evil' influence which provokes messages of desorder (climatic changes, the hole of ozone...). But, really, from whom and from what must we preserve the 'natural nature'? Before answering, let us observe yet an aspect which is more or less implicit in this process of green objectifying, or, what *Douglas* in her cultural scale of materiality and spirituality (1992) calls 'sweetness', the 'spirituality' of nature. This original and incorruptible object is above all a tree or a 'landscape', flora, minerals, at most, fauna in a broad sense, but never essentially 'human'. It is an object *outside man*, who is involved as an ecstatic observer or as a destructive subject, or, ultimately, as an isolated ego that has the privilege of having it 'around' him (contemplation in solitude, in silence, which allows me to re-establish a dialogue with myself, the countryside near 'my' house, 'my' mountains).

We can therefore modify what we have just said and define the limits of this social object 'nature' as an object that is not so much 'outside man' as outside '*social man*': anti-city, as quoted previously, anti-society, we can now add. Even better, anti-modern society, representing at the same time its latter and more modern utopia. Nature faces the anonymity of modernity and in order to represent it we must refer to the metropolis, with its excesses of social and spatial restraints and with its finite space and its *artificial* enclosures. The natural is in some way the antithesis of the artificial; its representations shows a *sacred* natural which is the exact opposite of the *profane* 'manufactured' by social man.

In short, this image of nature was, we might say, born with the birth of modernity itself: let us remember *Jean-Jacques Rousseau*, but also English gardens and then little by little, on the other hand, the demoniac which accompanied the literary urban excursions of the *flâneur* of *Walter Benjamin* or *Charles Baudelaire*. It was born with the birth of the split between nature and society: it is a typical conflict of modernity, with the tragic vision of a culture which both opened unlimited possibilities to the individual and closed bureaucratic and technological 'iron cages'. It both erased the landmarks of universal and definitive values, and unfolded a new, dynamic nature and culture and therefore, a new idea of the individual and of society (see *Dumont* 1983).

Dichotomous and paradoxical at the same time: it is no longer the culture which is represented as a source of a pure and 'holy' order and thus of purification of natural instinctive disorder. Here, it is nature which is represented as the original source of order, while civilization disturbs it. It is now to nature that civilization must turn in order to recover itself and, in particular, civilization must accept the limits of a 'natural' order.

In this sense, from what the people involved in the study demonstrated, we have found that particularly in the more advanced areas (for example, more in the North than in the rural areas of the South) nature has been given a shape which is distincted from the more 'socialized' term of environment. It is a system of nature which has been culturally re-created but which cannot sometimes avoid encompassing its opposite.

We can also consider this representational anchoring as a double-faced macro-frame which in everyday life is making meaningful the four 'myths of nature' that *Douglas* presents in her analysis of ecological discourse

(1992). In our words, we can remember the following types of cultural ideas about nature:

1. the nature is capricious (then any prevision is impossible);
2. the nature is weak (then it needs protection and human intervention is very dangerous);
3. the nature is strong (then it is able to sustain any human intervention);
4. the nature is strong within certain limits (then it is important to control human intervention).

The social representation we have studied in our research shows in everyday discourse an anchoring of these types in the double-sided imagination of modernity (*Auclair* 1982): on the one hand, we have the '*faustian* side' which considers the strong nature as a place for the human domination and exploitation; on the other hand, we have the '*franciscan* side' which affirms the value of the respect of a natural equilibrium inside the nature and between manhood and nature. According *Georges Auclair*, although they seem to be in contradiction, these sides are interwoven and contemporary; they work together in giving significance to our practical thought. In fact we found in our study the complexity of this knot, when, for example, in the same representational system of common sense the nature has been reconstructed as a strong power endowed with sacred features, which at the same time requires human respect and human intervention. The split between nature and society persists, but it is somewhat inverted: as *Moscovici* (1989) states, nowadays there is a process of transferring ideality from society to nature. The point is that this crisis of society's status could be a chance of making vain the split or of putting an end to it, understanding the reality of effective and practical hybrids; but it also could draw an ideal myth of an impossible coming back to ancient time.

It is important to observe one of its main processes of representational anchoring: the stress on preservation of a 'natural' reservoir of vital energy anchors nature also to the idea of a cultural definition of *risk,* as opposed to the fatality of danger. It is a concept which more than other ones describes the hybrid elaboration that the pair city-nature (or culture-nature) is covering in the social imagination.

On the other hand, the environment substantially retains a plurality of meanings which refers back to 'all' that either surrounds me or to which I belong, but which, in any case, is defined as the very space of modernity. It is the city, the houses, the factories, my daily life, the cellar of my house, 'the damp environment where I keep my wine', responds one of the people whom we interviewed; a place in which to keep things, therefore, or where things are, in more or less tidy or untidy fashion. It is an instrumental context, which from the point of view of a rational aim ought to tend towards a balance, but which daily complexity makes difficult.

If nature must be preserved, we might say that the environment must be 'repaired', fixed up, put in order (*Eizner* 1996, 118). And this task of 'tidying up' clearly belongs to man who ideally will find once again his equilibrium with nature, practically, with a new, ethically tenable technology. So, representation of nature and representation of environnement are going to be more and more differenciated and

> 'the environment will become a less polysemic and a more precise notion (...) the environment is what human activities damage and that requires repairing, whether it concerns nature or not' (p. 119).

3. Risk: Accident or Constant of Modernity?

Let us make a short summary. As we said, the risk of losing an idealized origin weighs heavily on the imagination of those whom we interviewed. It is the fear of losing the 'very natural nature'. On the one hand, in an antihumanistic criticism of modernity, nature is represented as a reservoir of original purity which ought to be preserved, almost to the point of banishing socialized mankind from it. It replaces

> 'man with nature as the source of all our values (...): a strange idealization of nature which makes it a place of peace and of life, while it is at least as much a place of war and of death' (*Renaut* 1995, 72).

On the other hand, the threat of the technological ('artificial', 'human') destruction of the original myth of a 'natural nature' gives us a glimpse of an anguish which can be answered in various ways. For example, this risk can be considered as a mere accident in the course of the history, and we can place our hope in a scientific development which will invent 'clean' or even 'purifying' technologies: in this way both the advantages of progress and the necessity of a reconciliation with nature will be saved. Or one can rely upon a so-called *ritualistic* path: rebuilding 'niches of nature', pursuing a 'gigantic illusion', as *Moscovici* states,

'which consists in wanting to sequester in certain areas a more natural environment than nature itself. Thus, to make amends for the *mal du siècle*, it is suggested that the solution be found in a return to a previous stage, the naturalization of society' (1972, 376f).

So, a 'natural nature' is artificially recreated, making use, paradoxically, of the technological man who had been driven out as responsible for the destruction. The force of technological reason, after having uprooted original nature, can still attempt to recreate it. Once again the risk is regarded as a mere technological accident which can be followed by an alternative root.

Or, another view is the realization that the precise assessment of risk is disillusioned: not so much as regards a 'natural nature' but as concerns the idea - held by common sense - of a socialized nature capable of protecting us from the unforeseen events of everyday life. It is true that a ritualized nature can support the trust in an 'uneventful' day-to-day world; it can take the place of an 'old natural environment' which was unpredictable because of the lack of technology and of expertise (see *McKibben* 1989). However, this socialized nature reveals itself to be

'more unreliable than 'old nature', because we cannot be sure how the new natural order will behave (...). Take the hypothesis of global warming (...). The point is that, at the time of writing at any rate, no one can say with assurance that it is *not* happening. The dangers posed by global warming are high-consequence risks which collectively we face, but about which precise risk assessment is virtually impossible' (*Giddens* 1991, 137).

This means that modernity at the same time discovers the taste of predictability and of thrills, unsettling aspects but also 'a mode of colonising the future', where 'nothing can be taken for granted' (pp. 133f).

The disappointment as regards our attempt to break away from the natural cycle in the old sense seems to form the heart of an idealized and deep 'eco-philosophy' of nature (see *Ferry* 1992). But, does not the worth of man lie in

'his capacity to integrate himself into nature or rather, as Hannah Arendt suggested very well, in his aptitude, which is constantly threatened, to remove himself from the cycle of life, the natural cycle of life, that is, from the cycle of consumption'? (*Renaut* 1995, 72).

So, then the anguish tied to a sentiment of unbearable risk might depend not so much on the loss of a mythical nature, but on one of the unforeseen effects of our so-called scientific progress: the awareness of a possible feeling of void that nature hides, which is beyond any human intervention.

'High consequence risks form one particular segment of the generalized 'climate of risk' characteristic of late modernity (...) the point (...) is not that day-to-day life is inherently more risky than was the case in prior eras. It is rather that, in conditions of modernity, for lay actors as well as for experts in specific fields, thinking in terms of risk and risk assessment is a more or less ever-present exercise, of a partly imponderable character' (*Giddens* 1991, 123f).

Risk, therefore, may become the inevitable reality of finding oneself in front of the lucid awareness of the limits imposed on prometheic artificiality: 'ecology stimulates the most part of phantasms we have constructed to avoid excessive responsibility' (*Duclos* 1996, 301). Understanding for example that the hole of ozone is too social and too natural to be studied as a mere technical question, can help us to study the cultural networks in which risk and nature are entangled (see *Latour* 1994, 14ff). Recognizing of living together with uncertainty, our new companion on the path of modernity, can help us to study our phantasms without any fear of finding hybrids or blame.

4. Conclusions

We have pointed out some aspects about the importance of applying the social representations approach and the study of cultural frames to the environmental question. We also presented some elements about social representation of nature as they emerge in our empirical research in Italy. We have found that an autonomous system of representation of nature is standing up face to the artificiality of environment, but we have not observed a clear settlement of ecology. There is an idealization of the protection of nature, but the common sense limits itself to share generical worrying about the loss or the damage of a ritualized nature. Pollution is reconstructed as a perturbant intervention which induces illness (to the individuals and to a weak/strong 'natural nature'), the more felt the more near to local problems. Industrial technology is recognized as the main responsible, as well as the urban life. We attempted to understand the anchoring cultural frames of these aspects, taking account of historical aspects of modernity. The notion of risk as 'collective construct' revealed its significance: risk of loss, risk of sickness, risk of damage, risk of perturbation in everyday life. The part of ecological debate the most meaningful for the practical thought emerging from the social representations of it, is not so much the absolute predictability neither the catastrophic aspects of a 'deep ecology', but the possibility of finding hybrid combinations between nature and society as well as among local and global consequences. In other words, the hope of some risk assessment partially mastering local life, and at the same time the awareness of no precise risk assessment colonising global future, can help to create new configurations for our social action. In a condition of uncertainty, but also searching for a social organisation which is more adapted to the acknowledgment of limits.

HELLMUTH LANGE

Das Leitbild der Nachhaltigkeit als Schlüssel zum Umwelthandeln?

1. Umweltbewußtseinsforschung und Umweltpolitik auf der Suche nach einem neuen Paradigma

In der sozialwissenschaftlichen Umweltforschung nimmt die Frage nach Möglichkeiten zur Überbrückung der „Kluft zwischen Einstellung und Verhalten" *(Schahn/Giesinger* 1993) eine zentrale Stellung ein. Das Gleiche gilt für weite Bereiche der Umweltpolitik. Die vorliegenden Befunde lassen sich bei erster Annäherung in einer recht erfreulichen Bilanz zusammenfassen: Versteht man Umweltbewußtsein in der Tradition der Meinungsforschung in dem Sinne, daß Umweltfragen von Bürgerinnen und Bürgern als ein Teil der zentralen Zukunftsfragen der Gesellschaft gedeutet werden, so ist Umweltbewußtsein heute „zu einem sozialen Tatbestand geworden" *(de Haan/Kuckartz* 1996, 102) - quer durch alle gesellschaftlichen Schichten hindurch. Aber zu welchen Hoffnungen berechtigt diese Feststellung? Mit dieser Frage landet man in einem Dickicht von Unklarheiten, das im Zuge der wissenschaftlichen Beschäftigung mit dem „Umweltbewußtsein" eher dichter als lichter geworden zu sein scheint. Gewißheiten bestehen bestenfalls im Negativen: Zwischen Umweltwissen und Umwelteinstellungen sowie zwischen jedem dieser beiden Momente (oder auch beiden zusammen) auf der einen Seite und dem tatsächlichen Handeln auf der anderen Seite bestehen nur minimale Zusammenhänge. Im Blick auf die Struktur des Umweltbewußtseins gelangen *Gerhard de Haan* und *Udo Kuckartz* zu dem frustrierenden Ergebnis: „Nichts hängt zusammen" (104ff).

Im strikten Gegensatz zu dem, was die griffige sprachliche Formel vom „Verhältnis zwischen Umweltbewußtsein und Umweltverhalten" an Überschaulichkeit verheißt, handelt es sich um ein „ob seiner Struktur nur schwer durchschaubares Gemenge" (S. 127). Es kommt hinzu, daß die betreffenden Zusammenhänge, so gering sie auch sein mögen, von Problemfeld zu Problemfeld (Verkehrsmittelnutzung, häusliches Energiesparverhalten, Einkaufsverhalten, Umgang mit Abfallproblemen etc. pp.) stark variieren (*Diekmann/Preisendörfer* 1992, *Lange u.a.* 1994, *Fuhrer* 1995). Es gibt insofern keine Breitbandwirkung eines gegebenen Umweltbewußtseinstypus. Ebensowenig gibt es spezifische soziale Gruppen, die eine sozialstrukturell und sozialkulturell fundierte Anwartschaft auf höhere Grade von Umweltbewußtsein reklamieren könnten, vom Umwelthandeln ganz zu schweigen. Was klassischerweise für Personen gilt, gilt offensichtlich auch für soziale Gruppen im Sinne der herkömmlichen Sozialindikatoren *(Preisendörfer* 1996) wie Alter, Geschlecht, Einkommen, Bildungsabschlüsse, Beruf ebenso wie im Sinne neuerer Unterscheidungen wie der nach Lebensstilgruppen und Umweltmentalitäten (*Poferl u.a.* 1996). Die Wirklichkeit kennt auch in ökologischen Dingen nur wenige echte Helden und Schurken, dafür aber um so mehr „gemischte Charaktere". Angesichts solcher Kompliziertheiten mußte das anfängliche Vertrauen der Politik auf die Umweltbildung und das Vertrauen beider auf die mobilisierende Kraft des Umweltwissens *(de Haan/Kuckartz*, 35ff.) ebenso enttäuscht werden, wie die nachfolgenden Hoffnungen auf die Entstehung umweltbewußter Einstellungen als Folge naturbezogener Erlebnisqualitäten *(Politische Ökologie* 1997). Die Entstehung praktischer Handlungsabsichten und schließlich das Handeln selbst entziehen sich offenbar solchen und ähnlich schematischen Deutungen *(Siebenhüner* 1996*)*.

Eine aktuelle Hoffnung besteht nun darin, unter Rückgriff auf den Begriff des „Leitbildes" einen Zugang zu finden, der sowohl in analytischer als auch in praktisch-gestaltender Hinsicht zur Überwindung der unbefriedigenden Situation führt. In besonderem Maße ist diese Perspektive durch das Jahresgutachten des *Rates von Sachverständigen für Umweltfragen* (RSU) des Jahres 1994 entwickelt worden. Das Gutachten des Jahres 1996 baut die Leitbildperspektive weiter aus *(RSU* 1994; 1996). Die Leitbildperspektive wird inzwischen weit darüber hinaus favorisiert, in der Politik *(Bundesregierung* 1997a) ebenso wie in der Wissenschaft (zum Beispiel *Deutsche Gesellschaft für Erziehungswissenschaft* 1997). Damit findet eine Vorstellung in die umweltpolitische Reflexion Eingang, die in anderen Handlungs- und Politikfeldern schon länger eine zentrale Rolle spielt, vor allem in der Unternehmensführung, daneben auch in einer Debatte über Möglichkeiten und Grenzen der Technikfolgenabschätzung und der Technikgestaltung *(Dierkes* 1988, *Dierkes u.a.* 1992). Die Grundidee ist in allen Bereichen ähnlich: Leitbilder im Sinne mehr oder minder komplexer Zielvorstellungen sollen das Denken und Handeln von Personen fokussieren, und zwar in dem Sinne, daß das Gewicht externer Anweisungen an Bedeutung verliert, da die Akteure - das Bild ständig vor Augen - in der Verfolgung der betreffenden Ziele beziehungsweise in der Erledigung ihrer Aufgaben im wesentlichen eigenständig handeln können. Ganz in diesem Sinne heißt es denn auch in bezug auf das Ziel Nachhaltigkeit: „Leitbilder bündeln Ziele, Träume, Visionen und Hoffnungen von Menschen (...) und strukturieren die Aktivitäten in einzelnen Handlungsfeldern" (*de Haan u.a.* 1996, 293).

In der Tat spricht viel dafür, daß innere Bilder wahrnehmungs- und handlungssteuernde Funktionen besitzen. In der Technikgeneseforschung sind derartige Wirkungen vielfältig untersucht worden (etwa *Marz/Dierkes* 1992; *Hellige* 1995; *Canzler/Knie* 1993). Allerdings ist auch zu Recht darauf verwiesen worden, daß es schon bald zu einer nachgerade inflationären Verwendung des Leitbildbegriffs gekommen ist, in deren Verlauf zum Beispiel „unter dem Label des Technikleitbildes (...) höchst unterschiedliche Phänomene untersucht" werden:

„Die Spannweite reicht dabei von komplexen Metaphern und Perspektivbündeln, Vorverständnissen und ‚design rationales' über Technikideologien, verfestigte Standardmuster, technikethische Imperative und Ideallösungen bis zu fernen Zukunftsvisionen und unerreichbaren Utopien" *(Hellige* 1996, 16).

Die Folgen solcher Verwendungsbreite sind beträchtlich: Wird die Zielvorstellung eng und klar konturiert gefaßt, so droht das verloren zu gehen, was die eine produktive Funktion von Leitbildern ausmacht: die durch das Bild vermittelte Koordinierung von unterschiedlichen Akteuren mit ansonsten auf separate Zielvorstellungen angelegten Handlungsoptionen und -routinen. Wird das Leitbild hingegen eher weit und vage gefaßt, droht seine zweite produktive Funktion verloren zu gehen: die durch das Bild vermittelte Präzisierung eine Handlungsziels. Das Ziel der Nachhaltigkeit gehört eher zum letztgenannten Typus. Dieses Problem wird im folgenden Abschnitt 2 erörtert.

Jenseits dessen macht es einen Unterschied, ob Akteure ein Leitbild haben, dem sie folgen, oder ob sie ein oder mehrere vorhandene Leitbilder von einem neuen ersetzt werden sollen. Das Nachhaltigkeitsgebot zielt ausdrücklich auf letzteres. Einige damit verbundene Probleme werden im Abschnitt 3 diskutiert.

2. Das Leitbild der Nachhaltigkeit

Das Leitbild der Nachhaltigkeit ist in Deutschland unter dem Begriff der „dauerhaft-umweltgerechten Entwicklung" im Gutachten des *Rates von Sachverständigen für Umweltfragen* des Jahres 1994, gleichsam an der Nahstelle zwischen Wissenschaft und Politik, als „Leitbegriff für die Umweltpolitik der Zukunft" empfohlen worden. Das Umweltgutachten des Jahres 1996 knüpft daran in beachtenswert veränderter Form an, indem es „das Leitbild dauerhaft-umweltgerechter Entwicklung" als „gesellschaftspolitische(s) Leitbild der Zukunft" qualifiziert *(RSU* 1996, 15): Im einen Falle bildet also die Umweltpolitik den Fluchtpunkt, im anderen Falle die Gesellschaftspolitik. Es hätte auch die Wirtschaftspolitik sein können, denn das Leitbild ordnet „die ökologischen, ökonomischen und sozialen Problemfelder" einander zu (S. 50) und expliziert das Resultat „als ein 'Zielsystem' nicht aufeinander rückführbarer Teilkomponenten", die ein „inhärentes Spannungsgefüge" begründen (S. 51). Von welcher Seite man das Zielsystem auch immer angehe, man müsse sich unter dem Gebot der Nachhaltigkeit stets auch mit den übrigen beiden Seiten auseinandersetzen. Folgerichtig sollen sich dabei auch die jeweiligen Fachdiskurse ebenso wie die betreffenden Politikstränge durchdringen und sich dabei einerseits gegenseitig in Frage stellen und andererseits ergänzen und beflügeln.

Eine derart verwickelte Zielstellung bedarf erklärtermaßen der Konkretisierung und der Operationalisierung. Dabei zeigt sich allerdings, daß die Zielstellung nicht klarer wird. Man sieht sich im Gegenteil mit einer wachsenden Zahl unterschiedlicher und einander zum Teil ausdrücklich widersprechender Deutungen konfrontiert. Das Sachverständigengutachten referiert allein drei Varianten: Die *Enquête-Kommission des Deutschen Bundestages* „Schutz des Menschen und der Umwelt" versucht das Problem des „inhärenten Spannungsgefüges" dadurch handhabbar zu machen, daß es die drei Teilelemente des Zielsystems Nachhaltigkeit als eigene Politikfelder und in der Konkretisierung des Nachhaltigkeitsziels als „tragende Säulen" versteht, deren jede(s) neben den je spezifischen eigenen Relevanzkriterien (sozial oder ökologisch oder ökonomisch) zusätzlich auch Relevanzkriterien der beiden übrigen Säulen berücksichtigen soll *(Enquête-Kommission* 1994, 54ff). Diese Option erscheint dem Sachverständigenrat bedenklich, weil sie „einem Denken Vorschub leisten kann, das daraus die Forderung nach Dauerhaftigkeit jedes Teilsystems für sich ableitet und so die integrative Funktion des Konzepts wiederum letztlich außer acht setzt." Der Sachverständigenrat vertritt deshalb die Auffassung: „Die eigentlich neue Dimension ist die (...) Vernetzungsproblematik zwischen Ökologie, Ökonomie und Sozialem" *(RSU* 1996, 52), nicht aber die Vernetzung dieser Elemente innerhalb jeder „Säule". Mit dieser Wendung wird die Aufgabe „einer weiteren Operationalisierung" des Nachhaltigkeitsbegriffs jedoch nicht gelöst, sondern nur verschoben. Eine dritte Position vertritt die Studie „Zukunftsfähiges Deutschland" des *Wuppertal-Instituts*. Der Entscheidung der Verfasser dieser Studie, die Materialintensität unserer Lebensweise zum archimedischen Punkt der Betrachtung und folglich auch der Operationalisierung der Vernetzungsproblematik zu machen, stellt der Sachverständigenrat „erhebliche Bedenken" entgegen. Das *sustainability*-Konzept werde in der Studie des *Wuppertal-Instituts* auf „bloße Verteilungsgerechtigkeit" reduziert und insofern schlicht „verfehlt" (S. 55). Ein Blick in die Literatur zeigt ein breites Spektrum weiterer Positionen, die einander mehr oder minder stark widersprechen (*Brand* 1997a).

Insofern resümiert der Sachverständigenrat zutreffend: Es wäre „verfehlt zu glauben, daß das Leitbild schon hinreichend aufgenommen und ein Konsens über die Wege seiner Operationalisierung tatsächlich erreicht wäre" *(RSU* 1996, 50). Das bedeutet allerdings, daß das, was ein Leitbild leisten soll - eben „die Ziele Träume, Visionen und Hoffnungen von Menschen" zu strukturieren und auf der dadurch geschaffenen Basis „die Aktivitäten in einzelnen Handlungsfeldern zu bündeln" (*de Haan u.a.* 1996, 293) weithin verfehlt wird. Zugespitzt formuliert: Das Hauptresultat des Nachhaltigkeitsgebots besteht nicht in der Vereinheitlichung oder wenigstens der Vermittlung, sondern in der Differenzierung und Verselbständigung von Positionen. Statt Handlungsziele und -routinen heterogener Akteure zu bündeln, bildet es selbst ein Bündel von teilweise deutlich heterogenen Zielen.

Gleichwohl hat es auch synthetisierende Wirkungen entfaltet. Es hat, wie der Sachverständigenrat zutreffend hervorhebt, partiell „als integrierender, konsensstiftender Orientierungsrahmen" gewirkt und dabei „ein Denken auf den Weg gebracht, das entschieden gegen simple Polarisierungen im umweltpolitischen Diskurs gerichtet ist" *(RSU* 1996, 51). Der letztlich entscheidende Zielpunkt der Leitbilddiskussion besteht aber nicht im Diskurs, sondern in einer veränderten Praxis der diversen Akteure. Das legt die Frage nahe, ob das Ziel lediglich „noch nicht" erreicht wird, durch ein konsequentes „Try harder!" im Prozeß der weiteren Operationalisierung und Propagierung des Leitbildes (wie ihn der Sachverständigenrat empfiehlt) aber prinzipiell erreicht werden kann, oder ob die Hoffnung auf einen inhaltlich

Die ökologische Balance

Wenn abstrakt wirtschaftliches Wachstum auf die technisch informierte Anwendung von mehr Energie zur Steigerung der Produktivität menschlicher Arbeit zurückgeführt werden kann, dann zeichnet sich die kapitalistische Gesellschaftsformation dadurch aus, daß sie das Problem des wirtschaftlichen Wachstums eindrucksvoll gelöst hat. Freilich ist mit der Kapitalakkumulation das wirtschaftliche Wachstum naturwüchsig institutionalisiert worden, so daß eine Option für die selbstbewußte Steuerung dieses Prozesses nicht besteht. Die zunächst vom Kapitalismus befolgten Wachstumsimperative haben inzwischen über Systemkonkurrenz und erdumfassende Diffusion (ungeachtet der Stagnation oder gar rückläufiger Tendenzen in einigen Ländern der Dritten Welt) globale Geltung erlangt.

Die etablierten Wachstumsmechanismen erzwingen Bevölkerungswachstum und Produktionssteigerung im weltweiten Maßstab. Dem ökonomischen Bedarf einer wachsenden Bevölkerung und der steigenden produktiven Ausbeutung der Natur stehen als materielle Grenzgrößen gegenüber: einerseits endliche Ressourcen (die Fläche bebaubaren und bewohnbaren Landes sowie Frischwasser und Nahrungsmittel; ferner nicht-regenerierende Rohstoffe: Mineralien, Brennstoffe usw.); andererseits nicht ersetzbare ökologische Systeme, welche Schadstoffe wie radioaktive Abfälle, Kohlendioxyd oder Abwärme absorbieren. Freilich haben die (...) Schätzungen über die Grenzen des exponentiellen Wachstums von Bevölkerung, industrieller Produktion, Ausbeutung der natürlichen Ressourcen und Umweltverschmutzung noch recht schwache empirische Grundlagen. Die Mechanismen des Bevölkerungswachstums sind ebensowenig bekannt wie die Maximalgrenzen für die Absorptionsfähigkeit der Erde auch nur für die wichtigsten Schadstoffe. Außerdem können wir die technologische Entwicklung nicht hinreichend voraussagen, um zu wissen, welche Rohstoffe in Zukunft technisch ersetzt oder wieder aufgearbeitet werden können.

Selbst bei optimistischen Annahmen läßt sich indessen eine absolute Wachstumsschranke angeben (wenn auch vorerst noch nicht genau bestimmen), nämlich die Schranke der thermalen Umweltbelastung in Abhängigkeit vom Energieverbrauch. Wenn wirtschaftliches Wachstum mit steigendem Energieverbrauch notwendig gekoppelt ist, und wenn alle in wirtschaftlich nutzbare Energie verwandelte Naturenergie - und zwar deren gesamter Energiehaushalt und nicht nur der Anteil, der bei Transport und Umwandlung verlorengeht - letztlich als Wärme freigesetzt wird, dann muß der steigende Energieverbrauch auf die Dauer eine globale Erwärmung zur Folge haben. Die Ermittlung der kritischen Zeitspannen ist wiederum empirisch nicht einfach, da wir den Energieverbrauch in Abhängigkeit vom Wirtschaftswachstum und den Einfluß des Energieverbrauchs auf das Klima bestimmen müssen (nach dem derzeitigen Wissensstand ergibt sich ein kritisches Zeitintervall von etwa 75-150 Jahren). Immerhin zeigen diese Überlegungen, daß ein exponentielles Wachstum von Bevölkerung und Produktion, also die Ausdehnung der Kontrolle über die äußere Natur, eines Tages an Grenzen der biologischen Umweltkapazität stoßen muß.

Das gilt unspezifisch für alle komplexen Gesellschaftssysteme. Systemspezifisch sind die Möglichkeiten, ökologische Gefährdungen abzuwenden. Kapitalistische Gesellschaften können Imperativen der Wachstumsbegrenzung ohne Preisgabe ihres Organisationsprinzips nicht folgen, weil die Umstellung vom naturwüchsigen kapitalistischen Wachstum auf qualitatives Wachstum eine gebrauchwertorientierte Planung der Produktion verlangt. Die Produktivkraftentfaltung kann von Imperativen der Tauschwerterzeugung jedenfalls nicht ohne Verstoß gegen die Systemlogik abgekoppelt werden.

Aus: Jürgen Habermas: Legitimationsprobleme im Spätkapitalismus, Frankfurt a.M. 1973, 61ff hinreichenden und zeitlich stabilen Konsens nicht wenigstens zum Teil als solche problematisch ist. Ein Teil der Kluft zwischen Soll und Ist könnte immerhin daher rühren, daß sich die praktische Wirksamkeit des Leitbildes durch weitere Operationalisierungsbemühungen und durch eine intensivere Propagierung der Resultate überhaupt nur begrenzt erhöhen läßt.

Für die letztgenannte Annahme spricht folgendes. Schon auf der hier referierten relativ abstrakten Ebene unterschiedlicher Operationalisierungsoptionen, wie sie das Gutachten des Sachverständigenrats diskutiert, wird der charakteristische Konflikt erkennbar, „daß man sich eher auf theoretischer Ebene zu einigen vermochte, statt verbindliche Handlungsziele und Maßnahmenkataloge festzulegen" (*RSU* 1996, 54). Die Strittigkeit der verschiedenen Operationalisierungsoptionen ist sehr wesentlich auch eine Folge der Tatsache, daß sie Wert- und Interessenfragen berühren und daß deren Beantwortung durch unterschiedliche Akteure unvermeidlich unterschiedlichen Relevanzkriterien folgt.

Das Konfliktverhältnis zwischen den betreffenden Alternativen läßt sich durch „rein sachliche" wissenschaftliche Analysen und durch diskursive Verfahren zwar konkretisieren und - als mögliche Folge - in der einen oder anderen Frage auch entschärfen. Letztlich verlangen Wert- und Interessenkollisionen aber Entscheidungen.

Solche Entscheidungen sind aber nur dann unproblematisch, wenn sich *Win-Win*-Situationen schaffen lassen. Als Beispiel mag etwa die Einführung des Katalysators oder die Entwicklung des Drei-Liter-Autos dienen. In beiden Fällen läßt sich ökologische Wünschbarkeit mit wirtschaftlichem Nutzen und Sozialverträglichkeit (im Sinne mehr oder minder bezahlbarer Preise) verbinden. In allen übrigen Fällen folgen die Entscheidungen (bzw. die Vermeidung einer gewünschten Entscheidung) weniger dem Grad der Verankerung des Nachhaltigkeitsleitbildes als dem jeweiligen politischen Kräfteverhältnis zwischen den beteiligten Akteuren. Als Beispiel für diese Variante kann der Verlauf der Energiekonsens-Gespräche oder des Diskursprojekts zwischen chemischer Industrie und Umweltverbänden über die Risiken der Freisetzung gentechnisch manipulierter Organismen gelten. Veränderungen der Kräfteverhältnisse im Zeitverlauf können im übrigen einmal gefundene Kompromisse erneut zur Disposition stellen.[1]

---

1 Welch kompliziertes Gefüge von Faktoren bzw. Rahmungen eines strittigen Problems sich schließlich als ein gegebenes Kräfteverhältnis ergibt, zeigen etwa *Brand* u.a. 1997a.

Wie weit die Werte- und Interessenproblematik bis in die abstrakteren Ebenen der Nachhaltigkeitsdebatte hineinreicht, wird etwa in der deutlichen Ablehnung erkennbar, mit der der Sachverständigenrat den Ansatz der *Wuppertal*-Studie bedenkt: Werde - wie es dort der Fall ist - die „Materialintensität" als elementarer Maßstab von Nachhaltigkeitsbewertungen zugrundegelegt, so werde „das Sustainability-Modell der Tendenz nach vorrangig auf ein Verzichtsmodell des Umgangs mit der Natur verkürzt". Wie weit eine „solche egalitäre Auslegung von Rechtsansprüchen hinsichtlich des Ressourcenverbrauchs" letztlich auf einen „Zuteilungsmechanismus" hinausläuft, mag dahingestellt bleiben. Tatsache ist, daß die zutage tretende Differenz in wesentlichen Punkten eine Differenz über die Frage ist, welchen Interessen gleichsam eine Bestandsberechtigung zugesprochen wird und welche konkurrierenden Interessen demgegenüber delegitimiert werden. In der Praxis muß es sich dabei keineswegs immer oder allein um rein ökonomische Interessen handeln. Fallweise können auch soziale, kulturelle, politische Interessen zum Gegenstand heftiger Kontroversen werden. Als Beispiel kann das Spektrum der Konfliktgegenstände im Zusammenhang der Einrichtung von Nationalparken gelten.

Analytische und diskursive Bemühungen um weitere Konkretisierungen des Leitbildes (wie der Sachverständigenrat sie nahelegt) vermögen daran letztlich nichts zu ändern. Die betreffenden Konfliktkonstellationen würden lediglich in entsprechend konkreteren beziehungsweise bereichs- und themenspezifischen Konstellationen aufs neue hervortreten. Die Debatte um angemessene „Indikatoren" zur Feststellung und Förderung von Nachhaltigkeit bietet dafür zahlreiche Beispiele *(Born* 1997; *RSU* 1994). Das gleiche gilt für Bemühungen um sektorale beziehungsweise problemfeldspezifische Ausdifferenzierungen von Nachhaltigkeitszielen (besonders offenkundig etwa im Problemfeld Mobilität/Verkehr/Auto und im Problemfeld Energie) Das Problem liegt in der Regel nicht darin, daß das Leitbild als solches nicht akzeptiert würde, sondern daß unterschiedliche und zum Teil eben auch gegensätzliche Interessentengruppen - aus zum Teil gut nachvollziehbaren Gründen - andere praktische Interessen und Optionen verfolgen. Die Leitbildwirkung des Nachhaltigkeitsgebots wird dadurch prinzipiell begrenzt.

Insofern besitzt das Nachhaltigkeitsgebot eine erstaunliche Ähnlichkeit mit dem Gebot der Sozialpflichtigkeit des Eigentums wie es im Begriff der „Sozialen Marktwirtschaft" seinen für in der Bunderepublik Deutschland eingeführten Ausdruck gefunden hat. Wie der Begriff der „Sozialen Marktwirtschaft" hat auch das Nachhaltigkeitsgebot heute seinen festen Platz im programmatischen Grundbestand des öffentlich artikulierten Selbstverständnisses aller relevanten gesellschaftlichen Akteure gefunden (*Brand* 1997a). Und ebenso wie seinerzeit im Falle des Sozialpflichtigkeitsgebots privatwirtschafticher Tätigkeit bildet die inzwischen erfolgte programmatische Anerkennung des Nachhaltigkeitsgebots („Als Fortschritt kann nur bezeichnet werden, was von den Bedingungen der Natur mitgetragen wird"; *RSU* 1996, 50) eine längst überfällige Nachbesserung und Zivilisierung gesellschaftlicher Ordnungsvorstellungen. In der Folge gehört die Anerkennung des Nachhaltigkeitsgebots heute, nicht anders als im Falle des im älteren Begriff der „Sozialen Marktwirtschaft" gefaßten Sozialstaatsgebots, zum Grundbestand der *political correctness*. Sich öffentlich dagegen auszusprechen oder sich bewußt und trotz vorhandener Alternativen in einem gegenteiligen Sinne zu verhalten, kann schnell zu Delegitimierungen führen. Äußerer Ausdruck und zugleich krönender Abschluß dieser Entwicklung ist die Einfügung des Ziels der Sicherung der natürlichen Lebensgrundlagen in den Katalog der grundgesetztlich bestätigten Staatsziele der Bundesrepublik Deutschland (Art. 20a GG).[2]

Das Handeln der Akteure wird durch derlei Festlegungen jedoch nicht direkt berührt, sondern stets nur vermittelt durch die jeweils gegebenen Kräfteverhältnisse zwischen den Kontrahenten. Das Nachhaltigkeitsgebot ist darin besonders uneindeutig, weil es die Vielfalt der je einzelnen Interessen nicht auf ein Ziel, sondern auf eine Dreifaltigkeit mehr oder minder spannungsreich miteinander verbundene Teilziele (ökologische, wirtschaftliche und soziale) festgelegt. Im Falle der „Sozialen Marktwirtschaft" sind es wenigstens nur zwei solcher Ziele: die Beförderung wirtschaftlicher Konkurrenz und die Beförderung sozialen Ausgleichs.[3]

---

2 Zur rechtlichen Qualität dieser Festlegung siehe *Steinberg* 1996.

3 Insofern bildet das Nachhaltigkeitsgebot, ebenso wie das der Sozialen Marktwirtschaft, weniger ein Leitbild als eine Art (politischen) Glaubensartikel. Als Modus, in dem sich Akteure im öffentlichen Diskurs auf derlei Grundsätze beziehen, hat sich in der Bundesrepublik denn auch - insoweit durchaus folgerichtig - der des „Bekenntnisses" herausgebildet. Ganz in diesem Sinne „bekennt" sich die Bundesregierung (wie andere Akteure auch) zum Gebot der Nachhaltigkeit (*BMU* 1994, 1992). Gleiches gilt bekanntlich auch für den gesellschafts- und verfassungspolitischen Gesamtrahmen in Gestalt der „freiheitlich-demokratischen Grundordnung".

In dem Punkt, der leitbildgesteuerte Verfahren der Zielverfolgung im Kontext von Technikgestaltung, Organisationsentwicklung und betrieblicher Personalführung besonders attraktiv erscheinen läßt, nämlich der Fähigkeit von Leitbildern, ohne beständige konkrete Vorgaben, Ausführungsbestimmungen und Kontrollen zu einem besser koordinierten und venetzten Handeln in eine gewünschte Richtung zu führen, liegen mithin im Falle des Nachhaltigkeitsgebots weniger seine Stärken als seine Schwächen. Wenn Versuche zur Orientierung, Motivierung und Koordinierung des Denkens und Handelns von Menschen auf der Basis neuer Leitbilder nicht ebenso beeindruckende Ergebnisse zeitigen, wie das beliebte Physikexperiment mit dem Magneten, dem Blatt Papier und den Eisenfeilspänen, dann liegt das denn auch nicht unbedingt daran, daß Menschen keine Eisenspäne sind oder daß die betreffenden Leitbilder noch nicht hinreichend propagiert und akzeptiert wären. Es kann auch daher rühren, daß die Leitbilder fallweise zu allgemein, sehr kompliziert oder in sich widersprüchlich sind. Das Nachhaltigkeitsparadigima ist ein Musterbeispiel für alle drei Varianten. Sein erklärtes Ziel, Ökologie, Ökonomie und Soziales miteinander zu vermitteln, mag unter Leitbildgesichtspunkten geradezu als eine Einladung zur Quadratur des Kreises erscheinen.

Trotz dieser Bedenken erscheinen mir Bemühungen um die Konkretisierung des Nachhaltigkeitsleitbilds für den Bereich einzelner gesellschaftlicher Problemfelder sinnvoll, denn erst in entsprechender Konkretisierung werden die relevanten Widersprüche klar erkennbar, sie werden in bezug auf die Verteilung von Vorteilen und Nachteilen personell zurechenbarer, und sie werden in der Folge auch verhandelbarer und entscheidbarer.

3. Leitbildwechsel als Herausforderung der Politik

Zugleich wird auch erst auf einer entsprechend konkreten Ebene deutlicher, welches die Implikationen eine Leitbild*wechsels* sind, wie er unter anderem im Zusammenhang des Nachhaltigkeitsziels gefordert wird.

Die Erwartung, jemand möge ein neues Leitbild übernehmen und zu dessen Gunsten ein altes Leitbild aufzugeben, läßt an Wechselrahmen oder an das Transportsystem von Diaprojektoren denken: Beide Errungenschaften machen es möglich, ein Bild mit einem Minimum an Aufwand gegen ein anderes Bild auszuwechseln. Diese Assoziation führt allerdings in die Irre: Während das Ziel der Operation im einen Fall mehr oder minder stark kontemplativer Natur ist (die Betrachtung von Bildern), zielt die Aufforderung zur Übernahme eines neuen Leitbildes auf deutlich Anderes und Komplexeres.

Leitbilder sind unter anderem Sinnbezüge, mit deren Hilfe Menschen den Zielen ihres Handelns und der Art und Weise ihres Handelns Relevanz zuweisen und beides für sich (und meist auch für andere) legitimieren. Leitbilder bilden in dieser Funktion eine entscheidende Vermittlungsinstanz, mit deren Hilfe individuelles Denken und Handeln mit der „Außenwelt" in Beziehung gesetzt wird. Und sie sind darin immer auch eine Grundlage des Selbstbildes und des Selbstwertgefühls von Menschen. Die Propagierung eines neuen Leitbildes enthält insofern nichts geringeres als die Zumutung, daß die betreffenden Personen mit dem alten Leitbild für einen mehr oder minder großen Bereich ihres Denkens und Handelns (im Beruf, als Nachbarn, als Bürger, im Generationenverhältnis, im Geschlechterverhältnis etc.) auch ihre Vorstellungen von Sinnhaftigkeit, einen entsprechenden Teil ihres eigenen Selbstbildes und schließlich einen Teil der damit verbundenen Routinen der Alltagsbewältigung aufgeben. Es kommt hinzu, daß die Handlungsmuster von Personen über Strukturen der Arbeitsteilung stets mit dem Handeln anderer Personen verschränkt sind. Insofern berührt ein persönlicher Leitbildwechsel immer auch weitere Personen mit deren Handlungsmustern und deren dahinter stehenden Selbstverständnissen.

Der Kern der Aufgabe zielt mithin auf einen Doppelprozeß von persönlicher Neuorientierung in bezug auf die Ziele und Wertvorstellungen von Personen und einer Restrukturierung ihrer Handlungsmuster und des sozialen Kooperationsgeflechts, in das sie eingebunden sind. Sich auf ein Leitbild einzulassen, das sich nennenswert vom bisher Gültigen unterscheidet (etwa auf ein Mobilitätsleitbild, das wie das „Entschleunigungsziel" der Studie „Zukunftsfähiges Deutschland" deutlich mehr will als betreffende Leitbild der bisherigen Bundesregierung,[4] ist insofern alles andere als eine leichte Entscheidung, und es liegt nahe, daß ein solcher Prozeß nicht nur von der sachlichen Plausibilität des Nachhaltigkeitsleitbilds, sondern sehr wesentlich auch von Bewertungen der Konditionen abhängt, zu denen der gewünschte

---

4 „Mobilität dauerhaft erhalten, dabei unerwünschte Verkehrsfolgen spürbar verringern" (*Bundesregierung* 1997b).

Wandel im betreffenden Problemfeld und im konkreten Fall von den jeweiligen Akteuren eingefordert wird.

Im Mittelpunkt der Problematik stehen Angemessenheitsvorstellungen im Sinne von Fairneß- und Gerechtigkeitserwägungen: Wie überzeugend sind die vorgesehenen Mittel der Zielerreichung und in welchem Verhältnis steht der insgesamt geforderte Aufwand zum erwarteten Grad der Problemlösung? Wie einleuchtend ist die Art und Weise, in der die damit einhergehenden Zumutungen auf die einbezogenen Personen beziehungsweise Personengruppen verteilt werden (sollen), und zwar nach Maßgabe

a) ihrer unterschiedlichen Verantwortlichkeiten für die Entstehung der zu überwindenden Mißstände (Verursacherprinzip),
b) ihrer unterschiedlichen Leistungsfähigkeit in der Bewältigung der neuen Anforderungen (Prinzip der Leistungsfähigkeit)

und

c) des zu erwartenden Nutzens für die unterschiedlichen beteiligten Personengruppen und Personen (Nutzensprinzip).

Industrie- und arbeitssoziologische Untersuchungen zeigen, daß die Bereitschaft von Beschäftigten, sich im Alltag ihres betrieblichen Handelns auf die Herausforderungen neuer Leitbilder einschließlich des damit verbundenen Ungemachs einzulassen (zum Beispiel als Bereitschaft zur Übernahme von Verantwortung, zur Übernahme zusätzlicher Aufgaben in der Gruppenarbeit, zu unternehmerischem Denken) durchaus vorhanden ist, vorausgesetzt, die genannten Fragen können in ihrem Sinne positiv beantwortet werden (*Moldaschl* 1994; *Heisig/Littek* 1995; *Senghaas-Knobloch u.a.* 1996). Im Falle des Nachhaltigkeitsziels dürfte die allgemeine Bereitschaft „einzusteigen" eher noch größer sein, vor allem weil dem darin enthaltenen Umweltbezug in besonderem Maße und quer durch alle Akteurgruppen hindurch besondere Bedeutsamkeit zugemessen wird *(de Haan/Kuckartz* 1996). Auch hier entwickelt sich konkrete Handlungsbereitschaft jedoch erst und nur in dem Maße, wie die zugemuteten Belastungen und ihre Verteilung auf unterschiedliche Personengruppen als angemessen im Sinne von „fair" und „gerecht"[5] empfunden werden.

---

5 Im Rahmen eines Bremer Forschungsprojekts beziehen wir den Begriff der Fairneß auf den Verfahrensaspekt von Politik, etwa im Sinne der Frage: Werden Zusagen eingehalten? Den Begriff der Gerechtigkeit beziehen wir demgegenüber auf die Dimension der inhaltlichen Resultate von Politik, etwa im Sinne der Frage: Was wird mir abverlangt und was

Die neuere Frage nach den Möglichkeiten leitbildbasierter Verhaltensbeeinflussung mündet damit in die ältere Thematik sozialer Zumutbarkeit und sozialer Gerechtigkeit, allerdings mit gleichsam postfordistischen Akzenten: die zugrunde liegenden beziehungsweise zugrunde zu legenden Vorstellungen von Fairneß und Gerechtigkeit sind selbst nur diskursiv zu ermitteln und kooperativ zu „installieren", und sie haben immer nur für einen begrenzten Problembereich und einen begrenzten Zeitraum Bestand. Mit dem klassischen Zuschnitt sozialer Fairneß und Gerechtigkeitsfragen bleiben sie insofern verbunden, als der erforderliche Abgleich keinesfalls nur im Kreise kooperativ gestimmter Diskursteilnehmer, sondern stets auch im verdeckten oder offenen Konflikt zwischen widerstreitenden Erwartungen und Interessen der Akteure erfolgt.

Meine These lautet nun: Soweit die umweltpolitische und zum Teil auch die umweltsoziologische Wertschätzung von „Leitbildern" auf der Hoffnung fußt, erfolgreich kommunizierte Leitbilder führten gleichsam automatisch zu einer Selbstaktivierung der Akteure und zur Entstehung von Übereinkünften, ist diese Hoffnung fragwürdig. Es ist daher auch nicht anzunehmen, daß erfolgreich kommunizierte Leitbilder per se eine Entlastung der formellen Politik nach sich ziehen. In gewisser Weise nehmen die Anforderungen an die Politik sogar zu.

Interessanterweise ist aber gerade in der Politik eine verbreitete Neigung zu beobachten, diesem Sachverhalt aus dem Wege zu gehen. Soweit der bezeichneten Problematik überhaupt Aufmerksamkeit zugemessen wird, geschieht das überwiegend in bezug auf eine einzige Fallkonstellation, nämlich die der *Win-Win*-Situation (vor allem in Form der emphatischen Versicherung, „Ökologie und Ökonomie müßten einander keineswegs widersprechen"). Derlei Konstellationen sind in der Tat wichtig, denn mit ihrer Hilfe lassen sich Inseln von Nachhaltigkeitsfortschritten bilden, die zu weiterem Handeln ermutigen und darüber hinaus zur Bildung von Nachhaltigkeitsstandards beitragen können. Der Geltungsanspruch des Nachhaltigkeitsziels läßt sich jedoch nicht auf diese *Win-Win*-Konstellation reduzieren. Indem nachhaltigkeitsorientierte Entscheidungen überkommene Handlungsmöglichkeiten und -routinen von Akteuren einschränken, anderen Handlungsmustern und Zielen Priorität einräumen und zur Herausbildung von neuen Denk- und Handlungsmustern nötigen, schaffen sie für Betrof-

---

bekomme ich? - Zur Thematisierung von Gerechtigkeitsfragen im Zusammenhang der Umweltbewußtseinsforschung s. *Montada/Kals* 1995.

fene mannigfaches Ungemach und oftmals auch Verlierersituationen. Je nachdem welche von mehreren konkurrierenden Varianten sich durchsetzen kann, ergeben sich unterschiedliche Konstellationen von Gewinnern und Verlierern.

Die Problematik entfaltet sich in der Beantwortung von zwei Schlüsselfragen. Die eine Frage lautet: Für welche Zwecke sollen öffentliche Mittel zukünftig *stärker* eingesetzt werden? Zum Beispiel: Für eine Politik der weiteren Suburbanisierung oder für eine Politik, die diesem Trend bewußt entgegenwirkt, für den Bau von Straßen oder für den Ausbau des Schienenverkehrs, für den Ausbau von Eisenbahn-Hochgeschwindigkeitstrassen zwischen einer begrenzten Zahl von Großstädten oder für die Stabilisierung jener Bahnnetze, die die Fläche erschließen. Die andere Frage lautet: Wie soll im Falle bestehender Konkurrenzen um die Nutzung knapper Kollektivgüter verfahren werden? Zum Beispiel: Soll der Ausbau beziehungsweise die Nutzung von Straßen stärker den Erfordernissen einer zügigen Bewältigung von PKW-Strömen oder den Wohn- und Erholungsinteressen von Anwohnern dienen? Vergleichbare „entweder-oder"-Konstellationen finden sich in den übrigen beiden „Ecken" des Nachhaltigkeitsdreiecks und zwischen ihnen.

Welche Variante sich im Einzelfall auch immer durchsetzt und welches auch immer die damit verbundene Gewinner-Verlierer-Situation sein mag, in jedem Falle ist die betreffende politische Entscheidung selbst Quelle neuer Unzufriedenheiten, die ihrerseits schnell politische Folgen zeitigen können. Das ist um so mehr der Fall, wie die Entscheidungen der genannten Alternativen nicht im Sinne einer Festigung der jeweils vorgängigen Trends, sondern - im Sinne des Nachhaltigkeitsgebots - gegen sie ausfällt. Insofern potenziert das Nachhaltigkeitsgebot die Anforderungen an das gesellschaftliche Vermögen zur politischen Moderation von Interessenkonflikten, nicht zuletzt als beträchtliches Anwachsen der Anforderungen an die institutionalisierte Politik.

Die notwendigen politischen Entscheidungen lassen zwar fallweise sehr unterschiedliche Gruppen von Betroffenen entstehen, und die Grenzen zwischen Gewinnern und Verlierern verlaufen durchaus nicht immer parallel zu den klassischen Grenzlinien sozialökonomischer Differenzierung (Kapital - Arbeit oder arm - reich). So wurde etwa der Suburbanisierungsprozeß der letzten Jahrzehnte keineswegs nur von besonders begüterten Kreisen getragen, sondern mindestens ebenso sehr von solchen Kreisen, die angesichts ihrer knappen finanziellen Ressourcen die höheren Grundstückspreise in den Städten vermeiden wollten. Eine Politik der Erschwerung suburbaner

Mobilitätsmuster würde daher in der Tat sehr unterschiedliche Kreise treffen. Ähnliches gilt mittlerweile für den Flugtourismus.

Tatsache ist allerdings, daß die Angehörigen höherer Einkommensgruppen in der Regel über entsprechend größere Möglichkeiten verfügen, die materiellen Wirkungen politisch verfügter Einschränkungen ihrer bisherigen Handlungsmuster abzupuffern. So führt der Druck, bei bestimmten Fahrten (etwa zum Arbeitsplatz) öffentliche Verkehrsmittel anstelle des eigenen Autos zu benutzen (ohne es ganz abschaffen zu können, weil es für andere Wege weiterhin benötigt wird), bei den Betroffenen zwar zu gleichen Erhöhungen der Unkosten. Für die Bezieher kleiner Einkommen schlagen solche Veränderungen jedoch empfindlicher zu Buche. Bezieher höherer Einkommen mögen die Neuerung hingegen als willkommenen Anstoß zu eigener Verhaltensänderung im Sinne von mehr *ecological correctness* empfinden und handhaben können.

Zumindest bei einem gleichzeitigen Übergang zu nachhaltigeren gesellschaftfichen Reproduktionsmustern in einer größeren Zahl von Handlungsfeldem besteht die Gefahr, daß im Bereich der Bezieher unterer Einkommen deren finanzielle Pufferkapazität überbeansprucht wird. Damit gewinnt zunächst einmal das klassische Gütekriterium für (zumindest langfristig) erfolgreiche Politik neue, zusätzliche Aktualität: die Fähigkeit (und die Bereitschaft) zur Beförderung von sozialen Ausgleichsprozessen zwischen unterschiedlich gestellten Bevölkerungsgruppen. In diesem Zusammenhang geht es nicht allein, aber doch stets in nennenswertem Maße um die *quantitative* Frage, in welchem Maße unterschiedliche soziale Gruppen zu Abgaben, insbesondere zu Steuern und Gebühren herangezogen werden und in welcher Verteilung die dadurch zusammenkommenden Mittel den verschiedenen Gruppen anschließend zugute kommen. Die Auseinandersetzung um eine ökologische Steuerreform zeigt diesen Aspekt der Sache in aller Deutlichkeit.

Insofern „Nachhaltigkeit" den Übergang zu anderen Verhaltensmustern erfordert, treten jedoch verstärkt *qualitative* Anforderungen an die Politik hinzu, die unter dem Begriff des *empowerment* zusammengefaßt werden können. Sie lassen sich daraufhin zuspitzen, daß viele Akteure überhaupt erst im notwendigen Maße handlungsfähig gemacht werden müssen, sei es durch die Bereitstellung sachlicher Voraussetzungen, zum Beispiel infrastruktureller Voraussetzungen eines anderen Mobilitätsverhaltens (*Lange* 1995, *Franzen* 1996), sei es durch die Beförderung von Kommunikations- und Aushandlungsprozessen zwischen Akteuren, die traditionell nicht nennenswert kooperieren, ohne deren Kooperation aber keine kompetenten und politisch bestandsfähigen Lösungen zustandekommen (*Prittwitz* 1996). Dic Tatsache, daß derartige Fragen letztlich nur zwischen den betreffenden Akteuren und insofern dezentral beantwortet werden können, ändert nichts daran, daß die Herausforderung und Beförderung entsprechender Übereinkünfte eine zunehmend wichtige Aufgabe der politischen Institutionen und insbesondere auch der staatlichen Akteure ist.

Ein Leitbild*wechsel* zugunsten von Nachhaltigkeit als einem Ziel, das auch handlungsrelevant wird, setzt insofern voraus, daß die Politik im Sinne der folgenden beiden Fragen moderierend und sozial ausgleichend auf das gesellschaftliche Leben einzuwirken vermag:

- Gelingt es, Kommunikationskulturen aufzubauen, in denen die beteiligten Akteure trotz mannigfacher Machtasymmetrien sich selbst eine ausreichende Chance zuschreiben, mit ihren Interessen ernstgenommen zu werden? Wie weit das gelingt, beantwortet sich nicht nur nach Maßgabe der jeweiligen Kommunikationsstile, sondern sehr wesentlich auch über die Beantwortung einer zweiten, elementareren Frage:
- Kommt es - wenngleich stets nur für einen bestimmten Zeitraum und vorbehaltlich späterer Änderungen - zu einem nennenswerten Ausgleich der divergierenden sozialen Interessen?

Die Bedeutsamkeit politischer Steuerungsimpulse wird dadurch nicht zugunsten von leitbildgesteuerter Selbsttätigkeit der diversen gesellschaftlichen Akteure gemindert, sondern sie nimmt eher zu und die Anforderungen an die Professionalität des betreffenden Handelns steigen an. Das gilt insbesondere auch für das Handeln staatlicher Stellen.

ROLAND BOGUN,
GÜNTER WARSEWA

Ökologie, gesellschaftliche Normbildung und Risikobewußtsein

Die folgenden Ausführungen sollen dazu beitragen, konzeptionelle Defizite der sozialwissenschaftlichen Umweltforschung, die sich insbesondere in der These von der Kluft zwischen Umweltbewußtsein und Umweltverhalten ausdrücken, zu überwinden. Dabei wird die Bedeutung von Handlungsbedingungen betont, die sich aus dem Zusammenhang von Prozessen des sozialen Wandels und gesellschaftlicher Normbildung ergeben. Vor diesem Hintergrund lassen sich Formen individuellen Bewußtseins und Verhaltens im Umgang mit ökologischen Risiken als durchaus konsistenter Ausdruck von Unbestimmtheiten und Widersprüchlichkeiten interpretieren, die auf der Ebene gesellschaftlicher Strukturen und sozialer Prozesse angelegt sind. In Anknüpfung an frühere Überlegungen und empirische Befunde (*Bogun u.a.* 1990) wird das Konzept des „Risikobewußtseins" als einer Steuerungsinstanz des individuellen Verhaltens begründet.

1. „Patchwork" statt „Konsistenz" - oder: Vom Regen in die Traufe?

Nach wie vor sind die öffentlichen und wissenschaftlichen Debatten über das sogenannte „Umweltverhalten" von der (offenbar nicht erwarteten) erstaunten Erkenntnis geprägt, daß zwischen dem, was aus ökologischen

Gründen als notwendig gilt beziehungsweise den darauf bezogenen Formen individuellen „Umweltbewußtseins" einerseits und den tatsächlichen Verhaltensweisen andererseits eine scheinbar unüberbrückbare Diskrepanz oder Kluft bestehe (z.B. *Diekmann/Preisendörfer* 1992). Umweltverhalten bleibt demnach nicht nur hinter gesellschaftlichen und persönlichen Ansprüchen zurück, sondern erscheint darüber hinaus auch als in sich widersprüchlich, inkonsequent, selektiv und inkonsistent. Immer noch wird die „erstaunliche Resistenz des Verhaltens gegen die eigene bessere Einsicht" (*Gestring u.a.* 1997, 18) als ein erklärungsbedürftiger Sachverhalt problematisiert, und folgerichtig wird in zahlreichen Untersuchungen nach relevanten Einflußfaktoren - vor allem psychologischen oder ökonomischen „Barrieren" oder „Hemmnissen" - für das „umweltgerechte" Verhalten gesucht. Inzwischen hat die einschlägige Forschung eine Vielzahl von Ergebnissen über die Bedeutung potentieller Einflußfaktoren für umweltbezogenes Verhalten hervorgebracht - von soziodemographischen Merkmalen, Wertorientierungen, Einstellungen, sozialen Beziehungen bis zu spezifischen Merkmalen der gegebenen Angebots- und Gelegenheitsstrukturen. Die nachgewiesenen Zusammenhänge erwiesen sich indes in der Regel als schwach - insgesamt entsteht die „fundamentale Einsicht: Nichts hängt zusammen" (*de Haan/Kukkartz* 1996, 104). Nicht zuletzt deshalb zeichnet sich in der Forschung ein Trend zur „Disaggregation" und zu immer weiter gehenden Differenzierungen ab, der freilich Gefahr läuft, die untersuchten Phänomene in „lauter Konkretismen" aufzulösen und den wissenschaftlichen Anspruch auf verallgemeinerbare Aussagen zu unterlaufen (S. 257ff).

Wenn so lange mit so wenig Erfolg nach Antworten gesucht wird, ist das häufig ein Indiz dafür, daß die Frage falsch gestellt ist. Mit der Unterstellung einer möglichen oder gar erforderlichen Konsistenz zwischen dem theoretischen Konstrukt „Umweltbewußtsein" und dem beobachtbaren „Umweltverhalten" wird ein Untersuchungs- und Interpretationsrahmen gesetzt, der den sozialen Handlungsbedingungen der Akteure nicht gerecht wird und dem deren Verhaltensweisen deshalb ihrerseits nicht gerecht werden können. Angesichts zahlreicher und vielfach widersprüchlicher Handlungsanforderungen und individueller Ansprüche ist inkonsistentes und selektives Verhalten kein erstaunlicher und erklärungsbedürftiger Sachverhalt, sondern vielmehr der zu erwartende Regelfall „ökologischen" Verhaltens.

In dieser Perspektive erscheint der Begriff eines primär auf den Zustand der natürlichen Umwelt gerichteten „Umweltverhaltens" als ebenso fragwürdig wie ein auf „Umwelt"-Bewußtsein reduzierter Begriff des handlungsrelevanten Bewußtseins. Wird bei letzterem die

> „gesellschaftlich und individuell meist vorhandene Einsicht in die Notwendigkeit von mehr Umweltschutz (...) aus ihrem realen Bedürfniskontext gelöst und das isolierte Konstrukt zu einer selbständigen Bewußtseinsinstanz hypostasiert" (*Gestring u.a.*, 138),

so wird Umweltverhalten als praktische Umsetzung eines solchen ökologischen Problembewußtseins und somit als ein primär auf die Erhaltung der Umwelt gerichtetes Verhalten konstruiert. Angesichts der Vielzahl möglicher Handlungsmotive und Entscheidungskriterien ist eine solche Annahme indes theoretisch kaum plausibel, und auch empirisch zeigt sich, daß es in der Regel vielmehr - wenn überhaupt - um die Berücksichtigung beziehungsweise das Praktizieren von weniger umweltschädlichen Handlungs*alternativen* geht. Damit rückt die Frage nach den zentralen oder „primären" Handlungsmotiven und -zielen, nach gruppen- und bereichsspezifischen Motivallianzen und Bedürfniskoalitionen einerseits, Motiv- und Interessenkonflikten andererseits sowie darauf bezogenen Abwägungs- und Entscheidungsprozessen in den Vordergrund. Dem entsprechende Forschungsansätze finden sich etwa zum Mobilitätsverhalten bei *Burwitz u.a.* (1992), *Littig* (1995), *Jahn/Schultz* (1995) sowie zum Wohnen bei *Gestring u.a.* In diesen Untersuchungen zeigt sich deutlich, daß die Entscheidung zum Verzicht auf den Besitz eines Autos, zur Benutzung eines umweltfreundlichen Verkehrsmittels oder zum ökologischen Wohnen aus unterschiedlichen Motiven heraus erfolgt, unter denen das ökologische Motiv keineswegs den ersten Rang einnimmt.

Zudem sind Diskrepanzen zwischen Wissen, Werten und Einstellungen zum einen und konkretem Verhalten zum anderen ein lange bekanntes Phänomen, das keineswegs allein das Umweltthema betrifft. Für andere gesellschaftliche Problembereiche, wie etwa Arbeitslosigkeit, Armut, Kriminalität, wird anscheinend eher akzeptiert, daß die Wahrnehmung gesellschaftlicher Risiken keineswegs eine unmittelbare Herausforderung an das persönliche Verhalten darstellt und entsprechende Konsequenzen nach sich zieht. Auch wenn eine Besonderheit der ökologischen Problematik darin bestehen mag, daß hier prinzipiell jeder als „Mittäter" angesehen werden kann: Die daraus resultierende Kritik richtet sich zumeist recht unspezifisch auf die „gesamtgesellschaftliche Lebensweise" (*Reusswig* 1994) und bleibt damit weit entfernt von konkreten individuellen Verhaltensweisen. Aus der „Demokratisierung der ‚ökologischen Schuld'" (*Gillwald* 1995, 27) auch individuell die Konsequenz zu ziehen, sich selbst als letztlich hauptverantwortlich für die Umweltproblematik zu betrachten (*Kösters* 1993) und deshalb das eigene Verhalten einer ebenso grundsätzlichen ökologischen Revision zu unterziehen, ist nur eine mögliche - und keineswegs die naheliegendste - Reaktionsweise. Offenbar hat es einiger Zeit bedurft, bis diese Erkenntnis sich bis zur sozialwissenschaftlichen Umweltforschung „herumgesprochen" hatte (*de Haan/Kuckartz*, 127) und der entsprechende Lernprozeß nachvollzogen war (*Preisendörfer/Franzen* 1996, 234).

Hinzu kommt, daß gesellschaftlich akzeptierte Maßstäbe für ökologisches Handeln nur unzureichend entwickelt sind. Die gesamte Lebensführung unter dem ökologischen Imperativ „Handle so, daß die Konsequenzen Deines Tuns die Möglichkeiten eines lebenswerten Lebens auf der Erde nicht in Frage stellen" (*Töpfer*, zit. n. *Gestring u.a.*, 171f) betrachten zu wollen, stößt auf das Problem, daß trotz inzwischen formulierter allgemeiner Leitbilder auf der Grundlage naturwissenschaftlicher und naturökonomischer Analysen (z.B. in der Studie „Zukunftsfähiges Deutschland"; *BUND/Misereor* 1996) keineswegs konsensfähig definiert werden kann, wo die Grenzen zwischen einer umweltgerechten und einer nicht mehr umweltgerechten Lebensführung tatsächlich liegen. Die Entscheidung darüber liegt also im wesentlichen bei den einzelnen Individuen, und auch für die Motiviertesten dürfte gelten, daß der Anspruch auf eine konsistente und widerspruchsfreie „strikte Ökologisierung" (*Gillwald*, 26ff) oder „konsequent ökologisches Verhalten" (*Hildebrandt* 1997, 238) eine soziale und moralische Überforderung darstellt. Auch empirisch bestätigt sich, daß das verbreitete Bild des rigorosen und konsequenten „Öko-Fundamentalisten" selbst bei ökologisch hochambitionierten Personengruppen, etwa in ökologischen Wohnprojekten, auf Ablehnung stößt: der Zwang zur permanenten Selbstkontrolle, eines „dauernden Bewußtseins" und „Dauernd-auf-der-Lauer-Liegens" gilt als unzumutbar, Puristentum und verbissener Dogmatismus treffen auch hier auf einen „antifundamentalistischen Konsens" (*Gestring u.a.*, 102, 129ff). Auch ein - ohnehin nicht sehr verbreitetes - gesinnungs- oder verantwortungsethisch motiviertes Handeln kann sich diesem Dilemma also nicht entziehen, zumal es, je „konsequenter" betrieben, desto stärker auch in die Nähe abweichenden Verhaltens rückt - mit dem Risiko zunehmender sozialer Selektivität, Begrenztheit und Marginalisierung.

Da ökologisch relevantes Verhalten in ganz unterschiedlichen Handlungsbereichen vollzogen wird, unterliegt es auch unterschiedlichen typischen Handlungslogiken. Schon frühzeitig wurde offenkundig, daß es „wenig Sinn macht, mit dem Konzept ‚umweltorientiertes persönliches Verhalten' im Sinne eines einheitlichen Verhaltensmusters zu arbeiten" (*Diekmann/Preisendörfer*, 239). Inzwischen hat sich aber auch die gängige Unterscheidung von Handlungsbereichen wie Verkehr, Wohnen, Energie *et cetera* zum einen als nicht hinreichend ausdifferenziert erwiesen; zum anderen läßt ein solches Klassifikationsschema offen, worin strukturelle Gemeinsamkeiten und Differenzen solcher Handlungsbereiche beziehungsweise Handlungsebenen wie zum Beispiel Einkaufen, Nutzen und Entsorgen tatsächlich bestehen (*Bogun* 1996, *de Haan/Kuckartz*). Die Probleme der Kompatibilität zwischen soziologischen Zugängen zur Unterscheidung von Lebens- oder Handlungsbereichen wie Arbeit oder Familie und ökologischen Problembereichen (*Schultz/Weller* 1997) haben in letzter Zeit eine Reihe von Vorschlägen hervorgebracht, die teils konkurrieren, teils sich aber auch ergänzen könnten (etwa die für den Konsumbereich vorgeschlagene Unterscheidung von strategischen Konsumentscheidungen, Konsumentscheidungen mittlerer Reichweite und operativen Konsumentscheidungen: *Bodenstein u.a.* 1997). Bislang allerdings ist das Problem einer verallgemeinerungsfähigen systematischen Differenzierung von Handlungslogiken und Handlungskonstellationen, mittels derer sich die unübersichtliche Vielfalt von Einzelbefunden strukturieren ließe, noch nicht in befriedigender Weise gelöst.

Ebenso wie im Hinblick auf die systematische Differenzierung von Handlungskonstellationen verweisen die vorliegenden Befunde auf die Notwendigkeit, individuelle Verhaltensvoraussetzungen nach sozialen, biographischen und persönlichen Merkmalen zu unterscheiden. Neuere Versuche, die Vielfalt dieser Bedingungen durch Rückgriff auf Sozialstrukturkategorien, Milieu-, Lebensstil- oder Lebensformenkonzepte einer systematischen Analyse zugänglich zu machen (*Poferl u.a.* 1997, *Prose/Wortmann* 1991, *Jahn/Schultz*) tragen unter den Bedingungen gesellschaftlicher Pluralisierung und Individualisierung bislang freilich auch eher zur Feststellung einer „ökologischen Unübersichtlichkeit" (*Gillwald*, 33) bei, die ihren Ausdruck in der These vom „Patchwork-Charakter" ökologischen Handelns (*Reusswig* 1994) findet.

Der Befund ist also recht eindeutig, allerdings auch ernüchternd: Das Umweltthema beziehungsweise die ökologischen Probleme der modernen Gesellschaft scheinen - zumindest auf der Ebene der Individuen - keine systematischen Verarbeitungsweisen und Bewältigungsstrategien zu begründen. Konstatiert wird nach rund 25 Jahren ökologischer Debatten und nahezu ebenso langen einschlägigen Forschungsbemühungen eine unübersichtliche „Patchwork-Ökologisierung" - ein Begriff, der weitgehende Ratlosigkeit angesichts unterschiedlicher „Ökologisierungsgrade" in unterschiedlichen Lebens- und Bedürfnisbereichen bei unterschiedlichen Personen(gruppen) nur notdürftig kaschiert.

2. Ökologische Normbildung und individuelles Verhalten

Ist der Individualisierungsprozeß in den modernen Gesellschaften schon so weit fortgeschritten, daß überhaupt keine systematischen und verallgemeinernden Aussagen über den Zusammenhang von Problemverarbeitungs- und Verhaltensmustern einerseits mit sozialen Merkmalen und gruppenspezifischen Mentalitäten andererseits mehr gemacht werden können? Oder macht es gar keinen Sinn, von *den* Umwelt- oder ökologischen Problemen zu sprechen, weil die Katastrophenangst vor einem Atomunfall etwas völlig anderes ist als der Verlust ästhetischer Qualitäten unversehrter Landschaft oder das Mitgefühl mit Brathähnchen aus industrialisierter Massenproduktion - und all dies sich wiederum nicht mit jenen Fragen vergleichen läßt, die sich um die tägliche Autonutzung, den Verzehr giftverseuchter Südfrüchte oder die Abwasserbelastung, an der man am Arbeitsplatz selbst beteiligt ist, drehen?

Angesichts der Unbestimmtheit vieler dieser Probleme und ihrer tatsächlichen Unvergleichbarkeit erscheint es wenig verwunderlich, daß sich die Einstellungen, Urteile, Deutungen und erst recht das reale Verhalten der einzelnen Menschen kaum mit dem *common-sense*-haften Etikett „umweltbewußt" in Einklang bringen lassen. Dennoch ist den damit bezeichneten Fragen und Problemen gemeinsam, daß sie allesamt als spezifischer Typ von gesellschaftlich hergestellten Gefahren definiert und behandelt werden und daß es in allen Fällen darum geht, sowohl individuell als auch kollektiv darüber zu entscheiden, in welchem Ausmaß diese Gefahren akzeptiert oder vermieden werden sollen. In diesem Sinne bezeichnen Umweltfragen also Risiken, und zwar jene Risiken, die sich auf die gesellschaftlich hergestellten Folgewirkungen beziehungsweise „Störungen" im Verhältnis von Umwelt und Natur zu Gesellschaft beziehen.[1] Was als Problem und was als „angemessene" Reaktion darauf betrachtet wird, sind demgemäß Fragen, die nicht in erster Linie anhand „objektiver" Umwelt- oder Naturzustände zu beantworten sind, sondern über die in gesellschaftlichen Aushandlungs- und Normbildungsprozessen entschieden wird.

Solche gesellschaftlichen Prozesse der Definition ökologischer Probleme und darauf bezogener Normbildung haben sich während der vergangenen Jahrzehnte stetig fortentwickelt. Ohne daß sich dabei ein gewisses Maß an gesellschaftlicher Verständigung und Übereinkunft über ökologische Probleme eingestellt hätte, wären die zahlreichen und übereinstimmenden Befunde, die hohe Grade von allgemeiner Umweltsensibilität und Umweltwissen sowie hohe Prioritäten für Umweltschutz belegen, sowie sicherlich nicht zuletzt auch die insbesondere im Bereich des industriellen Umweltschutzes erzielten Regulierungen nicht möglich. Gleichwohl entfalten diese Prozesse bislang offenbar nur wenig Wirkung im Sinne verbindlicher und verallgemeinerter handlungsleitender Orientierungen für das individuelle Handeln und Entscheiden.

Ein Grund dafür könnte sein, daß der Prozeß der gesellschaftlichen Normbildung in den diversen ökologischen Problemfeldern noch nicht bis zu jenem Grad der Verallgemeinerung und Verdichtung fortgeschritten ist, bei dem Normbildung auch gesellschaftliche Normalität begründet (*Bahrdt* 1994, 50). Möglich erscheint aber auch, daß in der pluralisierten und individualisierten Gesellschaft den tendenziell integrativen, vereinheitlichenden, kurz: „normalisierenden" Wirkungen von Normbildungsprozessen strukturelle Grenzen gesetzt sind.

Verglichen etwa mit anderen sozialen Risiken erscheint die gesellschaftliche Problematisierung der ökologischen Risikoproduktion in ihrer heutigen

---

1 Ein vergleichbarer theoretischer Ansatz drückt sich in der Formulierung „Krise der gesellschaftlichen Naturverhältnisse" aus (*Jahn* 1990). Der „Krisen-Begriff erscheint uns in diesem Zusammenhang wegen seines temporären und zyklischen Charakters aber weniger geeignet als der ‚Risiko'-Begriff, der die Entscheidungsabhängigkeit von Entwicklungen und Zuständen betont. Mit der Verwendung des Risikobegriffs soll dem Sachverhalt Rechnung getragen werden, daß die im ökologischen Diskurs thematisierten Probleme nicht einfach gegeben sind, sondern daß ihre Produktion abgelehnt, reguliert oder für das Erreichen anderer Handlungsziele inkauf genommen werden kann. Dies geschieht in mehr oder weniger komplexen, konflikt- und kompromißhaften Abwägungsprozessen. Solche Überlegungen haben uns veranlaßt, in unserer Ende der achtziger Jahre durchgeführten Fallstudie nicht nach dem „Umwelt-", sondern nach dem „Risikobewußtsein" von Arbeitern zu fragen (*Bogun u.a.* 1990).

Form, auch wenn es sich dabei zum Teil nur um die Umdefinition „klassischer" Risiken (z.B. Gesundheitsrisiken) handelt, in der Tat als ein „junges" Phänomen: Mit der Ökologiedebatte entsteht ein großer Bereich neuer Verunsicherungen, Belastungen, Anforderungen und Zumutungen, die nunmehr neben allen anderen Risiken auf allen Ebenen der gesellschaftlichen Dynamik bewältigt werden müssen. Diejenigen gesellschaftlichen Mechanismen, die es den einzelnen Menschen erlauben, solche Bewältigungsleistungen zu erbringen - verallgemeinerte Problemdeutungen, gesellschaftliche Übereinkünfte, Normbildungsprozesse, institutionalisierte Regulierungsverfahren, marktförmige oder sozialstaatliche Angebote - erreichen für diesen Risikobereich noch längst nicht jenen Grad verallgemeinerter Wirksamkeit und Verbindlichkeit, den sie in anderen Bereichen der modernen Industriegesellschaften erreicht haben beziehungsweise hatten. Dies findet seinen Reflex in gesellschaftlichen und politischen Debatten, in denen die Bearbeitung ökologischer Risiken häufig als „Schönwetterveranstaltung" erscheint, die dann betrieben werden kann, wenn es die anderen (wichtigeren) Probleme zulassen. Noch ausgeprägter gilt die Deutungs- und Entscheidungsabhängigkeit auf der Ebene der einzelnen Menschen, der „5 Milliarden Entscheider" (*Luhmann* 1991, 114), deren „umweltrelevantes" Verhalten in ihrer Alltagspraxis - zumindest in den industrialisierten modernen Gesellschaften - deutlich weniger als etwa in dem vergleichsweise hoch regulierten und institutionalisierten Bereich des industriellen Umweltschutzes (z.B. *van den Daele* 1997, 572ff) von verallgemeinerten Normen bestimmt wird. Gerade das individuelle Verhalten, seine Bedeutung für die Aufrechterhaltung der industriegesellschaftlichen Lebensweise und die globale Entwicklung der Lebenschancen zukünftiger Generationen rücken aber zusehends - nicht zuletzt durch die aktuellen Debatten um „nachhaltige Entwicklung" - in den Mittelpunkt der Aufmerksamkeit.

Was als ökologisches Risiko gedeutet und akzeptiert wird, unterliegt also in starkem Maße der individuellen Entscheidung, die ihrerseits von vielen Faktoren abhängt. Insofern kann es nicht verwundern, daß Umweltprobleme völlig unterschiedlich und geradezu gegensätzlich interpretiert werden: Befragt nach ihrer Einschätzung ökologischer Probleme, definierte zum Beispiel ein Teil von Industriearbeitern *diese Probleme selbst* als hochgradig beunruhigende Risiken; von einem anderen Teil wurden dagegen *die gesellschaftlich diskutierten Problemlösungen* als ebenso beunruhigende Risiken definiert, indem sie sie sofort in Opfer, Verzichte, Einbußen „übersetzten" (*Bogun u.a.* 1990). Ökologisches Problembewußtsein bedeutete in diesem Falle zwar die Ablehnung sozialer oder individueller Handlungsnormen, die einem ökologischen Imperativ folgen. Gleichwohl führte die unvermeidbare Auseinandersetzung mit dem Umweltthema auch bei diesen Arbeitern dazu, daß sie bei konkreten Handlungen eine Selbst- und Fremdwahrnehmung als „Umweltverschmutzer" zu vermeiden trachteten.

Vermutet werden kann, daß sich umweltgerechtes Verhalten als soziale Norm bislang weitgehend in der Ablehnung solcher Verhaltensweisen erschöpft, die als eindeutige Beispiele von Umweltverschmutzung (etwa die „wilde" Müllbeseitigung oder die Versenkung von Ölbohrplattformen im Meer) oder von Verschwendung wahrgenommen werden. Ein solches, wenig spezifiziertes und eher negativ definiertes Alltagsverständnis von „Umweltverhalten" könnte erklären, daß in einschlägigen Untersuchungen häufig angegeben wird, man versuche sich im Alltag umweltgerecht zu verhalten, obgleich dies - aus der Perspektive der Forscher - im Widerspruch zu den vorliegenden Verhaltensangaben steht. Die vielfach als Beleg angeführten Urlaubsreisen mit dem Auto oder dem Flugzeug mögen zwar im ökologischen Diskurs als besonders problematisch erscheinen - von der Gültigkeit einer sozialen Norm, die solche Verhaltensweisen als nicht akzeptabel und den Akteur als „Umweltverschmutzer" diskreditiert, kann indes kaum die Rede sein.

Dies liegt nicht zuletzt an dem bekannten Problem der prinzipiellen Unsicherheit bei der Bewertung von Risiken in diesem Bereich. Vielfach ist darauf hingewiesen worden, daß ökologische Belastungen und Gefährdungen oft nicht sinnlich wahrnehmbar und in ihren Erscheinungsformen wie Folgen kaum mit der Alltagserfahrung erfaßbar sind (*Beck* 1987). Das darauf bezogene individuelle Problembewußtsein basiert zumeist auf außerhalb des eigenen Nahbereichs liegenden Phänomenen, ist also „ferninduziert", was ebenfalls

> „aufgrund der strukturellen Differenz zwischen den an Medienereignisse gebundenen Einstellungen und ganz unspektakulären Alltagshandlungen verstehbar (macht), daß ein direkter Weg von den Einstellungen zum Handeln eher überraschen müßte" (*de Haan/Kuckartz*, 189f).

Aufgrund dieser Unsicherheit der Entscheidungsgrundlagen ist der Eintritt sowohl intendierter Handlungskonsequenzen als auch nicht intendierter Nebenfolgen in der Zukunft nur sehr begrenzt vorhersehbar.

Dieser Sachverhalt verweist auf die Wissensabhängigkeit von gesellschaftlichen Normbildungsprozessen, denn was sich auf der Ebene der Individuen als „Enteignung der Sinne" darstellt, findet seine Entsprechung in der Komplexität der Wirkungszusammenhänge, die in den meisten Fällen auch unter Experten umstritten sind. Jene Expertensysteme, die die gesellschaftliche Wissensbasis für ein hinreichend verläßliches Maß an Orientierung und Erwartungssicherheit bereitstellen müßten, erfüllen diese Funktion im Bereich ökologischer Risiken nur unzureichend. Man muß dieses Argument nicht unbedingt wie etwa *Gotthard Bechmann* und *Klaus P. Japp* verabsolutieren, die aus der Differenz von Natur und Gesellschaft für den Umgang mit ökologischen Risiken eine „Art des Nichtwissens, die Vertrauen in vorhandenes Wissen prinzipiell blockiert," ableiten (*Bechmann/Japp* 1997, 565), aber sicherlich handelt es sich um eine der wichtigsten Restriktionen, unter denen sich ökologische Normbildungsprozesse entwickeln.

Damit unterliegt die Wechselwirkung von gesellschaftlicher Problemdeutung und -bearbeitung einerseits und individueller Adaption und Reaktion andererseits einem strukturellen Dilemma: In dem Maße, in dem Wissensabhängigkeit, Unsicherheit und (Hyper-)Komplexität bis in das individuelle Handeln und Entscheiden hineinwirken, wächst zwar der Bedarf an gesellschaftlichen Mechanismen zur Reduzierung von Komplexität und Unsicherheit. Diejenigen Normbildungsprozesse, die sich unter dieser Bedingung entfalten, spiegeln aber in vielen Fällen noch jenes vertrauensblockierende Nichtwissen wider, das eine verallgemeinerte, handlungsleitende und realitätsprägende Wirkung von Normbildung enorm behindert, unterschiedliche und sozial differenzierende Adaptionen solcher Prozesse dagegen begünstigt. Hierin liegt ein wesentlicher Grund dafür, daß Prozesse der ökologischen Normbildung im Verlauf der vergangenen zwei bis drei Jahrzehnte allenfalls in Teilbereichen und in Ausnahmefällen zu *vollständiger Normbildung*, das heißt zur Ausbildung weitgehend akzeptierter, institutionell gestützter „Normalitäten" mit gesellschaftlich verallgemeinernder, integrierender und komplexitätsreduzierender, individuell orientierender und entlastender Funktion geführt haben.

Eines der wenigen Beispiele für *vollständige Normbildung* bezüglich des individuellen Verhaltens ist die Einführung der getrennten Müllsammlung. Begründet mit einer ökologischen Risikodefinition - Entsorgungsnotstand, Abfallberge, Ultragifte, die bei der Müllverbrennung entstehen - hat sich ein hochkomplexer Regulierungs- und Institutionalisierungsprozeß entwickelt, der mit der Normalisierung einer bestimmten Verhaltensoption für die einzelnen Individuen beziehungsweise Haushalte einherging. Trotz der Ungereimtheiten dieses Prozesses - die Müllgebühren steigen, obwohl oder weil so viel *recycling*-fähiger Abfall vom Restmüll getrennt wird; je erfolgreicher die Abfalltrennung in den Haushalten praktiziert wird, desto größer wird die Notwendigkeit, die Abfälle doch wieder zusammenzuschütten und zu verbrennen; die realen Abfallmengen sinken keineswegs und so weiter - war das Ergebnis, daß die Deutschen in verhältnismäßig kurzer Zeit zu „Weltmeistern im Mülltrennen" wurden. Rationale Gründe für diese Entwicklung lassen sich kaum anführen; schon gar nicht im Rückbezug auf die ursprüngliche Risikodefinition. Dennoch deutet vieles darauf hin, daß die Nichtbeteiligung am Mülltrennen in wachsendem Maße als abweichendes Verhalten zwischen Subversion und Kriminalität angesehen wird.[2]

Der Grund für die individuelle Beteiligung liegt vielmehr in der Normbildung selbst, die tatsächlich eine neue gesellschaftliche „Normalität" geschaffen hat. Zu dieser erfolgreichen Normalisierung gehört eben auch, daß andere Verhaltensweisen, sofern sie nicht durch besondere Umstände legitimiert sind, als abweichendes Verhalten und gesellschaftlich unakzeptabel gelten. Die Verbindung von mehrheitlicher Akzeptanz der Norm und ihrer regulierten und institutionalisierten Umsetzung verengt die Verhaltensspielräume für das einzelne Individuum und legt ihm nahe, den dadurch gesetzten Verhaltensansprüchen und -zumutungen zu entsprechen.

Der weitaus häufigere Fall ist jedoch die *unvollständige Normbildung*. Hier führt die gesellschaftliche Thematisierung von ökologischen Risiken zu einer prinzipiell akzeptierten Risikodeutung, die relativ einfache Ursache-Wirkungs-Beziehungen und weitgehend unumstrittene Verantwortungszuschreibungen definiert (Autofahren trägt zur Luftverschmutzung, zur Klimaveränderung und zum Ozonloch bei; der Gebrauch von Reinigungs- und Waschmitteln verschmutzt Gewässer; Massentourismus „exportiert" Umweltprobleme etc.). Auf der Grundlage dieses Wissens - in manchen Fällen auch schlechten Gewissens - haben sich auch die darauf bezogenen allgemeinen Gebote ökologischer Korrektheit (*Warsewa* 1997, 200ff; z.B. möglichst wenig Autofahren oder die Verwendung natürlicher statt chemischer Hilfsmittel bei der Gartenpflege „*wäre* besser für die Umwelt") weitgehend verallgemeinert. Bis dahin entspricht der Normbildungsprozeß dem Wissen der „Entscheider" in der ökologisch aufgeklärten Gesellschaft um die ökologischen Folgen ihres eigenen alltäglichen Handelns und

---

2 Aufgrund welcher - vor allem politischer und ökonomischer - Mechanismen sich gerade in diesem Falle vollständige Normbildung durchsetzen konnte, soll an dieser Stelle nicht untersucht werden (s. dazu z.B. *Universität Bremen* 1997).

Unterlassens. Gleichzeitig kommt er in allgemeiner und relativ unverbindlicher Form dem Erfordernis der Komplexitätsreduktion nach.

Die Operationalisierung solcher zunächst unverbindlichen Gebote vollzieht sich jedoch trotzdem nicht in einer verallgemeinerungsfähigen Form, sondern als ein breites Repertoire unterschiedlicher Verhaltensoptionen zur Minderung oder Vermeidung ökologischer Risiken. Strukturiert wird dieses Spektrum von Optionen dadurch, daß es sozial „gefiltert" ist: Wie bei allen Normbildungsprozessen muß zum einen gegenüber deren vereinheitlichender Tendenz hinreichend Raum für individuelle Autonomie und soziale Differenzierung bleiben, zum anderen aber müssen drohende Normkonflikte (z.B. mit sozialen Gerechtigkeitsvorstellungen, Produktivitäts- und Leistungsnormen, Reinlichkeits- bzw. Hygienevorstellungen) entschärft werden. Im Gegensatz zur vollständigen überläßt unvollständige Normbildung die Herstellung von Kompatibilität zwischen der ökologischen und anderen Normen in einem relativ weiten Rahmen den Individuen.

Am Beispiel des „ökologischen" Wohnens haben *Gestring u.a.* (52ff) gezeigt, daß dieser Rahmen zumindest drei systematisch unterscheidbare Problemlösungsoptionen mit deutlich verschiedenen sozialen Verhaltensanforderungen an die Individuen enthält. Da diese Optionen - der technische, der soziale, der städtebauliche Ansatz - überdies in vielfältigen Mischungen vorkommen beziehungsweise gewählt werden können, ergibt sich daraus ein differenziertes und differenzierendes Spektrum von Verhaltensmöglichkeiten, die gleichermaßen gesellschaftlich akzeptiert sind, das heißt ökologische Korrektheit repräsentieren. Wer etwa Thermostatventile und Wasserspartasten einbaut, kann mit derselben Berechtigung auf „seinen" Beitrag zur Umweltentlastung beim Wohnen verweisen wie diejenigen, die in die Öko-Siedlung am Stadtrand ziehen oder diejenigen, die - unter anderen auch aus ökologischen Gründen - in ihrem dicht besiedelten Stadtviertel wohnen und dort für eine Verkehrsberuhigung streiten.

Im Gegensatz zur vollständigen Normbildung stehen der individuellen Wahl mithin vielfältige differenzierte, zum Teil divergierende Optionen zur Verfügung. Diese Optionen unterscheiden sich vor allem nach den sozialen Anforderungen, die sie an die einzelnen Menschen stellen und sind daher unabhängig von einer ökologischen Risikodefinition in unterschiedliche *soziale Handlungskonstellationen* eingebettet:

- Optionen, die unmittelbar durch private Entscheidungen für oder gegen verschiedene Konsum- und Nutzungsalternativen realisiert werden können und damit der individuellen Autonomie großen Spielraum lassen;

- Optionen, die die Bereitschaft zu kollektiven, (teil-)öffentlichen Lernprozessen und kollektivem Handeln (im Betrieb, in der Öko-Siedlung, in der Lebensmittelkooperative etc.) voraussetzen und die gruppen- oder milieuspezifische Normbildungsprozesse begünstigen;
- Optionen, die nur auf dem „Umweg" über politisch-planerische Prozesse herbeigeführt werden können und deshalb zunächst die individuelle Entscheidung für die aktive Beteiligung an politischen Willensbildungs-, Planungs- und Entscheidungsprozessen mit all ihren sachlichen und sachfremden Restriktionen voraussetzen.

Unvollständige Normbildungsprozesse konstituieren mithin einen gesellschaftlich hergestellten Möglichkeitsraum aus gleichberechtigten und gleichermaßen akzeptierten *ökologischen* Verhaltensoptionen, die sich aber hinsichtlich ihrer *sozialen* Anforderungen an das Individuum systematisch unterscheiden. Die individuellen Entscheidungen für oder gegen bestimmte Verhaltensoptionen sind auf diese Weise zwar in gesellschaftliche Normbildungsprozesse eingebettet; sie entfalten dann aber gerade jene differenzierende Wirkung, die die irritierenden Widersprüchlichkeiten und vermeintlichen Inkonsistenzen auf der Ebene des individuellen Verhaltens hervorbringt.

Verallgemeinernde, gruppen- oder milieuübergreifende Normalitäten stellen sich dagegen nur dann ein, wenn sich auf der Grundlage einer hinreichend verallgemeinerungsfähigen Risikodefinition nicht nur weitgehend akzeptierte Zuschreibungen von Verantwortlichkeiten für die Entstehung und für die Lösung des betreffenden Problems und darauf bezogene *alltagstaugliche* Verhaltensoptionen ausbilden, sondern darüber hinaus auch die Wahl dieser Verhaltensoptionen durch Institutionalisierung und Regulierung gegenüber anderen privilegiert wird. Vollständige ökologische Normbildung nach diesem Muster scheint eher die Ausnahme zu sein. Angesichts der parallel verlaufenden Prozesse des sozialen Wandels erscheint es überdies fraglich, ob sich „ökologische Normalitäten" überhaupt noch in ähnlicher Weise ausbilden können, wie dies bei den sozialen Normalitätsunterstellungen der modernen Gesellschaft der Fall gewesen ist.

3. Life politics und Risikobewußtsein

Was unter den Stichworten „Pluralisierung", „Individualisierung" und „Enttraditionalisierung" als eine Haupttendenz des sozialen Wandels beschrieben wird, bedeutet auf der Ebene der alltäglichen Lebensführung vor allem eine Vergrößerung der individuellen Spielräume für Entscheidungen, gleichzeitig aber auch die wachsende Notwendigkeit individueller Optionswahlen. Neben dem Nachlassen der identitätsprägenden Bindekraft sozialer Großgruppen und ihrer Organisationen trägt dazu die „Erosion gesellschaftlicher Normalität(en)" (*Osterland* 1990) wesentlich bei. Diejenigen „Normalitäten" nämlich, die sich bis etwa in die siebziger Jahre hinein ausgebildet hatten (z.B. *Normal*familie, *Normal*arbeitsverhältnis, *Normal*biographie) verlieren offenbar zunehmend ihre Funktion als Orientierungsmaßstab für individuelles und institutionelles Handeln und als „realitätsprägende Fiktion"[3]. In dem Maße, in dem zum Beispiel die Abweichungen von der Norm des existenzsichernden, tariflich und rechtlich regulierten, unbefristeten Vollzeitbeschäftigungsverhältnisses quantitativ zunehmen und auf Dauer gestellt werden, reduziert sich die realitätsprägende Funktion dieser Norm. Diverse Formen von Abweichungen gewinnen ihrerseits den Charakter von Normalität.

Die ehemals vollständige Normbildung wird also durch die gesellschaftliche Entwicklung gleichsam rückgängig gemacht und ist daher nur noch eingeschränkt geeignet, den Individuen Orientierung und Sicherheit in einer zusehends unübersichtlichen Alltagspraxis zu liefern. Gleichzeitig bedeutet die Erosion dieser Normalitäten, daß sie ihren gesellschaftlich verallgemeinernden und vereinheitlichenden Charakter verlieren und eine Vielfalt von unterschiedlichen, teils auch widersprüchlichen individuellen, gruppen- oder milieuspezifischen Adaptionen zulassen. In seiner sozial differenzierenden Wirkungsweise nähert sich dieser Prozeß der Wirkung von unvollständiger Normbildung an. Das, was sich im Hinblick auf ökologische Risiken also

---

3 Selbstverständlich galten diese wie auch andere Normen niemals wirklich für alle Gesellschaftsmitglieder. Das Normalarbeitsverhältnis war z.B. immer in der Hauptsache ein männliches Arbeitsverhältnis. Gleichwohl hat es als Maßstab der gesellschaftlichen Bewertung und der Regulierung sowohl das Verhalten der Individuen als auch die darauf bezogenen institutionellen Handlungsweisen angeleitet und war in diesem Sinne eine realitätsprägende Fiktion.

noch nicht entwickelt hat, kann seine gesellschaftliche Funktion bezüglich anderer Risiken *nicht mehr* erfüllen.

Die vielfach kolportierte Kluft zwischen „Umwelt"-Bewußtsein und „Umwelt"-Verhalten erscheint somit als spezifische Ausprägung eines typischen Dilemmas der spätmodernen Gesellschaft: Mit einer wachsenden Anzahl von Verhaltenszumutungen und -anforderungen an das Individuum wachsen auch die Spielräume für individuelle Optionswahlen und die Anzahl eigenverantwortlicher Entscheidungsnotwendigkeiten, die sich aber nicht (mehr) oder nur (noch) unzureichend auf verallgemeinerte, gesellschaftlich akzeptierte Problemdefinitionen, -deutungen und Verhaltensangebote berufen können. Unter diesen Voraussetzungen wird die individuelle Lebensführung in wachsendem Maße zu einer anspruchsvollen Managementaufgabe mit zunehmenden Wahlmöglichkeiten und -notwendigkeiten, aber auch wachsenden Risiken des Scheiterns (z.B. *Beck/Beck-Gernsheim* 1994). In der nachtraditionalen oder spätmodernen Gesellschaft bleibt den Individuen „keine Wahl, als uns zu entscheiden, wie wir sein wollen und handeln sollen" (*Giddens* 1993, 450). In Anlehnung an *Giddens'* Begriff der *life politics*[4] (1994) wird dieser Sachverhalt als „Politisierung der Lebensführung in nachtraditionalen Gesellschaften" (*Berger* 1995, 445) bezeichnet. Damit ist nicht nur gemeint, daß persönliche Verhaltensweisen in wachsendem Umfang zum Ausdruck eigenverantwortlicher Entscheidungen werden. Vielmehr haben diese Entscheidungen auch zu berücksichtigen, daß sie „weitreichende Auswirkungen auf die Lebensbedingungen anderer Menschen, die ihr Leben anders führen (wollen oder müssen), haben" (S. 448) und daß sie keineswegs voraussetzungslos stattfinden.

Unter Bedingungen vollständiger Normbildung ist das relativ problemlos möglich; gesellschaftlich „normalisierte" Verhaltensweisen begrenzen die Abwägungserfordernisse an die Individuen, sofern das normgerechte Verhalten einer akzeptierten und verallgemeinerten Problemlösung folgt. Unter den Bedingungen von unvollständiger Normbildung und *life politics* reihen sich dagegen diejenigen Entscheidungen und Optionswahlen, die den individuellen Umgang mit ökologischen Risiken betreffen, in die wachsende Zahl von sowohl selbstgesetzten als auch von außen vorgegebenen Ansprüchen und Verhaltensanforderungen ein. Diese stehen vielfach unterein-

---

4 Die deutsche Übersetzung mit „Lebenspolitik" bzw. „Politik der Selbstverwirklichung" legt u.E. unpassende Assoziationen nahe, deswegen wird hier der Begriff „life politics" beibehalten.

ander im Konflikt und müssen vom Individuum im Möglichkeitsraum der gesellschaftlich vorgegebenen Optionen selbst bewältigt werden. Die Chancen dazu und die Ressourcen, die dafür von den einzelnen Menschen mobilisiert werden können, sind selbstverständlich in Abhängigkeit von persönlichen, biographischen und sozialen Merkmalen unterschiedlich verteilt (z.B. zwischen Eigenheimbesitzern und Wohnungsmietern, *Singles* und Großfamilien oder ungelernten Industriearbeitern und Akademikern).

Entscheidungen unter diesen Voraussetzungen sind in vielfacher Weise riskant, denn immer muß zur Erreichung bestimmter Handlungsziele eine Abwägung zwischen potentiellen Gewinnen und Verlusten, Chancen und Risiken, Kosten und Nutzen vorgenommen und ein wie auch immer ausgeprägter Kompromiß gefunden werden. Auch die Vermeidung von Risiken geht mit der Erzeugung - allerdings anderer - Risiken und mit dem Verlust von Chancen einher. Individuelle Verhaltensweisen sind demzufolge Ausdruck - rationaler oder irrationaler, kalkulierter oder spontaner, mehr oder weniger bewußter - konkreter Optionswahlen in einer Vielzahl von Entscheidungssituationen mit komplexen Risikoabwägungen. Hinsichtlich ökologischer Risiken bedeutet das, daß im Rahmen einer alltagspraktischen „Umweltpolitik" auf der Ebene des individuellen Handelns und Entscheidens die Orientierung an ökologischer Korrektheit zum Beispiel mit Urbanitätsvorstellungen, sozialen Sicherheits- oder Gerechtigkeitsnormen oder Vorstellungen von kultureller Entfaltung auf je eigene oder gruppenspezifische Weise in Einklang zu bringen ist beziehungsweise gebracht wird.

Diese Eigenleistung des Individuums im Umgang mit den sozialen Voraussetzungen von Handeln und Entscheiden unter den gesellschaftlichen Bedingungen von *life politics* und unvollständiger Normbildung ist die Funktion des Risikobewußtseins (s.S. 73, Fußn. 1). Es handelt sich dabei um jenen Vermittlungs- und Steuerungsmechanismus, der die Individuen in die Lage versetzt, die „Lücke" zwischen unvollständiger Normbildung, mangelnder Erwartungs- und Verhaltenssicherheit einerseits und persönlichen Entscheidungsnotwendigkeiten und Optionswahlen andererseits zu schließen. Risikobewußtsein ist gleichsam der interne „Navigator", der es den Individuen ermöglicht, die unvollständigen Normbildungsprozesse in der Gesellschaft selbst zu vervollständigen.

Ein wesentliches Strukturelement des Risikobewußtseins besteht sicherlich in der Wahrnehmung und Deutung jener sozialen Handlungskonstellationen, die innerhalb des Möglichkeitsraums der gesellschaftlich akzeptierten, ökologisch motivierten Verhaltensanforderungen wählbar sind.

Darüber hinaus müssen die individuellen Risikoabwägungen aber die sozialen Anforderungen ökologischer Verhaltensoptionen mit den persönlichen Handlungsbedingungen und -zielen kompatibel machen. Um in einer soziologischen Perspektive den alltagspraktischen Umgang mit ökologischen Risiken zu erschließen, ist es also zusätzlich notwendig, die individuellen Entscheidungs- und Verhaltensvoraussetzungen systematisch zu differenzieren und zu rekonstruieren. Eine Analyse dieses Systems verschiedener „Nadelöhre", durch die persönliche Entscheidungen für oder gegen ökologische Verhaltensoptionen „hindurchmüssen", könnte sich verschiedener Ansätze (z.B. Lebensstilmilieus, *Vester u.a.* 1993; Lebensformen, *Schulze-Buschoff* 1995; alltägliche Lebensführung, *Rerrich* 1990; reflexive Lebensführung, *Hildebrandt* 1997) bedienen. Deren jeweilige Stärken und Erklärungsgehalte zu einem angemessenen Analysekonzept zu verbinden und damit die Struktur des Risikobewußtseins vollständig abzubilden, steht noch aus.

ANSELM GÖRRES

Ökologische Steuerreform

In der Jules-Verne-Verfilmung „In 80 Tagen um die Erde" überquert *Phileas Fogg* als letzte Reiseetappe den Atlantik in Richtung England auf einem kombinierten Segel- und Dampfschiff. Als die Kohlen ausgehen und die Zeit immer knapper wird, kauft *Fogg* kurzerhand das Schiff und läßt nicht nur alles brennbare Mobiliar, sondern auch Reling, Decksaufbauten und Takelage verheizen. Mit nacktem Rumpf erreicht er den Hafen. Kaum anders gehen wir mit den Rohstoffvorräten unseres Planeten um: Die in Jahrmillionen aufgebauten fossilen Reserven werden im Lauf weniger Jahrhunderte buchstäblich verheizt. Doch was *Fogg* den Wettsieg rettete, ist welthistorisch und -ökologisch gesehen Verantwortungslosigkeit: Eine Wette gegen die Natur kann die Menschheit nicht gewinnen.

Noch polemisieren Wirtschaftsverbände gegen eine Ökosteuerreform, die die Unternehmen um rund drei Milliarden Mark entlastet: das erste Bundesgesetz, das die bisher oft gegen die Umwelt wirkende, gewaltige Lenkungspotenz unseres Steuersystems noch zaghaft, aber bewußt in den Dienst ökologischer Steuerung stellt. Solange weitere, konsequente Schritte folgen, verdient dieser Schritt die Unterstützung der Öffentlichkeit und die Zurückweisung von Kassandrarufen, die schon in solch behutsamen Umlenkungsschritten ein „Desaster" oder gar einen „neuen *Morgenthau*-Plan für Deutschland" wittern.

Mit zwölf Milliarden Mark Lastverlagerung von Arbeit zu Umwelt mag die erste Stufe bescheiden ausfallen und Schönheitsfehler aufweisen. Doch insgesamt ist sie besser gelungen, als noch die Rohentwürfe vermuten ließen. Nicht zuletzt dank *Karel van Miert* entstand ein Gesetz, das - trotz einiger Kinderkrankheiten - in Größenordnung, Lastverteilung, Ausnahmeregelungen und Zeitpunkt einen ausgewogenen, wirtschafts- und sozialverträglichen Einstieg in die Ökobesteuerung bietet. Anlaß genug, die zugrundeliegende Verheißung zu rekapitulieren, ihre konkrete Realisierung näher darzustellen und auf Denkhürden und langfristige Perspektiven der Reform einzugehen.

Die Verheißung mehrfacher Dividende

Über dem politischen Alltagsgeschäft darf die Vision der ökologischen Steuerreform nicht vergessen werden: Der systematische Einsatz von Steuern zu Lenkungszwecken - also nicht bloß zur Staatsfinanzierung - kann eine der weltweiten Innovationen des nächsten Jahrhunderts werden. Denn Steuerlastverlagerung von konventionellen auf ökologische Steuern verspricht gleichzeitige Linderung zweier zentraler Allokationsprobleme der Marktwirtschaft: Sie mindert das *excess burden*, die allokative Zusatzlast staatlicher Abgaben, und sie internalisiert externe Effekte umweltschädlicher Aktivitäten. Ohne tieferes Verständnis dieser beiden allokativen Störfaktoren erschließt sich der Charme der ökologischen Steuerreform nur unvollständig.

Heute belastet der Staat mit konventionellen Abgaben Beschäftigung, Wachstum, Investitionen und Konsum und trifft damit auf der Einnahmeseite seiner Budgets exakt jene nützlichen Aktivitäten, die er auf der Ausgabenseite seiner Etats mit vielerlei Instrumenten zu fördern sucht. Auf gut westfälisch: „Was er mit den Händen aufbaut, das reißt er mit dem Hintern ein"; beide Seiten der öffentlichen Budgets konterkarieren einander bis zur Absurdität. Die Besteuerung verursacht ein Gutteil jener Probleme, deren Lösung sie finanzieren soll.[1]

Angesichts der wechselseitigen Neutralisierung von Steuern und Staatsausgaben erscheint die angelsächsisch-neoliberale Antwort zunächst plausibel: weniger Steuern, weniger Staat, und damit weniger Probleme; der Staat als Ursache, nicht als Lösung makroökonomischer Ungleichgewichte - zurück zu *Adam Smith*.[2] Doch diese Antwort übersieht bekanntlich, daß der Steuerstaat historisch gerade als Antwort auf jene Probleme entstand - soziale Ungleichheit, mangelnder Verbraucherschutz, gesellschaftliche Machtkonzentration und schon im letzten Jahrhundert auch Umweltzer-

---

1 Insoweit ist die heute weltweit populärste Form der Besteuerung, nämlich die undifferenzierte Belastung des Konsums durch sogenannte Mehrwertsteuern, zugleich die absurdeste: Ist doch Konsum der Bürger nichts Verwerfliches, sondern Endziel des Wirtschaftens.

2 Der in diesem Zusammenhang freilich zum Propheten eines radikalen Marktliberalismus stilisiert wird, für den er niemals eintrat.

störungen -, die der liberale Minimalstaat nicht zu lösen imstande war und ist: Kritik am Steuerstaat löst kein Marktversagen.

Richtig an der neoliberalen Steuerkritik ist jedoch: Alle konventionellen Abgaben (auch parafiskalische wie Sozialversicherungsbeiträge) belasten nicht nur den Bürger, sie verschieben auch die volkswirtschaftliche Allokation weg vom sogenannten sozialökonomischen Optimum. Steuern verteuern Güter und Faktoren, deren Einsatz damit suboptimal gerät: Er stoppt an einem Punkt, bei dem der soziale Grenznutzen der letzten konsumierten Einheit die gesellschaftlichen Grenzkosten noch deutlich überschreitet. Die Folge sind *Wohlfahrtsverluste* aufgrund eines zu geringen Einsatzes der betroffenen Faktoren *durch überhöhte Preise*, die nicht die *ökonomische* Wahrheit sagen.

Doch dieses *excess burden* der Staatsabgaben ist nur der erste große Störenfried, der die stumme Eleganz des marktwirtschaftlichen Allokationsprozesses, das segensreiche Wirken der unsichtbaren Hand also, vom rechten Pfad der Selbstheilung ablenkt. Störenfried Nummer zwei sind *externe Effekte*, also nicht in die Marktpreise eingehende, meist negativ wirkende Folgewirkungen privatwirtschaftlicher Transaktionen zwischen Marktteilnehmern, die unbeteiligte Dritte oder die Allgemeinheit belasten. Klassische und häufigste Form solcher Negativeffekte sind ökologische Schadwirkungen unseres Wirtschaftens: Emissionen, die den Treibhauseffekt verstärken, Rohstoffverbrauch zu Preisen, die die langfristige Knappheit und Kostbarkeit der betreffenden Ressourcen nicht berücksichtigen und vielerlei andere Lasten für Flora und Fauna, Luft, Boden und Wasser. Bei Faktoren und Gütern, deren Gebrauch derartige externe Effekte auslöst, kommt es zu überhöhtem Einsatz und zu *Wohlfahrtsverlusten durch zu niedrige Preise*, die nicht die *ökologische* Wahrheit sagen.

Doch gerade der spiegelbildliche Charakter der beiden Störfaktoren - Staatsfinanzierung mit Folge überhöhter Marktpreise ökologisch harmloser Güter und externe Effekte mit Folge zu niedriger Marktpreise ökologisch schädlicher Güter und Prozesse - birgt den verblüffenden, ja visionären Ansatz einer gemeinsamen Problemlösung. Mindestens bis zu dem Niveau an Umweltsteuern, das zur ökologisch motivierten Korrektur externer Effekte erhoben werden müßte, ist eine Finanzierung öffentlicher Ausgaben möglich, die nicht die oben genannten wohlfahrtsmindernden Verzerrungen konventioneller Steuern mit sich brächte.

Gewiß kann das optimale Niveau ökologisch motivierter, nach ihrem Erfinder *Arthur Cecil Pigou* benannter Abgaben theoretisch höher, gleich hoch oder niedriger als das optimale Niveau der Staatseinnahmen liegen.

Wir werden es nie wissen, da wir beide Größen nie genau kennen werden; sie lassen sich nicht analytisch-wissenschaftlich erschließen, sondern nur in demokratischer Willensbildung dezisionistisch ermitteln. Dies gilt aber für *alle* gesellschaftspolitischen Entscheidungen: für die Höhe konventioneller Steuersätze ebenso wie für die Höhe jeder einzelnen Budgetposition der Etats demokratischer Gemeinwesen.

Um es mit Zahlen zu illustrieren: *Konventionelle Steuern*, soweit sie nicht ebenfalls vernünftigen Lenkungszwecken dienen[3], *kosten mehr als sie bringen*. Für jede Mark, die dem Finanzminister zufließt, entstehen 1,40 bis 1,60 Mark an volkswirtschaftlichen Kosten. Zur „Zusatzlast" von vierzig bis sechzig Pfennig, die der Volkswirtschaft unwiederbringlich verloren gehen, führen Kosten der Steuererhebung, auch der legalen und illegalen Steuervermeidung, vor allem aber der resultierenden Allokationsverzerrungen. Wenn eine Arbeitsstunde, die netto mit 21 Mark bezahlt wird, einschließlich Sozialabgaben und Mehrwertsteuern am Markt für 71 Mark verkauft werden muß, werden viele Arbeitsstunden in die Schattenwirtschaft gedrängt oder gar nicht erst nachgefragt (Abb. 1).

Umgekehrt *bringen ökologische Steuern*, etwa auf Energie, *deutlich mehr als sie kosten*. Auch hier muß jede Mark für den Fiskus von den Bürgern aufgebracht werden. Doch die administrativen Kosten ökologischer Steuern sind niedrig, und die induzierten Ausweichreaktionen ausdrücklich erwünscht. Durch Verteuerung der Energie mindern sich Rohstoffeinsatz und Schadstoffemissionen der Wirtschaft, zugleich können aufwendigere ordnungspolitische Instrumente zurückgefahren werden. Diese Vorteile mögen sich für die Volkswirtschaft wieder zu vierzig bis sechzig Pfennig je erzielter Steuermark addieren.

Solange also noch konventionelle Steuern mit hoher Zusatzlast durch Ökosteuern mit Zusatzdividende abgelöst werden können, bringt jede verlagerte Steuermark der Volkswirtschaft in diesem Zahlenbeispiel Nettovorteile von 80 bis 120 Pfennig. Hier liegt die doppelte Dividende der ökologischen Steuerreform, die sich bei jeder Lastverlagerung von allokativ schädlichen zu allokativ nützlichen Steuern ergibt, also auch beim Ersatz konventioneller Mehrwertsteuern durch „Steuern mit ökologischen Mehrwert". In Ländern wie Deutschland, wo der Faktor Arbeit durch ex-

3 Bei wohlwollender Betrachtung könnte man dies einer progressiven Einkommensteuer der Potenz nach zubilligen, ihren real existierenden Formen meist nur bedingt.

Abbildung 1: Kostenkalkulation/-struktur einer Arbeitsstunde

Am Markt kostet der Facharbeiter das 3,4-fache seines Nettolohns**

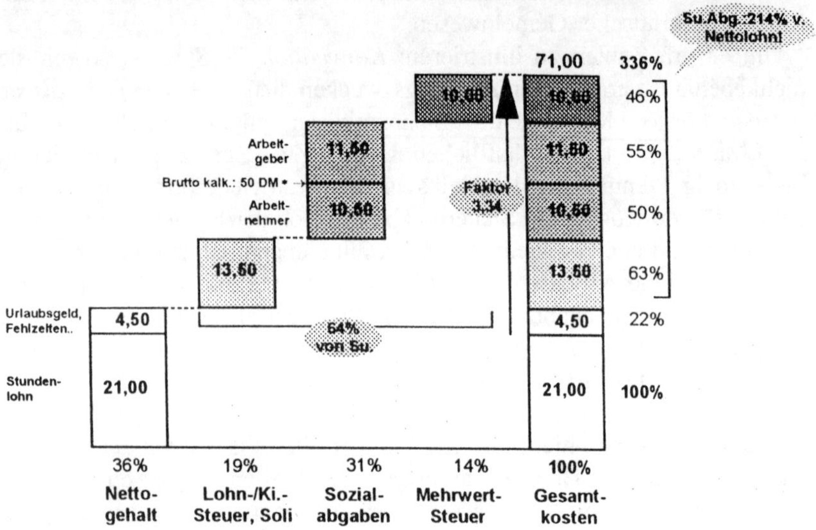

Konsequenzen:

- Tod vieler Handwerksberufe (Schreiner, Schneider, Gärtner ...)
- Schwarzarbeit 50% billiger als legale Beschäftigung
- Unterentwickelter Dienstleistungssektor
- Fiskus/Sozialkassen beanspruchen 64% der Gesamtkosten
- Sozialversicherung von 44,3% vom Brutto auf Dauer unhaltbar
- Gegenfinanzierung über MwSt. belastet Arbeitskosten ebenfalls!

* Effektiv je geleistete Stunde, Brutto nominell 41 DM.

** Durchschnittswerte 1998 in DM je geleistete Stunde; lediger Metallfacharbeiter, kinderlos:

- Brutto: 75600 DM p.a.: 6300 DM/Monat
- 133 Stunden/Monat: 5% Fehlzeiten
- 23,7% Lohnsteuer, 8% KiSt., 5,5% Solidaritätszuschlag
- Sozialversicherg.: AN 21,1%, AG 23,2%
- RV/KV/ALV/PV: 20,3/13,7/6,5/1,7%
- Berufsgenossenschaft 2,15%; MwSt. 16%

zessives Drehen an der Steuer- und Sozialabgabenschraube mit 65 Prozent Anteil am Gesamtabgabenaufkommen (1997) weit über Gebühr belastet wurde, kann man sogar auf eine dritte Dividende hoffen, weil gleichzeitig zwei krasse Fehler behoben werden: die maßlos hohe Belastung des Faktors Arbeit, und die nach wie vor zu niedrige Belastung des Faktors Natur. Selbst konservative Forschungsinstitute bestätigen neuerdings positive Beschäftigungseffekte einer ökologischen Steuerreform, zum Beispiel das *Rheinisch-Westfälische Institut für Wirtschaftsforschung* in Essen.

Von der Verheißung zur Realität

In diesen Wochen tritt in Deutschland die erste Stufe der ökologischen Steuerreform in Kraft: Verdient sie ihren Namen? Ich bin überzeugt, daß es selten einen so maßvollen Reformauftakt gegeben hat, der von den Regierenden so schlecht verkauft, und von den Regierten so verständnislos, ja feindselig aufgenommen wurde. Dabei kann sich das in wenigen Monaten entstandene Konzept durchaus sehen lassen, und die Bevölkerung sollte eigentlich damit leben können.

- Die angepeilte Größenordnung von knapp 36 Milliarden Mark in drei Schritten beweist Augenmaß. Eine Lastverlagerung von weniger als drei Prozent des deutschen Gesamtabgabenvolumens (innerhalb von vier Jahren insgesamt rund 1500 Mrd. DM!) wird niemanden überfordern. Zugleich senken die 36 Milliarden die Last der Rentenversicherungsbeiträge für Arbeitnehmer und Arbeitgeber um etwa ein Neuntel, der Rentenbeitrag kann in drei 0,8-Prozent-Stufen von heute 20,3 auf unter 18 Prozent gesenkt werden.
- Die erstmalige Besteuerung des Energieträgers Strom (mit 2 Pf/kWh) und die erhöhte Belastung von Erdgas und Heizöl (um 0,3 Pf/kWh bzw. 4Pf/l) stellen einen ökofiskalischen Durchbruch dar, der sogar die viel zu zaghafte Verteuerung der Treibstoffe verschmerzen läßt. Der Bundesfinanzminister schlug 1994 mit 16 Pfennig zu, ohne daß es daraufhin bemerkenswerte Reaktionen gegeben hätte. Bei sechs Pfennig Steuererhöhung für Benzin und Diesel, mit Mehrwertsteuer sieben Pfennig, wird kein Ruck durch Deutschland gehen. Um etwa den gleichen Betrag fiel seit der Wahl der Benzinpreis schon an den Zapfsäulen.
- Die Schonung von produzierender Wirtschaft und Landwirtschaft durch Reduktion der für sie geltenden Sätze auf zwanzig Prozent des allgemeinen Niveaus

läßt sich mit dem Schutz vor Wettbewerbsnachteilen, aber auch damit rechtfertigen, daß die Energiekosten dieser Sektoren sonst prozentual stark steigen würden. Als „Angebot zur Güte" verdienten diese Sonderregelungen jedoch auch politische Anerkennung durch die Begünstigten, die bisher ausblieb.

- Der zusätzliche Schutz energie- und wettbewerbsintensiver Produktionen fiel marktwirtschaftsgerechter aus, als die Rohentwürfe befürchten ließen. Nicht mehr über vierzig Prozent aller Branchen werden ausgenommen, sondern lediglich diejenigen Betriebe, bei denen die Energiesteuererhöhung die Entlastung durch niedrigere Rentenbeiträge um mehr als zwanzig Prozent überschreitet. Dem Einwand der „Tabaksteuerbefreiung für Kettenraucher" ist damit der Boden entzogen. Die vom Entwurf weit geöffnete Pandorabüchse der Ausnahmen wurde leider erst geschlossen, nachdem ihr auch Sonderregeln für Bahn und Öffentlichen Personennahverkehr entstiegen. Ordnungspolitisch ist der auf Wunsch der *Grünen* abgesenkte Steuersatz für die Schiene so fragwürdig wie die meisten Ausnahmen: Bahn- oder Busfahren schützt die Umwelt nicht, es schadet ihr nur weniger als Autofahren.
- Verbesserungsbedürftig sind sicher noch administrative Details und die Mechanik der Steuererhebung. Schwer zu verstehen ist, warum die Stromsteuer nicht auch für die Wirtschaft so in die Tarife eingebaut wird, daß Unternehmen sie zwar sehen können, aber nicht deklarieren und abführen müssen (analog zur Quellenbelastung bei Lohnsteuer und Sozialbeiträgen). So müßten am Ende tatsächlich 700 neue Zollverwalter eingestellt werden...
- Die Lastverteilung zwischen privaten Haushalten und Wirtschaft mag zunächst unsozial erscheinen, weil die Wirtschaft die Hälfte der Vorteile, aber nur ein Viertel der Lasten trifft. Von zwölf Milliarden Mark Ökosteuern der ersten Stufe bringt der Unternehmenssektor nur etwa drei Milliarden auf, partizipiert aber mit sechs Milliarden an der Rentenbeitragssenkung. Der Nettovorteil von rund drei Milliarden geht zu Lasten der privaten Haushalte. Doch vor dem Hintergrund einer allgemeinen Steuerreform, die insgesamt die Haushalte begünstigt (vor allem niedrigverdienende und kinderreiche), die Wirtschaft dagegen eher belastet, scheint dieser Kontrapunkt sozial akzeptabel und wirtschaftlich wünschenswert. Die Koppelung mit dem Abbau von Lohnnebenkosten bringt allen Arbeitnehmern mit Einkommen von unter 80.000 Mark pro Jahr eine Nettoentlastung, an der indirekt auch Rentner und Arbeitslose partizipieren (solange deren Transfereinkommen an die Nettolöhne anknüpfen).
- Schließlich hätte die Regierung keinen günstigeren Zeitpunkt für den Einstieg in die Ökosteuer finden können: In ganz Europa führt die Auflösung der Stromkartelle zur Verbilligung der Elektrizität. Und weltweit kostet der Barrel Öl (vor einem Jahr noch bei 18 Dollar) mit 9,60 Dollar heute weniger als noch Anfang der neunziger Jahre. Es gehört wenig Mut zu der Prophetie, daß die erste Stufe der ökologischen Steuerreform die derzeitigen Preissenkungstendenzen gerade

kompensieren, aber kaum spürbare Energiepreissteigerungen auslösen dürfte. So gesehen, hätte man sich den Einstieg durchaus beherzter vorstellen können.
- Das Fehlen eines konkreten Fahrplans für die Folgestufen ist mit Blick auf die notwendigen langfristigen Lenkungsimpulse bedauerlich, als Preis für einen raschen Einstieg aber zunächst hinnehmbar. Dennoch muß die Koalition sehr bald erklären, wie es weitergehen soll.

Angesichts des insgesamt ausgewogenen Gesetzes fällt es nicht leicht, den nach wie vor hartnäckigen Widerstand der Industrieverbände nachzuvollziehen. Soll das alte Motto „Jammern ist der Gruß der Kaufleute" bestätigt werden? Oder können manche Verbandsfunktionäre alte Bastionen nicht eher räumen, als bis auch der Letzte unter ihren Mitgliedern begriffen hat, daß die Ökosteuer ihn nicht ruiniert, sondern in den meisten Fällen netto entlastet? Versteht die Wirtschaft eigentlich nicht die historische Ironie der Tatsache, daß eine rot-grüne Regierung unter dem Banner der ökologischen Steuerreform drei Milliarden Mark von den privaten Haushalten an die Unternehmen umverteilt? Das sind vielleicht Fragen, die erst eine neue Generation ökologisch aufgeschlossenerer Industrievertreter beantworten kann.

Die mühselige Überwindung der Denkhürden

Wer heute für Ökosteuern eintritt, muß immer wieder immer gleiche Denkbarrieren überwinden. Steuerreformer haben es von jeher schwer, nicht nur die Ökofiskalisten unter ihnen: Daß nur alte Steuern gute Steuern sind, weiß jeder, der je für neue eintrat. Individuelle Steueroptimierung fasziniert und okkupiert die meisten Bürger so sehr, daß für nachdenkliche und offene Auseinandersetzung mit den weit gewaltigeren Perspektiven gesellschaftlicher Steueroptimierung wenig Zeit bleibt. Allerdings wird es auf Basis des konkreten Gesetzes leichter, die gröbsten Einwände zu widerlegen:

- Die eindeutig geltende (auch für die folgenden Reformstufen verkündete) *Aufkommensneutralität* des Gesetzespaketes widerlegt die Dauer einrede, der Staat suche nur neue Vorwände zur Erhöhung der Abgabenquote. An der ersten Stufe

Abbildung 2: Umwelt- und Arbeitsmarkteffekte aufkommensneutraler Umschichtung der Steuerlast

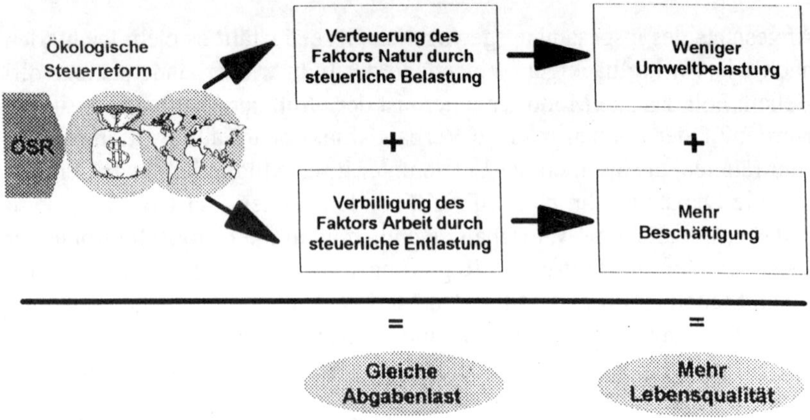

der Ökosteuerreform wird der neue Finanzminister sich nicht bereichern, eher wird das Gegenteil der Fall sein.

- Von einer *Belastung der Wirtschaft* kann nur sprechen, wer nicht *beide* Seiten der Reform sieht, die die Unternehmen per Saldo mit drei Milliarden Mark entlastet. Nur wenige Unternehmen müssen streng begrenzte Mehrbelastungen hinnehmen, die übergroße Mehrheit gehört zu den Nettogewinnern der Reform.
- Die Gesamtentlastung der Wirtschaft impliziert auch insgesamt *positive Wirkungen auf die internationale Wettbewerbsfähigkeit*, so daß die vielbeschworenen „Gefahren des nationalen Alleingangs" Makulatur geworden sind. Im Gegenteil: anders als konventionelle Umweltpolitik ermöglichen Ökosteuern den Ausbruch aus dem „Gefangenendilemma"; durch progressive Gestaltung seines Steuersystems kann ein Staat ökologischer Vorreiter werden, ohne seine Wirtschaft international zu benachteiligen.
- Daß *„Steuern nicht lenken dürfen"*, kann ernsthaft nur der fordern, der über die negativen Lenkeffekte konventioneller Steuern niemals nachgedacht hat. Steuern

ohne Lenkwirkung gibt es nicht, weil jede Besteuerung Reaktionen der Besteuerten auslöst. Oder ist gar gemeint, Steuern dürften nur lenken, solange die Lenkungseffekte unbeabsichtigt und negativ bleiben?

- Unter dem Motto *„Zuckerbrot statt Peitsche"* wird häufig behauptet, Verhaltensänderungen der Wirtschaft seien leichter durch Subventionen herbeizuführen. Doch wer bezahlt die Subventionen, wenn nicht alle anderen, durch höhere konventionelle Steuern? Und wie will man dann noch die Abgabenquote reduzieren? Lenkungssteuern sind der beste Weg zu niedrigeren Steuerquoten, weil positive Lenkeffekte dann schon von der Einnahmeseite der staatlichen Budgets ausgehen.

Notwendig: die kopernikanische Wende des ökologischen Denkens

So wenig die Erde im Mittelpunkt unseres Planetensystems steht, so wenig kann die Wirtschaft den Platz des irdischen Zentralgestirns beanspruchen: Im System Gesellschaft ist sie nur Subsystem. Nachhaltiges Wirtschaften anzustreben, ist weise Einsicht in die Notwendigkeit. Diese Einsicht trennt die modernen Kopernikaner von den ökologischen Neoptolemäern, die noch immer nicht verstanden haben, wer im Verhältnis Wirtschaft/Natur Ast ist und wer Säge. Zur Bewältigung der ökologischen Herausforderung brauchen wir gewiß nicht mehr *government*, aber mehr *governance*, also intelligente und behutsame Regulierung des Stoffwechsels zwischen Mensch und Natur.

Zu den wichtigsten Instrumenten einer derart aufgeklärten Regulierung zählt die Ökosteuer. Es wäre bedauernswert, wenn wichtige Gruppen unserer Gesellschaft sich diesem Reformkonzept nur deshalb verweigerten, weil es für sie von der falschen ideologischen Seite kommt. *Not invented here* ist nicht nur für Unternehmen eine dumme Devise. Gefragt ist ein Reformbündnis, das die langfristige Anlage eines Legislaturperioden und Regierungswechsel überdauernden Reformprozesses erlaubt.

Zugleich braucht die Ökosteuer die Verbindung zu den vernünftigen Ansätzen einer Gesamtsteuerreform, die auf breiterer Basis niedrigere Sätze erlaubt, die Steuerlast insgesamt senkt und zugleich von Einkommensteuern und Sozialabgaben auf indirekte Abgaben verlagert; allerdings auf die intelligente Form indirekter Besteuerung, nämlich Steuern mit ökologischem Mehrwert, und nicht auf die konventionelle Mehrwertsteuer mit ihren eher negativen Lenkungseffekten.

Zwischen „bürgerlich-technokratischen Steuerreformern" auf der einen, und „Ökofiskalisten" auf der anderen Seite besteht immer noch zu wenig Dialog. Dabei weisen beide Reformstränge mehr Gemeinsames auf, als ihren Protagonisten bewußt zu sein scheint:

- Beide wollen das Steuersystem auf eine breitere Basis stellen, um dafür mit niedrigeren Sätzen auszukommen: Das gilt für die Modernisierer der Einkommensteuer ebenso wie für diejenigen „Ökofiskalisten", die für breit wirkende Energiesteuern mit wenig Ausnahmen eintreten.
- Beide plädieren für eine Lastverlagerung von direkten zu indirekten Steuern. Doch die bürgerlich oder technokratisch orientierten Steuerreformer haben dabei vorrangig die Mehrwertsteuer im Visier, während die ökologisch motivierten Reformer Energiesteuern „als Steuern mit ökologischem Mehrwert" bevorzugen.
- Beide nehmen für sich in Anspruch, auf die Gesamtwirkungen des Abgabensystems zu achten, also auf die Lenkungseffekte *beider* Seiten der fiskalischen und parafiskalischen Budgets. Es geht nicht an, daß die Lenkungseffekte staatlicher Ausgaben genauestens observiert und kritisiert werden, Negativauswirkungen der Einnahmeseite aber - wie etwa die überzogene Belastung des Faktors Arbeit - jahrzehntelang als unvermeidliche Naturgröße hingenommen werden.
- Insgesamt geht es *beiden* Reformbewegungen auch um die stärkere Verankerung des Verursacherprinzips und der individuellen Verantwortung. Für die Ökologen heißt dies: Wer überdurchschnittlich viel Energie verbraucht, soll auch mehr Verbrauchssteuern bezahlen (ob nun der Verbrauch zu Hause, im Büro, oder in der Fabrik erfolgt). Für die technokratischen Steuerreformer heißt dies: Abbau von Subventionen und Ausnahmetatbeständen, dafür niedrigere Steuersätze für alle.

Die notwendige Umpolung unseres Steuersystems von seiner heutigen, absurd hohen Arbeitslastigkeit zu einer moderat zu steigernden „Naturlastigkeit" findet auch in den bürgerlichen Lagern immer mehr Anhänger, die sich bisher allerdings noch wenig manifestiert haben. Der Grundgedanke, daß das Steuersystem als notwendiges Übel wenigstens schädliche Aktivitäten stärker belasten sollte als nützliche, ist letztlich viel zu zwingend, um auf Dauer ideologischer Alleinbesitz der politischen Linken bleiben zu können. Der Zusammenschluß der Ökosteuerbefürworter über traditionelle Parteigrenzen hinweg ist erforderlich, weil eine langfristig angelegte Reform nicht von geänderten Mehrheitsverhältnissen erschüttert werden darf. Er ist aber auch nötig, weil wenig Reformen so verletzlich gegenüber leicht zu schürenden Ängsten sind. Antiökologischer Populismus ist heute das größte Hindernis auf dem Weg zur ökologischen Steuerreform. Daß alle opfern müssen, damit alle gewinnen können, wäre das Ziel einer Steuerreform, die alle zu Gewinnern machen würde. Es ist hohe Zeit für eine parteiübergreifende, breite Initiative, die gegen partikuläre Einzelinteressen für das kollektiv Vernünftige eintritt.

Zurück zur Vision

Ökosteuern sind nicht nur bessere Steuern als konventionelle Abgaben, sie sind auch als ökologisches Instrument besser als konventionelle Hebel der Umweltpolitik. Sie sind wirksamer als moralische Appelle, billiger als Subventionen, einfacher einzuführen als Zertifikate. Sie stimulieren die Zukunftsindustrien, ohne die Altbranchen zu ersticken. Sie ermöglichen den Ausbruch aus dem Gefangendilemma, weil eine Volkswirtschaft eine fortschrittlichere Preisstruktur als ihre Wettbewerber anstreben kann, ohne ihre Wirtschaft mit Wettbewerbsnachteilen zu belasten. Es mag ungewohnt klingen: Aber wenn *Audi* einen betriebswirtschaftlichen Vorsprung durch Ingenieurtechnik erringen kann, wieso können Deutschland und Europa dann nicht volkswirtschaftliche Vorteile durch intelligente Besteuerungstechnik erlangen?

Phileas Fogg gewann seine Wette nicht nur durch Plündern des Schiffs, sondern auch durch den unverhofft gewonnenen Tag durch das Überschreiten der Datumsgrenze. Wir Heutigen müssen nur die Hürden in unseren Köpfen überwinden, um aus der unsinnigen Wette gegen die Natur in ein nachhaltigeres Verhältnis mit ihr einzutreten.

FRIEDRICH ENGELS

Anteil der Arbeit an der Menschwerdung des Affen*

Die Arbeit ist die Quelle alles Reichtums, sagen die politischen Ökonomen. Sie ist dies - neben der Natur, die ihr den Stoff liefert, den sie in Reichtum verwandelt. Aber sie ist noch unendlich mehr als dies. Sie ist die erste Grundbedingung alles menschlichen Lebens, und zwar in einem solchen Grade, daß wir in gewissem Sinn sagen müssen: Sie hat den Menschen selbst geschaffen.

(...)

Hunderttausende von Jahren - in der Geschichte der Erde nicht mehr als eine Sekunde im Menschenleben (...) - sind sicher vergangen, ehe aus dem Rudel baumkletternder Affen eine Gesellschaft von Menschen hervorgegangen war. Aber schließlich war sie da. Und was finden wir wieder als den bezeichnenden Unterschied zwischen Affenrudel und Menschengesellschaft? *Die Arbeit.* Das Affenrudel begnügte sich damit, seinen Futterbezirk abzuweiden, der ihm durch die geographische Lage oder durch den Widerstand benachbarter Rudel zugeteilt war; es unternahm Wanderungen und Kämpfe, um neues Futtergebiet zu gewinnen, aber es war unfähig, aus dem Futterbezirk mehr herauszuschlagen, als er von Natur bot, außer daß es ihn unbewußt mit seinen Abfällen düngte. Sobald alle möglichen Futterbezirke

---

* Der Artikel entstammt *Friedrich Engels'* 2. Konvolut „Dialektik der Natur", das er zwischen 1873 und 1886 niedergeschrieben hat. Dort versucht er eine dialektisch-materialistische Verallgemeinerung der wichtigsten Erkenntnisse der Naturwissenschaften in der Mitte des 19. Jahrhunderts und analysiert kritisch deren metaphysischen und idealistische Entwürfe. Die „Dialektik der Natur" blieb zu *Engels'* Lebzeiten unveröffentlicht. Nach seinem Tode erschienen zwei zu diesem Werk gehörende Artikel: „Die Naturforschung in der Geisterwelt" (1898) und der hier abgedruckte, offenbar im Juni 1876 geschriebene und letztlich nicht zu Ende gebrachte „Anteil der Arbeit an der Menschwerdung des Affen" (1896). Der Text folgt - bei Kürzung um die auf den ersten Absatz folgenden entwicklungsgeschichtlichen Passagen - dem des 20. Bandes der *Marx-Engels-Werke*.

besetzt waren, konnte keine Vermehrung der Affenbevölkerung mehr stattfinden; die Zahl der Tiere konnte sich höchstens gleichbleiben. Aber bei allen Tieren findet Nahrungsverschwendung in hohem Grade statt, und daneben Ertötung des Nahrungsnachwuchses im Keime. Der Wolf schont nicht, wie der Jäger, die Rehgeiß, die ihm im nächsten Jahr die Böcklein liefern soll; die Ziegen in Griechenland, die das junge Gestrüpp abweiden, eh' es heranwächst, haben alle Berge des Landes kahlgefressen. Dieser „Raubbau" der Tiere spielt bei der allmählichen Umwandlung der Arten eine wichtige Rolle, indem er sie zwingt, andrer als der gewohnten Nahrung sich anzubequemen, wodurch ihr Blut andre chemische Zusammensetzung bekommt und die ganze Körperkonstitution allmählich eine andre wird, während die einmal fixierten Arten absterben. Es ist nicht zu bezweifeln, daß dieser Raubbau mächtig zur Menschwerdung unsrer Vorfahren beigetragen hat. Bei einer Affenrasse, die an Intelligenz und Anpassungsfähigkeit allen andern weit voraus war, mußte er dahin führen, daß die Zahl der Nahrungspflanzen sich mehr und mehr ausdehnte, daß von den Nahrungspflanzen mehr und mehr eßbare Teile zur Verzehrung kamen, kurz, daß die Nahrung immer mannigfacher wurde und mit ihr die in den Körper eingehenden Stoffe, die chemischen Bedingungen der Menschwerdung. Das alles war aber noch keine eigentliche Arbeit. Die Arbeit fängt an mit der Verfertigung von Werkzeugen. Und was sind die ältesten Werkzeuge, die wir vorfinden? Die ältesten, nach den vorgefundenen Erbstücken vorgeschichtlicher Menschen und nach der Lebensweise der frühesten geschichtlichen Völker wie der rohesten jetzigen Wilden zu urteilen? Werkzeuge der Jagd und des Fischfangs, erstere zugleich Waffen. Jagd und Fischfang aber setzen den Übergang von der bloßen Pflanzennahrung zum Mitgenuß des Fleisches voraus, und hier haben wir wieder einen wesentlichen Schritt zur Menschwerdung. *Die Fleischkost* enthielt in fast fertigem Zustand die wesentlichsten Stoffe, deren der Körper zu seinem Stoffwechsel bedarf; sie kürzte mit der Verdauung die Zeitdauer der übrigen vegetativen, dem Pflanzenleben entsprechenden Vorgänge im Körper ab und gewann damit mehr Zeit, mehr Stoff und mehr Lust für die Betätigung des eigentlich tierischen (animalischen) Lebens. Und je mehr der werdende Mensch sich von der Pflanze entfernte, desto mehr erhob er sich auch über das Tier. Wie die Gewöhnung an Pflanzennahrung neben dem Fleisch die wilden Katzen und Hunde zu Dienern des Menschen gemacht, so hat die Angewöhnung an die Fleischnahrung neben der Pflanzenkost wesentlich dazu beigetragen, dem werdenden Menschen Körperkraft und Selbständigkeit zu geben. Am wesentlichsten aber war die Wirkung der Fleischnahrung auf das Gehirn, dem nun die zu seiner Ernährung und Entwicklung nötigen Stoffe weit reichlicher zuflossen als vorher, und das sich daher von Geschlecht zu Geschlecht rascher und vollkommener ausbilden konnte. Mit Verlaub der Herren Vegetarianer, der Mensch ist nicht ohne Fleischnahrung zustande gekommen, und wenn die Fleischnahrung auch bei allen uns bekannten Völkern zu irgendeiner Zeit einmal zur Menschenfresserei geführt hat (die Vorfahren der Berliner, die Weletaben oder Wilzen, aßen ihre Eltern noch im 10. Jahrhundert), so kann uns das heute nichts mehr ausmachen.

Die Fleischkost führte zu zwei neuen Fortschritten von entscheidender Bedeutung: zur Dienstbarmachung des Feuers und zur Zähmung von Tieren. Die erstere kürzte den Verdauungsprozeß noch mehr ab, indem sie die Kost schon sozusagen halbverdaut an den Mund brachte; die zweite machte die Fleischkost reichlicher, indem sie neben der Jagd eine neue regelmäßigere Bezugsquelle dafür eröffnete, und lieferte außerdem in der Milch und ihren Produkten ein neues, dem Fleisch an Stoffmischung mindestens gleichwertiges Nahrungsmittel. So wurden beide schon direkt neue Emanzipationsmittel für den Menschen; auf ihre indirekten Wirkungen im einzelnen einzugehn, würde uns hier zu weit führen, von so hoher Wichtigkeit sie auch für die Entwicklung des Menschen und der Gesellschaft gewesen sind.

Wie der Mensch alles Eßbare essen lernte, so lernte er auch in jedem Klima leben. Er verbreitete sich über die ganze bewohnbare Erde, er, das einzige Tier, das in sich selbst die Machtvollkommenheit dazu besaß. Die andren Tiere, die sich an alle Klimata gewöhnt haben, haben dies nicht aus sich selbst, nur im Gefolge des Menschen, gelernt: Haustiere und Ungeziefer. Und der Übergang aus dem gleichmäßig heißen Klima der Urheimat in kältere Gegenden, wo das Jahr sich in Winter und Sommer teilte, schuf neue Bedürfnisse: Wohnung und Kleidung zum Schutz gegen Kälte und Nässe, neue Arbeitsgebiete und damit neue Betätigungen, die den Menschen immer weiter vom Tier entfernten.

Durch das Zusammenwirken von Hand, Sprachorganen und Gehirn nicht allein bei jedem einzelnen, sondern auch in der Gesellschaft, wurden die Menschen befähigt, immer verwickeltere Verrichtungen auszuführen, immer höhere Ziele sich zu stellen und zu erreichen. Die Arbeit selbst wurde von Geschlecht zu Geschlecht eine andre, vollkommnere, vielseitigere. Zur Jagd und Viehzucht trat der Ackerbau, zu diesem Spinnen und Weben, Verarbeitung der Metalle, Töpferei, Schiffahrt. Neben Handel und Gewerbe trat endlich Kunst und Wissenschaft, aus Stämmen wurden Nationen und Staaten. Recht und Politik entwickelten sich, und mit ihnen das phantastische Spiegelbild der menschlichen Dinge im menschlichen Kopf: die

Religion. Vor allen diesen Gebilden, die zunächst als Produkte des Kopfs sich darstellten und die die menschlichen Gesellschaften zu beherrschen schienen, traten die bescheidneren Erzeugnisse der arbeitenden Hand in den Hintergrund; und zwar um so mehr, als der die Arbeit planende Kopf schon auf einer sehr frühen Entwicklungsstufe der Gesellschaft (z.B. schon in der einfachen Familie) die geplante Arbeit durch andre Hände ausführen lassen konnte als die seinigen. Dem Kopf, der Entwicklung und Tätigkeit des Gehirns, wurde alles Verdienst an der rasch fortschreitenden Zivilisation zugeschrieben, die Menschen gewöhnten sich daran, ihr Tun aus ihrem Denken zu erklären statt aus ihren Bedürfnissen (die dabei allerdings im Kopf sich widerspiegeln, zum Bewußtsein kommen) - und so entstand mit der Zeit jene idealistische Weltanschauung, die namentlich seit Untergang der antiken Welt die Köpfe beherrscht hat. Sie herrscht noch so sehr, daß selbst die materialistischsten Naturforscher der *Darwin*schen Schule sich noch keine klare Vorstellung von der Entstehung des Menschen machen können, weil sie unter jenem ideologischen Einfluß die Rolle nicht erkennen, die die Arbeit dabei gespielt hat.

Die Tiere, wie schon angedeutet, verändern durch ihre Tätigkeit die äußere Natur ebensogut, wenn auch nicht in dem Maße wie der Mensch, und diese durch sie vollzogenen Änderungen ihrer Umgebung wirken, wie wir sahen, wieder verändernd auf ihre Urheber zurück. Denn in der Natur geschieht nichts vereinzelt. Jedes wirkt aufs andre und umgekehrt, und es ist meist das Vergessen dieser allseitigen Bewegung und Wechselwirkung, das unsre Naturforscher verhindert, in den einfachsten Dingen klarzusehn. Wir sahen, wie die Ziegen die Wiederbewaldung von Griechenland verhindern; in Sankt Helena haben die von den ersten Anseglern ans Land gesetzten Ziegen und Schweine es fertiggebracht, die alte Vegetation der Insel fast ganz auszurotten, und so den Boden bereitet, auf dem die von späteren Schiffern und Kolonisten zugeführten Pflanzen sich ausbreiten konnten. Aber wenn die Tiere eine dauernde Einwirkung auf ihre Umgebung ausüben, so geschieht dies unabsichtlich und ist, für diese Tiere selbst, etwas Zufälliges. Je mehr die Menschen sich aber vom Tier entfernen, desto mehr nimmt ihre Einwirkung auf die Natur den Charakter vorbedachter, planmäßiger, auf bestimmte, vorher bekannte Ziele gerichteter Handlung an. Das Tier vernichtet die Vegetation eines Landstrichs, ohne zu wissen, was es tut. Der Mensch vernichtet sie, um in den freigewordnen Boden Feldfrüchte zu säen oder Bäume und Reben zu pflanzen, von denen er weiß, daß sie ihm ein Vielfaches der Aussaat einbringen werden. Er versetzt Nutzpflanzen und Haustiere von einem Land ins andre und ändert so die

Vegetation und das Tierleben ganzer Weltteile. Noch mehr. Durch künstliche Züchtung werden Pflanzen wie Tiere unter der Hand des Menschen in einer Weise verändert, daß sie nicht wiederzuerkennen sind. Die wilden Pflanzen, von denen unsre Getreidearten abstammen, werden noch vergebens gesucht. Von welchem wilden Tier unsre Hunde, die selbst unter sich so verschieden sind, oder unsre ebenso zahlreichen Pferderassen abstammen, ist noch immer streitig.

Es versteht sich übrigens von selbst, daß es uns nicht einfällt, den Tieren die Fähigkeit planmäßiger, vorbedachter Handlungsweise abzustreiten. Im Gegenteil. Planmäßige Handlungsweise existiert im Keime schon überall, wo Protoplasma, lebendiges Eiweiß existiert und reagiert, das heißt bestimmte, wenn auch noch so einfache Bewegungen als Folge bestimmter Reize von außen vollzieht. Solche Reaktion findet statt, wo noch gar keine Zelle, geschweige eine Nervenzelle, besteht. Die Art, wie insektenfressende Pflanzen ihre Beute abfangen, erscheint ebenfalls in gewisser Beziehung als planmäßig, obwohl vollständig bewußtlos. Bei den Tieren entwickelt sich die Fähigkeit bewußter, planmäßiger Aktion im Verhältnis zur Entwicklung des Nervensystems und erreicht bei den Säugetieren eine schon hohe Stufe. Auf der englischen Fuchsparforcejagd kann man täglich beobachten, wie genau der Fuchs seine große Ortskenntnis zu verwenden weiß, um seinen Verfolgern zu entgehn, und wie gut er alle Bodenvorteile kennt und benutzt, die die Fährte unterbrechen. Bei unsern im Umgang mit Menschen höher entwickelten Haustieren kann man tagtäglich Streiche der Schlauheit beobachten, die mit denen menschlicher Kinder ganz auf derselben Stufe stehn. Denn wie die Entwicklungsgeschichte des menschlichen Keims im Mutterleibe nur eine abgekürzte Wiederholung der millionenjährigen körperlichen Entwicklungsgeschichte unsrer tierischen Vorfahren, vom Wurm angefangen, darstellt, so die geistige Entwicklung des menschlichen Kindes eine, nur noch mehr abgekürzte, Wiederholung der intellektuellen Entwicklung derselben Vorfahren, wenigstens der späteren. Aber alle planmäßige Aktion aller Tiere hat es nicht fertiggebracht, der Erde den Stempel ihres Willens aufzudrücken. Dazu gehörte der Mensch.

Kurz, das Tier *benutzt* die äußere Natur bloß und bringt Änderungen in ihr einfach durch seine Anwesenheit zustande; der Mensch macht sie durch seine Änderungen seinen Zwecken dienstbar, *beherrscht* sie. Und das ist der letzte, wesentliche Unterschied des Menschen von den übrigen Tieren, und es ist wieder die Arbeit, die diesen Unterschied bewirkt.*

Schmeicheln wir uns indes nicht zu sehr mit unsern menschlichen Siegen über die Natur. Für jeden solchen Sieg rächt sie sich an uns. Jeder hat in erster Linie zwar die Folgen, auf die wir gerechnet, aber in zweiter und dritter Linie hat er ganz andre, unvorhergesehene Wirkungen, die nur zu oft jene ersten Folgen wieder aufheben. Die Leute, die in Mesopotamien, Griechenland, Kleinasien und anderswo die Wälder ausrotteten, um urbares Land zu gewinnen, träumten nicht, daß sie damit den Grund zur jetzigen Verödung jener Länder legten, indem sie ihnen mit den Wäldern die Ansammlungszentren und Behälter der Feuchtigkeit entzogen.** Die Italiener der Alpen, als sie die am Nordabhang des Gebirgs so sorgsam gehegten Tannenwälder am Südabhang vernutzten, ahnten nicht, daß sie damit der Sennwirtschaft auf ihrem Gebiet die Wurzel abgruben; sie ahnten noch weniger, daß sie dadurch ihren Bergquellen für den größten Teil des Jahrs das Wasser entzogen, damit diese zur Regenzeit um so wütendere Flutströme über die Ebene ergießen könnten. Die Verbreiter der Kartoffel in Europa wußten nicht, daß sie mit den mehligen Knollen zugleich die Skrofelkrankheit verbreiteten. Und so werden wir bei jedem Schritt daran erinnert, daß wir keineswegs die Natur beherrschen, wie ein Eroberer ein fremdes Volk beherrscht, wie jemand, der außer der Natur steht - sondern daß wir mit Fleisch und Blut und Hirn ihr angehören und mitten in ihr stehn und daß unsre ganze Herrschaft über sie darin besteht, im Vorzug vor allen andern Geschöpfen ihre Gesetze erkennen und richtig anwenden zu können.

Und in der Tat lernen wir mit jedem Tag ihre Gesetze richtiger verstehn und die näheren und entfernteren Nachwirkungen unsrer Eingriffe in den herkömmlichen Gang der Natur erkennen. Namentlich seit den gewaltigen Fortschritten der Naturwissenschaft in diesem Jahrhundert werden wir mehr und mehr in den Stand gesetzt, auch die entfernteren natürlichen Nachwirkungen wenigstens unsrer gewöhnlichsten Produktionshandlungen kennen und damit beherrschen zu lernen. Je mehr dies aber geschieht, desto

---

* „Am Rande des Manuskripts", halten die Herausgeber der *MEW*-Ausgabe fest, „ist vermerkt: ‚Veredlung'".

** „Zur Frage des Einflusses der menschlichen Tätigkeit auf die Veränderung der Pflanzenwelt und des Klimas benutzte *Engels* das Buch von *Carl Fraas*: ‚Klima und Pflanzenwelt in der Zeit, ein Beitrag zur Geschichte beider', Landshut 1847. Auf dieses Werk hatte *Marx* am 25. März 1868 *Engels* brieflich aufmerksam gemacht." (*MEW*-Kommentar; d.H.)

mehr werden sich die Menschen wieder als Eins mit der Natur nicht nur fühlen, sondern auch wissen, und je unmöglicher wird jene widersinnige und widernatürliche Vorstellung von einem Gegensatz zwischen Geist und Materie, Mensch und Natur, Seele und Leib, wie sie seit dem Verfall des klassischen Altertums in Europa aufgekommen und im Christentum ihre höchste Ausbildung erhalten hat.

Hat es aber schon die Arbeit von Jahrtausenden erfordert, bis wir einigermaßen lernten, die entferntern *natürlichen* Wirkungen unsrer auf die Produktion gerichteten Handlungen zu berechnen, so war dies noch weit schwieriger in bezug auf die entfernteren *gesellschaftlichen* Wirkungen dieser Handlungen. Wir erwähnten die Kartoffel und in ihrem Gefolge die Ausbreitung der Skrofeln. Aber was sind die Skrofeln gegen die Wirkungen, die die Reduktion der Arbeiter auf Kartoffelnahrung auf die Lebenslage der Volksmassen ganzer Länder hatte, gegen die Hungersnot, die 1847 im Gefolge der Kartoffelkrankheit Irland betraf, eine Million kartoffel- und fast nur kartoffelessender Irländer unter die Erde und zwei Millionen über das Meer warf? Als die Araber den Alkohol destillieren lernten, ließen sie sich nicht im Traume einfallen, daß sie damit eins der Hauptwerkzeuge geschaffen, womit die Ureinwohner des damals noch gar nicht entdeckten Amerikas aus der Welt geschafft werden sollten. Und als dann Kolumbus dies Amerika entdeckte, wußte er nicht, daß er damit die in Europa längst überwundne Sklaverei zu neuem Leben erweckte und die Grundlage zum Negerhandel legte. Die Männer, die im siebzehnten und achtzehnten Jahrhundert an der Herstellung der Dampfmaschine arbeiteten, ahnten nicht, daß sie das Werkzeug fertigstellten, das mehr als jedes andre die Gesellschaftszustände der ganzen Welt revolutionieren und namentlich in Europa durch Konzentrierung des Reichtums auf Seite der Minderzahl, und der Besitzlosigkeit auf Seite der ungeheuren Mehrzahl, zuerst der Bourgeoisie die soziale und politische Herrschaft verschaffen, dann aber einen Klassenkampf zwischen Bourgeoisie und Proletariat erzeugen sollte, der nur mit dem Sturz der Bourgeoisie und der Abschaffung aller Klassengegensätze endigen kann. Aber auch auf diesem Gebiet lernen wir allmählich, durch lange, oft harte Erfahrung und durch Zusammenstellung und Untersuchung des geschichtlichen Stoffs, uns über die mittelbaren, entfernteren gesellschaftlichen Wirkungen unsrer produktiven Tätigkeit Klarheit zu verschaffen, und damit wird uns die Möglichkeit gegeben, auch diese Wirkungen zu beherrschen und zu regeln.

Um diese Regelung aber durchzuführen, dazu gehört mehr als die bloße Erkenntnis. Dazu gehört eine vollständige Umwälzung unsrer bisherigen

Produktionsweise und mit ihr unsrer jetzigen gesamten gesellschaftlichen Ordnung.

Alle bisherigen Produktionsweisen sind nur auf Erzielung des nächsten, unmittelbarsten Nutzeffekts der Arbeit ausgegangen. Die weiteren erst in späterer Zeit eintretenden, durch allmähliche Wiederholung und Anhäufung wirksam werdenden Folgen blieben gänzlich vernachlässigt. Das ursprüngliche gemeinsame Eigentum am Boden entsprach einerseits einem Entwicklungszustand der Menschen, der ihren Gesichtskreis überhaupt auf das Allernächste beschränkte, und setzte andrerseits einen gewissen Überfluß an verfügbarem Boden voraus, der gegenüber den etwaigen schlimmen Folgen dieser waldursprünglichen Wirtschaft einen gewissen Spielraum ließ. Wurde dieser Überschuß von Land erschöpft, so verfiel auch das Gemeineigentum. Alle höheren Formen der Produktion aber sind zur Trennung der Bevölkerung in verschiedne Klassen und damit zum Gegensatz von herrschenden und unterdrückten Klassen vorangegangen, damit aber wurde das Interesse der herrschenden Klasse das treibende Element der Produktion, soweit diese sich nicht auf den notdürftigsten Lebensunterhalt der Unterdrückten beschränkte. Am vollständigsten ist dies in der jetzt in Westeuropa herrschenden kapitalistischen Produktionsweise durchgeführt. Die einzelnen, Produktion und Austausch beherrschenden Kapitalisten können sich nur um den unmittelbarsten Nutzeffekt ihrer Handlungen kümmern. Ja selbst dieser Nutzeffekt - soweit es sich um den Nutzen des erzeugten oder ausgetauschten Artikels handelt - tritt vollständig in den Hintergrund; der beim Verkauf zu erzielende Profit wird die einzige Triebfeder.

Die Sozialwissenschaft der Bourgeoisie, die klassische politische Ökonomie, beschäftigt sich vorwiegend nur mit den unmittelbar beabsichtigten gesellschaftlichen Wirkungen der auf Produktion und Austausch gerichteten menschlichen Handlungen. Dies entspricht ganz der gesellschaftlichen Organisation, deren theoretischer Ausdruck sie ist. Wo einzelne Kapitalisten um des unmittelbaren Profits willen produzieren und austauschen, können in erster Linie nur die nächsten, unmittelbarsten Resultate in Betracht kommen. Wenn der einzelne Fabrikant oder Kaufmann die fabrizierte oder eingekaufte Ware nur mit dem üblichen Profitchen verkauft, so ist er zufrieden, und es kümmert ihn nicht, was nachher aus der Ware und deren Käufer wird. Ebenso mit den natürlichen Wirkungen derselben Handlungen.

Die spanischen Pflanzer in Kuba, die die Wälder an den Abhängen niederbrannten und in der Asche Dünger genug für eine Generation höchst rentabler Kaffeebäume vorfanden - was lag ihnen daran, daß nachher die tropischen Regengüsse die nun schutzlose Dammerde herabschwemmten und nur nackten Fels hinterließen? Gegenüber der Natur wie der Gesellschaft kommt bei der heutigen Produktionsweise vorwiegend nur der erste, handgreiflichste Erfolg in Betracht; und dann wundert man sich noch, daß die entfernteren Nachwirkungen der hierauf gerichteten Handlungen ganz andre, meist ganz entgegengesetzte sind, daß die Harmonie von Nachfrage und Angebot in deren polaren Gegensatz umschlägt, wie der Verlauf jedes zehnjährigen industriellen Zyklus ihn vorführt und wie auch Deutschland im „Krach"* ein kleines Vorspiel davon erlebt hat; daß das auf eigne Arbeit gegründete Privateigentum sich mit Notwendigkeit fortentwickelt zur Eigentumslosigkeit der Arbeiter, während aller Besitz sich mehr und mehr in den Händen von Nichtarbeitern konzentriert; daß (...)**

---

* „Gemeint ist die Weltwirtschaftskrise von 1873. In Deutschland begann diese Krise im Mai 1873 mit dem ‚großen Krach', der das Vorspiel einer langandauernden Krise war, die sich bis ans Ende der siebziger Jahre hinzog." (*MEW*-Kommentar)

** Hier bricht das Manuskript ab.

URS P. THOMAS
JEAN-GUY VAILLANCOURT

Institutional Issues of Sustainable Development

Introduction

Sustainable development policies at the international level can be divided into two interconnected categories: legal instruments for the protection of the environment, and sustainable development programs and projects. Efforts to create and enforce these legal instruments and to devise and implement sustainable development activities are profoundly intertwined because of 'The Meshing of the World's Economy and the Earth's Ecology' which is the subtitle of 'Beyond Interdependence' by *Jim MacNeill et al.* (1991). In order to facilitate an integrated approach to broad sustainable development issues which emphasizes this interconnection between economic and environment aspects, these normally separate domains need to be seen as two sides of the same coin. Unfortunately this coin presently lacks a concise name. For this reason, and also for the purpose of providing a semantic basis for a noun, an adjective and a professional category related to the sustainable development concept, the terms *ecolonomy (Charnovitz* 1995, 60) or *ecolomy (Thomas* 1995, 62) have been suggested. Pushing this logic a step further, *Steve Charnovitz* has introduced the concept of *environmental and trade governance* in order to address issues of global governance in this integrated perspective.[1]

International environmental policy has now established itself as a thriving subdiscipline of international relations. This article attempts to provide an overview of the treatment of institutional aspects in this quite new field of specialisation.

Sustainable Development and the North-South Conflict

Why have questions pertaining to sustainable development become such an important issue in the North-South dialogue? This queston is directly related on one hand to the notion of national sovereignty, and on the other hand to the concept of the earth's carrying capacity, to the related concept of the global commons, and to the rise of global ecopolitics. The sovereignty principle raises issues like the reconciliation between the right of states to engage in industrial activities which always produce a certain amount of pollution, and the right of their neighbors to be free from unduly constraining pollution that is spilling over the borders. *Marvin Soroos* (1986, 305) comments succinctly: 'The sovereign rights of the countries on the receiving end of transboundary pollution would appear to take precedence.'

As far as the assessment of the earth's carrying capacity is concerned, there are numerous scenarios over different time spans. *Thomas Homer-Dixon* (1993, 59), after an authoritative and concise synopsis of the principal problem areas, presents two kinds of scenarios for the world's human-ecological system in the year 2025, assuming that we continue to do essentially 'business as usual.' The optimistic predictions assume that a vast reservoir of human adaptability, cooperation and creativity will be able to solve environmental problems through incremental, technological responses. Even these optimistic scenarios, however, cannot deny that in 2025 we will

---

1 It should be pointed out that *Charnovitz* is the most prolific author on trade and environment policies; in fact, in his authoritative article aptly entitled 'GATT and the Environment. Examining the Issues' (1992), he has delineated and introduced the trade and environment debate to the International Environmental Affairs field. In his piece on environmental and trade governance, he has similarly defined the dynamics of those two key components of global governance which we shall discuss below.

live on a planet with significantly degraded natural resources with particularly gloomy perspectives for the available quantity and quality of agricultural land.

The pessimistic scenarios, on the other hand, point to historical evidence for the assertion that economic depressions have usually produced more conflict, more complexity and more 'social friction', quite the opposite of more cooperation. What is perhaps most ominous is the fact that environmental problems often arise slowly at the beginning, until they accelerate exponentially. *Homer-Dixon* concludes that caution in our assumptions about the ecosystems resilience is imperative to shield us from 'harsh surprises' (p. 63).

Sectorial as well as crosscutting evidence for these kinds of reflections is summarized periodically, for instance in yearly publications like *The State of the World* or *Vital Signs* of the *Worldwatch Institute*, or in the biennial volume *World Resources* of the *World Resources Institute* (both based in Washington, DC), which is published in conjunction with the *UN Environment Programme (UNEP)* and the *UN Development Programme (UNDP)*. These concerns have led over the past few years to a vastly increased research output which catalyzed the creation of new and specialized scholarly journals such as *International Environmental Affairs* or *The Journal of Environment and Development*. This growth in scholarly output has benefited from specialized research programs at various national and supranational institutions and foundations, and it has resulted in a considerable number of monographs. There is no doubt that *International Environmental Affairs* has now become a viable field of study within international organization or world politics with its own strategies of inquiry (*Sprinz* 1994, 32).

The recent publication of numerous edited scholarly books on sustainable development issues (e.g. *Choucri* 1993; *Haas et al.* 1993; *Hurrell/Kingsbury* 1992; *Sjöstedt* 1993) reflects the complexity and intensity of the ongoing research, and has arguably not only staked out this very exciting field, it justifies our assessment that International Environmental Affairs has become in barely fifteen years a full-fledged academic field of specialization with its own institutional, financial, intellectual and professional infrastructures. *Soroos* (1994, 300) proposes to divide this domain up into three interrelated subfields:

1) international environmental law and policy, including non-binding 'soft law';
2) international institutions, organizations and regimes;
and

3) the politics of international environmental cooperation, including the growing role of Non-Governmental Organisations.

These subfields of course are very much overlapping. In view of its importance and of its wide implications and ramifications, it might be useful to add the trade and environment issue as a fourth separate subfield.

Some scholars and practitioners have developed a construct which has quickly spread, and has found supporters as well as critics, and which may well be useful for many other fields of inquiry - namely the term 'epistemic community'.[2] An epistemic community is a sociological group with a common style of thinking, whose members are bonded together by '... their shared belief or faith in the verity and the applicability of particular forms of knowledge or specific truths' (*Haas* 1992, 3). In discussing environmental treaties, *Peter M. Haas* considers that they '... were concluded through the influence of epistemic communities' (1990, 349). His perspective is supported by a senior practitioner who considers that personal relationships fostered by informal meetings were beneficial in overcoming difficult North-South controversies in the negotiation of an agreement to control Mediterranean pollution under *UNEP*'s leadership (*Thacher* 1993, 124).

On the other hand, *Haas*' critics play down the importance of these kinds of networks. *Lawrence Susskind* (1994, 74), for instance, argues that transnational scientific associations, if they take positions which may diverge from governmental positions, will be counterproductive for the protection of the environment, because governments in his view will find ways to rely on other scientists who respect their political directives. Be that as it may, 'like-minded' coalitions, both at the level of individuals (*Rochester* 1993, 39), or countries (*Young* 1994, 129), are making essential contributions on the road toward global environmental governance.

This does not mean, however, that scientists can automatically be considered as supporters for effective environmental measures, because some of them may have an agenda which has little to do with sustainable development. For example, *Kevin Stairs* and *Peter Taylor* charge that marine

---

2 It was originally developed by *Peter M. Haas* in his PhD thesis on the protection of the Mediterranean, and it was subsequently further developed by him in many of his writings, most notably in a piece which posits ten propositions about creating and maintaining epistemic communities (1990). The term refers to a community of experts who share a common language and a common knowledge.

scientists with a lifelong record of involvement in analyzing dumping programs have an interest not to stop dumping practices, but desire instead to maintain their government-funded research infrastructures, and therefore are, according to these authors' perception, 'the strongest defenders in the pro-dumping lobby' (1992, 122), even more so than industrialists and government regulators intent on cheap options. These are serious charges which merit to be investigated in this particular instance, and in countless other sectors criss-crossed by similar potential conflicts of interest.

The notion of epistemic communities seems to be intrinsically attractive for the promotion of the idea of sustainable development. Unfortunately, in spite of the positive effect that these communities have had on international environmental negotiations with a relatively narrow focus, it does not appear that they have been of much help in wider negotiations, especially in the case of the Law of the Sea. On the contrary, one could argue that an epistemic community with a very different set of values has been very successful in delaying the treaty's conclusion and ratification by organizing blocking coalitions (*Sebenius* 1993, 203). As far as the even wider climate change negotiations are concerned, there is no evidence that any kind of epistemic community is successful in its efforts to overcome a profound North-South deadlock (*Flavin/Tunali* 1995, 16; *Oberthür* 1994, 299).

The perspective of the developing countries on this issue has been forcefully stated for the first time in a much-cited analysis by *Anil Agarwal* and *Sunita Narain* (1991). They emphasize the contrast between the industrialized countries with high per capita greenhouse gas emissions caused by gas guzzling automobiles on one hand, and the poor in the Third World on the other hand who often depend for subsistence on draught cattle and rice fields which produce very small quantities of greenhouse gases on a per capita base. They further point out that this contrast is exacerbated by the industrialized countries' overwhelming historical contribution to the carbon dioxide buildup in the atmosphere. *Agarwal* and *Narain* have created in this context the terms 'luxury emissions' and 'survival emissions' (p. 5), which have in the meantime entered the ecopolitical vocabulary.

Regrettably, the first *Conference of the Parties of the Framework Convention on Climate Change* in Berlin in March 1995 did not manage to substantially mitigate these differences. The so-called Berlin Mandate does not contain any targets or timetables, it merely expresses a collective will to continue to negotiate with the objective of obtaining some kind of a possibly still very vague protocol or other legal instrument by 1997 for commitments covering the period after 1998. One of the two central negotiating themes was the issue of Adequacy of Commitments which divided the convention signatories into coalitions ranging from the very proactive and activist *Alliance of Small Island States* who have most to fear from a sea-level rise, to the oil-exporting countries who were concentrating their efforts at maintaining the free flow of oil and fiercely resisted any attempt at limiting carbon dioxide emissions.

The other major issue was Joint Implementation, a strategy which aims at reducing greenhouse gases and increasing absorptive capacity through reforestation and afforestation in those regions, where such measures yield the quickest and least expensive potential results in absolute terms - namely in the South and in the East. This is a controversial and very complex issue, among other reasons because it reduces the participating developing countries' options for cheap reduction strategies in the future, and because it tends to defeat technical innovation and political pressures aiming at energy efficiencies in the North (*Rowlands* 1995, 148). Nevertheless, it enjoys considerable potitical support. There are numerous policy analyses in the recent International Environmental Affairs literature which provide support for *Rowland's* conclusion (p. 150) that

'... it seems likely that Joint Implementation will serve as the primary mechanism for the transfer of technology between North and South in the future, regardless of what other decisions may suggest.'

One may say, indeed, that there is at present no other set of negotiations where the North-South conflict is as pronounced as in the case of climate change. In fact, this confrontation is so deep that we consider it jeopardizes the very notion of global governance. *Richard Falk* (1993, 16) considers the powerful metaphor of 'global apartheid', which *Thomas Schelling* has launched into the global governance debate, as '...a warning, as well as a provocative line of critique, suggesting the urgency of taking far more serious steps to overcome the North/South cleavage.'

Sustainable Development and the Role of Intergovernmental Organizations

Research on intergovernmental organizations involved in sustainable development may roughly be categorized into socioeconomic, political/legal, gender/cultural, and organizational/institutional approaches, even though there is a great deal of overlap between these divisions. The last approach seems to be the least favored one. It is quite obvious that the analysis of intergovernmental organizations *qua* organizations is of relatively little interest to scholars. This lack of interest has a long history. During the interwar period, interest for international institutions was at a peak. It tended to dominate the international relations field, but the focus was either heavily descriptive and legalistic, or else normative and often not adequately linked to pragmatic realities, which is why these scholars came to be known as 'idealists'. They were superseded after the war by the 'realists' who focused on state sovereignty, power, and influence, then by the 'globalists', and finally by the 'neorealists' who emphasize the importance of economic power at the national level.

Without going into this epistemological history, which did not necessarily evolve step-by-step in such neat categories, suffice it to mention here that the interest for and the study of institutional issues has suffered from earlier approaches which were either too much bogged down with details of formal machinery, or else too vague and speculative. One might also hypothesize that the difficulty of adding cumulative knowledge (*Rochester* 1986, 807) is particularly great in this field, since IGOs change constantly, which may discourage students from analyzing their organizational aspects.

An institutional focus does require a constant updating of information and a reconsideration of past conclusions. As *Thomas* (1993) has shown in a study of the very dynamic and often competitive relationship between *UNEP*, the *World Bank*, *UNDP*, and the *Commission on Sustainable Development*, the phenomenon of change is especially conspicuous in the domain of sustainable development, because the institutional infrastuctures here are still young and evolving. Looking at the development of the discipline, *J. Martin Rochester* concludes (1986, 782) that 'the international organization field itself lost its sense of direction and identity', and it became synonymous with international relations.

A related pattern in the postwar era has been the steady disengagement of international organization scholars from the study of organizations to the point that today one must question whether such a field even exists any longer except in name only (p. 783). *Oran Young* (1994, 30) comments in a similar vein that

'... there is a strong current of thought among students of international affairs that dismisses institutions as epiphenomena. On this realist account, governance systems are surface phenomena that reflect the underlying configuration of power in international society. Such arrangements come and go with shifts in the political fortunes of powerful actors and without affecting outcomes much in their own right.'

Young considers, however, that the situaton is changing, he sees a 'new institutionalism' (p. 4) emerging in the major social science disciplines as well as in international relations. He notes that recent decades have witnessed a surge in the demand for institutions which is rooted in broadening and deepening interactions and interdependencies. That phenomenon is certainly very prevalent in international sustainable development, as *MacNeill et al.* (1991) have demonstrated in their much cited book 'Beyond Interdependence'. Furthermore, as *Young* stresses quite in line with our earlier observations on environmental and trade governance:

'Nowhere is this interaction more apparent than in the complex issues surrounding international trade and the recent links between trade and the environment. It is not cause for surprise that a growing agenda of institutional issues is demanding attention' (p. 4).

International environmental organizations are very difficult to classify because most of them have different mandates, and they differ greatly in the nature of their institutional structure and composition. The most systematic attempt in establishing a typology of internationally active environmental organizations is probably still a composition presented by *Michael Kilian* (1987), which includes the criteria of institutional linkages, international law, and functional mandates. It would be quite a challenge to reconceptualize this composition from a sustainable development perspective.

The discussion of institutional issues and aspects can conceptually be divided between the intergovernmental organizations' involvement in environmental regimes, on one hand, and their rule in bilateral and multilateral assistance programs and projects, usually called Official Development Assistance, on the other hand. Regime and ODA activities of course are closely intertwined, and consequently a balance between the two would seem to be desirable. Scholars in International Environmental Affairs, however, tend to give more attention to conceptual and normative aspects of regime analysis, than to the implications and ramifications for development policies. As a result, there is a lack of scholarly research on the linkage between regime analysis and official development assistance or international cooperation, especially with an emphasis on Southern imperatives. For instance, as *Homer-Dixon* (1994, 40) points out, there needs to be more research on the vicious circle between environmental degradation, poverty, population growth, and environmental security.

Regimes

Most regimes follow the convention-protocol model, that is the negotiating parties create at first a general and non-binding framework for future negotiations, and subsequently spin off more or less constraining and specific protocols. *Susskind* (1994), however, considers that this two-step process tends to be too long and drawn out, he presents alternative models which facilitate decentralized alliances and more effective connections between science and politics, as well as strategic issue linkages in general. *Young* (1994, 107) proposes a model he calls 'institutional bargaining', for which he specifies a number of hypotheses about factors which govern the likelihood of success in the formation of a regime. Examples of such factors are entrepreneurial leadership (for instance *Mostafa Tolba* in the ozone regime, or *Tommy Koh* in the Law of the Sea), the identification of easy to grasp concepts, or the availability of relatively clear-cut and refiable compliance mechanisms.

Some of the most complex issues in the discussion of regimes refer to implementation, compliance, and effectiveness. Implementation refers to 'measures that states take to make international accords effective in their domestic law', whereas compliance refers to 'whether countries in fact adhere to the provisions of the accord and to the implementing measures that they have instituted' (*Jacobson/Weiss* 1995, 123). Compliance is much more difficult to assess and, as *Harold Jacobson* and *Edith Brown Weiss* point out, it is a matter of judgement.

They have initiated a major study of eight countries spread over the globe and five treaties which focuses on a number of specific hypotheses about factors that affect implementation and compliance. Their preliminary conclusion is that the 'strength and health of national political-economic systems are the most important factors' (p. 144). *Jacobson* and *Weiss* conclude from these findings that these factors must be the focus of long-term strategies. This of course goes to the heart of sustainable development thinking and provides support for our above assertion that more research is required on the ODA-regime linkages.

Systematic and broad evaluations of regime implementation and compliance like these are still quite rare and preliminary. Assessments of regime effectiveness are even more scarce and really situated at the exploratory stage. *Steinar Andresen* and *Jørgen Wettestad* (1995, 127) provide a (revised) pragmatic and operational definition of effectiveness which is based on three measurable indicators: the achievement of declared goals, the correspondence between expert advice and regulatory/political decisions, and improvement over the no-action scenario. They conclude that the knowledge-producing process is the one factor which is of particular importance (p. 136). Given that regime effectiveness is directly related to policy change, *Andresen/Wettestad's* findings are contradicted by research on the other side of the Atlantic. *Robert Keohane*, *Peter Haas* and *Marc Levy* in their extensive study of international environmental institutions have reached the following conclusion:

> *If there is one key variable accounting for policy change, it is the degree of domestic environmentalist pressure in major industrialized democracies, not the decision-making rules of the relevant international institution* (1993, 14; their italics).

The chief United States negotiator in the 1987 and 1990 negotiations for the ozone regime, *Richard E. Benedick* (1991, 5), considers that the media have played 'a vital role' in stimulating public interest. This practitioner's observation provides support for the view of *Keohane et al.* because the media are lobbied and influenced by non-governmental organizations. This contradiction brings us back to *Jacobsen/Weiss*'s observation about the judgemental nature of the evaluation of compliance. There is no doubt that this observation applies even more to the evaluation of the effectiveness of both regimes and institutions. This brings up serious methodological questions which cannot be dealt with here; suffice it to mention that the role of interviews with practitioners and well informed observers is invaluable for any kind of evaluation of program, regimes or institutions.

Institutional Aspects

The United Nations institutions involved in sustainable development have recently undergone significant structural as well as strategic and political transformation. These had been simmering for several years, mainly as a result of the recession, the governments' debt, and persistent unemployment in the industrialized countries. The 1994 election of the United States Congress, which reinforced the position of conservative forces, has accelerated and intensified these transformations.

Donald Puchala and *Roger Coate* (1989, 47) have been prescient in their description of the changes which are deeply affecting multilateral policies. They have observed - even before the end of the cold war - that most Third World governments have traded rhetorical and ideological posturing for pragmatic, business-like negotiations, in order to obtain the best compromises under a system that is governed by 'ad-hocism' (p. 50) and an absence of a global development strategy. As far as the United Nation's role as manager of cooperation is concerned, scholars have not given much attention to it (*Rochester* 1993, 47). In spite of the fact that still more than half of the United Nation's budget is consecrated to developmental and humanitarian activities, peace-keeping activities attract the major share of interest in academia as well as in the media. The 'Other UN' (p. 129) tends to be given short shrift. *Rochester* is undoubtedly correct in blaming the United Nations system's disjointedness (p. 134) for making it hard not only for observers but even for practitioners to unterstand the logic of much of the policy process - but that should not be an excuse for treating a six billion dollar intergovernmental conglomerate (without peace-making expenditures) like a black box in most of the academic literature.

UNEP for instance is mentioned frequently in the literature, but usually just briefly in the context of macropolitical analyses. The most detailed accounts of its first fifteen years or so are *Kilian* (1987) and *Linton Keith Caldwell* (1990). Some recent studies are taking a more specifically institutional and evaluative approach. *Mark Imber* (1994, 67) argues that *UNEP* was given a 'Herculean' catalyzing mandate, which it can only fulfil if it is released from its 'Sisyphean' coordinating responsibilities. Unfortunately, there *is* at present no other United Nations organization mandated or qualified to take over this admittedly most ungrateful task. *Thomas* (1991) therefore suggests that *UNEP* needs to strengthen its presence in New York, where the political action is, and where it has only a very small liaison office, if it is to have a significant effect on the UN-wide coordination of environmental and sustainable development activities. *Robert Paarlberg* (1993) finally presents an interesting case study of a positive institutional cooperation between *UNEP* and *Food and Agriculture Organisation (FAO)* on the use of pesticides.

As far as the economic development side of the sustainable development equation is concerned, there is a considerable literature especially on the *World Bank*, which is far too large to be reviewed here. In view of the fact that the Bank is quite able to defend and promote its cause through its own numerous publications, suffice it to mention two critical voices here, namely *Bruce Rich*'s (1994) 'Mortgaging the Earth' and the Penang based *Third World Network's* monthly journal *Third World Resurgance*, which provides a unique coverage of global institutional and Third World aspects of sustainable development issues and policies from a Southern perspective which like the trade and environment implications and the institutional aspects have been rather neglected in much of the international environmental affairs literature.

Conclusion and Suggestions for Further Research

United Nations organizations tend to work in cooperation with each other in the implementation of their projects and programs. Complex problems and issues can only be approached through a constructive combination of the expertise of the various specialized agencies and programmes. They also cooperate with the *World Bank*, especially through the *Global Environment Facility*. Even the *World Trade Organization (WTO)* is being pulled into this cooperation, although the *GATT*, its predecessor until 1994, had little interaction with the United Nations system. But since then the relationship between the trade regime and the various environmental regimes has been assuming a quickly growing importance.

The *WTO* has a far wider domain than the *GATT*, while at the same time the number of environmental agreements has increased. As a consequence, there is now far more potential for conflict between the trade regime and environmental, not to mention social, concerns. For instance, trade-related environment measures, the environmental impact of process and production methods or service industries have recently become important subjects of debate. There is also more and more discussion of the retationship between the UN-related secretariats of environmental conventions and the *WTO*, but there is very little literature available on the organizational and political ramifications of these institutional links. This constitutes a very fertile ground for research on the relation and cooperation of institutions. It is made particularly interesting by the fact that they have very different mandates, perspectives, organizational cultures, constituencies, not to mention size and financial support.

The relationship between the *WTO's* Agreement on Trade-Related Aspects of Intellectual Property Rights and the UN's Convention on Biological Diversity is of particular interest here. It has been gathering increasing interest lately, because it is at the crossroad of opposing paradigms: liberalized trade and investment on one hand, protection of biodiversity and the ecosystem on which it depends on the other hand. At the same time it is a conflict which pits the Northern interest of the pharmaceutical and biotechnological industries - allied with Southern interests who want to benefit from access to industrialized markets - against other Southern interests of subsistence farmers who don't want to be forced into a system in which they have to buy their seeds every year, instead of being able to plant the various seeds of their own crops. Finally, there are claims of much improved productivity, which contrast with concerns about long-term sustainability of large monocultures. The analysis of important intergovernmental issues like this one would benefit greatly from an in depth investigation of the institutional dynamics that underlie the political choices which will shape our future.

HELMUT LOISKANDL

Umweltprobleme und Opfer - Ökologische Perspektiven in der japanischen Gesellschaft

Japanische Soziologen sind sich bewußt, daß Japan unter den entwickelten Nationen in bezug auf Umweltschäden eine schlechte Bilanz aufweist und daß die globale Verflechtung der Nahrungsmittelproduktion und der industriellen Entwicklungen japanischen Bedarf zur Ursache von Umweltschäden in den lokalen Produktionsländern werden läßt. Forschungsprojekte, die sich mit diesen Problemen befassen, sind jedoch - ausgenommen vielleicht das Gebiet der Müllbewältigung - nicht zu zahlreich, und Projekte mit internationaler Perspektive sind wohl eher noch selten (*Funabashi* 1992, 3).

Daß dies aus kulturellen Vorgegebenheiten erklärt werden kann, legt die Situation der Umweltbewegungen nahe. Diese politischen Manifestationen verstehen sich in Japan meist als lokale Zusammenschlüsse von Opfern von Umweltschäden. Im strikten Sinne geht es nicht um die Umwelt als solche. Als Problem wird die strukturelle Belastung einer Gemeinschaft durch private oder öffentliche Aktionen deklariert, die ihren Ursprung im Wirtschaftswachstum haben. Protestbewegungen sind folglich auch beinahe ausschließlich ortsgebunden und partikularistisch: Sobald ein lokales Problem zur Zufriedenheit der selbstdeklarierten Opfer gelöst ist, bedeutet dies meist das Ende der Bewegung. Lokale Aktionen schließen sich in der Regel nicht mit anderen lokalen Aktionen zusammen; Versuche, nationale und dauerhafte Querverbindungen zu schaffen, waren bis jetzt nicht sehr erfolgreich. Während in einzelnen Lokalwahlen Vertreter von Umweltopfern Erfolg hatten - Aktionen gegen Flugplatzlärm konnten sogar Bürgermeisterwahlen gewinnen), kamen die Versuche, eine grüne Partei nach europäischem Vorbild zu schaffen, bis jetzt nicht zum Tragen.

Es liegt nahe, Erklärungen für dieses spezifische Verhalten in der kulturellen Tradition Japans zu suchen. Der Lokozentrismus als fundamentaler Aspekt der japanischen Kultur ist seit *Chie Nakane* (1967) von japanischen Soziologen weitgehend in ihren Erklärungsrahmen integriert worden (*Funabashi* 1992, 15). Und allgemein wird akzeptiert, daß japanische Tradition das Partikuläre vor das Allgemeine stellt, daß diese Tradition der Manipulation der Natur durchaus positiv gegenübersteht, wie die japanische Gartenkultur beweist - nicht verwunderlich bei einer Bauerntradition, die auf die Nutzung der Umwelt angewiesen ist. Um so überraschender ist es dann, wenn sich herausstellt, daß diese japanische Gesellschaft in der Lage war, Ergebnisse im Kampf gegen die Umweltverschmutzung zu erringen, die von ausländischen Beobachtern als veritable Wunder eingestuft werden (*Broadbent* 1998, 18). Während die grünen Bewegungen auf nationaler Ebene nicht zustande kamen, zeigt eine Umfrage von 1997 aber doch, daß Umweltprobleme von gut zwei Dritteln der Befragten als eine ihrer Hauptsorgen eingestuft wurden, gefolgt von fast gleich viel, die im Anwachsen des Verbrechens einen Hauptgrund zur Sorge sahen. Trotz der sich schon abzeichnenden Wirtschaftskrise sorgten sich nur 57 Prozent um die Zuverlässigkeit des öffentlichen Pensionssystems und nur 40 Prozent wegen der ansteigenden Arbeitslosigkeit. Zur gleichen Zeit waren 94 Prozent der Befragten überzeugt, daß Japan nicht genug täte, um die Umwelt zu schützen, und zwei Drittel, daß sich dies nicht ändern würde (*Kato* 1998, 8). Die Sorgen der Wähler scheinen sich also ohne die Zwischenschaltung von organisierten Massenbewegungen im Verhalten der Politiker gespiegelt zu haben. Der Imperativ der Wirtschaftsentwicklung, der in den Nachkriegsjahren unbesehen akzeptiert wurde, sah sich mit dem Verlangen nach Umweltqualität konfrontiert; und dieses Dilemma, das sich überall stellt, wo Wirtschaftswachstum als Notwendigkeit angesehen wird, fand in Japan seine spezielle Ausformung.

Wirtschaftswachstum und Umweltqualität in Japan

Japan und Deutschland hatten nach dem Ende des Krieges 1945 von unten durchzustarten, und beide Länder hatten ein Wirtschaftswunder aufzuweisen; Japan hatte auf Weltebene das stärkste Wirtschaftswachstum. Von 1950 bis in die Mitte der siebziger Jahre war die Rate des Wirtschaftswachstums konstant höher als in allen europäischen Ländern. Aus der Zerstörung und Armut der Nachkriegszeit wuchs eine Bilderbuch-Volkswirtschaft. 1976 hatte die japanische Wirtschaft ein Volumen erreicht, das das von 1946 um das 55fache übertraf. Während das Land nur 0.3 Prozent der

Erdoberfläche einnimmt und etwa drei Prozent der Weltbevölkerung zählte, produzierte es zehn Prozent des Weltwirtschaftsprodukts. Dieses Wachstum wirkte sich auf den Lebensstandard der gesamten japanischen Bevölkerung positiv aus - kein Wunder, daß die wenigen Warnungen vor den Folgen auf die Umwelt am Anfang kein Gehör fanden. Wie *Harutoshi Funabashi* (1992) zeigt, läßt sich diese Dynamik von Wachstum, Umweltgefährdung und sozialer Reaktion historisch in vier Stufen gliedern:

1. die Periode von 1945 bis 1963, gekennzeichnet vor allem durch das enorme Wirtschaftswachstum,
2. die Periode von 1964 bis 1973, eine Zeit gesellschaftlicher Änderungen,
3. die Zeit von 1974 bis 1986, gekennzeichnet durch wirtschaftliche Wachstumsproblem und Rücknahme von Reformen,
4. die Zeit seit 1987 mit ihrem Wiederaufleben des Umweltbewußtseins.

1. Wirtschaftswachstum und Umweltprobleme (1945 - 1963)

Schon in dieser ersten Periode waren das Wirtschaftswachstum und der Wiederaufbau mit Umweltproblemen gekoppelt. Bauern beklagten sich über die Schädigung ihrer Felder durch den Bergbau. In Fukuoka gingen die Klagen an die Adresse des *Chikuho* Kohlenabbaus, in Gunma waren Firmen wie *Toho Zink* und *Asio Dozan* die Schädiger. Wasser- und Luftverschmutzung wurden in allen größeren Industriezentren zum Problem in Tokyo, Osaka, Yokohama, Kawasaki und Amagasaki, um nur einige zu nennen. Die atmosphärische Konzentration von Schwefeldioxyd (SO_2) wuchs allein von 1960 bis 1965 von 0.015 auf 0.06 Teile pro Mikion; ähnliche Ergebnisse gab es bei anderen chemischen Verschmutzungen (*Broadbent* 1998, 12). Die allgemeine Senkung der Umweltqualität ist der Hintergrund von Skandalen, die mehr und mehr ihren Weg in die Presse fanden: Etwa die Morinaga-Milchvergiftungaffäre von 1955 (eine subakute Arsenvergiftung), die Minamata-Krankheit in Kumamoto und ähnliche Quecksilbervergiftungen in Niigata, die Vergiftung des Edogawa-Flusses durch die *Honshu Paper Company* in 1958. Die Papierfabrikation führte auch zu Umweltproblemen in Shizuoka, Hokkaido und Kodis.

In dieser Periode war es sehr schwierig, eine erfolgreiche Bewegung gegen Umweltverschmutzung aufzubauen, auch wenn die Zahl der Opfer beträchtlich war. Behörden und Gerichte konnten auf keine Präzedenzfälle zurückgreifen, was dazu führte, daß Beschwerden keine große Chance hatten, ernstgenommen zu werden. Kam es zu Beschwerden, wurden sie oft vom Anfang an unterdrückt, oder selbst im Erfolgsfall nur mit minimalen Wiedergutmachungsansprüchen anerkannt. Diese Entscheidungen führten folglich kaum zu einer Minderung der Umweltverschmutzung. Die kausale Verbindung zwischen Umweltfaktoren und Gesundheitsbeschwerden war gerichtlich schwer zu beweisen, Geschädigte wurden oft nicht als Opfer anerkannt, im besten Fall erst nach langen Kämpfen vor Gericht. Selbst in Fällen, wo das Gericht die kausale Verbindung von Umweltschaden und Krankheit anerkannte wie 1961 im Fall der Itai-itai-Krankheit, mußten einzelne Betroffene jahrzehntelang um ihre Anerkennung kämpfen, und einige dieser Fälle sind immer noch vor Gericht. Die Empörung der Betroffenen führte jedoch nur zu lokalen sozialen Konflikten, das allgemeine soziale Klima war bereit, Umweltschäden für Wirtschaftswachstum in Kauf zu nehmen.

Die lokalen Unruhen führten jedoch dazu, daß die Regierung auf lokaler und selbst nationaler Ebene langsam begann, sich ernsthafter mit Umweltproblemen zu befassen. 1954 wurden in Osaka lokale Vorschriften zum Umweltschutz, die erst 1950 erlassen worden waren, total umgearbeitet. Tokio folgte 1955 mit einer Verordnung zum Schutz vor Luft- und Wasserverschmutzung, die jedoch die Verschmutzungskatastrophe im Edogawa-Fluß nicht verhindern konnte und deshalb 1958 durch das Gesetz zur Verbesserung der Wasserqualität und zur Kontrolle von Industrieabwässern auf nationaler Ebene verstärkt wurde. Diese Verordnungen und Gesetze waren allerdings letztlich nicht sehr effektiv, da Wirtschaftsinteressen der Vorrang vor Umweltbedenken gegeben wurde. Japan war noch in der ersten Phase des Wiederaufbaus.

2. Die Zeit des gesellschaftlichen Wandels (1964 bis 1973)

Diese Phase sah, wie überall in den westlichen Industrienationen, auch in Japan das Mündig-Werden der Nachkriegsgeneration mit weithin sichtbaren Protestbewegungen: vom internationalen Studentenprotest über Vietnam-Demonstrationen bis hin zu starken lokalen Umweltbewegungen. Die Qualität des Lebens in Japan war offensichtlich durch die Folgen des Wirtschaftswachstums bedroht. Seit 1960 war die Luft- und Wasserverschmutzung um den petrochemischen Komplex im Yokkaichi bedrohlich angewachsen; die Folgen waren nicht nur für die Fischereiindustrie dramatisch, sondern in Gestalt des „Yokkaichi-Asthmas" auch für die Einwohner. In Niigata trat ab 1965 wieder die Minamata-Krankheit als Folge von Quecksilber in den Industrieabwässern auf. 1968 wurden viele der Bewohner von Kyushu Opfer einer Speiseölvergiftung. Im Juli 1970 litten Tausende von Japanern an Augenproblemen und Problemen der Atmungsorgane - und dies war das erste Mal in Japan, daß die gesundheitsschädliche Rolle von photochemischem Smog offiziell anerkannt wurde. Dies war auch die Zeit, in der Lärmbelästigung unter die Umweltprobleme eingereiht wurde.

Nach Einführung des Düsenflugverkehrs wurde der Lärm für die Anwohner des Internationalen Flugplatzes Osaka untragbar. Auch der vom Shinkansen, dem Expreß-System der japanischen Bahn, verursachte Lärm und noch mehr die von diesem schnellen Zug verursachten Vibrationen riefen die Anwohner auf die Barrikaden, besonders in Nagoya. Der Widerstand nahm verschiedene Formen an. Anwohner in Osaka gingen im Dezember 1969 gegen den Flugplatz vor Gericht, Lärmgeschädigte in Nagoya im März 1974. An anderen Plätzen folgten die Betroffenen dem Beispiel der Studenten und entwickelten Protestaktionen. Der erste Erfolg kam schon 1964, als Anwohnerdemonstrationen in Numazu, Mishima und Shimizu den Bau eines großen petro-chemischen Komplexes stoppen konnten. Ein weiterer Meilenstein war der Erfolg in vier Prozessen, die den Opfern von Umweltvergiftung in Yokkaichi, Niigata und Kumamoto nach langjährigen Verhandlungen Entschädigungen zusprachen. Durch diese Entscheidungen wurden Präzedenzfälle geschaffen, die juristische Theorien auf ein neues Feld anwendeten und damit den juristischen Weg für Umweltopfer gangbar machten.

Der Wechsel im sozialen Klima führte zu Änderungen im politischen Spektrum. Mit den Stimmen der Umweltdemonstranten konnten Oppositionspolitiker Bürgermeister- und Provinzgouverneurspositionen erringen, so in Tokio 1967 und in Osaka 1971. Diese Politiker kamen dem Druck der Bürgerbewegungen entgegen. In Tokio etwa wurde im Juli 1969 eine neue Verordnung gegen Verschmutzung erlassen, die das Recht der Bürger auf eine gesunde Umwelt deklarierte. Auch die Regierung selbst wurde durch diesen Klimawechsel aktiv. Im Dezember 1969 wurde ein Gesetz für erkrankte Umweltverschmutzungsopfer erlassen, im Dezember 1970 folgten vierzehn neue Umweltgesetze. Im Juli 1971 wurde eine neue Umweltbehörde geschaffen, um diese Gesetze auch durchzusetzen, eine Behörde, der es gelang, die indifferente Haltung der Wirtschaft zu ändern. Und Japan erlebte sein Umweltwunder.

Einer der deutlichsten Hinweise auf die Umkehr des Verschmutzungstrends ist die SO_2-Konzentration. 1980 konnte der Markierungspunkt von 0,015 erreicht werden. Auf der Konferenz der Vereinten Nationen in Stockholm 1972 hatten sich alle entwickelten Länder verpflichtet, die Verschmutzung der Luft durch Schwefel zu verringern. Japan war das einzige Land, das damit Ernst machte. Japans Ausgaben für Verschmutzungskontrolle in den siebziger Jahren brachten internationale Anerkennung. Der Prozentsatz des Bruttosozialprodukts, der von der Privatwirtschaft in Antipollutionsmaßnahmen investiert wurde, war in Japan dreimal höher als in jedem vergleichbaren Industrieland (*Broadbent* 1998, 15). Um 1980 hatte Japan über achtzig Prozent der Abgasreinigungsanlagen für Schwefeldioxyd in der ganzen Welt. Als Konsequenz verzeichnete es die dramatischste Senkung der Schwefelimmissionen unter allen Industrienationen. Japan reduzierte die Schadstoffbelastung auch auf andere Weise: Die Energieressourcen wurden effizienter genutzt, *Recycling*-Programme wurden eingeführt, besonders verschmutzungs- und lärmanfällige Produktionen wurden aus Tokio verlegt - Beobachter vermerkten, daß dem Wirtschaftswunder nun ein Umweltwunder gefolgt war.

3. Wirtschaftsstagnation als Reformblockade (1979 bis 1986)

Nach 1973 ging die japanische Wirtschaft erst durch eine Phase der Hyperinflation, dann durch eine lange Depression, gekennzeichnet durch gelenkte Geldknappheit, um die Inflation im Zaum zu halten. Als Folge verringerte sich das Investitionsvolumen in private und öffentliche Projekte. Das Wirtschaftsklima wurde schwieriger; während der Einfluß dieser Entwicklung auf die Umweltqualität eher positiv war - so wurde etwa ein großes petrochemisches Entwicklungsprojekt in der Provinz Aomori ganz gestrichen -, wirkte sich das Bestreben der Regierung, die Wirtschaft wieder anzukurbeln, auf die Umweltgesetzgebung eher negativ aus. Es gab in der Tat offensichtliche Rückschritte. Drei Entwicklungen waren dafür typisch:

Zum einen revidierte die Umweltbehörde zweimal die Anerkennungskriterien für Opfer der Ininamata-Krankheit. Nach den Revisionen wurde es wesentlich schwieriger, anerkannt zu werden.

Zum anderen gelang es der Wirtschaft 1978, die Regierung zu einer Herabsetzung der Stickstoffdioxyd-Kontrollschranken zu bewegen. Die Kritik von Umweltinstitutionen und Opferverbänden blieb ohne Einfluß.

Und endlich gelang es der Umweltbehörde nicht, das Umweltschutzgesetz von 1976 im Parlament durchzusetzen. Die regierende *Liberaldemokratische Partei* folgte dabei der Argumentation des Wirtschaftsministeriums, das sich hinter die Interessen der Wirtschaft gestellt hatte. Als Kompromiß wurde 1984 zwar eine neue Verordnung zur Umweltüberwachung auf Kabinettsebene approbiert; da diese aber nicht den Rang eines Gesetzes hatte, ließ die praktische Durchführung manche Wünsche offen (*Funabashi* 1992, 7).

Zusammenfassend läßt sich sagen, daß in dieser Periode Wirtschaftsprobleme und administrative Probleme in den Vordergrund und Umweltprobleme eher in den Hintergrund gerückt wurden. Das Umweltwunder ließ, genauer besehen, die wichtigsten Hauptumweltprobleme Japans nicht verschwinden. Dies führte zur vierten Phase der Entwicklung, zum Wiederaufleben des Umweltbewußtsein.

4. Das Wiederaufleben des Umweltbewußtseins seit 1987

Japan sah sich in den neunziger Jahren mit vielen Problemen konfrontiert. Fortdauern und Neuerscheinen von Umweltbelastungen gehörten mit zu den Dingen, die den Japanern die meisten Sorgen machen. Der Wirtschaftsaufschwung am Beginn des Jahrzehnts trug seinen Teil dazu bei. Der nationale Entwicklungsplan von 1987 führte zum Ausbau des Straßennetzes, des Hochgeschwindigkeits-Eisenbahnnetzes und der Flugplätze, das Erholungsgebietgesetz vom selben Jahr zu neuen Investitionen in Golfplätze und Hotels in Gebieten, die früher geschützt waren. Der Nachdruck auf Atomstrom in den Entwicklungsplänen führte nach Tschernobyl notwendigerweise zu regionalen Protesten, besonders in der Provinz Aomori.

Immer mehr wurde aber der Öffentlichkeit auch bewußt, daß der Normalverbraucher seinen Teil zur Umweltverschmutzung beiträgt. Während die Kommunen dazu übergehen, strikte Vorschriften zur Sortierung des Abfalls zu erlassen, wehren sich mehr und mehr Anwohner von Mülldeponien gegen die wachsenden Müllberge. Die Dioxinvergiftung der Umwelt ist erst zum gegenwärtigen Zeitpunkt ins Publikumsbewußtsein gedrungen, Schutzvorschriften sind erst jetzt im Prozeß der Formulierung. Während die alten weiter andauern, treten neue Sorgen ins Blickfeld. Zwanzig Jahre nach den Quecksilbervergiftungen von Niigata und Ininamata warten viele Opfer noch immer auf Entschädigung oder staatliche Hilfe, Krankheiten der Atmungsorgane wegen Luftverschmutzung werden nicht weniger, Bauern in

Japan gebrauchen mehr Pestizide pro Hektar als in jedem anderen Land der Welt. Und es regt sich kaum Protest gegen die Verlagerung der Umweltgefährdung ins Ausland durch die Privatwirtschaft. Während die Zielländer diese Verlagerungen erst als Entwicklungshilfe verstanden und begrüßten, berücksichtigten die Pläne selten den Schutz der Umwelt oder die Interessen der lokalen Bevölkerung. Besonders auf den Philippinen, in Indonesien und Thailand führte dies zu regionalen Problemen.

Und nicht nur Japans Privatwirtschaft ist bei dieser Verlagerung aktiv; auch der offizielle Entwicklungsdienst *ODA* ist hier involviert. Seine finanzielle Hilfe an Entwicklungsländer scheint sehr wenig von ökologischen Kriterien beeinflußt zu sein. Es wurde sogar argumentiert, daß es gerade die verhältnismäßig strengen japanischen Umweltgesetze sind, die vom Standpunkt der Industrie aus den Export der Umweltverschmutzung notwendig machen. Die ärgsten Umweltsünder sind ins Ausland gezogen, darunter Ölraffinerien und Aluminiumfabriken nach Indonesien, Venezuela und Brasilien; japanische Firmen sind aktiv am Abholzen der Regenwälder Südostasiens beteiligt, und die japanische Fischereiindustrie hilft mit, daß einige Beobachter meinen, Japan zum „Umweltverbrecher Nummer Eins" stempeln zu müssen (*Begley/Takayama* 1989, 79). Was Japaner jedoch zu Umweltdemonstrationen bringt, ist nicht, was anderen angetan wird, sondern die Erfahrung, selbst Opfer der Nebenwirkungen des Wirtschaftswachstums zu werden.

Charakteristiken japanischer Umweltbewegungen

Der Streit um Umweltverschmutzung scheint auf den ersten Blick weltweit dieselben Strukturen zu haben. Das Bestreben, Wirtschaftswachstum zu maximieren, hat als Nebenprodukt Luftverschmutzung, chemische Verseuchung von Wasser und Böden und Zerstörung des ökologischen Gleichgewichtes mit daraus folgender Gefährdung von Anwohnern in diesen Gebieten zur Folge. Weltweit zeigten sich die industrialisierenden Eliten erst wenig geneigt, sich mit diesen Problemen zu befassen. Die von den Problemen Betroffenen andererseits bringen sich in einer Protestwelle zu Gehör. Nach etlichen Jahren ist die dominante Elite zum Kompromiß bereit, und die sichtbarsten Formen von Wasser- und Luftverschmutzung werden auf dem Verordnungsweg mehr oder weniger saniert. Dieser Ablauf ist in Ländern wie den USA, Deutschland, Frankreich und Japan sehr ähnlich. Die Einzelheiten der politischen Interaktion und die Ergebnisse der Aktionen weisen jedoch Unterschiede auf, die zum Verständnis der Lösungsversuche des Wachstum-Umwelt-Dilemmas wichtig sind.

Beginnen wir mit Unterschieden in den sozialen Folgen der Proteste. In westlichen Ländern führten Umweltproteste zu weitgehenden Solidarisierungsbewegungen über den Kreis der Umweltopfer hinaus; zu Bewegungen, die eine relative Permanenz aufweisen. Diese Permanenz zeigt sich in nationalen und internationalen Interessenverbänden wie den *Sierra Club* und die *National Wildlife Federation* in den USA, der Partei der *Grünen* in Deutschland oder *Greenpeace* in Europa und Amerika. In Japan jedoch fand diese Solidarisierung nicht statt, die Umweltbewegung war nicht fähig, sich auf Dauer national zu institutionalisieren.

Was war anders in der japanischen Umweltbewegung? Diese Bewegung war im strikten Sinne keine Umweltbewegung; es war nicht die Ökologie, die ihre Anhänger motivierte. Japan hat eine lange Tradition von Nachbarschaftsverbänden und Anwohnervereinen (*chonaikai* und *jiyumin-undo*), von Organisationen mit dem Ziel, lokale Lebensbedingungen zu schützen oder zu verbessern. Lokales Eigeninteresse wird auch aktiviert, wenn es sich als Opfer von Konkurrenzinteressen findet. Folglich war es als typische Reaktion zu verstehen, wenn Bürgerbewegungen als Antwort auf strukturelle Belastungen der Gemeinschaft entstanden, wo immer private oder öffentliche Investitionen ungleiche Lasten verursachten. Diese Bewegungen agierten nicht nur im lokalen Milieu, sondern waren auch weit davon entfernt, anders als lokal zu denken. Wenn Umweltgefährdung lokal greifbar wird, organisieren sich die Betroffenen; wenn das Problem nicht mehr so dringend ist, bleiben nur noch wenige daran interessiert. Der Lokozentrismus der japanischen Kultur kommt hier zum Tragen: Die Umweltbewegungen Japans blieben meist lokal, und wenn das Verlangen nach Verstetigung auftauchte, war es selten erfolgreich.

Während Umweltbeweggründe nicht völlig fehlten, hatten sie institutionell keinen allzu großen Einfluß. Die größte Gruppe mit Umweltorientierung, die Wildvögel-Gesellschaft (*Yacho no kai*) zählte 1990 in ganz Japan 47.000, der Naturschutzbund 25.000 Mitglieder. Umweltgruppen mit radikaleren Zielen oder nicht-traditionalen Taktiken konnten von solchen Mitgliederzahlen nur träumen, wie etwa *JATAN*, das *Japan Tropical Forest Network*, das über eine Marginalzahl nie hinauswuchs. Die wenigen nationalen oder internationalen Umweltprotestgruppen Japans blieben arm und ohne wirklichen Einfluß. *Greenpeace* Japan hatte 1992 etwa 2.000 Mitglieder, *Greenpeace* USA im Vergleich dazu 2.300.000. Und selbst die vorerwähnten zwei stärksten japanischen Gruppen sind winzig im Vergleich dazu: Die *National Audubon Society* zählte im Vergleichsjahr 600.000, die *National Wildlife Federation* 975.000 Mitglieder (*Broadbent* 1998, 289). Nachbarschaftsverbände mit Umweltteilzielen hatten das Problem der größeren Nationalverbände: Geringe Mitgliederzahlen bedeuten eine schwache Finanzbasis. Ein weiterer Mangel war, daß Fachleute nur im beschränkten Maße zur Mitarbeit bereit waren oder herangezogen wurden. Wie *Funabashi* (1992, 15) argumentiert, macht es die exklusive Natur japanischer Organisationen sehr schwer, außerhalb eines institutionellen und offiziellen Rahmens zu arbeiten, und Fachleute, die in Verwaltungsorganisationen oder privaten Betrieben arbeiten, überlegen es sich genau, ob sie zu inoffiziellen Bürgergruppen Kontakte aufnehmen sollen. Auch gibt es in Japan kaum Stiftungen, die für Bürgerbewegungen Finanzen bereithalten, und in der Folge konnten sich keine unabhängigen Forschungszentren entwickeln, die sozialen Bewegungen mit Fachwissen zur Seite hätten stehen können.

Während also lokale Bürgerbewegungen in den siebziger Jahren eine sichtbare Rolle bei der Lösung spezifischer Probleme spielten und zur Modifikation der Regierungspolitik in dieser Periode beitrugen, haben sie keinen großen Einfluß auf die permanenten Strukturen japanischer Politik ausgeübt.

Responsiver Pluralismus oder: Woher das Umweltwunder?

Unsere Analyse der Umweltbewegungen wirft bei allen ihren sichtbaren Schwächen die Frage auf, wie das vielbeschworene Umweltwunder Japans zu erklären sei. Sicher, einige Beobachter wie *Funabashi* (p. 17) glauben, daß die Umweltbewegung trotz ihrer Schwächen und trotz des geringer werdenden Einflusses zumindest bei den Entscheidungen der siebziger Jahre eine Hauptrolle gespielt hat. Andere argumentieren, daß nicht diese Bewegungen für die Änderungen verantwortlich waren, sondern der Staat selbst. Es war ein allgemeines Gefühl, ein kultureller Strukturwandel, der die Bürokratie zur Umweltkontrolle bewog, wird argumentiert (*Pharr*

1990, 231). Dieser Klimawandel der Attitüden hätte seinen Grund eher in der Kritik westlicher Medien am Umweltsünderparadies Japan gehabt.

Man könnte argumentieren, daß diese widersprüchlichen Analysen auf institutionellen und kulturellen Unterschieden zwischen Japan und dem Westen beruhen, auf unterschiedlichen politischen Möglichkeitsstrukturen, die den Prozeß politischer Entscheidungsbildung und seine Resultate jeweils verschieden beeinflussen. Es ist nicht verwunderlich, daß den westlichen Modellen der Beziehung zwischen Staat und Gesellschaft, die Pluralismus, Elitismus, Klasse mit korporatistischen und parteizentristischen Modellen mischen, von Asienkennern Modelle des ostasiatischen Staates entgegengestellt werden, vor allem das des „vernetzten" und des „bürokratisch-paternalistischen" Staats. Das Modell „vernetzter Staat" mag in der Lage sein, Japans Wirtschafts- und Umweltwunder samt dem geheimnisvollen Verschwinden einst recht sichtbarer Umweltprotestbewegungen ausreichend zu erklären. Die Idee vom „vernetzten Staat" beruht auf der These *Nakanes* (1970, 102), daß alle Institutionen Japans, seien sie politisch oder nicht, durch vertikale Normen der Loyalität verbunden sind, die ihrerseits nicht auf Überzeugung, sondern auf der fraglosen Akzeptanz traditionaler Strukturen aufbauen: Man tut Dinge einfach so. Auf der politischen Ebene hieße des, daß, wenn eine Gruppe die Hegemonie des Staates akzeptiert hat, die administrative Autorität des Staates ohne Widerstand sich auf die ganze vertikale Linie einer internen Gruppenorganisation erstreckt. So würden Bürger, die sich in Sachen Wirtschaftswachstum und Umweltverschmutzung auf die Autoritäten verlassen, selbst dann nicht protestieren, wenn Umweltkatastrophen sichtbar würden. Diese Gleichschaltung wäre hier nicht das Resultat von internalisierten Werten, sondern von aktualisierten Normen, von Gewohnheiten, Regeln, Ritualen und sozialen Vernetzungen. Der Netzwerkstaat beruht auf der Existenz solcher normativer informaler Netzwerke.

Der japanische Staat, so wird argumentiert, benutzt daher auch nicht formale Autorität, sondern informelle kooperative Beziehungen zum privaten Sektor, die der Bürokratie erlauben, nationale Wirtschaftspolitik kooperativ mit der Wirtschaft zu entwickeln. Da die informale Vernetzung Gewerkschaften und andere Interessengruppen einschließt, ist ein flexibler und responsiver Pluralismus gewährleistet, der den japanischen Stil der Demokratie darstelle (*Okimoto/Rohlen* 1988, 209). Der Netzwerkstaat hat jedoch auch eine kulturelle Komponente. Eine oft gehörte Argumentation weist darauf hin, daß die dominanten moralischen Werte einer Gesellschaft Motive, Ideen und Entscheidungen aller Kontrahenten in einer Gesellschaft formen und damit das Makroverhalten einer Gesellschaft bestimmen. Im Falle Japans kann das konfuzianische Erbe als Nahtstelle kultureller und normativer Elemente angesehen werden. Auf diese Weise hätten die Japaner gelernt, Abhängigkeit zu meistern und Paternalismus als Inspiration für kollektive Leistungen zu funktionalisieren, die in einer individualistischeren ich-bezogenen Welt kaum möglich sind (*Pye* 1985, 181). Im Falle Japans ist klar ersichtlich, daß in der Vernetzung von Bürokratie, Regierungspartei und Wirtschaft implizite Kategorien eine wichtige Rolle spielen. Der Netzwerkstaat repräsentiert hier offensichtlich eine soziale Struktur mit starken kulturell-ideologischen Elementen. Das relativiert eine rein westliche Analyse von Machtverhältnissen. In Japan verweisen vernetzte Strukturen eher auf kooperative oder paternalistische Macht und nicht so sehr auf politische Kulturen der Konfliktaustragung mit ihren nicht nur konsenskonstruktiven, sondern auch korruptionsanfälligen Elementen.

Sicher gibt es Kritik an diesem Modell. So wird darauf verwiesen, daß Japan noch lange, nachdem die schweren Umweltschäden bekannt wurden, mit seiner expansiven Wirtschaftsförderung weitergemacht hätte. Der japanische Staat hätte in dieser Situation keinen besorgten Paternalismus gezeigt, sondern undemokratische bürokratische Arroganz den schwächeren Gruppen der Gesellschaft gegenüber (*Steinhoff* 1992, 194). Kritiken wie diese verweisen auf die Schwierigkeit, eine komplexe Realität mit einer einzigen Theorie zu erklären. Man wird wohl akzeptieren müssen, daß die komplizierten Interaktionen von Machtstrukturen und sozialen Bewegungen gegen ein breites Band von Erklärungsversuchen getestet werden sollten und daß vielleicht eine undogmatische und eklektische Haltung westlichen ethnozentrischen Theorien gegenüber und der Wille, auch unkonventionelle Wege der Analyse zu nützen, zu den brauchbarsten Ergebnissen führen könnten. Eine solche Haltung könnte sich auf *Akira Kurosawas* Film *Rashomon* berufen: Eine Geschichte wird von verschiedenen Teilnehmern gemäß ihrer sehr unterschiedlichen Erinnerung erzählt. Während klar wird, daß keine der gezeigten Perspektiven absolute Wahrheit bringt, wird die Realität des Geschehens in ihrer Widersprüchlichkeit deutlicher.

OLEG N. YANITSKY

Environmental Movement in a 'Transition' Society: the Case of Russia*

Introduction

The paper represents an attempt to construct a partial concept of the emergence and maintenance of an environmental movement under critical conditions – the collapse of state socialism and transition to wild capitalism accompanied by a systemic crisis of society and its basic values. The underpinning of the proposed concept is the idea that an environmental movement as a collective social actor is reproduced in interactions with a context of different kind and scale. The more the movement's contexts become turbulent and hostile, the stronger its shift from the production of collective actions towards the reproduction of its own organizations and networks. The paper examines the major elements of this reproduction process: key values, the type of social reflection, the nature of the resources and the mode of their mobilization, the space of economic, social and political opportunities, the degree of the integration of the movement's organizations into global organizations and networks.

The transition period in the USSR (respectively Russia) and other new Independent States is not yet well comprehended in sociological terms. To my mind, the very term 'transition society' is no more than a political euphemism. Actually, the society in question is the last, catastrophic stage of the degradation of the totalitarian system. The essence of the transformation taking place in the USSR and Russia is a two-in-one process of the final collapse of the above system and the emergence of new social macro-subjects on its ruins. There are also numerous other processes going in divergent directions, and at different paces. Accordingly, there are many

---

* This article is supported by the *Swiss National Science Foundation* (grant N7SUPJ 048255).

various organizations within the movement. Therefore, I will focus on the biggest one – the student *Nature Protection Corps* and its successor, the *Socio-Ecological Union* – which together have existed for more than 38 years.

The Methodology

I describe the chosen methodology as *historical cultural* since it concerns the interrelated development of a society and of a collective social actor in the course of rapid and radical transformations taking place in a very short historical period – less than one generation. Following *Immanuel Wallerstein* (1997, 13), I think that societies and their evolution should be considered as the emergence and decline of historical systems.[1]

Secondary analysis of the extensive historical and sociological literature as well as my own field research during the last decade allow me to single out four main phases in the recent history of the USSR and Russia:

1) late party-state socialism (the first half of the 1980s),
2) liberalizing state socialism (1985-88),
3) the democratic wave (1989-91),
and
4) the construction of a society of wild capitalism (after 1991).

As it will be shown further the above phases differ from each other in the mode of production of the collective social actor in question.

1 One could call the methodology as *productive (reproductive)* so long as the forms and mechanisms of an environmental movement maintenance in the above context are the focal point of theoretical interest. At the same time my approach could be qualified as *environmental* or *contextual* since another center of my interest are the multisided and multilevel interrelationships of the given collective social actor with a diversity of social milieus – local and global, friendly and hostile, resource-supplying and resource-consuming.

The Concept of an Environmental Movement Reproduction

Generally speaking, a society initially produces a social movement, which then begins to produce (i.e., to change, to influence) the society. In societies which experience rapid and profound transformations the role of the social movements in these changes are rather important, whether the movements are finally institutionalized or not. Of course, the mode of a movement reproduction depends heavily on the phase of transformation of a society, and first of all – on the phase of state-civil society relationships. It does not mean that the evolution of a movement simply follows the transformation of party-state socialism. The environmental movement has also its inherent logic of transformation – the *logic of self-production*.

Shared values, prior activism, sudden grievances, ecological concentration, and growth of environmental concern do play a certain, but not central role in the emergence of an environmental movement under post-totalitarian society. When continuity with the movements of the past is broken by a repressive regime, and when nature protection is actually a prohibited topic of public discourse, a movement can only emerge if it has an *engendering milieu*. It is an immediate milieu which actually engenders and shapes the groups of activists. It is simultaneously a teaching and educating milieu which fosters their ecological knowledge and brings them up to love and protect nature. In other words, the milieu plays the role of a transmitter of the social memory of disbanded environmental movements of the past. Of no less importance is the protective role of the milieu defending the newly emerged groups of *Greens* from the pressure of the party-state mechanisms.

The *overall context* of a 'transition' society is predominantly resistant or openly hostile in relation to an environmental movement. The issue of context resistance has been widely discussed in western sociology (*Gamson* 1975, *Klandermans* 1992, *Kelly* 1993, *Kriesi* 1993). But in the western sociology of social movements such a context is mainly considered as one of the manifestations of a political opportunity structure (*Tarrow* 1988). In a transition society the phenomenon of a hostile context cannot be reduced to this structure. Hostility is a multisided phenomenon ranging from unfavorable economic conditions to the resistance of mass consciousness. If we assume that a movement reproduces itself simultaneously in three contexts, namely historical (a dominant social paradigm), macro-social (a state), and situational (a particular configuration of major social forces *in situ*)

(*Yanitsky* 1993) the movement's context could be considered fully hostile when all three contexts are actively opposed to any pro-ecological change.

In the transition society the hostile context is reproduced by the state from above, by mass consciousness from below, and by all the factors accompanying the systemic crisis of the given society: by lack of safety, de-modernization, declining living standards, mass forced migrations, collapse of financial system, and so forth. The more society moves towards capitalism the more the context is hostile to pro-ecological changes.

Values determine the overall process of an environmental movement reproduction. Values shape its major goals, which, in turn, shape its strategy, tactics and action repertoire. Values and goals also form one more important factor of a movement's steady reproduction over time – its *self-image*. They exert influence on the movements' organizational structure. In my view, values and goals coupled with the self-image represent the 'hard core' of the reproductive process that is extremely resistant to any external influence. Nevertheless, this hard core (as the movement's elite) is in the end exposed to gradual transformations. The relations between the above core and the context are mediated by constant social reflection and reflexivity of the elite. Following *Ulrich Beck* (1994), the former means a reflection of the given collective actor, whereas the latter represents the confrontation of a movement with effects and threats engendered by a society itself. Collective reflection and reflexivity in the end produce new values and goals of a movement.

Now I turn to the movement-context relationships. The specific context of the transition society may be depicted by the following statements:

1) profound, critical societal changes (the shift in the mode of production, the collapse of the USSR, etc.);
2) there is not yet a clear-cut vector of the 'transition';
3) extremely high velocity of changes;
4) the destruction of the established social order;
5) the deepening regionalization of the socially-developed space;
6) the split of Russian society into two nearly parallel societies: of a wealthy and modernized minority and of an impoverished de-modernizing majority;
7) the 'transition' also means extended production of new risks, and the loss of control over the old ones.

Russia today could be labelled as a 'society of all-encompassing risk'. Hence, theoretically one could distinguish two polar types of environmental movement: *reactive,* directly responding to risks, and *conceptual (*or *creative)*, resting their activity upon environmental values and knowledge.

Some other important characteristics should be pointed out. If one considers the movement's context as a resource supplier, it may be represented as a set of resource-givers and resource-consumers (i.e. those who consume the movement's resources). Therefore, the actual resource pool of the movement depends both on the condition of a given context and on the ability of the movement to mobilize the necessary resources. They are not only mobilized, but also produced and distributed by the movement, that is, resource mobilization is not a single act, but a permanent process. They are transformable, say, mental energy could be transformed into collective actions, creative or protest activity. Then, 'resources need resources', their mobilization and production is a resource-consuming process. Finally, a distinction has to be made between the resource mobilization of the external milieu and that of the collective social actor itself; the proportion depends on the movement's potential (capacity) and the resistance of a context. The movement's organizations, its elite and networks are the major resource tanks.

The 'transition' societies produce an energy of collapse (*Yanitsky* 1997) which represents an essential component of an environmental movement's context. The emission of this energy may have a dual impact: positive when it is able to mobilize the energy, and negative when atomized people (forced emigrants, unemployed, poor people, etc.) totally neglect any ecological appeals and requirements. An emission of this energy is not a social pathology, but the direct outcome of the collapse of the existing social order and of the disintegration of habitual forms of everyday life. This emission is the process that works against resource mobilization. While a creative social action mobilizes 'useful' resources (people, money, information, etc.), a collapse as a destructive process is the transformation of the above resources and their carriers into social 'wastes', and therefore creates a social milieu hostile to any pro-ecological changes.

As to a *political opportunity structure*, I think that the notion should be generalized in several ways. First, according to my concept of the three-level context the structure of political opportunity of the movement could be different at the local, macro-social and global levels. Second, it seems reasonable to introduce the notions of economic and social opportunities. The former represent the access to economic resources (donors, opportunities for fundraising), the latter the social structure of local, regional, national and global community in terms of adversaries, unconcerned, sympathizers and backers in relation to a social movement. Third, the very specificity of the society under consideration is that the opportunities are changing very rapidly over time. On the other hand, any social movement not only acts within the given opportunities, but is able to shape and widen them very substantially.

Phase I: The Late Bureaucratic Socialist Society

During the decade before 1985 Soviet society was relatively stable. However, this did not mean the stagnation of social life. On the contrary, it was a period of the intensive emergence of civic initiatives, both youth and senior, which was mainly of a creative character. We revealed six major types of engendering milieu for these initiatives: universities, research institutions, *Young Communist League*, municipal and community organizations, and newspapers (*Yanitsky* 1996a). The milieu played initiative, organizational and protective roles in relation to civic initiatives and supplied them with necessary resources.

The students' *Nature Protection Corps* were in the most favorable position since the biological, soil and geography faculties of the universities were the true nests for the emergence of environmental initiatives. The territorial concentration of hundreds of students with shared interests, teachers, libraries, friendly youth organizations, and the possibility of joining in their professional and public interests were main prerequisites for shaping such nests. The faculties recruited students, while the initiative groups shaped the teams of activists (nature protection corps) and the students' environmental movement as a whole.

I call this type of movement's production mainly *external*, because the faculties (as communities of professionals) were the driving force and resource suppliers of this process. The other side of the coin was the process of self-identification and self-realization. But the influence of the engendering milieu on the emergence and shaping of the structure of the movement prevailed. In other cases the situation was different, but the role of intellectuals (teachers, researchers, journalists, artists) in shaping this cells of civil society in the pores of post-totalitarian society was crucial. This type of social production was not grounded on a rational choice principle or cost-benefit analysis. On the contrary, the 'at any cost' principle was the driving force, because the major motive of collective action was self-realization. The accumulated intellectual and social potential of students and other intellectuals called for its realization.

The prevailing types of social reflection were mutual assistance and creativity with very strong civil overtones: 'If not us, who then?' One initiative has to help another. The striving for real deeds – organization, planning, protection, construction, public assistance for nature and people – was extremely strong.

At this phase the mobilization of resources was not a question. Under state socialism the state was the single resource provider. Therefore, on the one hand, the engendering milieu fulfills a role of resource-transmitter, while on the other hand the initiatives' need for resources in those times was minimal. The major resource for collective action were the activists themselves. What they did need was ecological knowledge and organizational experience, which were transmitted to them by their senior colleagues or their sympathizers.

The structure of political opportunity remained very narrow, but the structure of social opportunities widened day by day because masses of people were oriented toward actual creative activity in their numerous branch research institutions, neighborhoods and professional clubs. Besides, we were witnesing a multiplying effect: the emergence, say, of a nature protection corps in one university stimulated their formation in a series of others.

The civil initiatives of the period had no direct relations with state bodies. Formally, the party-state machine was the supervisor of all societal life. But in practice the uncontrolled 'zones' became more numerous and vast. Meanwhile, the initiatives and movements began gradually to institutionalize themselves, again formally within the party-state system, but in reality more and more independent of it. The direct relations with sister movements and movements abroad were strictly forbidden. But indirect, latent contacts by means of growing intellectual exchange with scientific, cultural, educational and other organizations abroad were expanding constantly.

Phase II: The Beginning of Liberalization (1985-88)

Although the historic-cultural context remained unchanged in this period, the macro-social context began gradually to liberalize politically. Soviet society became more and more sensitive to party-state sanctions upon collective actions and to violations of human rights, as well as becoming seriously concerned about environment. So in this phase political factors gradually acquired a decisive role in the establishment of civil initiatives and social movements. The politicization of this production affected the environmental movements' development only to a minor degree, since the party-state apparatus had been striving to pre-empt an initiative in order to advance its own green slogans.

After the twenty-five years of existence, the students' *Nature Protection Corps* consisted of a well developed network of about two hundred regional organizations. This network still rested upon universities and research institutions, and covered nearly the whole territory of the USSR. But at this phase the movement's reproduction process became much more complicated since the students' corps had by this time shaped its own engendering milieu. The ex-members of the movement who became teachers, researchers, bureaucrats or public figures formed the core of this milieu. The movement's motto 'Nature has to have its people everywhere' shaped the large periphery of the movement's backers and sympathizers. Another important turning point was the movement entering onto the public arena. The countless informal organizations that emerged in the period became the movement's secondary and quite different engendering milieu, because on entering this arena the movement's leaders were involved in public, mainly political discourse for the first time. A discussion beyond the confines of the movement became the core reproductive mechanism of green networks, and of the movement's overall social structure.

Therefore, I call this type of the movement's reproduction the *self-organized* or *self-sustained*. All the efforts of the movement - meetings, campaigns, manifestos, et cetera - were aimed at winning the movement its own niche in a rather turbulent milieu of Soviet 'informals'. Key values that guided the reproduction process were self-organization and self-identification. The latter one became rather important when the movement found itself among many other *Greens*, ranging from party bureaucrats to radical anarchists. The prevailing type of social reflection of the movement was self-centered, that is, oriented toward acquiring and reinforcing its own niche within the emerging civil society.

At this phase resource mobilization was still not a problem. The main resource of an environmental movement were people, young and older intellectuals. The initial engendering milieu continued to supply the movement with necessary resources. It also gained resources from the disintegrating party-state system, from friendly officials and from other social movements. Also, during the previous twenty-five years the movement had accumulated a great resource potential (knowledge, set of tactics, and action repertoire, networks). However, for the first time a new facet of resource production had emerged – the *struggle for access* to resource pools.

The structure of social opportunities rapidly expanded. More and more people and organizations became environmentally concerned. The movement under consideration gained support from many other protest groups and prominent public figures across the Soviet Union. Formally the structure of political opportunities remained the same, but latently its limits were more and more eroded. The movement tried to keep distance from the state, though their ways began to intersect. Contacts with foreign groups and global environmental communities remained rather sporadic.

Phase III: The Turning Point (1989-91)

It is rather hard to define the state of Soviet society in this period. The core values and structures of the society were questioned or even undermined. Instead of one unified society we see many societies, each with its own dominant social paradigm, collective actors and pace of social change. In my view, the key words to define that phase should be: conflict, diversification, decomposition, regionalization, mobilization. The major adversaries were state versus civil society, democrats versus communists, westernizers versus patriots. A very high level of political mobilization was characteristic to almost all strata of the society. The engendering milieu was again totally transformed. On the one hand, it shrank since many former eco-activists became politicians and officials, or turned back into teachers and researchers. On the other hand, it rapidly expanded at the expense of mass protest movements (people fronts, etc.) which began to advance their own ecological demands and to shape their own environmental teams and groups. In other words, these protest movements produced ecological mass protest which rapidly acquired a political overtone. But the principal shift was the actual globalization of the engendering milieu in terms of contacts, mutual support and - the most important – in finding new sources of financial resources.

As the key goal of the movement at this phase was self-preservation, I qualify the type of the movement's production as *protective*. The goal was achieved by two means. First, this collective actor attempted to extend its social base by advancing a rather 'democratic' motto: 'Those who are not against *Greens*, join us!'. The second was this actor's shift from engendering milieu to what I called *nutrition medium* (western financial donors mainly).

The type of social reflection became also dual. Superficially it had a protest character, but in essence it was self-centered and self-limiting. Self-preservation in a turbulent societal environment needed mobilization of financial resources. Fundraising came to the forefront. Therefore, the movement's organizations were gradually transformed for the purpose of pumping financial resources from the West. The main form of the above organizations reproduction became 'projects' implemented by closed groups according to the grant programs.

The structure of social and political opportunities was nearly unlimited at that time. Numerous eco-activists became politicians and officials. But after being elected or nominated they forgot their ecological promises. The state-movement relations were marked with duality. Protest and collaboration were the two sides of the same coin. The movement's stand towards its *alma mater*, the universities and research institutes, revealed two trends: further distancing from it and the beginning of efforts to shape its own corps of professional advisers and experts.

Finally, as to the movement's relations with the outer world, one could observe a substantial shift: *westernization*, that is, more contacts with sister groups abroad, fewer with domestic ones, and an overall turn to the western mode of an environmental movement reproduction.

Phase IV: Reproduction in a Hostile Context

There are many definitions of the recent state of Russian society: wild capitalism, bureaucratic capitalism, restoration of authoritarianism, corrupted or criminal society, but the common denominator of all these characteristics is *hostility* (*Yanitsky* 1996b): the hostility to any form of pro-ecological scientific thinking and collective action. The two parts of a divided society, the wealthy minority and the poor majority, are both resistant to any 'ecologization' of course for quite different reasons.

Under these conditions the movement made every effort to consolidate and expand its nutrition medium. Fundraising became a matter of survival. Following society, the movement clearly split into two parts: those who had access to such a medium, and those who had not. For the maintenance of provincial *Green* units the existence of big umbrella environmental organizations was a necessary, but not a sufficient condition. After the regionalization of the country and the extinction of mass social movements, these units remained face to face with the mighty local and regional powers who became the major resource holder. Hence, the access to sources of funding became a determining factor of the movement's reproduction.

During this phase the movement as a succession of interrelated collective actions (mass campaigns, blockades, etc.) ceased to exist. It became transformed into a loosely structured network of units each of which went its own way. The maintenance of the very network became of prime importance.

I call the type of network-units production as *external and dependent*, since these nets and units (non-governmental organizations) began to function as subsystems of interregional and global *Green* networks. But the changes in the very structure of production under consideration are also of crucial importance. In the previous phase the „final' decisions (as the outcome of mass campaigns or other protest actions) were possible. Accordingly, the preparation of and participation in these events were the mechanism of a movement reproduction. In a hostile milieu the 'decisive' success of the movement's efforts became impossible. The movement as a set of coordinated mass campaigns ceased to be, and was replaced by long-term or even endless litigation with the superior forces of state bureaucracy and wild capitalism.

That is why the major goals of the net-units system are self-preservation and survival. That is why the prevailing type of social reflection is rational choice, cost-benefit analysis and the like. For the same reason these organizations are rapidly bureaucratized and professionalized – to be respectable and responsible means to have better chances in the competition for resources. All in all, the environmental net-units system became *marketized*, subjected to the dominant regularities of the 'transition' period. Hence, the end-products of the production process have to be information, managerial skill, and political know-how.

The hostile milieu implied the sharp reduction of political opportunities for environmental organizations. The stand taken towards *Greens* by state and regional administration is negative as a whole. These powers see the *Greens* as a source of manpower to mobilize, but not as partners in environmental policy making. The state bodies strive to supervise foreign aid to Russian *Greens*. So, the relations between the state and *Greens* are a combination of conflict and of one-sided attempts by *Greens* to establish dialogue and cooperation. Finally, it is needless to say that the mainstream Russian nature protection public organizations are deeply embedded in the global environmental network, and are much less involved in solving local socio-ecological conflicts.

A schematic representation of the phases of environmental movement maintenance in a 'transition' society is given in the following Table.

Conclusion and Discussion

The mode of production of an environmental movement depends heavily on the type of society. Under the conditions of stable socialist society the movement reproduced itself as a brotherhood, a community of like-minded militants. In conditions of emerging wild capitalism, whose main traits are all-encompassing risk, emission the energy of collapse, de-modernization and the counter-ecological stand of the majority of the population, it is able to reproduce itself mostly as a network of rationally organized and pragmatic-oriented professional non-governmental organizations.

The production also depends on ideology. In Soviet times the ideology of *Greens* was rather altruistic, while nowadays it has become self-centered and to a degree egoistic. Accordingly, the mainstream strategy has become

Phases of environmental movement (EM) maintenance in the Russian 'transition' society

	I Before 1985	II 1985-88	III 1989-91	IV After 1991
Nation-state type	State socialism	Liberalizing state socialism	Uncertainty	Wild capitalism
Society's condition	Stable	Relatively stable	Mobilizing	Depressed
EM type	Youth, professional	Youth, professional	Political, professional	Managerial, professional
Engendering milieu	Universities, research institutes, newspapers, unions of arts	Corps of EM's ex-members	Mass protest movements	Mainly global environmental NGOs*
EM-above milieu relations	Dependence	Distancing	Dependence	Conflicting
Societal context	No contacts	Mainly responsive	Friendly	Hostile
EM's mode of production	„External", selforganized	Self-organized	„External", self-organized	Mainly „external"
Key value	Self-realization	Self-identification	Self-preservation	Survival
Sources of EM's resources	State	Mainly state	Accumulated resources	Mainly external
Political opportunity structure	Limited from above	Rapidly expanded	Unlimited	Limited from above and below
EM-state relations	Cooperative	Distancing	Conflicting	Cooperative and conflicting
EM-Western NGOs* relations	No	Weak	Certain	Permanent, intensive

* NGO = non-governmental organizations

the self-preservation which is ensured by permanent changes in tactics which include alternation of cooperation and conflict, the embedding in and distancing from the power structures, appearance on and escape from the public arena, the constant switch of information and other connections, and so on. More generally, the key principle of the environmental movement reproduction under given conditions is distanciation-turning-into-marginalisation, that is, the practice of self-limiting behavior aimed at avoiding the involvement in a major policy.

Collective behavior became rational and pragmatic. To adapt to a hostile and uncertain milieu the movement needed to be recognized as respectable and responsible, able to meet the requirements and to correspond to the spirit of the time. In the process of achieving these goals an environmental movement usually loses momentum: Its core organizations are transformed into formalized groups staffed by activists-turned-bureaucrats while other activists are co-opted by the federal, regional and local authorities to staff the new agencies, like regional departments for nature protection.

There are some other causes for the movement's bureaucratization. In recent times dismissed or retired technobureaucrats and politicians have begun to establish numerous non-profit organizations to defend their own social status. The Soviet bureaucratic culture turned out to be quite vital. On the other hand, the bureaucratization of organizations in question was the irremovable by-product of a daily routine of their staff: communication and managerial activity, the necessity of constantly searching for and distributing of resources, of applying for and implementing of received grants. All this requires a growing amount of routine office work. Finally, the involvement of the *Green* organizations' members in diverse recurrent processes such as the maintenance of global and domestic information networks, litigation and decision-making, gradually transformed the environmental movement's amateurism into professional managerism.

However, to reduce the movement's production/reproduction process either to the rise-and-fall pattern, or to professionalization-bureaucratization trends would be an oversimplification. I consider the environmental organizations' network as a rapidly growing sector of the *informal economy* under conditions of a 'transition society'. This network is a newly emerged social ecological niche occupied mainly by young members of the Russian *intelligentsia* and their families and friends who were rapidly marginalized when scientific and educational institutions were unexpectedly put under conditions of self-provisioning. The sector consists of grassroots, environmental and other non-profit organizations that are loosely structured, independent or under the umbrella of large All-Russian and international *Green* organizations united by the multiplicity of horizontal networks which are the channels for resources exchange (information, know-how, money, human resources, etc.). These networks have a predominantly cooperative and reciprocal character and are based on informal ties and shared professional interests.

A rather important factor in building this sector of the informal economy was personal motivation. Paradoxically, these networks became an *archipelago of stability* in the ocean of losses and stressful changes. These units carry out important functions in aiding their members' adaptation to a rapidly changing social and economic context. The units are also able to provide social protection, mutual support and emotional comfort. Generally speaking, the sector promotes the structuring of an 'atomized society' that emerged after the collapse of the communist System.

The major products of the economy in question are *information* and *organizational know-how* in the broadest sense of the terms. Under political liberalization and within regionalizing economy and power structures the above units were the first to meet the society's requirements for more professional, truthful and locally rooted environmental information. The units also operate as mediators between organizations and institutions whose habitual networks were suddenly broken.

In contrast to family and some other informal economies the given economy is a *developmental* one. Networks established in pre-transition period were then systematically expanded and developed both by means of personal or group contacts and *e-mail* exchange. The more the state economy collapsed and the political opportunity structure shrank, the more the network of environmental organizations became uprooted and globalized. The movement's elite simultaneously strove for escaping to be merged with the emerging capitalist economy in Russia and to maintain the networks for resource supply from the West. The 'westernized' and globalized pattern of networks enable many Russian environmental organizations to survive during the decade of 'transition'.

To my mind, the economy of the environmental organizations represents today islands of *high modernity*. These organizations concentrate high-skilled professionals, with a rational and reflexive mode of thinking. Those who are involved in these networks are mostly used to maintain post-material values. They are well equipped technically and are embedded in global informational and other resource exchange. The very character of the network structure is a distinguishing feature of the high modernity.

But there are several impediments to keeping this particular informal economy afloat. First, there is the growing pressure of state and private monopolies aimed at achieving the stabilization of the society by carrying out the transition to a much lower level of social organization. Second, there is a presence of a very vast social and economic milieu of counter-modernization. Finally, there is a threat of the emission of giant masses of energy of collapse that could fully destroy the fragile networks of the economy in question. Hence, its prospects are quite uncertain.

Barbara Adam

Mediating Environmental Hazards: the Role of Newspapers in Informing and Educating the Public*

On March 20, 1996, in a televised statement to the United Kingdom's House of Commons, *Stephen Dorrell*, the then Health Secretary, announced that ten cases of a new form of Creutzfeldt-Jacobs Disease (CJD) had come to light and that the government's *Spongiform Encephalopathy Advisory Committee (SEAC)* 'has concluded that the most likely explanation at present is that these cases are linked to exposure to BSE before the introduction of the specified Bovine Spongiform Encephalopathy offal ban in 1989'.

This announcement has set in motion one of the most intense and protracted media coverages of any European public health issue since World War II. No other socio-enviromental hazard, threat to public safety, environmental degradation or pollution, not even the radiation fall-out from Chernobyl, has attracted a similar level of attention from the media across Europe. Bovine Spongiform Encephalopathy (BSE) in United Kingdom cattle had been a media issue that periodically dominated the news since it was officially identified in 1986. The public announcement, in March 1996, however, marks a watershed, negating ten years of political and scientific assurances about cattle being the 'dead-end hosts' of this disease and beef being safe for human consumption.[1]

---

* The research for this paper was conducted during an *ESRC* Fellowship under the auspices of the Global Environmental Change Initiative (1994-6, L32027312593) which is more fully reported on in my 1998 book 'Timescapes of Modernity'.

1 The UK newspapers I consulted in the course of this research included the *Daily Express, Daily Mail, Daily Mirror, Daily Telegraph, Farmers Guardian, Financial Times, Guardian, Observer, Independent, Sun, Sunday Times, South Wales Echo, Times, Wales on Sunday* and the *Western Mail.* The two German papers I occasionally consulted were the *Süddeutsche Zeitung* and *Der Spiegel.*

The news media's role in this story is a complex one. They both reflect the politico-economic status quo and question it. They report on issues and simultaneously raise public consciousness about them. They are informant, educator, analyst, mediator and creator of a reality that is mostly inaccessible to a large proportion of their readership and audience. At one level, therefore, the news media are a mere channel of information, at another they are defining the parameters of the issues and educating the public, at a further level still they are the constructors of the unknown and unknowable. Through their mediation, interpretation and translation of otherwise inaccessible knowledge into publicly accessible form, newsworkers are not only prime sources of public information but also the principle educators of contemporary industrial societies. As such, they carry a heavy burden on their shoulders, a responsibility as I shall argue in this paper, that does not sit comfortably with their own self-perception, that is, their understanding of themselves as harbingers of news, disseminators of matters of human interest and providers of a critical perspective on the more shady aspects of socio-political and socio-economic life. Socio-environmental hazards, I want to suggest here, require of the news media a level of social analysis and committed engagement which they are at present poorly equipped to provide. That is to say, it is not just scientists, economists and politicians who are struggling to come to terms with the new context and the environmental problems that have arisen from the industrial way of life, but the media too are facing issues and dilemmas for which their traditions are proving inadequate. Time, as I shall show in this paper, is centrally implicated in the difficulty.

Focus on the BSE-CJD hazard brings to attention both the potential and limit of the news media's capacity for this extended public role. Where else would citizens get their analysis and commentary about *BSE*, hormones in meat, and the latest developments in genetic engineering? Who but journalists would interprete for them scientific findings, academic papers, and the bureaucratic jargon of national and international policy? In a context where neither government nor business is trusted, who could citizens turn to for interpretation and analysis of the debates and contradictory findings? Who beyond the media would champion their cause in a way that is accessible and understandable, speak their language, express their concerns? Not the public institutions of education or academic social science, I am afraid. At the same time, the news media's capacity for social analysis falls far short of what academic theory and public education have to offer. This gap between social need and provision is the subject matter of this paper. By bringing to attention this short-fall in public provision I hope to open up the issues for debate and political consideration.

Reporting on Environmental Hazards in a Context of Scientific Uncertainty

A substantial number of socio-environmental hazards arising from the globalised industrial way of life tend to be invisible, inaccessible to the senses until they materialise as symptoms after indeterminate periods of latency. This applies whether the threat is radiation from nuclear power or the damaged ozone layer, genetically modified organisms which have been released into the environment or residues of pesticides in the food, oil pollution below the surface of the sea or the contamination of dairy herds with BSE. Once symptoms have arisen in the form of cancers, deformities, allergies and contamination of marine life or meat, for example, it is exceedingly difficult and sometimes impossible to establish verifiable connections between those symptoms and their causes. During the invisible periods of latency the provable links have been broken, causal connections severed. This discontinuity has implications for the scientific definition of a problem, the understanding of causes, and the formulation of potential solutions. All of which, in turn, influence the way the news media engage with these issues.

Scientists are fully aware of the complexity of such contemporary hazards and of the sciences' severe limitations for providing the public with unambiguous truth(s) and fast resolutions to problems for which the majority of pieces to the puzzle are (still?) missing. Yet, politicians and journalists on behalf of the public demand proof and certainty. They clamour for science to provide proof of (physical) causal links between, for example, cancers and nuclear power plants or the fatal brain disease scrapie in sheep, BSE in cattle and CJD in humans. Scientists, of course, are unable to supply such incontrovertible evidence, establish such absolute connections between time-space distantiated problems where the causal links are broken and problems may appear some time somewhere. Consequently, scientists are exacerbated when neither politicians nor the media take seriously their message that such certainty and proof is not to be had, that it is unobtainable for phenomena where unknown and unknowable factors far outweigh what has been established and is known. They find it frustrating to witness the transformation into the language of certainty and fact what they had expressed with utmost caution in terms of hypotheses, conjectures and probability. Equally disconcerting for them is the pressure for the dangers to be quantified, to be expressed in terms of risk, to be told again and again: 'people need to know, so tell us on a scale of one to ten what the danger is...'.

In a socio-historical context where science has emerged as the uncontested provider of truth, it seems, admission of ignorance is not regarded by the media, the politicians and the public to be an appropriate or acceptable scientific response. Scientific uncertainty is considered an anachronism. The discrepancy between expectation and changed context of scientific knowledge creates dissonance and widespread indignation. For over two hundred years, science (of the traditional, *Newton*ian kind) had been the trusted and revered provider of certainty and truth, of unambiguous and unassailable knowledge. Now that this knowledge is thought to be desperately needed to solve contemporary societies' socio-environmental problems (for whose creation science has to carry most of the responsibility) the scientists' caution and language of uncertainty is interpreted as a 'fudge' by much of the broadsheets and treated with derision by most of the tabloid press. Where scientists are resistant to come up with quantifications and facts, journalists and politicians tend to do their job for them: the vague and propositional language of science gets translated into politically and economically acceptable certainties and assurances. Whatever stands in the way of such corrections and whatever cannot be quantified or established with certainty is simply left out. This has the effect that irrespective of the high level of uncertainty and indeterminacy that surrounds socio-environmental hazards such as BSE, their representation in newspapers and news broadcasts are brimming with economic facts, figures and projections, with reports about what politicians did and what they said to whom, with analysis or speculation about who has been and/or will be affected when by what actions and, finally, with statements about who is banning beef from where on what basis. What is missing from this mass of factual writing and reporting on the subject is a frank discussion about all that is uncertain and the effects of this inescapable indeterminacy for political action and the potential for securing public safety. At the centre of media hyper-activity is the void of ignorance and indeterminacy associated with the invisibility and latency of environmental hazards. Because of this dissonance – the clash between asserted public expectancy and scientific actuality – science has suffered a blow to its respectability and social standing. What credibility science had before - even if the public's expectations were unrealistic - came to be thoroughly discredited over the BSE fiasco.

The United Kingdom Government of course, came off worse still. Whether on television, the radio or in the press, whether through statements in interviews or through reports, the business of government was transformed into a farce. Almost day by day the public was told a different story, promises were made and broken, assurances were given and retracted, farmers were given conflicting messages. European Union partners were left speechless. Even staunch supporters of the Tory Government at the time had to admit that the BSE crisis was handled very, very badly.

Moreover, *Dorrell*'s fateful announcement was received in a context of eight years of governmental assurance that British beef was safe, that British beef was not only safe but best. Since the public do not suffer from collective amnesia, the series of false assurances, contradictions and inappropriate responses as well as the inability of both politicians and scientists to take charge of and deal with BSE and similar threats has led to widespread public disillusionment, mounting fatalism and cynicism, and a loss of faith in the capability of formerly trusted institutions to protect the public from such invisible harm and dangers.

The way the news media deal with such issues, therefore, is crucial to the public's perception of and response to such socio-environmental hazards. In the face of socio-environmental hazards, the media are literally what the name indicates, namely, mediators of otherwise inaccessible knowledge and information beyond the realm of everyday experience. This mediation involves the translation of inaccessible scientific knowledge into accessible form, the explanation of political action, the presentation of relevant data, and the interpretation of potential and actual social effects.[2] Clearly, the story to be told will differ from newspaper to newspaper and between television companies. Along the same lines, the news media's perspective on the credibility of government and science depends very much on where their political loyalties are located. And yet, despite widely differing social perspectives, there are across the breadth of the news media discernible

---

2 For recent publications on media coverage of environmental issues, see *Anderson* 1997 and *Hansen* 1993; on the media coverage of environmental risk, see *Allan e.a.* 1999, in press.

patterns of representation and shared limitations to the role of informant and educator. These common features relate to some shared basic assumptions and, arising from these, the kind of stories that are being told. Focus on temporal features sheds light on what are otherwise implicit and disattended features of newswork.

The Timescape of News

News reporters tend to differentiate between two kinds of news – hard and soft news – both with distinct temporal characteristics. 'Hard news' encompass the factual and temporally bounded realm of accidents, crimes, disasters, conflicts, one-off events, statements, and outcomes of actions that are newsworthy today. These cover issues of public interest and concern that are pertinent here and now. Such now-here phenomena tend to be perishable. They have a limited life as 'news' since, as *Allan Bell* (1995, 306) points out, 'the next edition renders them obsolete'. Such 'hard news' operate within the replacement cycle of hourly news bulletins, fixed daily news reports and papers published on a daily and weekly basis. 'Soft news', in contrast, are phenomena with a longer shelf-life, issues of public concern for which it does not matter whether they are reported on today or the week after. Environmental hazards tend to fall in this latter category. Given that most of them are of a long-term nature, the specific time and day chosen for their discussion is not that important. Irrespective of their degree of significance, matters concerning the environment tend not to 'pop up' today and be gone tomorrow. Instead, their social pertinence is long term, chronic and often cumulative. This gives them an air of relatively stable and predictable continuity, punctuated only by political actions, new research findings and the emergence of unexpected symptoms arising somewhere, some time. While 'hard news' require almost real-time reporting – the faster the better and instantaneity is best – 'soft news', environmental topics, from ozone depletion to pesticide contamination of soil and water, do not command the same sense of urgency. Instead, during their 'stable' phases, they are seen by the news media of television and press as useful filler items for the days when there is nothing more urgent, timely or pertinent to report.

(Die Presse ist) Werkzeug der öffentlichen Meinungsbildung. Wo sie aber einst ihre Leser zu selbständiger Urteilsbildung *anleiten* wollte, da sucht sie heute öffentliche Meinung zu *machen*. Sie arbeitet sachlicher Aufklärung geradezu entgegen, da diese ja den Wirkungsmöglichkeiten der Agitation abträglich wäre. Aufklärung enthüllt Sachverhalte, Agitation verschleiert sie. Und wo sie scheinbar als Enthüllerin auftritt, ist der eigentliche Zweck doch immer der, entgegengesetzte Sachverhalte desto gründlicher zu verhallen oder in den Schatten treten zu lassen. Leidlich ehrenhafte Blätter begnügen sich damit, unbequeme Tatsachen zu verschweigen oder in psychologisch wirkungsvoller Weise durch unauffällige Plazierung und Ausstattung der einen oder behändige Hervorhebung einer anderen Nachricht die Aufmerksamkeit des Lesers zu lenken, wohl auch durch Stil und Tonfall die Nachrichtensubstanz zu färben. Vor allem die Ausstattung, die Wahl der Satztypen, die ganze Kunst der Mettage legen Zeugnis davon ab, daß die Zeitung nicht mehr Nachrichten-, sondern Agitationsorgan ist. (...)

Die Presse ist von ihrem ursprünglichen Beruf des politischen Aufklärungsorganes abgefallen. Daß sie zum Agitationswerkzeug wurde, hat seine Gründe im gesellschaftlichen Entwicklungsverlauf. Man könnte sich ohne moralisches Ärgernis mit der Tatsache abfinden, wenn nicht die Presse selbst zur Stütze ihres Anspruchs auf Äußerungsfreiheit scheinheilig die Fiktion aufrechterhielte, eine Fackel politischer Aufklärung zu sein. Von allen Zeitungslügen ist dies die gröbste.

Es ist von untergeordneter Bedeutung, ob die journalistische Nebelbildung parteipolitischen Zwecken oder den Interessen einer das Blatt kontrollierenden Kapitalmacht dient oder endlich den Wünschen gewisser Großannonceure entgegenkommt. So oder so ist die wirklich unabhängige Tageszeitung zur seltenen Ausnahme geworden. Redakteure und besoldete Journalisten befinden sich in einer wenig beneidenswerten Lage. Zwischen dem, was ihr Publikum gerne lesen und dem, was ihre Brotgeber gerne gedruckt sehen wollen, bleibt ihnen wenig Spielraum. Wohl dem Journalisten, dessen eigene Uberzeugung mit der politischen Linie seines Blattes übereinstimmt! Wohl auch dem, der keine politische Uberzeugung hat! Die anderen müssen entweder täglich das *sacrificium intellectus et conscientiae* bringen oder einen nervenzermürbenden Kampf um ihre berufliche Integrität führen. Der Alternative zweitem Teil sind nur wenige gewachsen. So frißt denn die Mehrzahl der Journalisten bewußt oder unbewußt ihren Arbeitgebern aus der Hand. - Wem diese Sätze zu hart erscheinen, der möge in Wickham Steed's Buch "The Press" blättern. Der große englische Journalist urteilt noch viel schärfer. Man darf annehmen, daß er Bescheid weiß.

Aus: Theodor Geiger: Aufgaben und Stellung der Intelligenz in der Gesellschaft, Stuttgart 1949, 60f.

'News' are traditionally associated with specific temporal characteristics, so-called news values, which would include novelty, timeliness, recency, immediacy and urgerncy. These are clearly descriptions that fit accidents, crimes, disasters, and political events.[3] They rarely apply to globally dispersed and time-space distantiated environmental phenomena that reside nowhere in particular and go on for years without resolution. Long-term, chronic hazards do not allow journalists to limit their story to the here and now. Instead, they require historical contextualisation, since without such wider historical background the information may be meaningless. Moreover, such matters of social concern are likely to demand frequent coverage which, in turn, needs to be carefully planned with respect to what angle to take when and which aspects to cover when so as to avoid telling the same story many times over. This kind of approach to 'news' is almost a contradiction in terms. The long-term continuous pertinence of environmental hazards therefore constitutes a major challenge to newswork. News as the delimited here and now of events have to be rethought in the context of chronic environmental hazards associated with the industrial way of life.

At the practical level too, those hazards pose significant difficulty for the tradition. Their complexity frustrates the need to be fast and succinct; it hampers the need to put together the stories at great speed and then to present them in predefined spaces or sound-bites. Moreover, complex environmental 'news' necessitate a shift in emphasis from description to analysis, from accident-oriented information gathering and reporting of isolated facts to interpretation, explanation and analysis of conflicting data, ambiguities and unknowns. Environmental hazards, by default, turn news reporters into educators and social theorists. The question is, how well have newsworkers risen to that challenge and to this new role? Newspapers and newscasts, it is my cotention, are not at all well suited to that new demand. The speed of turnaround, the competition between papers and channels and the need to sell maximum copy or have maximum listening and viewing figures do not bode well for environmental hazards getting the treatment und attention they would need. As one American journalist said at a recent

---

3 On the issue of 'hard' and 'soft news' as well as that of 'news values' my temporal analysis is indebted to the work of *Alan Bell* 1995.

conference[4]: 'Our prime task is to sell newspapers and the environment is not a sexy topic'.

Bearing in mind these obstacles, how do environmental hazards fit the requirement of 'sexy' or emotive topic and mediagenicy? The remoteness in time and space of such matters as global warming, ozone depletion, or the global permeation of hormone-disrupting chemicals is difficult to present with the necessary urgency and emotive immediacy to make a good newspaper-selling story. Moreover, most of these hazards do not lend themselves readily for representation by visual images that symbolise the issue and elicit deep-seated fears. Oiled birds and stumbling cows, in contrast, constitute differing degrees of such symbolic expression. This makes an oil tanker accident and a public health issue such as BSE more mediagenic than hazards that are less visual and temporally more remote. The temporal, spatial and visual features of BSE-CJD link are therefore worthy of further attention.

The BSE-CJD Link: a New Kind of Hybrid News

While the BSE hazard, over its ten year history, belonged predominantly to the category of soft news, once the United Kingdom Government announced the likely link between BSE and CJD, a most horrific deadly disease, the issue was catapulted into the hard news category: it became an urgent now-here phenomenon that touched profound public fears and had the potential to destroy livelihoods. As such, it required and commanded immediate and extensive media attention. The announcement that BSE-infected meat is a likely cause of CJD, hit Britons and the citizens of continental Europe like a bombshell. Everybody recognised themselves as implicated: meat eaters and their children; vegetarians who were told that foods such as cheese, *fromage frais*, and fruit jelly contain beef products; people who had undergone growth hormone treatment during childhood. Moreover, while everyone clearly had choices to make about the future consumption of beef, the biggest risk relating to CJD was located in past actions, thus outside today's parameter of choice and control.

---

4 *Reporting the Environment,* Cardiff, May 19-21, 1996.

At this level, therefore, one can easily see how the announcement of the possible BSE-CJD link corresponds with news values of now-here recency, immediacy and timeliness, of the unexpected, the shocking, and the socially pertinent. Its emotiveness is unquestioned. Its dramatic content and the potential for personal disaster is enormous. Pictures of staggering cows, empty cattle auctions and young people reduced to a vegetative state are emotive symbols that express not just people's fears but the conflicts of interest that permeate the manifold outcomes of this socio-environmental hazard. The mediagenic credentials are assured. With *Dorrell*'s announcement the long-term, periodically newsworthy story had been transformed into a lead story that was to stay at the top of the news agenda for weeks and refused to fade into the background for the months that followed. As such, it received the 'treatment' metered out to any major news story: it got coverage from all possible angles ranging from human interest to economics and science, from personal accounts to macroeconomic data.

At another level, however, this socio-environmental hazard does not conform to the 'ideal type' of news, it is not a once-off issue. It is not an event that is bounded in time and space. After twenty years of CJD and ten years of BSE, this particular threat to public health is not all that novel and unexpected either. Unlike the quantifiable facticity associated with more conventional hard news, there is little about the BSE-CJD link and the two diseases' respective causes that would count as incontrovertible fact. Instead, this hazard is shrouded in mystery, permeated by uncertainty and marked by scientific disagreements. Its 'facts' are largely unknown and it is consequently open to almost limitless hypotheses, conjectures and speculations. Moreover, the story seems destined to 'roll on' even though the media are periodically showing signs of fatigue and burnout, eager to move on to the more familiar ground of less intractable news and keen to let this public health issue fade from the limelight back to the more manageable sphere of soft news. Finally, both BSE and CJD have a long history that forms an essential part of the present. Without this history, the significance of the present coupling cannot be understood. Despite the public's need for knowing the histories of those two diseases as well as the agricultural, political and medical actions associated with their respective developments, the public presentation of historical information is generally not considered an integral part of news. News, as I suggested above, are presented succinctly and factually as clearly delimited now-here phenomena. The history of a phenomenon thus tends not to form part of its news value.

This ahistorical approach to the representation of news clearly constitutes a difficult situation for the 'reporting' of such an environmental hazard. It means, the media was and still is exclusively concerned with the material outcomes of the invisible time-distantiated processes and actions of BSE and CJD. That which gives rise to the symptoms, in contrast, is largely neglected and thus negated. In a context of news reporting it could hardly be otherwise. Instead, the papers were full of calculations about lost export revenues, the impact on gross national product, and the costs to farmers and retailers, as well as the rendering and slaughter industry. Thus, attention on measurable and calculable physicality, events, actions and statements re-formed this largely unsuitable news topic into something that could be managed within the high pressure world of instantaneous news production.

It's a Beef Crisis!

As this book goes to press, BSE is still very much in the news. The public continue to be drip-fed on a steady diet of disaster news as one-by-one previous scientific assurances collapsed: BSE jumps the species barrier; BSE is the most likely cause for the new strain of CJD in humans; transmission of BSE is confirmed to take place between mother and calf; the ban of 'dangerous' (that is, infectious) parts of the animal is extended to the whole head, the lymphatic system and most recently the backbone; there are first suggestions that the blood of affected animals too is infectious. Day by day new scientific findings are reported which turn yesterday's safety into tomorrow's hazard. Each time scientists present new findings, come up with new statistics and predictions, establish some novel connections and/or dismantle some old uncertainties, the current findings become gospel. In a bizarre farce of publicly displayed amnesia, each set of current data form the revised 'foundations' upon which the next round of media statements of certainty and assurance are being built. Having dislodged the previous truths, each new devastating scientific finding in this tragic saga is swiftly reappropriated and celebrated as a positive step. In this context of continuous scientific dismantling of previous truths, it seems almost incredulous that the United Kingdom Government's belief in science's capacity to provide facts, truths and reliable predictions, echoed faithfully in the press, remains undaunted, undented and unscathed.

> 'The Government can be – and surely will be – blamed for all sorts of inaction. But it must be remembered that through it all the Government has insisted that it has acted on the best advice its scientists have been able to offer. It had no choice. To do otherwise would have made it party to some of the speculation that has fuelled the uninformed side of the debate.' (*Farmer's Guardian*, unattributed, 22/3/1996, 1)

In collusion with the Government of that time, the media turned statements about fundamental indeterminacy and uncertainty into assurances based on facts. They talked reassuringly about safety 'in the normal sense of the word' when there was and still is no basis from which to make such a statement, omitting warnings and recommendations wherever and whenever it seemed politically and/or economically prudent to do so. The sources for hope and the potential for action in this sorry saga are few at the point of going to press, but there are some. These will become apparent as we reflect further on the issues: on the definition of the crisis, on media knowledge without analysis, the mis-appropriation of time and, finally, on the potential for instituting social analysis for citizens, social education for media mass consumption.

The established link between BSE in cattle and the new strain of CJD in young people constitutes a health crisis of possibly epic proportions. It has the potential for developing into a gruesome modern-day equivalent of a cholera or pestilence epidemic but with an unknown period of incubation. And yet, the message from the government's spin-doctors was a different one: the link between BSE and the new form of CJD is not a health crisis - it is a beef crisis. Those who think otherwise, we were told, are simply wrong. Once the BSE-CJD connection is framed in those terms and viewed from an economic perspective, a raft of implications follow:

1. Citizens' concerns about a potential health hazard are sidelined.
2. The Government can legitimately concentrate exclusively on the material task of rescuing a dire economic situation.
3. The entire issue can be dealt with from the firm basis of facts since (it is wrongly assumed) economics is not afflicted like science by the *malaise* of uncertainty.
4. People need not concern themselves with questions about the industrial methods of food production.

5. The UK Government, aided and abetted by the press – the tabloid press more so than the broadsheets – can put their full efforts behind the effective externalisation of blame.

Anybody who has followed these events will recognise that this is precisely what happened.The health-hazard issue has been effectively silenced. It forms the velvet void at the centre of this tradegy, the nothing around which everything else revolved. *No action* was the United Kingdom Government's solution to this threat to public health. Let's wait and see how many people die of CJD in fifteen to thirty years time: no test for BSE, no vaccine, no treatment. A potential hazard that does not arise as a symptom until decades hence quickly falls outside a beleaguered government's sphere of concern. The large scale effects if they do occur will be someone else's problem.

The press, obligingly, have gone along with this (re-)definition. They too have decided that it is a 'beef crisis': the banners that head newspaper pages and section carrying reports on the BSE-CJD issue were and still are labelled 'beef-crisis', and so were and are the identity tags attached to articles and their headlines. Almost from day one, this was the frame of reference through which matters around the BSE-CJD link have been analysed in the United Kingdom press. It should therefore not surprise anyone that empty abattoirs as well as cattle and meat markets, lost export revenues, and menus of restaurants and schools dominated both press and television news headlines and coverage in the early days and weeks after *Dorrell*'s announcement. The quite appropriate fear for jobs, livelihoods of businesses small and large, even entire industries for export and home markets have, accordingly, dominated the papers and constituted the bulk of articles written. Almost every day a new set of economic interdependencies was revealed, new clusters of relationships shown to be affected, further jobs reported to be lost. While many of the United Kingdom papers found it comforting to blame the European Union and the Europeans for the United Kingdom's blight, papers such as the *Financial Times* showed how some other countries' beef industry and with it all the allied businesses and industries were in fact more severely affected by the crisis than the United Kingdom who was responsible for causing the collapse.

The press have colluded with this reformulation not because they were necessarily on the Government's side or were in some way tricked into this perspective. No, it so happens that such a reframing of the problem was a means by which to bring this rogue news issue back within the fold of the familiar news world of reportable statements and events, describable disasters, and quantifiable economic facts and figures. It provided journalists with an effective way to report on the invisible, time-distantiated *Wirkwelt* of uncertain future threats in terms of tangible, material outcomes and the now-here world of political wrangling, that is, the politico-economic *Merkwelt* of the present. With the 'beef-crisis' frame of reference, the news media were back in familiar territory: answers to questions about when, where, what, who, why and how could once more be factual, clear and unambiguous.

Furthermore, the 'beef-crisis' perspective enabled the news media to sidestep the challenge of informed analysis and avoid the need for continuous and unrelenting, careful and considered explanation of the nature and extent of the risk over a period of years, probably even decades. It meant journalists did not need to worry about historical contextualisation, wider social issues, arbitration between rival theories, questions about their educative role. The shift in perspective saved them from the challenge of engaging with something that is an ongoing process – indeterminate, immanent, in/visible, non/concrete, time-distantiated, latent, contingent, non/linear and not easily quantified – something that is timely without being recent and novel. Lastly, it shelved, for the time being, the need to address the issue of journalistic objectivity in a context where everyone is an implicated participant, where the outsider, spectator position has evaporated, where bias and partisan engagement therefore are inevitable.

However, while this redefinition protected journalists from the inconvenience and excessively time-consuming need to rethink their role in the face of a national disaster, it also had its cost: it rendered ineffective the gallant efforts by many journalists (mainly of the broadsheets) to present alternative perspectives on farming and farming practices. I pondered long and hard about why these splendid articles did not work and lacked credibility. I am now convinced that it is impossible to tell a story of wholesome food and animal welfare from a 'beef crisis' perspective that relates time with money, efficiency with speed, a country's economic health and wealth with gross national product and export.[5] Once the problem was defined in terms of beef sales and lost export revenues, the foundation had been taken away upon which a rethinking of industrial ways of producing food could be based.

5 For a wider discussion on these and related environmental issues, see *Adam* 1998.

From a beef crisis frame of reference it became difficult to enquire about the missing pieces in the jigsaw, because, of course, there were none. Best scientific advice had reassured the public that beef was safe and that this was all people needed to know. There was no need to worry about complicated matters outside their sphere of competence. The dangers were in hand. The only problem remaining for the United Kingdom Government and its mediators was how to save the meat industry and salvage the country's export prowess. If, however, the media had taken on board their role as social critics and educators, they inevitably would have come up with a number of unresolved questions and some inescapably 'unpatriotic' doubts.

From a health-hazard viewpoint, the key questions relate to public and personal safety, to hypotheses about the cause(s) of BSE and CJD, the transmission of BSE within and across species, the eradication of the disease, tests to establish sub-clinical infectivity, vaccines to prevent infection, methods of farming and food production. With this focus, of course, we are into the temporal realm of time-space distantiation, latency, and open future potential. From this perspective, indeterminacy and uncertainty are reflected back to us as soon as we ask even the simplest of questions: if BSE in United Kingdom cattle is due to contaminated feed, then why do other countries who bought large quantities of this feed have no equivalent outbreak of BSE? If the infectious material is in the intestines (which we can assume on the basis that these have been included in the 1989 offal ban) then why are the pastures which are the recipients of much of their content not considered infected and infectious? If transmission is now 'known' to be between mother and calf, how is this taking place – in the womb, through the blood or through the milk?

With the emergent health hazards associated with the BSE-CJD link, citizens have been confronted by tangible, multiple institutional failure. In the face of this inter/national crisis, neither the United Kingdom Government and its scientific advisors nor the news media have risen to the challenge of their public responsibilities. Instead, they have carried on their respective businesses as usual, which meant translating this intangible future-based health hazard into an economic issue and a matter of national pride, thus, effectively silencing all and everything that threatens the *status quo.* While political hyper-activity and intense news coverage indicated the importance of the matter, non-represented non/activity and media silence do not mean all is well. They simply mean that other news have taken over, or that editors judged the story to have exceeded the public's interest span and thus was threatening paper sales. The 'beef crisis', after all, still belonged to the long-term environmental issues that run on and on, and is therefore conveniently retrievable whenever the need arises: after ten years of existence, the beef 'scare' has an extensive history of oscillation between high profile attention and being kept out of sight. Readily retrievable, the issue can always be updated from one now-here, a-historical and de-contextualised present to the next. Drip-feeding seems to be considered the appropriate method of communication for a public that is assumed to be afflicted by collective amnesia.

A glimmer of hope is to be found in the change of public awareness that has arisen despite or maybe because of the inadequate role performed by the news media in the coverage of the BSE crisis: not even the BSE-CJD fiasco has not been without its 'silver lining'. There is a rising public consciousness that there are side-effects to the industrial way of life; that there are costs involved that need to be reconsidered; that treating animals like machines has consequences for the quality of their lives and ours; and that there are alternatives with the potential to become the new norm if enough people become sufficiently outraged and convinced that things need to change with regard to the hazards, the way they are handled, and the premise upon which social analysis is constructed, disseminated and reported.

Points of Departure - Openings for Change

The need for change is pressing if the news media are to fulfil their public duty as (trans-)national educators, analysts and providers of information in accessible, 'popular' form. For citizens to be served well in a situation of (trans-)national crisis such as the one that arose from BSE and the link to CJD, a number of parameters would have to be encompassed:

- The historical context would have to be covered extensively, cumulatively, and in accessible form.
- The frames of reference would need to be de-naturalised. This would involve a discussion of the various frames of reference and their effects on what can and cannot be seen from the various perspectives.
- The silences would need to become the explicit focus of attention since it is these that provide the most illuminating insights into any topic.

- Finally, it would involve engagement with the full multiplicity of temporal issues and their impact on the various institutional in/activities, with the in/determinate, contingent future of potential hazards, with the scientific uncertainty of the present, with the continuous and unescapable creation of outdated truths, with the long-term, latent and immanent *Wirkwelt* and its relation to the tangible, factual *Merkwelt*[6] of the material present.

With such a theoretical project, however, we would have left the journalistic world of the newsworker as it is constituted and self-defined today and we would have entered instead the social theorists educative sphere of competence. Sadly, the former enjoy that structural position but lack the economic and theoretical wherewithal to provide that service whilst the latter possess the necessary analytical prowess and commitment but lack the down-to-earth mass communication skills. The social theorists' chances of reaching the millions who read the *Sun* or *Bild* are virtually non-existent. Who and what, we therefore have to ask, needs to change? Which profession and which institution needs to make the dramatic adjustments required for communicative justice to be achieved for citizens? Or is it too late for adaptation? Do these new hazards and problems necessitate instead the creation of new institutions? In the face of the current overwhelming defense of the *status quo*, in the absence of any talk about something being amiss, and in the light of social theory's reputation of obscure elitism, I suggest that journalists and social theorists need to raise these issues together and confront the problems in collaboration, each taking steps towards rectifying their worst professional excesses. In the long-term, however, there may be a need to consider the creation of new institutions that are appropriate to the hazards and risks which are arising with the contemporary industrial way of life.

6 The difference between the *Merk-* and *Wirkwelt* has been theorised during the early part ot this century by *Jacob v. Uexküll* and *Georg Kriszat* (1983).

PETER DICKENS,
JOHN PARRY

Ecological Competency in a Modern Age: a Role for the New Information Technologies

Alienation from Nature and Ecological Incompetence

A recent comparison of hunter-gatherer and modern societies by the anthropologist, *Tim Ingold* (1996), is a useful starting-point for this chapter. He compares the views of nature and of society held by these types of civilisation. The knowledge of humans and nature treated (and in the few still remaining cases still treat) the physical and social universes as part of a whole. For them there is no systematic conceptual division between humans on the one hand and physical items such as rocks and plants on the other. This extends to humans too. There is no division between humans as part of nature and as a social being. They are one and the same person. This contrasts markedly with the ways in which modern society treat people and nature (see Figure). Deep at the heart of modern Western culture is a dualism between society and nature. It is one which leads to one set of understandings about humans (one reflected in the arts and social sciences curriculum in schools and universities) and another set of understandings about 'nature'. Never, or hardly ever, do the twain meet.

Concepts of people and environment in pre-modern and modern societies*

Pre-modern societies

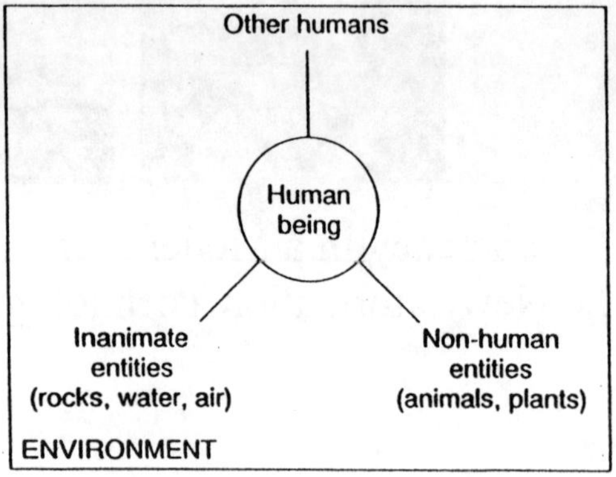

Human beings in pre-modern societies do not usually distinguish between 'society' and 'nature'. For them there is only one world, containing humans, inanimate entities and non-human entities. Knowledge of that world is gained through dwelling in it and interacting with it.

Modern societies

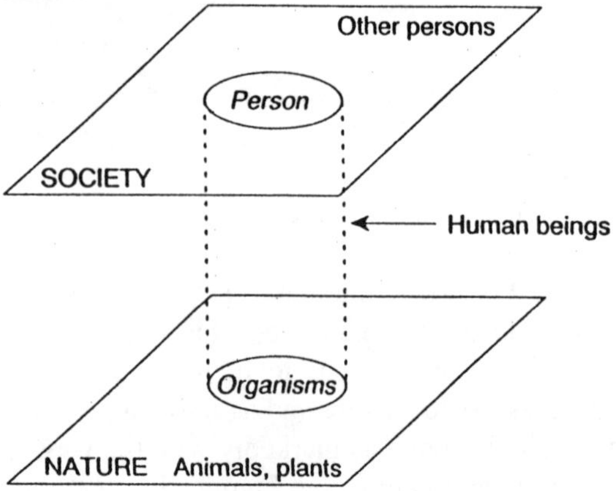

Human beings in modern societies typically distinguish between *two* worlds: human society on the one hand and 'nature' on the other. Yet in practice people are, as *human organisms*, part of both these worlds. In modern societies humans depend less on knowledge gained through direct interaction with the environment and much more on abstract knowledge gained through stepping out of the environment.

* After *Ingold* 1996

But another feature of *Ingold*'s analysis is central to our discussion. The views that modern people hold about both the natural and the social worlds are social constructions. They are made for us, by disciplinary thinking reproduced in educational and other institutions. By contrast, the apprehension of the world by hunter-gatherers is not a social construction or mental representation. It stems from active engagement. As *Ingold* puts it:

'Knowledge of the world is gained by moving about in it, exploring it, attending of it, ever alert to the signs by which it is revealed. Learning to see, then, is not a matter of acquiring schemata for mentally constructing the environment but of acquiring the skills for direct perceptual engagement with its constituents, human and non-human, animate and inanimate' (pp.141f).

So in modern society, human understanding is not only fragmented into different types of abstract thinking but into knowledges which are on the one hand created by scientists and, on the other hand, those more practical and intuitive understandings which are accumulated during people's real involvement with the world. In contemporary society the significance of the latter are often denigrated relative to more abstract and global concepts.

It is one thing, however, to raise the visibility of skills and practical knowledge and another to do much about them. How can a real involvement with the environment be accomplished in a modern society which has little active and everyday working contact with the natural world? Furthermore, the kinds of divisions between knowledge which are a central feature of modern society are, in many respects, an accurate reflection of our lives. Most of the 'hunter-gathering' conducted by people in modern societies takes place in the local supermarket. People's daily separation from the natural world is almost certain to result in our failing to explore the natural world, attending to it and being 'ever alert to the signs by which it is revealed.' And we must also be careful to recognise the gains which the fragmentations of knowledge have brought. Clearly, for example, our understanding of the natural environment would have made little progress without detailed empirical work leading to theoretical understanding of nature's causal mechanisms. Similarly, theory continues to inform detailed observation. Furthermore, despite the many debates within the sciences, scientific knowledge can of course be emancipatory in helping us to understand and find our way around the world (*Dickens* 1996).

So what is needed in modern societies are ways of recovering a sense of active engagement with the social and natural while at the same time using modern understandings, combinations of lay and abstract knowledge, promotion of people's skills and capacities and some of the many benefits which new technologies can bring. It also entails recognising and using modern institutions (including political institutions) to that end.

Our project tried, albeit in a preliminary way, to assemble different types of knowledge; using (even subverting) the new information technologies as a way of helping people to understand understandings of their environment. It also began to explore different political relations which might support such an innovation. Before outlining this project and its results, however, we should refer briefly to some of the relevant debates surrounding the new information technologies.

Democracy, Community and the New Information Technologies: Current Debates

Three particular, and related, debates are relevant here. First, the new information technologies are now often held to promote democracy. Cable television, electronic publishing, the *Internet* and other forms of communication provide people, it is argued, with access to information on a previously unprecedented scale. The result can only add to the sum of human culture and human happiness. As *Ithiel De Sola Pool* (one of the earliest and still most influential promoters of this argument) put it:

> The technologies used for self-expression, human intercourse and recording of knowledge are in unprecedented flux. A panoply of electronic devices put at everyone's hand capacities for beyond anything that the printing press could offer. Machines that think, that bring great libraries into anybody's study, that allow discourse among persons a half-world apart, are expanders of human culture. They allow people to do anything that could be done with the communications tools of the past, and many more things too' (1983, 226).

Our problem with this view is that it assumes that communication in itself and the exchange of sheer amounts of information must necessarily be 'a good thing.' There is little consideration as to what this information is and, even more important, *whose* information it is. So this is not the familiar issue of some people not having access to these technologies and hence some groups remaining 'information-poor' (see, for example, *Heap et al.* 1995, *Silverstone* 1996). It has much more to do with whether the more local, practical and everyday knowledges mentioned earlier in this essay even begin to count as part of 'human culture.' Knowledge is power and our concern here is whose knowledge prevails and, again, how more practical, tacit and local understandings are combined with more general and global forms of knowledge. Again, we certainly do not wish to resist more scientific and global forms of knowledge but there remains the question of the context within which this information was created, whether the types of understanding which are held by non-experts or lay-people remain simply ignored as 'boring' or irrelevant. Our concern in our research-project was to raise the profile of those people whose skills and knowledge often go missing in environmental education and environmental debate. Can the new information technologies be used towards this genuinely democratic end?

The second, and linked, argument is that the new communications technologies are said to be creating what *H. Rheingold* (1995) has famously called 'The Virtual Community.' Older forms of community (those based on, for example, face-to-face interactions between people who have known each other for long periods of time) are said to be in decline (see also *Blumer/Gurevitch* 1996). Furthermore, lonely individuals may find solace in front of the PCs. In this context, the *Internet* in particular is seen as a way of creating a new kind of community, one which might combine those we do regularly meet on a face-to-face basis with a potentially huge number of people throughout the globe. As *Rheingold* puts it at the start of his book:

> '"Daddy is saying 'Holy moly!' to his computer again!" Those words have become a family code for the way my virtual community has infiltrated our real world. My seven-year-old daughter knows that her father congregates with a family of invisible friends who seem to gather in his computer. Sometimes he talks to them, even if nobody else can see them. And she knows that these invisible friends sometimes show up in the flesh, materialising from the next block or the other side of the planet' (p.1).

Clearly the new technologies do open up new, global, contacts and potential relationships of this kind. But again we wish to add a word of caution.

It is by no means clear what these virtual communities consist of. They may, for example, be actively promoting mass-consumerism, in which case it becomes very difficult to attach the word 'community' to them (*Rosengren* 1994, *Bromberg* 1996). The new information technologies may equally well be engaging in forms of tribalism. At best this is the simple exchange of information within subcultures and, at worst, the exchange of deviant, even dangerous, information. In short, the uncritical celebration of 'community' offered by the new technologies seems at the very least premature. 'Community' has always been a mixed blessing, limiting as well as enabling. Furthermore, it seems as likely that sitting in front of PC screens could bring social isolation as much as 'community'. Are there ways in which the new technologies can be used to develop a genuine sociality, and to exploit the best opportunities for local *and* for global association?

Our third concern is with the cultural implications of the new technologies. It is also argued that the new technologies are promoting a new kind of society. In particular, they are said to be promoting a new kind of virtual reality, one based on myth, fantasy, and a postmodern emphasis on form rather than content (see also *Poster* 1995). Furthermore, they offer the possibility for making new and mobile identities. In a society characterised by social and physical unpleasantness, a new virtual reality becomes, it is suggested, a safer, more reassuring place to live.

> 'In a world despoiled by overdevelopment, overpopulation, and time-release environmental poisons, it is comforting to think that physical forms can recover their pristine purity by being reconstituted as informational patterns in a multi-dimensional computer space. A cyberspace body, like a cyberspace landscape, is immune to blight and corruption' (*Hayles* 1993, cit. in *Robins* 1995, 138).

Our concerns with this view hardly need elaboration. Virtual societies and environments could well imply that it is possible to solve society's environmental and social problems without ever leaving the PC screen. Worse still, if the landscape offered is indeed presented as 'immune to blight', engagement with the screen becomes a replacement for practical action. More generally, the *simulacra* offered by the new technologies can easily become the passive consumption of images and strategies. There is little implication that people (particularly people without scientific training) might develop skills, competences and capacities in the process of actively engaging with the natural and social worlds. How, then, can these new technologies be weaned away from games and *simulacra* to help people become actively engaged, in their local areas? How can they be made to root people in real, live, issues?

These three points lead to our project; one which attempted to use the technologies in ways which reintegrated multiple forms of knowledge, gave power to the relatively powerless (in our case, to children), linked people back to real localities and release them from being mere observers or consumers.

Multimedia Technologies and the Development of Environmental Competence: a Case-Study

Our research-project at the University of Sussex started in 1994 and was completed in late 1997. It was based on the use of four, moderately humble, ex-industrial urban wildlife areas by pupils from local schools and, in three cases, on environmental centres attached to these sites. The wildlife sites were in three contrasting areas; Lewes in the South of England, Rotherhithe in the centre of London's 'docklands' and two cities in the North of England, Leeds and Bradford. Ten schools were involved, five at primary and five at secondary level.

In each school the same programme of study was followed by a 'conventional' class and a 'flowcharting' class. The conventional classes prepared largely descriptive wall displays or folders about their local wildlife area. This is in line with the usual practices adopted in Britain for group fieldwork. Meanwhile, the flowcharting classes, after being shown a pilot multimedia project, had to present logically organised and sequential sets of information (flowcharts) arranged in exactly the order that viewers of the CD-ROM would see them. The result was a very substantial 430 MB of material on the CD-ROM, entitled *Re-Cycled Places*.

In addition, the research team added separate sequences that built on the pupils' observations and provided content links not only to the other wildlife sites forming part of the project but also to more abstract ideas such as acid rain. One example of this (from over ninety provided within the program) includes observations, by nine-year-olds, of Marsh frogs jumping into the meadow ditches of the wildlife site in Lewes. This is linked to an expert from the government's *Environment Agency* who explains that Marsh frogs are not native to Britain and were introduced from across the Channel in 1935.

A further link is suggested to a flowchart by another group of nine-year-olds on the creation of a pond for frogs at one of the sites in the north of England. There is also a game that explores some of the dangers that frogs face - being squashed by cars, eaten by herons, killed by disease or indeed picked up repeatedly by school study groups. Another link leads to university research concerning the effect of acid rain on the habitats and lives of similar amphibians - rare Natterjack toads - in Hampshire in the South of England.

A central part of the project was the *evaluation* of this way of developing environmental competence. We were very conscious of the fact that innovations of this kind are often not properly monitored and a large part of our time was spent evaluating the outcomes of the innovation. Participant observation took place for nearly all the lessons in both the conventional and flowcharting classes in the Lewes schools and some participant observation took place in the London schools. 437 questionnaires were given to both the conventional and flowcharting classes before and after the innovation. The questionnaire was comprised of 18 questions - some open and others requiring *Lickert* scale responses. All of these were intended to evaluate the forms and extents of the pupils' environmental awareness and actions on the ground.

When the questionnaire was administered a second time, at least one year after the innovation, five *different* questions probed the numbers of visits made to the site by the pupils since the innovation as well as the main aspect of the program they remembered seeing on just one occasion. Another question tested whether the pupils had understood the broad principles behind their local wildlife site in terms of management and its sense of wildness. Further interviews were carried out with teachers in the schools in an attempt to evaluate their reactions to this form of environmental education and group interviews with pupils from the Lewes schools were conducted just after the innovation and one year later. Our attempt was to evaluate, this time in a qualitative way, the reactions of the children to the innovation.

Benefits of the Process

We have so far described the ways in which the observation-skills of children were combined with local knowledge, global knowledge and more abstract environmental ideas. The CD-ROM was used as a means to an end, that of enhancing environmental competences with the aid of schools, environmental centres and local wildlife sites. It was not of the kind that is commercially available and which concentrates on largely global and general information.

What were the effects of the innovation? There are three important aspects. First, there is the process involving pupils in the generation of knowledge through the creation of flowcharts for storage on computer. Second, there is the resulting product in the form of a CD-ROM and its use. Third, there is the question of the wider community; specifically our innovation and the environmental centres. What were their relationships with political authorities in terms of support and promotion of such an approach?

In terms of the process involved, the most significant observation was the effect of the flowcharting process on creating the need for detail and focused planning for subsequent visits to the wildlife sites. Important negotiation skills were needed to arrive at clear, agreed, logical sequences of information. This was confirmed in interviews with the teachers and wildlife park managers. As one primary teacher in Lewes put it:

> 'I believe they (the pupils) had to concentrate on what they were doing and they had to concentrate on planning, and planning in *detail*. They have never, never, experienced this before. Their little notion about "and then we'll have some text..." "Yes?" (I would ask). "Where is it coming from?" "Well you know...*text*!", they would reply. (There is laughter at this point). And that was about it for along time and then they suddenly realised that that text had to come from them on to the paper on to the flowchart which was such an eye-opener for them because I think before, and this is something we probably don't realise, is that it (knowledge and information) always comes "from somewhere". Doesn't it? And it's either put there by the teacher or on a video or from a book or a worksheet or whatever - it's never from them.'

The computer in our project also became a way of avoiding social isolation. Most important, it forced not only concentration but much discussion, planning and social interaction to ensure its effective use. This was mentioned by a secondary teacher in Bradford who was in charge of a conventional class but who also visited the flowcharting class.

> The flowcharting was 'very interesting. For them. You know, because it's a complete change from what they normally do. I mean I found mine (her group of pupils), keeping on task with these (little booklets) was difficult - they weren't that interested. After they'd done all the Pit Hill (Bradford ecology centre) stuff, you know, and got there, it was like, "eh, oh well I don't particularly want to do this", to write it up and produce a booklet, whereas going into this group (the flow-charting group) was like going into a different world. They were all gathered around; all putting work in; and all working extremely well, gelling really well, as teams, you know. Whereas mine were scattered - they might be chatting, time-wasting, wandering round the classroom, getting colours, you know.'

The social aspect of the innovation was also striking in another way. Individual efforts such as a picture or a piece of writing might be acceptable within the conventional classes but they had to be more integrated and agreed within the flowcharting classes in order to fit a pre-determined sequence. This also led to much discussion and negotiation within the flowcharting groups. And these are important skills in their own right.

The social, as well as environmental, aspect emerged again when we asked pupils whether they would be interested personally in taking a part in the running of a wildlife site and if so, to state why. Double the number of pupils from the flowcharting classes replied with answers along the lines of it 'being fun and a good way to meet people and socialise.' Similarly, double the number from the flowcharting classes gave 'recognition of challenge and responsibility' as an answer. We need to be cautious in our interpretations here but the above examples suggest that the need to focus on content and communication within the flowcharting groups also provided a greater sense of social cohesion.

One question in the second questionnaire was designed to test whether the pupils had understood the principles underlying the site. This was done through a set of questions which had to be pitched slightly differently for each site in order to reflect the site's stage of development. For the Lewes site the question was framed so as to explore whether the pupils had understood the underlying management-notion of 'benign neglect'. This entails a little management but very much retains the wild quality of the site itself. For London, the question was framed to take account of the need for active management of this relatively small site which would lose its diversity and appeal if it was allowed to grow wild. In the case of Leeds and Bradford, it was more appropriate to contrast the wildlife site with more formal parks as both sites were relatively new and still being established.

What was the outcome? As outlined in the following Table, the flowcharting groups appear to have gained a better notion of the underpinning principles of their site. Making the flowcharts was therefore not only a social gain, and one which enthused children into wanting to take an active part, but it appeared to give the pupils a better idea of the underpinning notion of the site. Furthermore, the understandings and observations of the flowcharting groups became even more focused during their second and third site-visits.

Responses to statements testing knowledge of underlying principles of wildlife sites

	Conventional Groups %	Flowcharting Groups %
Does not show an understanding of the main principles	54	35
Mixed response	5	7
Shows an understanding of the main principles	41	58
n	148	161

The increased focusing and understanding from the flowchart groups in their second and third visits was confirmed by interviews with teachers and ecology-centre managers.

This type of innovation does, therefore, seem to bring real social benefits to the children and environmental benefits in terms of understanding their local sites and becoming increasingly interested in helping to run such sites. Nevertheless, we do not want to underplay the difficulties involved in introducing innovatory work of this kind. The pressures within the schools we were working are palpable and seriously militate against such new developments. The availability of computer hardware capable of running the final CD-ROM was also a serious constraint, particularly in the primary schools. Finally, we do not underestimate the continuing difficulties arising from disciplinary divisions within schools. Science rather than geography is becoming the lead subject for delivering environmental content within the British national curriculum and this still leaves intact the divisions of knowledge with which we started this paper. Individual teachers and heads of department proactively attempting to introduce an interdisciplinary approach to environment education are, in the British case at least, very much working against the institutional and intellectual grain.

Responses to the Final CD-ROM

The very substantial amount of material within *Re-cycled Places* ranges from comments by experts on climate change to observations by pupils on the ground. It contains 500 screens, 200 audio dubs, 800 photographs, maps and sketches, 19 video clips. Contributions include those from over 200 nine and fourteen-year-olds, eleven experts in Biology, Geography, Politics, Entomology, Sociology and Environmental Science, as well as four wildlife site managers.

The combination of such a large and varied amount of material has been widely welcomed. Teachers are enthusiastic about how easily the material can be accessed by a variety on pupils. The inclusion of material from areas in the North and South of England, including the difference in accents by pupils, has also been welcomed and there is some evidence, through the computer tracking system, of pupils returning voluntarily to sequences put together by Primary children from the North, especially by those from a primary who worked on the Leeds site. One Primary school teacher in Lewes asked to borrow the project's computer and *Re-cycled Places* for a six week period within a classroom after the initial visits. This was an organisational challenge in terms of devising a suitable rota system for its use but in the teacher's view it was definitely worth the effort.

Once the *Re-cycled Places* CD-ROM had been finished it was used in groups by all of the 430 nine- and fourteen-year-old pupils involved. The children worked in groups of two or three for about an hour at a time through a series of predetermined sequences chosen by the teacher. At interview the children spoke enthusiastically of the audio dubs in particular which 'force you to pay attention.' They preferred books for fiction but were quite clear about their preference for CD-ROM when it came to gathering information.

Negotiation skills, reported by the teacher and captured on video, were of a high order. Seemingly simple issues such as who is in charge of the mouse need to be negotiated by the pupils. One pupil will often take the lead in focusing attention of a group especially when it comes to reading text on screen. This peer 'control' often appears relaxed and seamless as individuals hand over from one to another with occasional bursts of reading out loud by the whole group. This *social* aspect of engaging with the program and its content is again, we feel, particularly worthy of attention. Furthermore, successful, autonomous use of the programme was confirmed in a series of video taped sessions where the pupils were left on their own and very often unaware of the camera. Generally, three pupils viewing at a time seems to be a good number with apparent extra involvement in the material if the combination is two girls and a boy.

There is no apparent difference in interest in *Re-cycled Places* between those who contributed to the flowcharting process and those that did not. The fact that *any* pupils were involved with the creation of parts of the program appears to carry weight and there was no discernible sign of the conventional groups being disenfranchised in any way by not being contributors to the final program.

At present *Re-cycled Places* is being further assessed within a teaching and learning research development programme at the *Institute of Education* at the University of Sussex. Copies of the CD-ROM have been given to each of the participating schools and the resource is already a living archive for the wildlife centres involved in the project. Meanwhile, two of the schools involved in our original research-project are incorporating the programme into their curriculum - one through Geography and the other through Science.

Communities, Governance and the Innovation

We introduced the project into four areas that are socially, economically and politically contrasting. We had imagined that these differences between the areas might have important implications as regards the take-up of our innovation. Lewes, for example is a relatively affluent part of South East England. Stave Hill is in Rotherhithe, an area of London's docklands with a high concentration of characteristic 'inner city' problems such as poverty and unemployment. Pit Hill in Bradford and Skelton Grange in Leeds are in old industrial areas with high levels of unemployment and, especially in Bradford, a high concentration of Pakistani households. In terms of politics, Lewes is a Liberal Democrat authority, Leeds and Bradford have Labour administrations while local government in the docklands area has been, at least until recently, largely by-passed by central government imposition of the *London Docklands Development Corporation (LDDC)*.

As our project progressed, however, we realised that the social characteristics of the areas had relatively little effect on the take-up and development of the innovation. They of course affected the class and ethnic make-up of the children involved in our work but they had little effect on whether the innovation was adopted and how it was used. Similarly, not even the differences between the party-political labels of the localities made a great deal of difference in terms of the enthusiasm, or otherwise, with which the innovation was adopted.

In part this is because of 'Local Management of Schools', with individual schools in Britain having increasing independence (within the very important constraint of the National Curriculum) as to detailed planning. Especially important, however, are the *forms of governance* adopted by political authorities. In Britain, as in many other societies, government is scaling down its direct influence on social life. There are many reasons for this. One factor is privatisation and consequent reliance on non-governmental agencies. Another is a recognition by government of local 'grass roots' demands for a degree of self-management. Nevertheless, there are different forms of governance and we encountered the four scenarios identified by *Rhodes* (1997).

The *LDDC* is a classic and extreme example of what *Rhodes* calls *the centralisation scenario.* Typically such centralisation is allied with close working relationships with local business interests. There is relatively little time here for 'bottom-up' initiatives of the type we were attempting. The main concern of the *LDDC* has consistently been to attract capital investment to the area. Paradoxically, however, they provided some of the preconditions for a bottom-up 'Local Agenda 21' process in the locality, one which turned out to be highly committed to our innovation. This is because the large-scale investments in wildlife sites and technology became in our case 'subverted' by key people, in particular by the warden of the Stave Hill site working for the *Trust for Urban Ecology* and by well-placed members of staff in the *City Technology College* where we were working. In this way, therefore, a potentially unpromising 'top-down' and centralised form of governance actually finished by fulfilling some of our central objectives.

Leeds is an emergent example of what *Rhodes* calls *the contract authority*. Here, centralisation and remoteness of local government is typically combined with a heavy reliance on the market to carry out activities that might previously have been by the authority. The business ethic prevails and city 'image' assumes great importance. Symptomatically, Leeds City Council asked to buy a copy of our CD-ROM - but only to use it as a kind of game in a local shopping centre. More importantly, this type of strategy left the ecology centre with which we were working in a very insecure financial position.

Bradford City Council is a good example of what *Rhodes* terms *the community scenario*. This entails an orchestrated attempt at participative government and one which promotes the interests of those groups which are often ignored. Such a strategy was behind the establishment of the *Pit Hill Environmental Centre* with which we were working. The approach in principle also augured well for the kind of technical innovation we were attempting to introduce to the Centre. Paradoxically, however, we were thwarted in the end by the unfortunate fact that, while our project is based on PCs, schools in the area and and the Pit Hill centre had invested in *Acorn* computers. These are cheap and can be bought with coupons issued by supermarkets. Strong central co-ordination of the kind represented by *the centralisation scenario* would have been particularly welcome here!

The final form of governance outlined by *Rhodes* is *the differentiation scenario*. He describes this situation as one of 'institutional fragmentation, a pattern of decision-making best characterised as disjointed incrementalism and sub-optimal outcomes.' According to *Rhodes*, therefore, this is a type of governance which cannot be effectively controlled. We found elements of this scenario in a number of our authorities, but it is particularly the case in Lewes. This is a small town whose governance is typically one of institutional fragmentation and incrementalism. It does not yet have an ecology centre but a converted signal box acts as a mini-centre for children and others studying the nearby local wildlife area. The differentiation and fragmentation scenario clearly has its drawbacks but, in terms of allowing the involvement of a diverse array of non-governmental interests, it can also bring real gains.

Conclusion: Regaining Ecological Competence

The word 'competence' is often associated with the work of *Noam Chomsky* and his argument that human brains contain an inbuilt program enabling them to build an unlimited set of sentences out of a finite set of words. Our view of competence, however, is more linked to *Jean Piaget* than *Chomsky*. Children and adults, we believe, have the competence to combine different types of knowledge and information. In particular, they have the potential ability to combine more abstract ideas with those derived from everyday experience. A key problem of modern society, we have argued, is that these types of understanding are systematically separated from one another. Furthermore, the importance of local and practical knowledge is often denied. It is relegated in importance relative to global and theoretical forms of understanding. We have suggested, however, that there are ways in which all these forms of knowledge can be combined. Amongst these are new uses of the emergent information technologies in which children actively contribute to making CD-ROMs linked to local wildlife sites. Such strategies, combined with enlightened and carefully thought-through forms of governance, offer the possibility of more holistic understandings. Such understandings can be seen as modern versions of the competences made by people in pre-modern societies.

JOACHIM KAHLERT

Mit didaktischen Netzen Komplexität erschließen. Zur Begründung und Konzeption verständigungsorientierter Umweltbildung

Seitdem die Kommunikation über Umweltnutzung und Umweltschäden mit dem Leitbild einer dauerhaft-umweltgerechten Entwicklung verknüpft wird, weitet sich der „ökologische Diskurs" zu einem „gesellschaftspolitischen Diskurs" aus (*RSU* 1996, 50). Damit wachsen auch die inhaltlichen Anforderungen an Umweltbildung, die sich - wie jede pädagogische Intervention - in einem nicht auflösbaren Spannungsfeld bewähren muß. Zum einen zielt pädagogisches Handeln darauf, die individuellen Entfaltungsmöglichkeiten des einzelnen zu fördern; zum anderen sind Einsichten, Orientierungen und, wenn möglich, Verhaltensweisen anzubahnen, die mit Blick auf die Qualität des gesellschaftlichen Zusammenlebens als notwendig oder wünschenswert gelten. Wie im folgenden gezeigt werden soll, kommt dabei einer um Verständigung bemühten Grundorientierung eine Schlüsselrolle zu, gerade in einer Gesellschaft, in der Verständigung zu einem knappen Gut zu werden scheint (Teil 1). Der Begründung von Verständigungsorientierung als ein Leitziel nachhaltiger Umweltbildung (Teil 2) schließt sich die Beschreibung eines am Retinitätsprinzip orientierten Planungsinstruments an, mit dem sich die inhaltlich-thematischen Grundlagen einer verständigungsorientierten Kommunikation hinreichend komplex und unter multiplen Perspektiven erschließen lassen.

1. Verständigung - ein knappes Gut

Wenn in einer Gesellschaft nachhaltige Produktionsweisen, Konsummuster und Distributionsmöglichkeiten nicht nur diskutiert, sondern auch faktisch vorangetrieben werden sollen, dann differenziert sich das Spektrum der Themen und Inhalte, die öffentlich Aufmerksamkeit finden, weiter aus. Neue Risiken fallen auf oder werden überhaupt erst geschaffen. Vertraute Orientierungen stehen in Frage, Eingriffe in gewohnte Lebensweisen sind zu rechtfertigen oder abzuwehren. Entsprechend groß ist die Nachfrage nach Verständigung (*BMU* 1997, V; *Wissenschaftlicher Beirat* 1997, 316ff), die sich nicht zuletzt im wachsenden Interesse an diskursorientierten Verfahren auch zur Ermittlung und Bewertung von Umweltbeeinträchtigungen ausdrückt (*van den Daele/Neidhardt* 1996; *RSU* 1996, 65).

Allerdings ist immer weniger damit zu rechnen, daß sich Verständigung über wünschenswerte Veränderungen ohne besondere Anstrengung quasi von selbst einstellt, gleichsam als Ergebnis einer versteckten Rationalität von Diskursen. Dazu ist die Basis kollektiv geteilten Wissens, gemeinsamer Werte sowie der Vorstellungen vom gelingenden Leben und der dazu notwendigen Voraussetzungen nicht (mehr) tragfähig genug. Der gesellschaftliche Trend zur Individualisierung auf der einen Seite und die sachliche Komplexität von Umweltfragen auf der anderen Seite schaffen Kommunikationsvoraussetzungen, die sehr viel wahrscheinlicher Differenzen hervorbringen als Gemeinsamkeiten.

Werden Umweltbeeinträchtigungen unter dem Leitbild der Nachhaltigkeit kommuniziert, genügt es nicht, die mit Produktion, Transport und Konsum verbundenen Einwirkungen auf die Umwelt als Abweichung von Gesundheitsstandards und ökologischen Qualitätsansprüchen wahrzunehmen und zu problematisieren. Vielmehr müssen die identifizierten Risiken vor dem Hintergrund von Nutzenerwartungen abgewogen werden. Diese wiederum richten sich nicht alleine auf traditionelle Wohlstandsfaktoren wie Wirtschaftswachstum, Beschäftigung, Konsummöglichkeiten und Arbeitsbedingungen, sondern auch auf soziale Beziehungen, Bildungsmöglichkeiten, kulturelle Traditionen und auf Freiräume. Und schließlich sind Nutzen und Lasten von Umweltbeanspruchungen nicht nur für eine abgegrenzte soziale Einheit zu bilanzieren, sondern auch unter Einbeziehung von Fragen nach Gerechtigkeit sowohl zwischen den Völkern als auch zwischen den Generationen (*van Dieren* 1995, 166f).

Je nachdem, welche Kriterien dabei angewendet und wie sie gewichtet werden, kommt man bei der Beurteilung einer Entwicklung und der damit verbundenen Umweltrisiken zu unterschiedlichen Ergebnissen. Der *Club-of-Rome*-Bericht, der sich speziell mit Problemen der Bewertung von Entwicklungen unter Nachhaltigkeitsgesichtspunkten beschäftigt (*van Dieren*), nennt allein acht international bedeutsame Versuche, entsprechende Indikatoren für Lebensqualität, Wohlstand und Fortschritt zu begründen und anzuwenden. Dabei werden solche zur Beurteilung von Nachhaltigkeit sicherlich nicht unwichtigen Parameter wie Lebenserwartung, Bildung, örtliche Kaufkraft, Einkommensverteilung, Kosten der wirtschaftlichen Entwicklung (wie Arbeitslosigkeit, Berufsverkehr, Verschmutzung von Wasser, Luft, Boden, Lärmbelästigung, Verkehrsunfälle) sowie Inanspruchnahme von Land und nicht erneuerbaren Energiequellen auf unterschiedliche Weise berücksichtigt (*van Dieren*, 165).

Selbst dann, wenn sich die Beurteilung von Nachhaltigkeit einer Entwicklung auf die einsichtige Anforderung beschränken würde, daß Nutzungsraten von Ressourcen nicht höher als die Regenerationsrate sein und Schadstoffemissionen die Verarbeitungskapazität der Umwelt nicht überschreiten und die Lebensbedingungen nicht gefährden dürfen (*Brand* 1997b, 24), erhielte man keine „in der Natur der Sache" liegende Verständigungsbasis. Schadenspotentiale und Eintrittswahrscheinlichkeit von Umweltrisiken lassen sich aus wissenschaftstheoretischen und -praktischen Gründen nur unscharf bestimmen (*Enquete-Kommission* 1994, 432f). Und die Wahrnehmung und Bewertung von Umweltschäden in der interessierten Öffentlichkeit orientiert sich weniger an intersubjektiv überprüfbarem Wissen als an Vorstellungen über Risiken, die als „vieldimensionales Konstrukt" (*Jungermann/Slovic* 1993, 201) unter anderem Wahrnehmungsgewohnheiten, Interessen, gesellschaftspolitische Überzeugungen, Annahmen über die eigenen Einflußmöglichkeiten auf drohende Schäden sowie Kosten-Nutzen-Kalküle ausdrücken (*Luhmann* 1991, 30f; *Wildavsky* 1993, 207f). Hinzu kommt, daß Nutzen und Lasten sowohl von Umweltbeeinträchtigungen als auch von umweltverbessernd gemeinten Maßnahmen sozial unterschiedlich verteilt sind und entsprechend divergent wahrgenommen und kommuniziert werden. Nicht zuletzt erfordert Verständigung über Umweltrisiken auch deshalb zunehmend Aufwand, weil die Qualität der in den Massenmedien angebotenen Informationen recht unterschiedlich ist. Angesichts des Wettbewerbs um Marktanteile ist nicht damit zu rechnen, daß die kritisch-abwägende Analyse über die heute zu beobachtende Tendenz zur sensationellen, dabei vereinfachenden Aufbereitung von Umweltthemen Oberhand gewinnen wird.[1]

Diese Ausführungen mögen als Begründung für die Annahme genügen, daß verhaltenswirksame Verständigung über Umweltfragen ohne gezielte Förderung immer unwahrscheinlicher wird. Zwar genießt eine gesunde Umwelt hohe Wertschätzung. Aber wenn es darum geht, Kosten für konkrete Maßnahmen zu tragen und Veränderungen gewohnter Verhaltensweisen in Kauf zu nehmen, dann schnappt die Komplexitätsfalle zu. Die Bereitschaft, Opfer zu bringen, ist begrenzt (*Diekmann/Preisendörfer* 1992). Und die Vielzahl von Gesichtspunkten, die zur Begründung oder Entkräftung eines Handlungsbedarfs angeführt werden können, verschafft vielen Standpunkten Plausibilität. So hält der eine schon für gefährlich, was dem anderen als harmlos erscheint. Und was für die einen wie ein Königsweg zur Nachhaltigkeit aussieht, halten andere für eine *direttissima* in den sozialen Abgrund. Beispielhaft läßt sich die Vieldimensionalität als Verständigungsproblem in der Debatte um die sozialpolitischen Risiken einer ökologischen Steuerreform studieren. Während der Auftraggeber einer vieldiskutierten Studie zur Einführung von Energiesteuern einräumte, der damit verbundene Strukturwandel würde Gewinner- und Verliererbranchen hervorbringen (*Greenpeace* 1994, 7f), konzentrierten sich Skeptiker auf den Nachweis, die mit diesem Strukturwandel verbundenen Arbeitsplatzverluste in energieintensiven Branchen ließen sich nicht bundesweit abpuffern, sondern würden sich in einzelnen Regionen krisenhaft ballen (*Voss* 1994, 22). Läßt sich dann auch noch der ökologische Nutzen einer solchen Reform anzweifeln (*Kulessa* 1995, 101ff), finden sich für nahezu jeden Standpunkt ausreichend Belege - je nachdem, welche Sachverhalte man fokussiert und welche man, absichtlich oder irrtümlicherweise, ausblendet.

1 Siehe dazu die Detailanalyse zur Berichterstattung über das Waldsterben des Agrar- und Sozialwissenschaftlers *Holzberger* 1995; siehe auch *Kalt* 1992, 224ff; *RSU* 1994, 161, 386f.

2. Verständigungsorientierte Kommunikation als Leitziel nachhaltiger Umweltbildung

In der sich öffnenden Schere zwischen wachsendem Verständigungsbedarf über den Einsatz knapper Ressourcen und abnehmender Wahrscheinlichkeit von Verständigung kann Umweltbildung eine wichtige Aufgabe darin finden, die Bereitschaft und Fähigkeit zur Verständigung zu erproben und zu fördern. Dafür sind *Lernarrangements* zu entwickeln, in denen die Teilnehmenden

- eigene Risiko- und Nutzenabwägungen vorbringen, mit denen anderer vergleichen und gezielt nach Übereinstimmungen und Unterschieden suchen,
- ihren Urteils- und Bewertungshorizont erweitern und neben ökologischen auch ökonomische und soziale Kriterien für die Bewertung von wahrscheinlichen und erwünschten Entwicklungen heranziehen,
- versuchen, Gefühle und Wertungen, von denen sie selbst und andere geleitet sind, zu erfassen,
- bewußt nach verschiedenen Auswirkungen sowohl des umweltbelastenden Handelns als auch von Strategien zur Verminderung der Belastungen suchen.

Im folgenden kann nur angedeutet werden, daß sich der Vorschlag, verständigungsorientierte Kommunikation zu einem Leitziel von Umweltbildung zu entwickeln, neben umweltpolitischen (a) und ethischen (b) Überlegungen auch auf lern- (c) und wissenstheoretische (d) Begründungen stützt.

a) Da verständigungsorientierte Kommunikation zur Urteilsprüfung veranlaßt und Urteilskraft schult, erhöht sie die Chance, daß die Qualität der öffentlichen Risikokommunikation steigt. Verharmlosungen von Gefahren hätten, genauso wie Übertreibungen, weniger Aussicht, auf Resonanz zu stoßen. Damit würde sich das politische Risiko verringern, daß die in der Gesellschaft knappen Ressourcen zur Minderung von Umweltrisiken für Maßnahmen verwendet werden, die eher der Verbesserung von Stimmungs- als von Risikolagen dienen. Zudem kann die Auseinandersetzung mit verschiedenen Urteilen Interesse und aktive Informationsnachfrage in der Öffentlichkeit fördern, was als Chance angesehen wird, Vollzugsdefizite im Umweltschutz abzubauen (*Enquete-Kommission* 1994, 690).
b) Die Auseinandersetzung mit den Vor- und Nachteilen unterschiedlicher Positionen schult die Fähigkeit zur „Übelabwägung", die in Konfliktsituationen eine Voraussetzung für „moralisch verantwortliches Handeln" (*RSU* 1994, 13) ist.

c) Verständigungsorientierte Kommunikation schafft Situationen kollektiven Lernens, die in der neueren Lernforschung als förderlich für die Stabilität von Wissen angesehen werden (*Dubs* 1995, 890f; *Gerstenmaier/Mandl* 1995). Das im diskursiven Austausch mit anderen erworbene, kommunizierte, durchgearbeitete und errungene Wissen scheint stabiler und damit nachhaltiger zu sein als bloße Information, die man angeboten bekommt und für eine Zeitlang aufnimmt. Zwar wird heute vielfach festgestellt, es gäbe eine Diskrepanz zwischen Wissen und Handeln im Umweltbereich (*de Haan/Kuckartz* 1996, 63ff; s. z.B. auch *Lange, Bogun/Warsewa, Stier* in diesem Band), doch diese Diskrepanz rechtfertigt nicht den Umkehrschluß, auf einen sorgfältigen Umgang mit dem, was man zu wissen meint, was als Wissen gilt und was andere zu wissen meinen, ließe sich verzichten. Jedes (Umwelt-)Handeln beruht auf Vorstellungen von erwünschten und abzulehnenden Zielen und auf Vorstellungen darüber, wie sich diese Ziele erreichen lassen und welcher Aufwand dafür erforderlich ist. Ein(e) jede(r) mag eigene Vorstellungen, Meinungen, besonderes Wissen über die Umweltkrise und über die Chancen und Risiken von Gegenmaßnahmen hegen und pflegen. Aber man kann nicht bestreiten, daß solche Vorstellungen mit Blick auf das angestrebte Ziel unterschiedlich zuverlässig sind. Wissen ist zwar keine hinreichende Voraussetzung für Handeln, aber das Bemühen um Wissen ist eine notwendige Voraussetzung, wenn die Erfolgschancen des Handelns erhöht werden sollen.
d) Schließlich scheint stabiles und belastbares Wissen den Umgang mit Ängsten zu erleichtern. So gibt es in der Gesundheitsforschung Untersuchungen, die zu dem Ergebnis kommen, die Vermittlung kompetenten Wissens könne Ängste verringern und verunsicherten Personen Verhaltenssicherheit geben (*Aurand u.a.* 1993; *Hurrelmann* 1996, 89f). Daher gilt die Vermittlung gründlichen Wissens, zum Beispiel über die Begründung von Grenzwerten, in der Angstprävention als „didaktische Aufgabe ersten Ranges" (*Tretter* 1993, 293). Vorstellungen über Bedrohungen und daraus resultierende Betroffenheit als Wissen auszugeben, „um das die Epidemiologen die Bevölkerung nur beneiden können" (*de Haan/Kuckartz*, 188), ist wohl doch etwas gewagt. Und die Mühsal der Wissensvermittlung (und des Wissenserwerbs) mit dem Hinweis abzutun, Wissen helfe wenig (S. 191), ohne die Qualität des Wissens und der Kontexte, in denen es erworben wurde, zu gewichten, setzt das falsche Signal. Denn schließlich dürfte es für das individuelle Wohlbefinden nicht gleichgültig sein, ob jemand von Schadstoffen in der Nahrung gehört hat und Ungefähres über mögliche Schäden weiß oder ob jemand über ein belastbares Wissen verfügt, das auch Wahrscheinlichkeiten möglicher Schäden berücksichtigt.

Gegen die hier vertretene Verständigungsorientierung in der Umweltbildung wird mitunter der prinzipielle Einwand hervorgebracht, sie setze den Glauben an objektive Wahrheiten voraus, grenze an Nötigung (*de Haan* 1994,

50f) und ließe sich mit modernen erkenntnistheoretischen Einsichten, wie sie der Konstruktivismus entwickelt habe, nicht vereinbaren (*de Haan* 1993, 152). Doch die epistemische Fokussierung des Konstruktivismus auf die vom erkennenden Subjekt hervorgebrachten Interpretationen und Realitätsentwürfe, verstanden als „viable" Strategien des Lebens und Überlebens, zwingt keineswegs zur Abkehr von Verständigungsansprüchen. Jeder Mensch mag seine Konstruktionen von der Welt für sich alleine *haben*, aber niemand *ist* mit seinen Konstruktionen in einer Welt für sich allein. In den konstruierten Welten kommen andere vor, die ebenfalls ihre Welt konstruieren und mit gleichem Recht wie man selbst Entwürfe von der Welt hervorbringen. Wohl kann man in seinen Realitätsentwürfen die Belastungen der Umwelt ignorieren und sich vorstellen, die Belastungen, die man selbst erzeugt, würden anderen nicht schaden. Aber wenn diese anderen die Vorstellung haben, sie würden doch davon beeinträchtigt, dann konkurrieren unterschiedliche Realitätsentwürfe um praktische Geltung, und dies in der Regel wohl nicht unter den Bedingungen für herrschaftsfreie Diskurse. Soll die Konkurrenz verschiedener Konstrukte nicht durch Sozialdarwinismus, Zufall oder Schicksal entschieden werden, bleibt gar nichts anderes übrig, als sich mit den Realitätsinterpretationen anderer auseinanderzusetzen:

> „Die einzige Chance für Koexistenz ist also die Suche nach einer umfassenderen Perspektive, einem Existenzbereich, in dem beide Parteien in der Hervorbringung einer gemeinsamen Welt zusammenfinden" (*Maturana/Varela* 1987, 264).

Eine Möglichkeit, diese „umfassendere Perspektive" einzunehmen, ist die Orientierung auf Verständigung, die nicht ergebnis-, sondern prozeßbezogen konzeptualisiert ist, denn es geht nicht um die „Normierung von Sichtweisen" (*de Haan* 1993, 154), sondern um den gezielten Austausch mit anderen. Daß sich jeder um Viabilität bemüht, heißt ja noch lange nicht, daß dieses Bemühen nachhaltig gelingt. Sicherlich ist es zur Förderung der Subjektentwicklung wichtig, Differenzen zu pflegen, Mut zu machen, die eigene Position zu verteidigen, gerade gegen Ansprüche, die sich mit dem Etikett der Objektivität oder des kollektiven Interesses schmücken. Aber damit ist nur die eine Seite pädagogischer Verantwortung im Blick. Die andere Seite berücksichtigt, daß der einzelne nicht nur berechtigte Ansprüche an seine soziale Umwelt hat, sondern daß in dieser andere Menschen vorkommen, die ihrerseits Ansprüche an den einzelnen stellen. Differenzpflege, die nicht in Ignoranz enden soll, bedarf der Bereitschaft, den Blick auf andere Aspekte zu lenken, als sie die Zufälle der eigenen Interessen, Weltanschauungen und Biographien offenbaren.

Der Leitziel der Verständigung wird auch dann nicht überflüssig, wenn man, wie schon *Bahrdt* (1974), die Wahrnehmung und Verarbeitung ökologischer Probleme als kulturelles Phänomen begreift und die „Auseinandersetzung mit dem Kulturphänomen 'Umweltwahrnehmung'" in den Mittelpunkt stellen will (*de Haan* 1993, 158, 163). Zwar dürfte das Programm vielversprechend sein, näher zu untersuchen, welche umweltbezogenen Verhaltensweisen mit welchen Lebensstilen einhergehen oder von ihnen begünstigt werden (*de Haan/Kuckartz*, 230ff). Doch auch dann wird sich irgendwann die Frage stellen, wie die zu den jeweiligen Lebensstilen passenden Erwartungen und Ansprüche, Risikowahrnehmungen und Handlungsgewohnheiten unter den für alle geltenden Bedingungen knapper Ressourcen miteinander vereinbar bleiben. Lebensstile mögen sich weiter ausdifferenzieren, aber die Ressourcen, die zur Pflege von Lebensstilen beansprucht werden, nehmen deshalb nicht zu. Es mag ja sein:

> „Die exotische Fernreise, der Einkauf im Bioladen, der Gang zum Altglascontainer und der Wochenendausflug mit dem Surfbrett auf dem Dach des Geländewagens sind vielleicht gar kein Zeichen von Verhaltensinkonsistenzen, sondern Äußerungen eines bestimmten Lebensstils" (264).

Doch allzu leicht wird daraus ein ökologischer Ablaßhandel: Man fährt zwar gerne ein großes Auto - doch dafür kauft man Käse in der *tupperware*.

Allein die Tatsache, daß ein Verhalten zu einem Lebensstil paßt, gar von ihm gefordert wird, macht es gegenüber Kritik und - *horribile dictu* - gegen pädagogische Intervention nicht immun.[2] Und wenn es am Ende doch heißt, für den Fall, daß der „Untergang droht", würde der Preis Verlust einer

---

2 Zugespitzt: Was sollte man einem Schüler, der mit dem Argument die Schule schwänzt, ein regelmäßiger Schulbesuch passe nicht zu seinem Lebensstil, entgegenhalten, wenn man nur die Individualentwicklung, nicht aber auch Anforderungen aus dem sozialen Zusammenleben zur Grundlage pädagogischen Handelns machen würde? - Anzumerken bleibt, daß die Lebensstilforschung noch im unklaren darüber läßt, welchen Stellenwert bei der Identifikation von Lebensstilen Werte, Bedürfnisse, Konsummuster, Geschmacksfragen, Alter, Partnerschaften, Medienkonsum, Freizeitverhalten etc. einnehmen (*Bogun* 1997, 217f). Auch die Frage, ob das Lebensstilkonzept nicht mit Tautologien arbeite, ist noch offen (S. 224f). So würde dann als lebensstilinduziertes Verhalten oder Handlungsmuster genau das identifiziert, was der Lebensstil braucht, um sich als solcher zu vergewissern - oder dem Sozialforscher aufzufallen.

offenen Zukunft und „Verlust der individuellen Freiheitsgrade, wie sie heute in den westlichen Zivilisationen gelebt werden„ nicht zu hoch sein (S. 280), dann kommt man schließlich wieder auf alte Fragen zurück: Woran entscheidet sich, daß die Zeit gekommen sei, und wer hat die Definitionsmacht, dies zu entscheiden? Manche mögen sich zwar dazu berufen fühlen, aber im demokratischen Gemeinwesen sollten möglichst viele dabei mitreden - und sich möglichst rechtzeitig um Verständigung bemühen.

3. Didaktische Netze knüpfen - multiple Perspektiven entfalten

Kommunikation an sich bringt jedoch noch keinen Fortschritt an Wissen und an Urteilskompetenz. Verständigungsorientierung benötigt neben methodischen Verfahren zur Klärung individueller Urteilsgrundlagen und zur kommunikativen Weiterentwicklung eigener Perspektiven (*Kahlert* 1996) inhaltlich fundierte Grundlagen. Dies gilt um so mehr, wenn das Prinzip der „Gesamtvernetzung" (Retinität), also der bewußten Einbeziehung unterschiedlicher Aspekte, als „entscheidende umweltethische Bestimmungsgröße" (*RSU* 1994, 12) bewertet wird. „Dieses Prinzip setzt mehr an Wissen und Einsichten voraus, als es bisher für den Umwelt- und Naturschutz erforderlich war" (164).

Damit stellt sich die didaktische Aufgabe, Inhalte auszuwählen, die sowohl den Lernvoraussetzungen der Teilnehmenden als auch der Vernetzung von Sachverhalten und Problemlagen („teaching complexity", *Reichel* 1997, 31) gerecht werden. Allerdings fällt es in der umweltpädagogischen Praxis offenbar schwer, den damit verbundenen fächerübergreifenden Anspruch einzulösen. Seit langem wird beobachtet, daß Umweltthemen zu sehr aus der Perspektive einzelner Fächer bearbeitet werden und fächerübergreifende Konzepte zu kurz kommen (*Bolscho/Michelsen* 1997, 16; *RSU* 1994, 166). Der fächerübergreifende Anspruch der Umweltbildung gilt als didaktisch noch immer nicht zufriedenstellend operationalisiert (*Boppel/Reichel* 1995, 37; *RSU* 1996, 53).

Vermutlich führen die vielfältigen Handlungszwänge im pädagogischen Alltag dazu, daß die Komplexität von Umweltthemen didaktisch reduziert wird, ohne zuvor bewußt entfaltet und erschlossen worden zu sein.[3] So ist es im Sinne eines situations- und interessensorientierten Unterrichts zwar erwünscht, aktuelle Probleme und spontan auftretende Lernbedürfnisse aufzugreifen. Aber wenn dabei nicht bewußt zusätzliche Gesichtspunkte einbezogen werden, dann folgt die weitere Bearbeitung der aufgeworfenen Fragen dem, was naheliegend erscheint. Und dies wird nun einmal zum großen Teil von dem fachlichen Wissen und den fachlich erworbenen Denk- und Arbeitsweisen der Lehrerinnen und Lehrer beeinflußt. Die Vernetzung von Umweltthemen mit vielfältigen Dimensionen des Zusammenlebens mag „im Alltag überall erfahrbar" (*Reichel* 1997, 28) sein, doch die Ausschöpfung dieses *didaktischen Potentials* scheitert auch an fehlenden Verfahren zur Strukturierung und Unterstützung fächerübergreifender Zusammenarbeit.

Mit einer Ausarbeitung modellhafter, fächerübergreifender Unterrichtseinheiten ist dieses Problem nicht zu lösen. Solche Einheiten mögen sich als Ideengeber eignen, wirken aber wegen der heterogenen Resonanzbedingungen, zu denen Interessenshorizonte der Lernenden, Lernvoraussetzungen, Unterrichtsbedingungen am Ort, Vorkenntnisse der Lehrenden gehören, nur begrenzt als Entlastung. Die Erfahrung, daß die für Modellschulen erfolgreichen Innovationen nur geringe Resonanz anderswo finden (*Boppel/Reichel*, 33, 39), unterstreicht, daß Innovationen nicht als geschlossene Konzepte transportierbar sind.

Mit dem im folgenden vorgestellten Planungsmodell des „didaktischen Netzes" wird versucht, einen Rahmen zur Verfügung zu stellen, der es ermöglicht, erste thematische Ideen fächerübergreifend zu verzweigen. Ziel ist es, das *didaktische Potential* der behandelten Inhalte vielperspektivisch zu erschließen. Das Bild von didaktischen Netzen, die es zu knüpfen gilt, ist bewußt gewählt. Verknüpft werden sollen verschiedene Perspektiven bei der Entfaltung eines Umweltthemas, und zwar so, daß sowohl den motivationalen und inhaltlichen Lernvoraussetzungen der jeweiligen Lerngruppe als auch der Komplexität des jeweils kommunizierten Sachverhalts angemessen Rechnung getragen wird. Und das Knüpfen soll ausdrücken, daß

---

3 Erste Erfahrungen mit dem zur Zeit in einem internationalen Projekt im Bereich der berufsbildenden Schulen (s. *Carl-Severing-Schulen* 1996) erprobten Verfahren der „verständigungsorientierten Kommunikation" bestätigen, daß es den beteiligten Lehrerinnen und Lehrern Mühe macht, die inhaltliche Komplexität der zu behandelnden Themen zu bewältigen.

es dabei nicht um ein Schema geht, das standardisiert angewendet werden könnte, sondern um eine letztlich immer neu zu erstellende, auf Zeit brauchbare Konstruktion.

Eine entscheidende Bedeutung nehmen dabei die Perspektiven ein, die im didaktischen Netz zusammengeführt werden sollen. Diese Perspektiven lassen sich als *theoriefähige*, das heißt im Prinzip begründbare *Konstruktionsrichtungen* ansehen, unter denen erste Ideen für Fragestellungen und Themen weiter entfaltet werden können.

Um dies zunächst an einem Beispiel zu verdeutlichen: Unter dem Gesichtspunkt nachhaltigen Konsums berührt das Thema Kleidung unter anderem Schadstoffe in Textilien und Umweltbelastungen bei der Produktion. Diese lassen sich mit einer naturwissenschaftlichen Perspektive erschließen. Entsorgungsmöglichkeiten, Produktionsbedingungen in Herkunftsländern und Informationen über Öko-Systeme in rohstoffliefernden Regionen verweisen auf technische, wirtschaftliche und geographische Perspektiven. Aus einer soziologischen Perspektive kommt unter anderem die Statusfunktion von Kleidung ins Spiel. Die historische Perspektive greift den dabei zu beobachtenden Wandel auf. Ausdrucksmöglichkeiten mit Kleidung lassen sich unter einer ästhetischen Perspektive erschließen. Fragen des fairen Handelns tauchen in einer ethischen Perspektive auf, und Möglichkeiten der Einflußnahme auf Kaufentscheidungen rücken aus politischer Perspektive in das Blickfeld.

Die Perspektiven grenzen sich weder scharf voneinander ab, noch können sie garantieren, einen Sachverhalt vollständig zu erschließen - und dies ist auch nicht ihre Funktion. Es geht nicht um die saubere Kategorisierung aller möglichen Aspekte, sondern darum, der Aufmerksamkeit bei der Entfaltung eines Themas verschiedene, theoretisch begründbare Richtungen zu geben und so „multiple Kontexte” (*Gerstenmaier/Mandl*, 879) zu erschließen. Ausschlaggebend für die Auswahl der Perspektiven, die in Zukunft noch weiter zu operationalisieren sind, ist ihre fokussierende Wirkung auf Dimensionen des Zusammenlebens, die zur Beurteilung der Nachhaltigkeit von Entwicklungen bedeutsam sind.

So fokussiert die *naturwissenschaftliche Perspektive* die Aufmerksamkeit auf stoffliche und energetische Merkmale von Umweltbelastungen und auf die Definition von Schutz- und Gestaltungszielen (Informationen über Schadstoffe und andere Beeinträchtigungen wie Lärm und energiereiche Strahlung; gesundheitliche Auswirkungen; Stoff- und Energieströme in Ökosystemen; Reproduktionsraten für

Ressourcen und Umweltmedien; Ökobilanzen; Leistungen und Grenzen von Verfahren zur Ermittlung von Schadens- und Risikopotentialen).

Eng verbunden mit der naturwissenschaftlichen sowie mit der ökonomischen Perspektive ist die auf Herstellungs-, Distributions- und Entsorgungsverfahren gerichtete *technische Perspektive* (Belastungen durch heutige Technologien; Stoff- und Energiesparmöglichkeiten neuer Technologien; Bedingungen technologischer Innovationen; Kriterien für nachhaltige Technikentwicklung).

Die (sozial-)*geographische Perspektive* zielt auf unterschiedliche lokale und regionale Entwicklungsbesonderheiten (klimatische Bedingungen; Boden- und Vegetationseigenarten; Siedlungsformen; Transportwege; regionale Stoff- und Wertkreisläufe).

Unter der *ökonomischen Perspektive* rückt der Umgang mit knappen Ressourcen in den Horizont der Aufmerksamkeit (Zusammenhänge zwischen Wirtschaftswachstum und Umweltbelastung; Anreize zur Begünstigung umweltgerechteren Verfahrens bei Produktion, Transport und Konsum; Modelle zur Bewertung des Wirtschaftswachstums; Methoden und Berechnungen zur Erfassung der externen Kosten für Produktion und Distribution; Instrumente zur Internalisierung der Kosten).

Die *soziologische Perspektive* fokussiert die gesellschaftlichen Rahmenbedingungen sowie die sozialen Folgen individuellen Handelns (Ursachen der Umweltkrise; Merkmale für Lebensqualität; Leitbilder nachhaltiger Entwicklung; kulturelle und interkulturelle Eigenheiten der Risikowahrnehmung; Lebensstile; psychosoziale Kosten der Umweltbelastung; Entwicklung von Wünschen und Bedürfnissen; Bedingungen und Folgen der Bedürfnisbefriedigung; Rolle der Medien).

Die *politische Perspektive* fragt nach Strategien und Möglichkeiten der zielbezogenen Gestaltung des gesellschaftlichen Zusammenlebens (Möglichkeiten und Grenzen der Einflußnahme auf andere über Parteien, Bürgerinitiativen, Verbände, Einzelaktionen; freiwillige Maßnahmen und Verordnungen; Gesetze und andere administrative Zugriffe auf das Handeln umweltwirksamer Akteure; Interessenkollisionen; Möglichkeiten von Kompromissen für eine dauerhafte Entwicklung).

Die *geschichtliche Perspektive* stellt Einsichten über Problemlösungen sowie über die Folgen unzureichenden Problembewußtseins in der Vergangenheit heraus (Beispiele für Umweltbelastungen in der Geschichte; kulturelle Traditionen, die eine nachhaltige Entwicklung begünstigen oder erschweren).

Unter einer *ethisch-philosophischen Perspektive* wird die Frage nach der Sinnhaftigkeit des Lebens und nach der Verantwortung für das, was Menschen tun und lassen, gestellt (Verantwortung des einzelnen vor Gott, anderen Menschen, anderen Lebewesen, späteren Generationen, vor sich selbst; inter- und intragenerationelle Gerechtigkeit; Grundsatzfragen der anthropozentrischen und ökozentrischen Ethik; Bedeutung von Freiheit, Toleranz, Gleichheit und Gerechtigkeit für ein Zusammenleben, das Ansprüchen der Nachhaltigkeit gerecht wird).

Schließlich trägt die *ästhetische Perspektive* der Einsicht Rechnung, daß Menschen Umweltgegebenheiten auf unterschiedliche Weise wahrnehmen (Vergleich von Wahrnehmungsgewohnheiten; Ausdrucksformen für Unbehagen, für Sehnsüchte, Träume, Wünsche, Ängste; Auseinandersetzungen mit dem Einfluß technischer Medien auf die Wahrnehmung der Umwelt und des anderen Menschen).

Wie sich ein Themengebiet unter diesen Perspektiven ausdifferenzieren *kann*, zeigt das abgebildete, von Studierenden im Rahmen eines Seminars erarbeitete didaktische Netz zum Themengebiet Kleidung. Betont sei, daß das didaktische Netz nicht darauf zielt, alle möglichen Aspekte zu bearbeiten oder gar eine „objektive" thematische Struktur offenzulegen. Vielmehr kommt es darauf an, das *didaktische Potential*, also die inhaltlichen Möglichkeiten eines interessierenden Themenbereichs möglichst weitgehend zu erschließen. Damit wächst die Chance, die umweltpädagogische Kommunikation in multiple Perspektiven einzubinden, die teilnehmerorientiert vertieft werden können.

So wäre es zum Beispiel denkbar, daß im Rahmen der Verbraucherbildung soziologisch orientierte Fragen nach Wünschen und Bedürfnissen an Hand von Kleidung das Interesse wecken (1). Eine mögliche Fortführung öffnet, zum Beispiel in Verbindung mit dem Kunstunterricht, die ästhetische Perspektive, die auf Ausdrucksmöglichkeiten durch Kleidung eingeht (2). Dabei kommt zur Sprache, daß man über Kleidung auch eine ökologisch orientierte Einstellung darstellen kann, was detaillierte Informationen über die Produkte erfordert (3). Je nach Lernvoraussetzungen, Interessen und anderen situativen Bedingungen stößt in der einen Lerngruppe die detaillierte Betrachtung der Inhaltsstoffe auf weiterführendes Interesse (naturwissenschaftliche Perspektive), eine andere beschäftigt sich eher mit den Lebens- und Arbeitsbedingungen in Rohstoff-Anbauländern (geographische Perspektive). Und ein dritte Gruppe mag geschichtlichen Fragen zum Thema Kleidung nachgehen.

Möglich ist auch ein anderer Weg, zum Beispiel, wenn im Geographieunterricht die Artenarmut in Anbauregionen auffällt (A), dann unter wirtschaftlicher Perspektive die Arbeitsteilung (B) und Weltmarktbeziehungen (C) bearbeitet werden und schließlich über Niedriglöhne in Abbauländern als eine Bedingung hiesiger Preisgestaltung nachgedacht wird (D).

Denkbar wären viele andere Entwicklungen der umweltpädagogischen Kommunikation zum Thema Kleidung. Was sinnvoll und ergiebig ist, hängt von den konkreten Lernvoraussetzungen in der Lerngruppe ab, eine objektive Sachstruktur gibt es für multiperspektivisch aufbereitete Themen ohnehin nicht. Und es ist auch nicht erforderlich, die gesamte Komplexität zu

Didaktische Netze knüpfen - ein Anwendungsbeispiel

naturw. Perspektive

- Baumwolle - und was ist sonst noch im T-Shirt?
- Allergien
- Rohstoffe zur Herstellung von Textilien
- Umweltbelastungen beim Abbau der Rohstoffe...

technische Perspektive

- Textilverarbeitung, Faser, Garn und Gewebe
- Färben, Farbstoffproduktion, Textilhilfsmittel
- ausgewählte Stoff- und Energiebilanzen
- und wenn das Hemd nicht mehr paßt? Textilmüll und Recycling...

soziologische Perspektive

- sich wohlfühlen - Kleidung ist mehr als Schutz vor Kälte und Wärme (1)
- Identität und Kleidung
- Kleidung als Statussymbol, Mode, Ausgaben für Kleidung
- Folgen des sozialen Wandels in der Textilproduktion...
- Bildungschancen für Kinder in ausgewählten Regionen...

wirtschaftliche Perspektive

- Vom Baumwollfeld ins Warenhaus - Produktion und Handel (Kleinbauer, mittelständischer Handel, Großindustrie) (B)
- Monokulturen - auf Dauer ein Verlustgeschäft
- Import- und Exportverflechtungen (C)
- Verbrauchskennziffern/ eigener Bedarf
- Öko-Label, was steckt dahinter?
- wer berät beim Kleiderkauf (Verbraucherberatung etc.) (3)

Das neue T-Shirt - viel mehr als ein modisches Kleidungsstück

politische Perspektive

- Importkontrollen, Ziele und Möglichkeiten
- Entwicklungsprogramme für ausgewählte Regionen
- machen Öko-Steuern mein T-Shirt teurer? Lenkungsinstrumente
- Aufklärungsaktionen ...

geographische Perspektive

- Lebens- und Arbeitsbedingungen in ausgewählten Anbaugebieten (z. B. Nicaragua, Ägypten, USA)
- Artenarmut in Anbauregionen (A)
- Lebens- und Arbeitsbedingungen in ausgewählten südostasiatischen Regionen (Konfektionierung)...

ethische Perspektive

- Entwicklungschancen in ausgewählten Anbaugebieten
- Niedriglohn und Kinderarbeit - die andere Seite des preiswerten T-Shirts (D)
- Mein T-Shirt darf mehr kosten, wenn...

ästhetische Perspektive

- sich darstellen und ausdrücken/ Lust am Schmücken / Verkleiden (2)
- was gefällt mir besonders/ was mag ich nicht?
- passende Kleidung - wer bestimmt das? ...

geschichtl. Perspektive

- Kleidung in unterschiedlichen Epochen
- Zentren der Kleidungsproduktion früher/ Auslagerungen
- Umweltbelastungen durch Färber und Gerber...

erfassen. Wichtigstes Ziel ist die Gewöhnung an die Vielperspektivität der Probleme, mit denen man es zu tun bekommt, wenn man über Umweltfragen kommuniziert.

4. Zusammenfassung und Ausblick

Didaktische Netze zur Entfaltung des didaktischen Potentials der in der Umweltbildung kommunizierten Themen und Inhalte können folgendes leisten:

1. Sie machen ein Themengebiet für „multiple Perspektiven" (*Gerstenmaier/Mandl*, 879) verfügbar. Damit erleichtern didaktische Netze die Beachtung des Retinitätsprinzips in der umweltpädagogischen Kommunikation.
2. Sie wirken als *Generierungsinstrument* für Unterrichtsideen und als *Verfahren zur Unterstützung fächerübergreifender Zusammenarbeit* in Einrichtungen der institutionalisierten Bildung, vor allem in der Schule. Die Sachstruktur eines Themas steht nicht fest, sondern wird mit Hilfe der jeweiligen Perspektiven von der Kommunikationsgemeinschaft der Lehrenden und Lernenden konstruiert, abhängig vom Wissen, den Interessen und Erfahrungen der jeweils Beteiligten. Die einzelnen Perspektiven erlauben den am pädagogischen Prozeß Teilnehmenden, ihre spezifischen Kompetenzen und Sichtweisen zum Thema einzubringen. Sowohl in der Lehreraus- und -fortbildung als auch für die Entwicklung schulspezifischer Vorhaben bietet das didaktische Netz eine Grundlage für die Absicherung der Zusammenarbeit.
3. Weil sich im didaktischen Netz zunächst einzelne Aspekte des Themas sammeln, ohne daß bereits eine verbindliche Struktur bei der Behandlung vorgegeben ist, kann dieses Planungsinstrument den in der Umweltbildung verbreiteten Anforderungen wie Problemorientierung, Situations- und Handlungsorientierung Impulse geben. Die Entfaltung des Netzes zeigt, wie ein situativ entstandenes Interesse oder eine problemorientierte Fragestellung weitergeführt werden kann und welche Handlungsmöglichkeiten mit dem Thema verbunden sind.
4. Die Behandlung einzelner Sachverhalte ist in „multiple Kontexte" eingebettet, was die Chance erhöht, daß das jeweils erworbene Wissen auch auf andere Bereiche übertragen werden kann (*Gerstenmaier/Mandl*, 879).
5. Didaktische Netze können die Zusammenarbeit mit außerschulischen Einrichtungen fördern und geben somit Impulse für eine Vernetzung schulischer Umweltbildung mit anderen Institutionen. Die Erschließung des Themas im didaktischen

Netz wirft Fragen auf, zu deren Behandlung unterschiedliche Experten herangezogen werden. Damit schaffen didaktische Netze Anknüpfungsmöglichkeiten für die Suche nach Kooperationspartnern.

6. Schließlich bieten didaktische Netze eine Möglichkeit, Enttäuschung durch Überforderung vorzubeugen, denn sie erlauben eine schrittweise Komplexitätssteigerung. Man beginnt mit einzelnen Perspektiven und sammelt nach und nach, welche Inhalte unter den anderen Perspektiven noch einzubeziehen sind. Dies kann zunächst als perspektivenorientiertes *brainstorming* beginnen, bei dem die Teilnehmenden ihre individuellen fachlichen Kompetenzen und Interessen einbringen. Je nach Bedarf und Notwendigkeit lassen sich dann einzelne Aspekte gezielt vertiefen.

Auch didaktische Netze als Instrument zur Förderung der Zusammenarbeit und zur Entfaltung von Perspektiven garantieren nicht, daß Umweltbildung gelingt. Aber sie erhöhen die Chance, daß Perspektiven des einzelnen sich erweitern, neue Gesichtspunkte in den Horizont gelangen und Wissen situiert und unter Berücksichtigung sozialer, ökonomischer und ökologischer Dimensionen erworben wird.

Wolfgang Buchholz, Martin Creuzburg, Reinhard Hendler,
Herbert Schlögel

Ökologische Kompetenz

(Interdisziplinäres Expertengespräch; Moderation: Helmut Heid)

Heid: Was heißt Ökologie und was heißt Kompetenz aus der Perspektive der verschiedenen Disziplinen? Vielleicht sollte Herr Schlögel als Moraltheologe beginnen. In der bischöflichen Expertise „Handeln für die Zukunft der Schöpfung" heißt es: „Die Welt ist Gottes Schöpfung, das heißt ihrem Dasein geht ein sinnstiftender Anfang voraus, den sich die Welt nicht selbst geben kann". Begünstigt diese Formulierung nicht die Auffassung, die Menschen seien für diese Sinnbestimmung und für die Zwecke ihres Umgangs mit der Natur und auch für die Bestimmung der Kriterien zur Beurteilung dieses Umgangs nicht selbst zuständig; Antworten auf alle diese Fragen seien der Natur zu entnehmen?

Schlögel: Wichtig ist hier der Unterschied zwischen Gott und der Natur. Gott geht nach der christlichen Auffassung in der Natur nicht auf, sondern Gott ist der, der die Natur, die außermenschliche Natur und die Menschen als Teil der Natur geschaffen hat, und daher ist er der Träger der Schöpfung. Aber er hat den Menschen mit einer besonderen Verantwortung ausgerüstet, damit er innerhalb dieser Natur quasi als „Mandatar", als Pfleger und Beschützer dieser Natur wirken kann. Und das Papier, das Sie eben angesprochen haben, zielt genau darauf ab, daß der Mensch seine Verantwortung wahrnimmt und in keiner Weise aus dieser Verantwortung entlassen wird. Aber dem Menschen wird nicht alles alleine aufgebürdet, sondern er weiß sich in seinem Tun von Gott gehalten. Indem der Mensch die Natur als Gottes Schöpfung versteht, fragt er zugleich nach dem Woher und Wohin dieser Natur und sieht sein Handeln als sinnvolle Verpflichtung, die vielfältigen Aspekte der Schöpfung, nicht nur ihren Nutzwert sichtbar zu machen.

Heid: Was sagt der Physiker zu dieser Frage? Was ist Ökologie, was ist Natur, was ist Kompetenz?

Creuzburg: Kompetenz, meine ich, beinhaltet zwei Aspekte: Die Zuständigkeit und die Sachkunde. Das Modewort „Kompetenz" geht wohl mehr in die Richtung Sachkunde, aber ich meine, daß Kompetenz hier auch „zuständig sein" bedeuten sollte. Man muß sich dann überlegen, wer für was zuständig ist. Ökologie ist die Wechselbeziehung zwischen dem Individuum und seiner Umwelt, die Zuständigkeit ist also ganz klar in sich gegeben. Das Individuum in seiner Wechselbeziehung zur Umwelt ist zuständig und niemand anders. Der Begriff Ökologie hat sich inzwischen so entwickelt, daß er die soziologischen und die naturwissenschaftlichen Aspekte einbezieht. Deshalb muß man die Umwelt, die Ökologie etwas enger definieren. Dann ist das die Wechselbeziehung zwischen dem Menschen nicht als Individuum, sondern als Spezies und der Natur als die Umgebung des Menschen. Insofern ist die Naturwissenschaft eine Schlüsselwissenschaft in dieser Frage. Die ökologische Kompetenz würde dann verkürzt so aussehen, daß wir die Naturwissenschaftler als sachkundige Gutacher auffassen, die zu dem Problem Mensch und Natur Materialien liefern können, aber auch nicht sehr viel mehr. Die Naturwissenschaftler sind von sich aus nicht sachkundiger, was den soziologischen Aspekt anbelangt. Wo die Naturwissenschaft Zubringer sein kann, da ist der Naturwissenschaftler gefragt. Als Mensch deckt er aber das gesamte Spektrum der verschiedenen Einstellungen zur Natur ab. Das macht sich auch in unserer Disziplin oft sehr polarisierend bemerkbar. Man könnte viele Beispiele für mißverstandenes ökologisches Verständnis der Naturwissenschaftler bringen. Vielleicht ist es nützlich, später noch darauf einzugehen.

Heid: Eine Rückfrage: Sie können sehr viel darüber sagen, was in der Natur ist und wie es funktioniert, aber können Sie auch etwas darüber sagen, was wünschenswert und was problematisch ist, und zwar als Naturwissenschaftler?

Creuzburg: Problematisch ist, daß viele Naturwissenschaftler heute in ihrer klassischen Disziplin und in ihrem Selbstverständnis im Paradigma des letzten Jahrhunderts verfangen sind und die moderne Entwicklung der Naturwissenschaft eigentlich noch nicht verinnerlicht haben. Dieses mechanistische lineare Denken, was das letzte Jahrhundert und die Aufklärung zuvor geprägt hat, ist für die meisten Kollegen und Naturwissenschaftler die zur Sprache kommen, immer noch das Beherrschende und man muß über dieses Paradigma, das eigentlich längst überwunden ist, nachdenken. Viele Kollegen von mir tun das eben nicht, und da sollte man ansetzen. Der Naturwissenschaftler ist nicht *per se* derjenige der das Paradigma bestimmt, sondern das Paradigma steht eine Stufe über der Sachkundigkeit.

Buchholz: Ich glaube, daß die Begriffe „Ökologie" und „Kompetenz" brauchbare Ansätze dafür liefern, die Vorstellungswelt der Ökonomie im Hinblick auf Umweltfragen zu erklären: Ökologie und Natur erscheinen im ökonomischen Denkgebäude in erster Linie als nutzenstiftende Elemente für den Menschen. Nutzenstiftend entweder direkt als Konsumgut, jeder möchte gerne reine Luft atmen, oder indirekt als Produktionsfaktor, Landschaftsverbrauch ist nötig, um Fabriken zu bauen, wir benötigen erschöpfbare Rohstoffe wie Öl und Kohle, um zu heizen und um uns fortzubewegen. Mit der Orientierung an individuellen Präferenzen ist allerdings, das möchte ich gleich von Anfang an betonen, in keiner Weise ein blanker Konsumegoismus gemeint. Die Präferenzen, die sich auf Naturgüter beziehen, können durchaus auch an überindividuellen Zielsetzungen orientiert sein. Der Natur selber kann dann ein Wert zugeschrieben werden, oder den Interessen zukünftiger Generationen wird Beachtung geschenkt. Wichtig ist aber, daß aus ökonomischer Sicht alles, was an der Natur wertvoll ist, über die Wertschätzung von Individuen ermittelt wird. Extrem gesagt: Würden die Menschen auf einmal die Einstellung entwickeln, die Natur sei ihnen gleichgültig und das Wohl und Wehe ihrer Nachkommen für sie völlig ohne Bedeutung, könnte man als Ökonom dagegen eigentlich nur wenig sagen. Der Ökonomie geht es immer nur darum, daß knappe Ressourcen so eingesetzt werden, daß den Präferenzen der Individuen in bestmöglicher Weise entsprochen wird. Was heißt nun „Kompetenz" in diesem Zusammenhang? Kompetenz bedeutet aus ökonomischer Sicht die Schaffung von Mechanismen und Institutionen, die genau zu diesem Ziel, das heißt einer bestmöglichen, „optimalen", Umsetzung der individuellen Präferenzen in einer Welt der Knappheit führen. Diese Institutionen müssen Anreize setzen und das Verhalten der Individuen so koordinieren, daß im Endeffekt ein Ergebnis zustande kommt, das den Wünschen der Individuen wirklich entspricht. Nach der zweihundert Jahre alten Lehre von *Adam Smith* von der unsichtbaren Hand leistet der Markt zumindest unter idealen Bedingungen genau dies. Der Einzelne maximiert seinen eigenen Nutzen, und indem er das tut, realisiert er zugleich auch - im Zusammenspiel mit anderen -, was für die allgemeine Wohlfahrt am besten ist. Im Hinblick auf das Umweltproblem besteht die entscheidende Schwierigkeit darin, daß es bei zahlreichen Umweltgütern einen solchen relativ einfachen Mechanismus nicht geben kann. Es ist eine Grunderkenntnis der Ökonomie seit Anfang dieses Jahrhunderts, daß der Markt dabei systematisch versagt. Die Aufgabe der Ökonomen besteht dann darin, den Markt zu transzendieren und andere Mechanismen zu ersinnen, die dazu führen, daß auch mit Umweltgütern sparsam und effizient umgegangen wird - oder um einen Fachbegriff zu gebrauchen, daß die mit Umweltschädigungen verbundenen externen Effekte in optimaler Weise internalisiert werden.

Heid: Das ist ein guter Übergang zu der juristischen Problematik, die unter anderem darin besteht, daß durch Gesetze Rahmenbedingungen geschaffen werden müßten, die das, was der Markt nicht leistet, auf andere Weise gewährleisten. Bitte gehen sie auf zwei Fragen ein, Herr Hendler. Die eine betrifft den Naturbegriff aus juristischer Sicht. Es gibt eine große Naturrechtstradition, also den Versuch, das was richtig und was rechtens ist, von der Natur, oder richtiger: von einem bestimmten Naturverständnis her zu rechtfertigen oder zu begründen. Die andere Frage: Was trägt der Jurist oder die Gesetzgebung oder die Rechtsprechung zur Gewährleistung des Ideals bei, daß die Menschen ihren Nutzen so realisieren, daß andere und anderes dadurch nicht benachteiligt beziehungsweise vernachlässigt wird.

Hendler: Die Rechtswissenschaft hat keinen eigenen Ökologiebegriff. In der Rechtsordnung wird der Begriff der Ökologie allenfalls am Rande (d.h. in abgelegenen Vorschriften und ohne Ausstrahlungswirkung) verwandt. Wesentlich bedeutsamer für die Rechtswissenschaft ist der Begriff der natürlichen Lebensgrundlagen, der durch die Aufnahme des Umweltschutzziels in das Grundgesetz (Art. 20a) zunehmend an Konturen gewinnt. Zu den natürlichen Lebensgrundlagen zählen einmal die drei Umweltmedien (Boden, Wasser, Luft) sowie zum anderen die Landschaft und zum Beispiel auch das Klima. Der Jurist muß von festen Rechtsbegriffen ausgehen. Bisher hat sich der Begriff der Ökologie noch nicht zu einem Rechtsbegriff verfestigt.

Bei der Beantwortung der weiteren Frage, ob es einen überpositiven, jenseits der geschriebenen Rechtsordnung liegenden Naturbegriff gibt, ist auf die Naturrechtslehren einzugehen. Die Rechtswissenschaft hat sich von diesen Lehren inzwischen weitgehend entfernt. Im Rahmen der Naturrechtslehren ist versucht worden, Regeln für das menschliche Zusammenleben zu gewinnen, und zwar nicht nur aus der Natur, sondern zum Beispiel auch aus der Vernunft oder einem göttlichen Prinzip. Doch hat sich längst gezeigt, daß keine Einigung darüber erzielt werden kann, welche Regeln aus Natur, Vernunft oder göttlichem Prinzip herzuleiten sind. Die moderne Rechtswissenschaft hat daher den Versuch, eine transzendente Rechtsordnung als Maßstab für das positive Recht zu entwerfen, mehr oder weniger aufgegeben. Die Juristen sind heutzutage Positivisten - auch wenn die Anerkennung dieser Tatsache vielen noch schwerfallen mag. Gegenstand der Rechtswissenschaft ist die positive Rechtsordnung und das, was früher die Naturrechtslehren leisten sollten, nämlich Maßstäbe für eine gerechte Ordnung zu setzen, gehört nach neuerem Verständnis zu den persönlichen Wertentscheidungen des einzelnen. Daraus folgt beispielsweise, daß es ein individueller Bekenntnisakt ist, ob die Natur für wichtig erachtet wird, welche Schlußfolgerungen daraus gezogen werden sollten und welche Konsequenzen dies für die Inhalte der Regeln des menschlichen Zusammenlebens haben sollte. Es gibt insoweit keine objektiv gültigen Maßstäbe.

Darüber hinaus haben Sie die Frage gestellt, was Juristen, Gesetzgebung und Rechtsprechung zum Schutz von Gemeinwohlgütern (wie unter anderem der Umwelt) und Dritten beizutragen vermögen. Hierzu ist darauf hinzuweisen, daß der Primat bei der Politik liegt, die sich als Motor der Entwicklung erweist. Der Gesetzgeber nimmt die Anregungen aus der Politik auf und setzt sie in allgemeinverbindliche Regeln, das heißt in Recht um. Beim Recht handelt es sich gleichsam um formalisierte Politik. Erst wenn die Transformation der Politik in Recht durch den Gesetzgeber erfolgt ist, beginnt die Hauptarbeit der Juristen. Ihre Aufgabe besteht im wesentlichen darin, die Konflikte in der Gesellschaft mit Hilfe der gesetzten Normen zu lösen. Dies gilt vor allem auch für die Rechtsprechung.

Heid: Nun haben wir aber nicht nur ein Recht, das aus der Gesetzgebung resultiert, sondern ein sogenanntes Richterrecht. Von Ihnen ausgebildete Richter sind an der Fortentwicklung des Rechtes aktiv beteiligt. Das sieht man immer dann, wenn hohe Gerichte angerufen werden, um Fragen zu entscheiden, die offensichtlich strittig sind. Sie sind Experte für Umweltrecht. In welcher Weise sind Sie als Rechtswissenschaftler direkt oder indirekt an der Ausgestaltung oder Fortentwicklung eines Umweltrechts beteiligt?

Hendler: Die Richter sind in der Tat an der Fortentwicklung des Rechts in hohem Maße beteiligt, weil das Gesetz beziehungsweise die

Rechtsordnung nicht perfekt (im Sinne von vollständig und vollkommen) sein kann. Es zeigt sich immer wieder, daß die Rechtsordnung Lücken aufweist oder jedenfalls keine Regeln enthält, mit deren Hilfe sich ein konkreter gesellschaftlicher Konflikt zweifelsfrei lösen läßt. Bei der Überwindung bestehender Zweifel an der rechtlich gebotenen Lösung kommt den Richtern insofern eine führende Rolle zu, als sie den Rechtsstreit nicht auf sich beruhen lassen und abwarten können, ob der Gesetzgeber irgendwann die Zweifel ausräumt. Die Richter müssen den Konflikt vielmehr zu einem bestimmten Zeitpunkt entscheiden. Dies bedeutet, daß sie gar nicht umhin können, die bestehende Rechtsordnung fortzuentwickeln. Hierbei entsteht dann das Richterrecht. Aber es ist zu betonen, daß es sich beim Richterrecht um nichts anderes als die sinngerechte Fortentwicklung des vom Gesetzgeber geschaffenen Rechts handelt.

Die in den sechziger und siebziger Jahren propagierte Devise, daß der Richter auch Sozialingenieur (in unserem Kontext heißt dies: Umweltingenieur) zu sein habe, ist höchst problematisch. Denn sie bedeutet, daß der Richter über eigene Gestaltungsmacht politischer Art verfügt. Der Richter aber, der nach der erwähnten Devise handelt, wird dem Willen des Gesetzgebers nicht im gebotenen Maße gerecht. Seine Aufgabe besteht darin, das vom Gesetzgeber geschaffene Recht unter strikter Beachtung der rechtsimmanenten Strukturen und Wertungen anzuwenden und gegebenenfalls fortzuentwickeln. Würde er anders handeln und beim Umgang mit dem Recht eigene Wertungen verwirklichen, mithin politische Gestaltungsmacht ausüben, so bestünde die Gefahr, daß sich die in den allgemeinen Wahlen getroffene demokratische Mehrheitsentscheidung nicht mehr über die parlamentarische Gesetzgebung in vollem Umfang durchsetzen könnte. Wenn der Richter seine politischen Präferenzen oder sein persönliches Wertesystem in die Anwendung und Fortentwicklung des Rechts einbringen dürfte (oder gar sollte), könnten wir schließlich im Parlament im Verlauf der Zeit verschiedene Mehrheiten mit unterschiedlichen Gesetzen haben, ohne daß sich an den realen gesellschaftlichen Verhältnissen etwas änderte. Sollte der Richter gleichsam im politischen Ausnahmezustand, etwa bei heraufziehender Tyrannei, die Gesetze wegen krassen Widerspruchs zu seinen eigenen Überzeugungen nicht mehr sinngerecht vollziehen, dann handelte es sich um eine persönliche (Gewissens-)Entscheidung zum Widerstand, die zwar ethisch von hohem Wert ist, aber gleichwohl außerhalb seiner Profession liegt.

Soweit es um den Einfluß der Rechtswissenschaftler auf die Ausgestaltung des Rechts, im besonderen des Umweltrechts geht, sei vor Überschätzungen gewarnt. Gewiß wirken die Rechtswissenschaftler über Beratungstätigkeiten, die Erstattung von Gutachten sowie die Teilnahme am allgemeinen juristischen Diskurs auf die Rechtsentwicklung ein. Doch darf nicht übersehen werden, daß der Inhalt der Gesetze im wesentlichen von der Politik bestimmt wird. Und dies muß auch so sein: Schließlich werden die Rechtswissenschaftler nicht vom Volk gewählt, sie besitzen kein politisches Mandat.

Heid: In der bereits erwähnten Schrift der deutschen Bischöfe wird deutlich, daß die Kirche sich in diese Dinge einmischt, auch in die ökonomischen und sozialen Aspekte ökologischer Fragen. Da ist beispielsweise nicht nur die Rede von der Schere zwischen Wissen und Handeln sowie vom herrschaftsförmigen Naturverhältnis, sondern auch von strukturellen Defiziten wirtschaftlicher Entscheidungsprozesse. Es wird beklagt, daß die Natur weniger als das sinnvoll und notwendig wäre, als ein Produktionsfaktor ernstgenommen und in die Kostenkalkulation einbezogen wird. Reine Luft und sauberes Wasser, deren Erhaltung oder Bereitstellung - weltweit - immer teurer werden, gelten als freie Güter. Aufgenommen wird diese Problematik in dem Thema Ökosteuer, das gegenwärtig aber so diskutiert wird, als ginge es dabei nicht um die Klärung der Sache, sondern um eine strategische Verwirrung der Menschen. Welche Zuständigkeit haben Theologie, Kirche und philosophisches Denken im Hinblick auf andere, beispielsweise ökonomische Zuständigkeitsbereiche?

Schlögel: Ich denke, bei dem, was meine Vorredner gesagt haben, ist eines deutlich geworden: daß es im Grunde Vorentscheidungen gibt, die die einzelne Wissenschaft hat, beziehungsweise die die einzelne Wissenschaft abgeben muß. Herr Buchholz sagte, der Markt regelt hier nichts, es muß etwas getan werden. Aber wer entscheidet, daß wir zukünftigen Generationen noch etwas überlassen wollen? Oder Herr Hendler sagt, welches Verständnis von Natur einer mitbringt, das ist persönliche Bekenntnissituation, das heißt das muß sich in einer Gesellschaft wie der unseren dann über Konsens regeln. Dann muß es aber auch Institutionen oder wen auch immer geben, der sich an dieser inhaltlichen Diskussion beteiligt, weil ja auch die Einzelmeinung nicht aus der Luft gegriffen wird. Bei Herrn Creuzburg kam es auf den Punkt an, daß dieses voraussetzungslose naturwissenschaftliche Denken, wie es im 19. Jahrhundert noch weitgehend vorhanden war, sich heute langsam ablöst, das heißt wir stehen in einem umfassenden Horizont, der gefordert ist, etwas mehr einzubringen. Da kann die Kirche einen Beitrag leisten. Nicht *den* Beitrag, sie ist hier ein Anbieter, versucht aber, und ich glaube, das ist ihre Stärke, wirklich etwas ganzheitlich zu tun, indem sie also die unterschiedlichen Aspekte zu vernetzen sucht oder mit einzubringen. Sie kann hier einen Blickwinkel eröffnen auch durch ihre Internationalität. Es wird also zum Beispiel jetzt auch von der Europäischen Bischofskonferenz wieder ganz stark dieses Thema in diesem Jahr behandelt (ich habe in diesem Jahr einen Gastvortrag von Professor *Golser* (Brixen) zum Thema: „Die Bewahrung der Schöpfung als Bestandteil des kirchlichen Lebens"). Das ist ein Anliegen, das auch die Kirchen versuchen mit einzubringen, in diesem Jahr auch „die Woche für das Leben – Gottes Erde zum Wohnen gemacht", daß also alle Gemeinden katholischer und evangelischerseits in geeigneter Weise mitmachen sollen und können. Das ist ein Beitrag, den als erstes die Kirchen leisten, hier ein positives Bewußtsein zu schaffen, daß eben die Natur nicht nur ein begrenztes Gut ist und daß unsere Verantwortung für die Gesamtaspekte aufgegeben sind, um eben Ökonomie, Ökologie, Sozialverträglichkeit und ähnliches miteinander in Verbindung zu bringen. Aber die Kirche und die Theologie wären überfordert, wenn sie jetzt praktisch das „Superwissen" hätten, wie das alles zu gelingen hat, sondern sie kann hier eher konsensbildend und positiv stimulierend in die Diskussion eingreifen und ist positiv auch auf das angewiesen, was die anderen Wissenschaften zu diesem Thema zu sagen haben, insofern ist also hier theologische Kompetenz unabhängig von dem Einbringen anderer Kompetenzen gar nicht denkbar.

Heid: Ich will noch einmal auf den Kompetenzbegriff zurückkommen, und zwar in zweifacher Hinsicht. Einmal Kompetenz im Sinne von Zuständigkeit für die *Erzeugung* von Problemen und Kompetenzen im Hinblick auf die Zuständigkeit für und die Fähigkeit zur *Lösung* von Problemen. Man könnte den Verdacht haben, daß die großen ökologischen Probleme weniger von einzelnen Konsumenten oder von einzelnen Menschen produziert werden, sondern von Systemen, von der Großindustrie oder von Entscheidungen wirtschaftspolitischer Organisationen. Ähnlich verhält es sich mit der Lösung ökologischer Probleme. Was können oder müssen *einzelne* tun?

Buchholz: Wenn wir den Zweck des Wirtschaftens in der Nutzensteigerung für Individuen sehen, so müssen als eigentliche Verursacher sicher diejenigen gelten, die die Natur in einer Weise „konsumieren", daß damit Verschlechterungen der Umweltqualität verbunden sind. Der richtige Adressat für umweltpolitische Forderungen ist so gesehen also der Endverbraucher. Das ist allerdings nicht das, was Sie wirklich meinen.

Ihr Problem scheint mir vielmehr zu sein, inwieweit ein einzelnes Individuum als Endverbraucher der Natur überhaupt eine Chance hat, auf einen sorgsameren Umgang mit Naturgütern hinzuwirken. Eine Grundeinsicht der Ökonomie besteht gerade darin, daß ein Einzelner bei isoliertem individuellem Handeln hier kaum über wirksame Einflußmöglichkeiten verfügt. Darum stellt, das ist ein klassischer Begriff in der Wirtschaftswissenschaft, die Umwelt typischerweise ein öffentliches Gut dar. Dadurch, daß ich ein bißchen weniger Auto fahre, leiste ich keinen nennenswerten Beitrag zur Bewältigung des Treibhauseffekts. Der Einzelne kann zwar Adressat für moralische Appelle sein, aber sein Handeln hilft nur marginal bei der Lösung des Problems. Anders gesagt befinden wir uns in der Situation eines „Gefangenendilemmas" oder allgemeiner gesagt, beim Umweltproblem liegt ein „soziales Dilemma" vor. Letztlich ist diese Aussage nur eine andere Version davon, was ich zuvor bereits gesagt habe, nämlich daß das Umweltproblem das klassische Beispiel für ein Versagen des Marktes liefert. Dies hat aber Konsequenzen für die Art und Weise, wie man mit dem Umweltproblem umzugehen hat. Es werden politische Institutionen und in deren Rahmen politische Entscheidungen erforderlich, um auch nur zu einer ansatzweisen Bewältigung von Umweltproblemen zu gelangen. Dadurch wird Ihre Frage erst richtig brisant. Wenn ich mir nämlich vor Augen halte, daß sich Umweltschutz eben nicht allein dadurch realisiert, daß Individuen moralischen Vorstellungen folgen, dann wird die Frage, *wer* für umweltpolitische Maßnahmen zu sorgen hat, viel spannender. Wir haben ja, ganz anders als beim Markt, im politischen Bereich keine automatische Umsetzung individueller Präferenzen. In politischen Entscheidungsmechanismen spielen gewählte Repräsentanten in Parlamenten, politische Parteien sowie Interessengruppen eine entscheidende Rolle. Schließlich müssen die beschlossenen Gesetze auch noch durch administrative Instanzen und Gerichte in praktisches Handeln transformiert werden. Dabei bestehen teilweise recht weite Entscheidungsspielräume, was auch ganz sinnvoll ist, weil nur dadurch dem Einzelfall angepaßte Maßnahmen zustande kommen. Insgesamt heißt dies, daß zwischen den Präferenzen der Individuen und den im Endeffekt zustande kommenden umweltpolitischen Maßnahmen viele Zwischenstufen liegen, von denen es abhängt, ob die von den Individuen gewünschte Umweltpolitik tatsächlich realisiert wird. Gerade dadurch wird die Frage, wer für Umweltschutz zu sorgen hat, noch aus einer anderen Sicht relevant, da in diesem komplexen vielstufigen Entscheidungsprozeß auch politische Meinungsbildner entscheidend Einfluß haben. Man kann nicht einfach sagen, wie es manchmal geschieht: Die Präferenzen sind gegeben und die setzen sich dann auch tatsächlich um. In diesem Zusammenhang bekommen die Aspekte der Meinungsbildung, die Herr Schlögel angesprochen hat, ein besonderes Gewicht. Weil Individuen den gesamten umweltpolitischen Prozeß nicht richtig durchschauen, brauchen sie Leitlinien, wie sie häufig auch durch ethische Überzeugungsarbeit entwickelt werden. Dabei sind auch Interaktionen mit dem politischen Prozeß zu bedenken. Moralische Appelle können zunächst fruchten, so daß die Individuen höheres Umweltbewußtsein entwickeln. Was jedoch das umweltpolitische Handeln angeht, können diese veränderten Werte der Individuen durch Interessengruppen und überhaupt durch Reibungsverluste im politischen Prozeß verpuffen. Dies kann dann im zweiten Schritt Auswirkungen auf die Einstellungen der Individuen haben, die sich dann eventuell sagen: Wenn meine durch moralische Überzeugung inspirierte Opferbereitschaft keine praktischen Folgen hat, ist vielleicht an der Moral selbst etwas falsch. Ganz allgemein dürfte gerade moralisch orientiertes Engagement besonders frustrationsanfällig sein.

Schlögel: Ich kann Ihnen hundertprozentig zustimmen. Mir ist wichtig zu unterstreichen, daß es der katholischen Ethik nicht nur darum geht, Einzelappelle zu geben, sondern auch solche Analysen durchzuführen, die wirklich auch die Gewähr haben, auf solche Entscheidungsträger und die entsprechenden Gruppen positiv mit einzuwirken. Das sind ganz institutionelle Fragen auch für die Industrieunternehmen. Ob diese dann in der Lage sind, bei ihren Entscheidungen die entsprechenden Konsequenzen zu ziehen, ist das Problem, was Sie ja in Ihren Fragen angedeutet haben. Es geht nicht nur um den einzelnen, aber ohne den einzelnen sind alle anderen Punkte nicht verwirklichbar.

Buchholz: Worauf ich hinauswollte ist das, daß der Einzelne mit seinen Wünschen, mit seinen Einstellungen auch nicht einfach so existiert, sondern daß das Geschehen im umweltpolitischen Prozeß selber auch wieder Rückwirkung auf diese Einstellung des einzelnen hat, so daß sich da bestimmte negative oder positive Entwicklungen aufschaukeln können.

Heid: Jetzt will ich zu brisanteren Fragen übergehen. Es besteht Einigkeit am Tisch, daß Interessen, Präferenzen, individuelle Nutzenkalkulationen eine Rolle spielen. Aber wer hat jeweils die größere soziale Definitionsmacht, wer hat die soziale Macht, seine Interessen geltend zu machen und durchzusetzen. Und die andere Frage: Gehören Wirtschaftswissenschaftler oder Physiker nicht zu denjenigen, die diese Interessen induzieren? Zumindest sind Wirtschaftswissenschaftler daran beteiligt, die Präferenzen der sozial jeweils Mächtigeren zu legitimieren: Ökologische Rücksichten mögen Kosten verursachen, Kosten, die die internationale Wettbewerbsfähigkeit beeinträchtigen. Aber kann man mit dem Kosten- oder Wettbewerbs- oder auch dem allfälligen Arbeitsplatzargument in ökologischen Fragen so strategisch umgehen, wie das weithin der Fall ist? Auch Ökonomen beteuern stets, daß der *Mensch* im Mittelpunkt der Wirtschaft stehe, und das heißt doch *auch*, seine Lebensqualität und nicht nur sein (möglicherweise gesundheitsschädlicher) Arbeitsplatz oder sein Beitrag zur zwar ertragreichen, aber die Welt vielleicht ruinierenden Produktion. Ich habe den Eindruck, daß Wirtschaftswissenschaftler und auch Physiker zur Legitimation ökologisch fragwürdigen Denkens und Handelns beitragen.

Buchholz: Ich habe nicht den Eindruck, daß dieser Ideologievorwurf wirklich zutrifft. Ich fange mit dem Teil Ihres Arguments an, das zweifellos auf einer richtigen Wahrnehmung beruht. Globalisierung und internationale Konkurrenzfähigkeit haben in der Tat in den vergangenen Jahren in der öffentlichen Diskussion eine wesentlich höhere Beachtung gefunden. Allerdings haben die Wirtschaftswissenschaftler die damit verbundenen Probleme nicht erfunden, sondern beobachtet und zu erklären versucht. Es ist wohl eine allgemein menschliche Haltung, den Überbringer einer schlechten Botschaft für diese mitverantwortlich machen zu wollen. Ein Wirtschaftswissenschaftler versieht das Faktum der Globalisierung ja nicht mit einem positiven Etikett und sagt, daß diese Entwicklungen im Hinblick auf den Umweltschutz gut sind. Vielmehr wird nüchtern festgestellt, daß durch internationalen Wettbewerb umweltschutzbezogene Ziele eher gefährdet werden, weil im internationalen Wettbewerb eine Durchsetzung der Präferenzen der Bewohner eines einzelnen Landes nur noch unter größeren Schwierigkeiten möglich ist. Daraus kann man natürlich nicht, wie es allerdings oft geschieht, einen Vorwurf gegen die Wirtschaftswissenschaften stricken. Diese zeigen lediglich die Bedingungen dafür auf, wann es zu einer Verzerrung kommt zwischen dem, was für die Welt als ganze gut wäre und auch von den Menschen gewünscht wird, und dem, was tatsächlich geschieht. Als Schlußfolgerung wird ein Ökonom gerade angesichts der Globalisierung das Ganze positiv und pragmatisch wenden und ein weiteres Koordinations- und Kooperationsproblem feststellen. Daß Kooperation auf internationaler Ebene aber noch schwieriger durchgesetzt werden kann als Kooperation auf nationaler Ebene zwischen Bürgern eines Landes, liegt an Faktoren, die man einerseits zwar wiederum bedauern kann, die man aus der Sicht der Wissenschaft aber zu erklären versuchen sollte. Die Erklärung hier ist wieder eine polit-ökonomische, das heißt es sind im Rahmen der internationalen Politik Erfolgsbedingungen für gemeinsames Handeln verschiedener Staaten zu ermitteln. Aber das ist eine andere Geschichte. Die These, daß Wirtschaftswissenschaftler von den Paradigmen ihrer Wissenschaft her dazu neigen, die Folgen des internationalen Wettbewerbs zu leugnen oder zu beschönigen, muß ich zurückweisen.

Heid: Wirtschaftswissenschaftler sind selten dabei, wenn es um die Kritik der verbreiteten These geht, alternative Energien seien zu teuer. Müßten Wirtschaftswissenschaftler nicht viel differenzierter, präziser und energischer auf all diejenigen Kosten hinweisen, die in den politisch üblichen Vergleichsrechnungen außer Betracht bleiben, von den sogenannten sozialen Kosten noch ganz abgesehen? Was sagen Sie dazu?

Buchholz: Ich würde ihrer Gesamteinschätzung widersprechen. Ich kenne genügend Kollegen, die eine Sensibilität im umweltpolitischen Bereich zeigen, und die darüber hinaus auch Entwicklungen in diesem Bereich entscheidend vorangebracht haben ...

Creuzburg: ... Bonus!

Buchholz: *Bonus* ist eine Sache für sich, ich möchte auf einen viel allgemeineren Trend in meiner Wissenschaft hinaus. Vor etwa 15 Jahren gab es ein Buch, das betitelt war „Arbeit ohne Umweltzerstörung". Dieses Buch wurde geschrieben von Herrn Kollegen *Binswanger*, der früher in St. Gallen gelehrt hat, und Kollegen *Nutzinger* aus Kassel. Diese beiden sind sicher keine krassen Außenseiter der ökonomischen Zunft. Ihr Buch hat die umweltökonomische Diskussion in Deutschland popularisiert. Daß Umweltprobleme von Ökonomen auch in Deutschland sehr ernstgenommen werden, zeigt sich auch daran, daß an vielen Universitäten mittlerweile Veranstaltungen zur Umweltökonomie angeboten werden. Die Umweltökonomie gehört sicher zu den Teilbereichen der Volkswirtschaftslehre, die sich in den letzten Jahren am stärksten entwikkelt haben.

Ich möchte noch zwei Punkte anmerken: Daß Ökonomen nicht in dieser Weise argumentieren, liegt an ihrer subjektivistischen Grundorientierung. Ökonomen akzeptieren verschiedene Einschätzungen - und gerade die Einstellung gegenüber der Kernenergie hängt in starkem Maße davon ab, welche Risiken man in welcher Weise bewertet und wie man sich ganz allgemein die Welt in Zukunft vorstellt. Deshalb wird ein Ökonom nicht allzu leicht davon zu überzeugen sein, daß man zu dieser Frage objektive, wertfreie Urteile abgeben kann. Das andere, was Sie gesagt haben, Herr Creuzburg, fand ich sehr interessant im Zusammenhang mit der Globalisierung. Zumeist wird ja der Eindruck vermittelt, daß Globalisierung prinzipiell schlecht für die Umwelt ist. Daran ist sicher vieles wahr, ich habe einige in diesem Zusammenhang bedeutsame Punkte zuvor schon angesprochen. Allerdings: Wenn man an den Treibhauseffekt - denkt, ist der nicht erst durch die Globalisierung entstanden. Es ist sogar denkbar, daß der Gesamtprozeß der Globalisierung nicht auf den eigentlichen Bereich der Ökonomie beschränkt bleibt, sondern auch eine politische Dimension entwickelt, so daß die Position von Umweltgruppen in Entwicklungs- und Schwellenländern gestärkt wird. Die weltweite Vernetzung führt eben auch dazu, daß in Entwicklungs- und Schwellenländern ein wirksamerer Druck entsteht, die politischen Strukturen dort zu reformieren und zu demokratisieren. Einige ökonomische Studien der letzten Jahre haben aber gezeigt, daß gerade die Demokratisierung einen wichtigen Schritt darstellt, dem Umweltschutzziel in der praktischen Politik mehr Gewicht zu verleihen.

Heid: Was ist ökologisch machbar - zunächst einmal aus der Sicht des Physikers?

Creuzburg: Als 1992 das Wirtschaftsministerium eine Studie veröffentlichte, nach der für Atomstrom Kosten von 3,60 DM pro Kilowattstunde entstehen, stieß das bei vielen technisch und naturwissenschaftlich orientierten Menschen auf Unverständnis. Auch in neuerer Zeit wird oft das technisch Machbare als einziges Kriterium hingestellt. Wir müssen beklagen, daß die meisten Menschen wirklich noch nicht realisiert haben, daß die Natur nicht unendlich ist. Das ist ein ganz großes Problem bei allen demokratischen Entscheidungsfindungen. Es wird immer noch davon ausgegangen, daß die Natur unendlich belastbar ist, unendlich tolerabel, zwar mit Grenzen, aber da kann man ein bißchen reparieren. Da macht man ein bißchen Gentechnik, ein bißchen Kernfusion und dann werden wir die Natur schon zwingen. Ich zitiere den damaligen Präsidenten der Deutschen Forschungsgemeinschaft, der vor etwa vier Jahren hier in Regensburg gesagt hat: „Wir müssen der Natur helfen". Die Naturwissenschaftler müssen der Natur helfen! Eine solche Umkehrung von Handlungspräferenzen ist höchst angreifbar, und ich meine völlig unverantwortlich. *Sustainable development,* wie man heute sagt, heißt ja nicht stützen, sondern erhalten. Das Artensterben kann man nicht rückgängig machen, auch nicht mit der neuesten Gentechnik. Das kann man wissenschaftlich begründen. Eine naturverträgliche Entwicklung ist auch ein gefährlicher Begriff, das heißt, die Natur müßte dann jedes Mal gefragt werden, ob sie das verträgt, was man jetzt mit ihr macht. Die Globalisierung und Internationalisierung sollte uns heute mehr denn je zu der Erkenntnis der Endlichkeit des Systems Erde bringen. Tragischerweise führen aber gerade die grenzenlosen Kommunikationsmöglichkeiten oft zu einer Starrheit in der Argumentation, die den *status quo* eigentlich mehr zementiert als ihn überwindet. Sie haben mich gefragt, was man als Naturwissenschaftler beitragen kann, und das ist sehr, sehr viel. Ich möchte nicht näher darauf eingehen, daß man mittels Energieerzeugungserfindungen, Fusion zum Beispiel, oder auch durch die Kernenergie oder Gentechnik, das Problem nicht lösen kann. Sondern ich möchte die Methoden der Naturwissenschaft, die sich in den letzten paar Jahrzehnten teilweise grundsätzlich geändert haben, als neue Möglichkeit aufzeigen, daß man die Signale erkennt. Was wäre eine Klimapolitik ohne die Erkenntnisse, die mit Hilfe neuer naturwissenschaftlicher Methoden zum Beispiel über den Ozonabbau oder über die ganzen Klimaveränderungen gewonnen werden können. Es gehört nicht sehr viel dazu, das Artensterben zu registrieren, aber die Globalerwärmung ist ja heute noch bei manchen, auch bei Naturwissenschaftlern, als Hirngespinst disqualifiziert. Es gibt den führenden Physikerverband, die *Deutsche Physikalische Gesellschaft*, die im letzten Herbst Stellung genommen hat zur Atomkernenergie und diese anerkanntermaßen nur als Übergangslösung akzeptierbare Atomenergie als unverzichtbar erklärt hat. Man muß sich einmal überlegen, auf welcher geistigen Ebene solche durch vordergründige Interessen geprägten Statements stehen, die dann in die Öffentlichkeit kommen und die demokratischen Entscheidungen mit beeinflussen.

Heid: Anders als die Ökonomen sind Physiker also an der Verhinderung der Entwicklung alternativer Energien beteiligt?

Creuzburg: Auf der einen Seite stehen die Physiker als Handwerker, die die modernen Methoden, zum Beispiel die der nichtlinearen Wechselwirkungen, beherrschen und auf diese Weise mitreden können zum Beispiel über Klimaprognosen, aber auch die sogenannten regenerativen Energieträger weiterentwickeln. Auf der anderen Seite sind die Institutionen, die Physiker auch betreiben, von derartig positivistischen Denkweisen überzogen, daß man solche Erklärungen wirklich findet. Daß die Politik davon stark geprägt wird, finde ich ganz gefährlich.

Buchholz: Ich möchte noch zwei Sachen dazu sagen: Zum einen denke ich, daß Ökonomen so nicht argumentieren, liegt an ihrer subjektivistischen Grundorientierung. Ökonomen sagen, o.k., man kann die Präferenz haben und eben das Problem der Kernenergie ist sicher ein Problem, wie man sich die Welt in der Zukunft vorstellt. Welche Risiken man in welcher Weise bewertet. Deswegen wird der Ökonom sagen, o.k., wir können dazu nichts Objektives, Wertfreies feststellen. Das andere, was Sie gesagt haben, Herr Creuzburg, fand ich sehr interessant im Zusammenhang mit der Globalisierung. Man gewinnt immer so einen Eindruck, o.k., Globalisierung ist was, was ganz schlecht für die Umwelt ist. Wenn man an den Treibhauseffekt denkt, ist der nicht erst durch die Globalisierung entstanden. Auf der anderen Seite kann er feststellen, daß gerade im Gesamtprozeß die Globalisierung ja nicht nur auf die Ökonomie beschränkt bleibt, auch die Position von Umweltgruppen in Entwicklungs- und Schwellenländern gestärkt wird und daß auch durch die Globalisierung ein Druck auf diese Entwicklungs- und Schwellenländer ausgeübt wird, die politischen Strukturen zu demokratisieren. Wie sich gezeigt hat, ist die Demokratisierung ein wichtiger Schritt dazu, dem Umweltschutzgedanken in der praktischen Politik mehr Bedeutung zu verleihen.

Heid: Ich möchte zwischen Ihnen beiden einen Streit entfachen: Rechtsprechung oder Gesetzgebung dienen ja der Erzwingung eines politisch wünschenswerten Verhaltens. Geltendes Recht ist Resultat eines politischen Urteils- und Meinungsbildungsprozesses. Liegt diesem Sachverhalt nicht eine eher negative Anthropologie zugrunde: Man muß die Menschen dazu nötigen, daß sie sich ordentlich verhalten? Die Ökonomen sind individualistisch orientiert und arbeiten lieber mit Anreizsystemen und sagen, wir müssen respektieren, daß Menschen ihren Nutzen realisieren wollen. Aber das Problem besteht darin, daß die interindividuellen Möglichkeiten, seinen Nutzen zu realisieren, sozial ungleich verteilt sind. Die Menschen haben eben unterschiedliche Definitionsmacht, sie haben unterschiedliches Wissen, unterschiedliche Fähigkeiten, ihr Wissen geltend zu machen. Ich spreche zunächst noch einmal den Juristen an. Ist dort, wo der Markt versagt, der Gesetzgeber nötig? Muß man die Menschen dazu zwingen, sich umweltverträglich zu verhalten?

Hendler: Ob positive oder negative Anthropologie: Die jahrhundertealte Erfahrung lehrt, daß menschliche Individuen erwünschtes Verhalten vielfach nicht aus eigenem Antrieb praktizieren, sondern daß es dazu einer rechtlichen Ordnung bedarf. Ob diese Ordnung eher auf Sanktionen oder Anreizen beruht, ist eine Frage der inhaltlichen Ausgestaltung, die politisch entschieden wird. Der Jurist selbst bringt jedenfalls keine eigenen Werte in die inhaltliche Ausgestaltung ein.

Ich habe den Eindruck, daß von den Disziplinen, die hier vertreten sind, allein die Theologie wertbezogen ist. Vom Wirtschaftswissenschaftler haben wir gehört, daß er die Werte aufgreift, die beim einzelnen vorhanden sind, und die ökonomischen Folgen von Handlungen darstellt, die sich ergeben, wenn von einem bestimmten Wertesystem ausgegangen wird. Er bewertet aber diese Handlungen nicht selbst, sondern beschränkt sich auf die Aussage, daß auf der Grundlage eines bestimmten Präferenzsystems bei bestimmten Handlungen diese oder jene ökologischen Ergebnisse herauskommen. Der Physiker geht den Kausalverhältnissen der Natur, gleichsam den natürlichen Gesetzmäßigkeiten, auf den Grund. Die Wertung gelangt erst durch den persönlichen Forscher in den Wissenschaftsprozeß. Der Forscher befaßt sich mit Fragen, die er für bedeutsam hält (worin bereits eine Wertung liegt). Wenn es zum Beispiel der Umweltschutz ist, wird er sich vor allem auch mit den Umweltbeeinträchtigungen beschäftigen und aufgrund seiner Forschungen an die Öffentlichkeit gehen, um darauf aufmerksam zu machen, welche Konsequenzen sich beim weiteren Fortgang einer bestimmten Entwicklung ergeben. Und bei den Juristen verhält es sich so, daß die Werte in der Rechtsordnung, für die sie einzustehen haben, vom Gesetzgeber gesetzt werden.

Vorhin hatte ich dargelegt, daß der einzelne seine persönliche Präferenz in Form eines Bekenntnisakts äußert, und Herr Schlögel hat darauf aufmerksam gemacht, daß die Kirche in diesem Zusammenhang Hilfestellung zu leisten vermag. Dem kann ich ohne weiteres zustimmen. Denn sofern das individuelle Bekenntnis (beispielsweise zu einem hohen Stellenwert der Natur) in der gesellschaftlichen Wirklichkeit nicht folgenlos bleiben soll, muß sich der einzelne um Mehrheiten bemühen, das heißt mit anderen Personen Kontakt aufnehmen, die das gleiche oder zumindest ein ähnliches Wertesystem haben. Bei diesen Bemühungen sind die gesellschaftlichen Koordinationsinstitutionen hilfreich. Dazu gehören neben den Kirchen insbesondere auch die politischen Parteien sowie zum Beispiel die Gewerkschaften. Erst wenn das Individuum beim Einbringen des persönlichen Wertesystems in den politischen Prozeß „Kombattanten" gefunden hat, so daß sich eine entsprechende Mehrheit bilden konnte, die ihre Vorstellungen in Gesetzen verwirklicht hat, erst dann kommt der Jurist zum Zuge. Er wendet die in den Gesetzen enthaltenen Regeln an. Daß die Gesellschaft nicht ohne derartige Regeln auskommt, dürfte keinem ernsthaften Zweifel unterliegen. Es mag Teilbereiche geben, in denen es einer rechtlichen Regelung nicht bedarf oder diese untunlich ist, doch handelt es sich hierbei lediglich um gesellschaftliche Nischen. Je höher die Pluralität in einer Gesellschaft ist, um so vielfältiger sind die Interessengegensätze und um so detaillierter muß auch die Rechtsordnung sein, damit diese Gegensätze in zivilisierter Form ausgetragen werden können.

Heid: Wenn der Markt im Umweltbereich nicht funktioniert, also nicht davon ausgegangen werden kann, daß die Realisierung individuellen Nutzens zugleich das Wohl aller befördert, wie die Wohlfahrtsökonomie das wohl mehr wünschen als erwarten konnte, was ist dann aus ökonomischer Sicht zu tun?

Buchholz: Sicherlich sind Regeln, die auf die Beeinflussung individuellen Verhaltens zielen, nicht erst durch die Umweltproblematik in die Welt gekommen. Da schließe ich mich Herrn Hendler an. Staat und Gesetze, die das Verhalten der Bürger lenken, gibt es schon viel länger als das Umweltproblem. Wenn es um den Zusammenhang von Recht und Ökonomie geht, besteht ein gewisses neues Element wohl eher darin, daß die Regeln, die im Umweltbereich gelten, in viel stärkerem und offensichtlicherem Maße ökonomische Konsequenzen haben als in anderen Bereichen. Was der Ökonom sagt, und vielleicht hat dieser Denkansatz der Ökonomie unser allgemeines Bewußtsein mehr beeinflußt, als wir meinen, ist, daß wir versuchen sollten, auch der Umwelt einen Preis zu geben. Damit sollen Individuen dazu angehalten werden, mit Umweltgütern weniger verschwenderisch umzugehen. Das ist genau die Stelle, wo auch Herr Kollege *Bonus* ins Spiel kommt. Auch in Deutschland - Herr *Bonus* ist einer der entschiedensten Vertreter dieser Forderung - wird von Ökonomen vorgeschlagen, einen verbesserten Umweltschutz durch ein künstlich errichtetes Marktsystem zu erreichen. Konkret ist damit gemeint, daß ein Zertifikatesystem installiert werden soll, bei dem jeder, der die Umwelt verschmutzt und damit für seine eigenen Zwecke in Anspruch nimmt, dafür zu bezahlen hat, indem er einen Erlaubnisschein, eben ein „Zertifikat" für die Umweltverschmutzung erwirbt. Dadurch verspricht man sich ökonomische Vorteile im Sinne gesamtwirtschaftlicher Ersparnisse bei den Kosten der Emissionsvermeidung. In den USA wurden solche Kostenersparnisse durch dort eingeführte Zertifikatsysteme, insbesondere für Schwefeldioxid-Emissionen von Kohlekraftwerken, in der Tat erreicht. Dadurch wurde auch empirisch bestätigt, daß Märkte für Emissionszertifikate effizienter sind als die herkömmlichen und im Umweltbereich immer noch dominierenden „*command-and-control*-Regelungen" in Form inflexibler Auflagen.

Heid: Enthält der Versuch, das über Anreizsysteme zu schaffen oder marktkonforme Lösungskonzepte zu entwickeln, wie ökologisch Ambitionierte häufig meinen, nicht den Keim des Problems in sich? Man appelliert an den individuellen Vorteil, an den Egoismus, seinen eigenen Nutzen zu realisieren, und zwar unter der bereits erwähnten Voraussetzung, daß die Bedingungen individueller Nutzenmaximierung interpersonal ungleich verteilt sind. Trägt diese Unterwerfung unter die - unterstellte - Neigung der Menschen, ihren maximalen Nutzen zu realisieren, nicht - wie viele engagierte Ökologen meinen - den Keim des Übels in sich?

Buchholz: Daß hier der Keim des Übels liegen sollte, sehe ich keinesfalls. Wenn man in dieser Weise an die Sache herangeht, liegt dem ja eine ganz bestimmte Vorstellung vom Menschen zugrunde, nämlich die, daß es auf der einen Seite höherwertige und auf der anderen Seite niedrigerwertige Ziele gibt. Es hat so gesehen darum zu gehen, vor allem die höheren Ziele, gewissermaßen das Ideal des guten Menschen, vorrangig zu fördern. Daß sich die Menschen bei ihrem Handeln an ökonomischen Anreizen, am schnöden Mammon, orientieren, scheint mit einer idealistischen Zielsetzung von vornherein im Widerspruch zu stehen. Ich habe mit einer solchen Hierarchie der menschlichen Bedürfnisse grundsätzlich Schwierigkeiten. Ich glaube, das Bild ist viel einfacher: In der Regel haben die Individuen sowohl materielle als auch ethische Ziele. Beide Motive treten oft in Konflikt miteinander, das heißt die Menschen müssen sich überlegen, welchem Ziel sie im Einzelfall den Vorrang geben. Auf der gesamtgesellschaftlichen Ebene ist es Sache der Politik, durch Konsens schaffende Institutionen eine Bewältigung von Zielkonflikten zu erreichen und somit zu einer für alle letztlich akzeptablen Lösung zu gelangen. Aufgabe der Ökonomie ist es, durch Beratung den politischen Prozeß hier zu unterstützen. Dabei ist zu beachten, daß - wohl als Element der menschlichen Natur - Individuen auf materielle Anreize stärker reagieren als auf bloße ethische Appelle. Insbesondere gilt dies, wenn die Befolgung oder Nichtbefolgung der ethischen Forderungen keine unmittelbaren Konsequenzen hat. Möglicherweise werden sich die Individuen subjektiv wohler fühlen, wenn sie moralisch handeln, im Endeffekt aber beurteilt der Mensch sein Handeln an beobachtbaren Ergebnissen. In großen Gruppen, wenn es um die Verbesserung der Umwelt in einer einzelnen Volkswirtschaft oder im globalen Maßstab geht, ist eine solche Kopplung zwischen individuellem Handeln und dem Gesamtergebnis jedoch nicht gegeben. Um diese Kluft zu überbrücken, braucht man aus ökonomischer Sicht materielle Anreize.

Heid: Ich finde das wichtig. Ich denke auch, daß die bildungsbürgerliche Diskriminierung des ökonomischen Aspekts hoch problematisch ist und zu einer unglaubwürdigen philosophischen Verbrämung des Problems führt. Selbst die Theologie kann den ökonomischen Aspekt menschlicher Existenz nicht übersehen. Die Frage ist allerdings, wie sie ihn thematisiert.

Creuzburg: Die Polarität zwischen den Interessen der Individuen und den wirklichen Machtverhältnissen ist das Interessanteste und Problematischste an der ganzen Ökologiediskussion. Ich habe vorher von der Globalisierung gesprochen; das Gegenstück ist natürlich die Regionalisierung. Wir können das berühmte Seifenblasengleichnis hier anwenden. Die Seifenblasen, wenn sie miteinander verbunden werden, sind nicht im Gleichgewicht, sondern die kleine bläst die große auf und stirbt, während die große größer wird. Wir erleben auf internationaler Ebene gerade die Fusionen als Beispiel dieses Seifenblaseneffektes. Noch scheint die Seifenblase sehr stabil, aber es ist klar, daß auch sie einmal platzen muß. Ich wollte noch einmal auf eine andere Polarisierung eingehen, nämlich die Umweltzertifikate gegenüber einer ökologischen Steuerreform. Die Umweltzertifikate nützen dem Individuum überhaupt nichts. Die Umweltzertifikate kann sich niemand individuell kaufen, und man kann davon auch nicht glücklich werden, sondern das sind reine Freibriefe für Großindustrien, die sich diese in Rußland oder in sogenannten Entwicklungsländern kaufen und auf diese Weise, wie es zur Zeit in Amerika passiert, ihre bisherige unvorstellbare Verschwendung von Ressourcen rechtfertigen beziehungsweise legitimieren. Das ist ein großes Problem des Umweltzertifikats, und deshalb auch, meine ich, ist es in dieser Form nicht die Lösung der Sache. Im Grunde ein richtiger Ansatz zur globalen Schadstoffreduzierung, aber das Individuum, um das es ja hier geht, hat damit überhaupt nichts zu tun. Die Entpersonalisierung durch die Globalisierung, durch immer größere Gruppenkonzerne, braucht das Individuum gar nicht mehr. Umgekehrt führt aber die Abhängigkeit des Individuums zu einer derartigen Frustration, daß wir gute Sachen, gut im Sinne von umweltverträglich, heute schon da und dort pervertiert finden. Ein Beispiel: wir haben die Möglichkeit, unsere Heizbedürfnisse im Haus mit verschiedenen fossilen Energieträgern zu erfüllen, das eine ist das Öl, das andere ist das Gas. Es wird im städtischen Bereich ja sehr viel für Gas geworben, weil es weniger CO_2 produziert und außerdem sauberer ist. Auf der anderen Seite erkennt der Bürger allmählich, daß er sich durch seine Investition in eine Abhängigkeit begeben hat. Er kommt aus dem von industriellen Interessen geprägten Netz der Gasversorgung nicht mehr heraus. Zur Zeit muß er doppelt so viel bezahlen, wie wenn er mit Öl heizen würde. Dasselbe gilt natürlich im Strombereich. Aber da hat man es inzwischen erkannt, da hat man einen Riegel vorgeschoben. Diese Abhängigkeit des Individuums von Großindustrien, die nichts Individuelles oder Nationales mehr haben, sondern weltweit agieren, führt dazu, daß das Engagement des einzelnen im Keim erstickt wird. Selbst gute Sachen, wie zum Beispiel die Energieeinsparung durch Gas und die CO_2-Einsparung, können ganz schnell umschlagen in eine Gegenreaktion, die besagt: Das ist mir egal, die übervorteilen mich sowieso, ich bin gefangen, bin abhängig. Das gilt, wenn Sie eine Banane kaufen, genauso. Oder ein Waschmittel. Ich meine, daß die Ökologie vom Staat her Unterstützung braucht, zum Beispiel durch die ökologische Steuerreform. Über Steuern haben wir noch nicht gesprochen - die Steuern sind zur Zeit nicht ökologisch. Es gibt große Bestrebungen, daß man in diese Richtung allmählich gehen wird. Das ist natürlich nichts Neues, das *Wuppertal-Institut* ist bekannt, das die ökologische Steuerreform als Programm hat, und es ist ganz klar, daß es ganz starke Widerstände gegen diese ökologischen Aspekte der Besteuerung gibt. Der Staat hat aber die Verantwortung, hier normativ zu wirken.

Schlögel: Zu drei Punkten, die angesprochen worden sind:

Erstens: das Staatsverständnis. Wir sind alle aus Deutschland und haben ein durch fünfzig Jahre Demokratie legitimiertes sehr positives Staatsverständnis. Meine Kollegen ein paar hundert Kilometer weiter in Tschechien oder aber auch in Italien sind fassungslos über unser positives Staatsverständnis und erwarten vom Staat sehr wenig. Das nur als ein Problem bei einer globalen Herausforderung wie unserem Thema der Ökologie.

Zweitens: der Eigennutzen. Ich finde es gut, daß das angesprochen wird, die Theologie hat da nichts dagegen. Es ist immer klassisch, Gottes-, Nächsten- und Selbstliebe in einem Zusammenhang zu sehen. Aber da ist auch ein Satz, den ich mir aus dem Dokument herausgeschrieben habe: „Wer christlich von Schöpfung redet, verpflichtet sich damit zu einem verantwortlichen Umgang mit der Natur, der sich nicht allein an ihrem Nutzwert orientiert" – was sie also vom Ökonomischen sagt – „sondern an ihren schöpferischen Qualitäten, ihrer ästhetischen, symbolischen und religiösen Bedeutung und ihren kreativen Entfaltungsmöglichkeiten". Seit der UN-Konferenz von Rio ist das Stichwort „Nachhaltige Entwicklung" in die ökologische Debatte eingeführt. Dies meint, daß das rücksichtslose Ausbeuten der Natur sich gegen den Menschen selbst wendet. Manche der Entwicklungen sind heute schon spürbar, zum Beispiel Erderwärmung, andere werden es bald sein. Das heißt der Eigennutz erfährt hier eine Grenze, Solidarität mit künftigen Generationen ist deshalb gefordert. Aber es stimmt, bei uns ist die Kontrasterfahrung, daß mein Vergehen im umweltmäßigen Bereich oder positives Verhalten in vielen Punkten nichts bringt, auch nicht vorhanden, und es gibt groteske Situationen, und damit komme ich zum dritten Punkt.

Drittens: *Die Zeit* hat das im letzten Jahr einmal sehr schön karikiert: Sie sagt, die Deutschen sind sehr umweltbewußt, aber wehe „130" auf den Autobahnen. Die Italiener sind enorm individuell, fahren aber alle Mitte August zusammen in Urlaub. Manches, was bei uns unter dem Stichwort der ökologischen Steuerreform diskutiert wird, scheint mir in dieselbe Richtung zu weisen. So wird aus der Sicht der Wirtschaft manchmal gesagt, 130 Kilometer auf Autobahnen habe ökologisch gar nicht die Bedeutung, die wir ihr beimessen, zumal bei uns fast alle Autos Katalysatoren haben und bleifrei betankt werden. Ich sage dagegen: Es hätte zumindest am Anfang eine enorme Signalwirkung. Mit Tempo 130 wird auch Bewußtsein verändert. Ich werde nicht vergessen, welche Bedeutung es 1974 für mich hatte, als wir sonntags auf den Autobahnen spazierengingen. In Deutschland herrschte deswegen an einigen Sonntagen Fahrverbot. Es war damals wirklich das Bewußtsein einer Krise vorhanden, das durch andere Maßnahmen sicher nicht so leicht herzustellen war.

Buchholz: Ich bin jetzt in mehrfacher Hinsicht angesprochen, zuerst möchte ich auf Herrn Creuzburg eingehen. Sie haben bei Ihren Überlegungen zu Zertifikatesystemen nur auf eine ganz spezielle Form der Ausgestaltung eines Zertifikatesystems Bezug genommen und zwar auf das Zertifikatesystem für den internationalen Handel mit CO_2-Nutzungsrechten, das sich im Kyoto-Protokoll ergibt. Es ist in der Tat so, daß das darin vorgesehene Zertifikatesystem in vieler Hinsicht zu kritisieren ist. Das Problem ist jedoch nicht das Zertifikatesystem als solches, sondern die Verteilung der Emissionsrechte an die einzelnen Länder beziehungsweise die Festlegung des Basisniveaus für die Emissionsvermeidung in jedem einzelnen Land. Wenn es zu große Spielräume gibt, eine Erfüllung von Vermeidungsverpflichtungen durch *joint implementation* in einem anderen Land zu erreichen, wenn beispielsweise erlaubt ist, daß die USA ihre Vermeidungsverpflichtungen dadurch erfüllen, daß sie in Rußland energiesparende Maßnahmen finanzieren, so erreicht man auf diese Weise sicher nicht, was längerfristig angestrebt werden sollte, nämlich den weltweiten Übergang zu technologischen Strukturen, die es erlauben, insgesamt mit weniger CO_2-Emissionen auszukommen. Man kann dann diesem speziellen Entwurf eines Zertifikatesystems bescheinigen, daß es zu wenig Anreize setzt für die längerfristige Entwicklung CO_2 reduzierender Technologien. Dieser wichtige Kritikpunkt wird gerade von Ökonomen besonders hervorgehoben. Der zweite Punkt betrifft Ökosteuern als gleichfalls marktorientierte Alternative. Auch da ist es so, daß Ökonomen Ökosteuer-Reformkonzepte schon vor Jahren entwickelt haben. Auf den Ansatz von *Binswanger* und *Nutzinger* habe ich bereits hingewiesen. Nicht zuletzt hat auch eine vielbeachtete Studie des *Deutschen Instituts für Wirtschaftsforschung* dafür gesorgt, daß das Konzept der Ökosteuer Eingang fand in die politische Diskussion. Bei der politischen Umsetzung von in diese Richtung weisenden Reformvorschlägen tut man sich aber schwer. Es ist eine interessante Frage, die etwas aus dem Bereich der eigentlichen Ökonomie hinausführt, worauf diese Durchsetzungsschwierigkeiten zurückzuführen sind. Gemessen an den ursprünglichen Zielen bleibt auch die Koalitionsvereinbarung der rot-grünen Regierung hier weit hinter den ursprünglichen Zielen zurück. Ein Teil der Erklärung dafür, daß man sich in der politischen Praxis mit Ökosteuerreformkonzepten schwer tut, liegt sicher daran, daß das Problem der Konkurrenzfähigkeit der deutschen Industrie heute als wichtiger gilt als noch vor ein paar Jahren. Es gibt aber noch einen anderen möglichen Grund: Der augenblickliche Widerstand gegen eine umfassende Ökosteuerreform auf seiten der Wähler könnte durchaus seine Ursache darin haben, daß der einzelne Bürger nicht mehr sieht, welches für ihn relevante Umweltproblem auf diese Weise heute noch gelöst werden könnte. Vor zehn bis zwanzig Jahren, als viele umweltpolitische Maßnahmen erst in der Anlaufphase waren, mag dies anders gewesen sein. Das paßt auch gut zu dem, was Herr Schlögel über das in der Grundtendenz positive Staatsverständnis in Deutschland gesagt hat. In der Tat haben im Zusammenhang mit vielen Umweltproblemen die staatlichen Eingriffe hierzulande signifikante Erfolge gezeigt. Die Luftverschmutzung ist ebenso wie die Verunreinigung von Flüssen und Seen stark zurückgegangen. Das heißt natürlich nicht, daß alle Umweltprobleme gelöst sind und wir in der besten aller Welten leben. Diese anderen Umweltprobleme haben in der Regel allerdings die Eigenschaft, daß die Schadenseffekte vom Einzelnen weniger direkt spürbar sind und daß insgesamt eine geringere Transparenz im Hinblick auf die Ursache-Wirkungs-Beziehung besteht. Gerade der viel diskutierte

Treibhauseffekt ist hierfür ein gutes Beispiel. Zudem ist Deutschland hier nur ein Verursacher unter vielen.

Heid: Außerordentlich wichtig erscheint mir die Feststellung, daß dem einzelnen Bürger nicht transparent wird, welchen Nutzen er beispielsweise von einer ökologischen Steuer hat; er sieht nur die Nachteile, die damit verbunden sind: Die Preise werden steigen und so weiter. Aber die derzeitige Politikerkontroverse - unter Beteiligung führender Vertreter, wie wir zu sagen pflegen, „der Wirtschaft" - tragen nichts zur Vergrößerung wünschenswerter Transparenz bei. Im Gegenteil: das potentielle Interesse an Klarheit in dieser Frage wird durch Ängstigung ausgelöscht. Hier wäre ökonomischer Sachverstand gefordert. In einem analogen Fall haben vor allem amerikanische Wirtschaftswissenschaftler gezeigt, welche Bedeutung hohe Löhne für die Entwicklung der Arbeitsproduktivität in Deutschland und in anderen Industrieländern hatten. Hohe Löhne wurden und werden dramatisch verurteilt. Aber ohne hohe Löhne hätten wir eine wesentlich ungünstigere Produktivitätsentwicklung. Ich möchte noch einmal den Juristen ins Spiel bringen, und zwar mit folgender Frage: Rechtswissenschaftler *reagieren* ja nicht nur auf Gesetze, sondern wirken bei der Entwicklung von Gesetzen aktiv mit, erstellen Entwürfe oder beteiligen sich durch rechtswissenschaftliche Analysen. Was trägt der Umweltrechtler zur Weiterentwicklung von Konzepten zur Bewältigung von Umweltproblemen bei? Was ist diesbezüglich aktuell?

Hendler: Es ist völlig zutreffend, daß die Juristen Beiträge leisten zur Herstellung von Gesetzen. Aber diese Beiträge sind eher technischer Natur. Die Politik gibt das Ziel vor, und dann wird weiter gefragt, wie das Ziel rechtlich umgesetzt werden kann. Erst in diesem Stadium beginnt die Aufgabe des Juristen. Er bringt nicht eigene Ziele in den Gesetzgebungsprozeß ein, sondern ihm werden die Ziele vorgegeben. Sein Auftrag lautet, Vorschläge auszuarbeiten, wie sich durch rechtliche Regeln die vorgegebenen Ziele am besten verwirklichen lassen. Dies schließt nicht aus, daß der Jurist auch einmal persönliche Präferenzen in den Diskussionsprozeß einbringt. Aber letztlich ist er von den Zielvorstellungen der Politiker abhängig. Insofern ist der Beitrag, der vom Juristen zur inhaltlichen Ausgestaltung der Rechtsordnung im Sinne des Umweltschutzgedankens geleistet wird, verhältnismäßig schmal. Wenn die Politik dem Umweltschutz eine hohe Priorität einräumt, dann vermag der Jurist auch wirksame Beiträge zur Verbesserung des Umweltschutzes zu erbringen. Wenn er aber von der Politik gefragt wird, auf welche Weise andere Belange (etwa ökonomischer oder sozialer Art) stärker zur Geltung gebracht werden können, dann ist er ebenso gefordert, Vorschläge zu unterbreiten. Er kann vielleicht noch einmal seine persönliche Meinung einbringen und anregen, die ökologischen Belange nicht zu vernachlässigen. Aber wegen derartiger Ratschläge wird er nicht herangezogen, sondern den Politikern geht es um die Umsetzung ihrer Vorstellungen in ein rechtliches Regelwerk.

Wenn man von den derzeit bestehenden Vorstellungen in der Politik ausgeht, die der Ökologie durchaus noch einen verhältnismäßig hohen Rang einräumen, dann sind noch erhebliche Verbesserungen am Umweltschutz vorzunehmen. Dazu gehört insbesondere die Vereinfachung des Umweltrechts einschließlich der Beseitigung von Reibungsverlusten durch eine höhere Koordination der verschiedenen umweltrechtlichen Einzelregelungen. Dies könnte durch die Verabschiedung eines Umweltgesetzbuches geschehen. Entsprechende Vorschläge, an denen Rechtswissenschaftler maßgeblich mitgewirkt haben, liegen vor. Aber es ist nicht so, daß die Rechtswissenschaftler allein in der Lage wären, eine optimale Lösung für die rechtliche Regelung des Umweltschutzes zu entwerfen. Vielmehr sind sie dabei vor allem auch auf die Ökonomen angewiesen. Wir haben einige umweltrechtliche Instrumente erörtert, namentlich die Umweltzertifikate und die Umweltsteuern. Speziell bei den Umweltabgaben ist mir aufgefallen, daß diese von den Ökonomen als Alternative zum Ordnungsrecht anfangs stark propagiert worden sind. Kaum waren die ersten Umweltabgaben gesetzlich eingeführt worden (Abwasserabgabe, naturschutzrechtliche Ausgleichsabgabe, Wasserentnahmeentgelt etc.), da drehte sich der Wind in der Wirtschaftswissenschaft. Plötzlich traten immer mehr Ökonomen auf, die meinten, Umweltabgaben seien ein weniger geeignetes Instrument zur Lösung von Umweltproblemen. Teilweise wurde das Zertifikatsmodell favorisiert, aber eine Lösung, die in der Wirtschaftswissenschaft allgemein vertreten wird, eine Art herrschende Meinung, ist zur Zeit nicht erkennbar, so daß auch die Politik etwas ratlos zu sein scheint.

Heid: Zu den meistdiskutierten Fragen gehört die Diskrepanz zwischen Umweltwissen, Umweltbewußtsein und Umweltverhalten. Pädagogen neigen dazu, das als ein moralisches Problem zu interpretieren. Ich hege allergrößten Zweifel. Wie stellt sich das Problem aus der Sicht Ihrer Disziplinen oder Ihrer Fachkompetenz dar?

Schlögel: Theologisch gesprochen haben wir den Menschen immer auch als den, der schwach ist, klassisch theologisch: der auch Sünder oder auch die Fähigkeit zur Sünde hat und von daher auch immer in einer

Diskrepanz lebt zwischen Anspruch und Wirklichkeit. Aber ich glaube, wir haben hier auch einige spezifische Probleme, die schon angesprochen sind. Gerade im ökologischen Bereich fehlt die Kontrasterfahrung, wie ich es nenne, daß ich mich direkt ändern muß, daß mein Verhalten eben etwas bewirkt und daß es notwendig ist, daß sich hier etwas zu ändern hat, das ist der eine Punkt. Der zweite Punkt liegt in der Auffassung auch: Ich alleine kann ja ohnehin nichts bewegen; die sollen erst einmal bei den anderen anfangen, bei der Industrie, bei China, USA, Rußland, also den ganz großen Ländern und Regionen mit ihren Umweltproblemen. Dazu kommt noch ein dritter Punkt, der bei uns vorhanden ist, die Gesetzgebung. Wir sind sehr optimistisch in dem, was wir selbst tun, daß wir es richtig machen. In unserer persönlichen Lebensführung wollen wir keinerlei Eingriffe oder den eigenen Spielraum möglichst groß halten. Wir sind aber sehr pessimistisch, daß unser Nachbar es auch gut meint, und deswegen fordern wir für den immer stärkere gesetzliche Regelungen. Also nicht nur der einzelne, sondern gerade die im institutionellen Bereich Tätigen mißtrauen zutiefst anderen Institutionen und ähnliches. Ich glaube, das ist eine der Diskrepanzen, die sich gerade im Umweltbereich fokussieren, wo diese unterschiedlichen Punkte aufeinandertreffen.

Creuzburg: Die Naturwissenschaften sind heute in der Lage, vorausschauend zu urteilen. Es sind Szenarien erstellt worden von verschiedenen Instituten, sogar von Mineralölfirmen. Das geht nur mit naturwissenschaftlichen Methoden, insofern sind Naturwissenschaftler immer gefragt. Aber die Menschen, die dahinterstehen, sind ja die eigentliche Triebkraft. Wir brauchen nur mal von der Familie und vom Arbeitsplatz auszugehen. Wenn ich heute sehe, daß an der Universität die Mehrzahl der Wasserspülungen ohne Wasserstop funktioniert, dann verstehe ich nicht, wo wir eigentlich stehen. Und ein Generaldirektor, der Energie verschleudert, tut das sicher auch zu Hause. Wenn er es zu Hause nicht täte, würde er darauf achten, daß es in seiner Firma auch nicht passiert. Das sind die individuellen Kopplungen, die für ganz große Entscheidungen immer wichtig sind. Ich wollte eigentlich auch auf das Nationale noch eingehen. Herr Buchholz, Sie sagten, Deutschland stehe gar nicht so schlecht da und so weiter. Wir haben überhaupt keinen Grund, uns auf die Schulter zu klopfen. Deutschland ist das einzige Land ohne Geschwindigkeitsbeschränkung. Deutschland hat die niedrigsten Energiesteuern. Es besteht keine Veranlassung, Deutschland mit Amerika zu vergleichen, weil es noch schlechter sei. Wir haben großartige Beispiele aus der deutschen Wirtschaft. Die wirklich wirtschaftlich argumentierende und operierende Windenergie ist ein Beispiel dafür, daß es auch anders geht. Die ganzen Exportmöglichkeiten der Umwelttechnologien, die in Deutschland selbst unter den erschwerten Rahmenbedingungen, die wir in Deutschland immer noch haben, groß geworden sind, können also Deutschland in eine Beispielrolle bringen, die wir alle brauchen. Eine Beispielrolle und nicht eine juristisch abgesicherte europäische *dead-lock*-Situation, wie wir sie immer vorgehalten bekommen. „Wir dürfen ja nicht, weil das den Wettbewerb verzerrt..." oder andere juristische Spitzfindigkeiten. Deutschland ist nicht Hauptverursacher der ökologischen Krise, das ist richtig. Aber wir sind ein Staat, der es sich leisten kann, auch vorauszudenken und voraus zu investieren und nicht nur den *status quo* unbedingt zu zementieren.

Hendler: Zum Thema Windenergie, Herr Creuzburg. Da scheinen die Widerstände aber gar nicht so sehr aus bestimmten ökologiefernen Interessenkreisen der Politik zu kommen als vielmehr von den Ökologen selbst. Die Politik hat ja durch das Stromeinspeisungsgesetz günstige wirtschaftliche Bedingungen für die Entwicklung der Windenergie geschaffen. Man kann einwenden, die Bedingungen könnten noch günstiger sein. Aber das ist nicht die Frage, die mich hier zur Intervention veranlaßt hat. Der Hauptwiderstand gegenüber der Windenergie kommt jetzt von den Naturschützern, die sich dagegen wehren, daß die gesetzlich eröffneten relativ günstigen wirtschaftlichen Möglichkeiten für die Windenergie auch genutzt werden.

Buchholz: Ja gut, aber Herr *Binswanger* war entscheidend daran beteiligt, in der deutschsprachigen Ökonomie den Umweltgedanken in die Diskussion einzuführen. Sie, Herr Creuzburg, haben bei Ihrer Argumentation, genauso wie ich zuvor, ethische Motive in den Mittelpunkt der Betrachtung gestellt und daraus die Forderung abgeleitet, Deutschland solle im Umweltschutz eine Vorreiterrolle spielen. Im Gegensatz zu anderen ärmeren Staaten könnten wir uns das schließlich leisten. Bei einer solchen Argumentation ist schon vorausgesetzt, daß viele umweltpolitische Maßnahmen *nicht unmittelbar* den Bürgern unseres Landes zugute kommen. Wäre dies anders, bräuchten wir keine Vorreiterrolle, wir würden einfach für den Umweltschutz sorgen, der den Nutzen der Bürger erhöht. In Ihrer Sicht der Dinge geht es vielmehr um so etwas wie eine nachhaltige Entwicklung, deren positive Erträge erst in weiter Zukunft und möglicherweise an ganz anderer Stelle auf dem Globus realisiert werden. Ethische Motive, die das Nachhaltigkeitspostulat stützen, fallen aber nicht vom Himmel, sondern müssen aktiviert und stabilisiert werden. Insbesondere wäre dazu erforderlich, daß die ethischen Zielsetzungen viel deutlicher mit langfristigem Eigeninteresse in Verbindung gebracht werden. Da, denke ich, hat die Politik eine gewisse Führungsaufgabe, die sie aber nicht hinreichend wahrnimmt. Um ganz konkret zurückzukommen auf die aktuelle Ökosteuerdebatte, so liegt ein Problem sicher darin, daß es auch rot-grünen Politikern nicht gelingt, solche langfristigen Zielsetzungen, das heißt vor allem die Schaffung von Anreizen zur Entwicklung neuer energiesparender Technologien, den Wählern wirklich zu vermitteln. Daß wir auf diese Weise auch etwas für die Dritte Welt tun und gleichzeitig die Exportchancen unser Industrien im Bereich solcher alternativer Technologien steigern können, ist als Argument in der politischen Diskussion zur Zeit viel zu wenig präsent. Gerade diese Argumentationsdefizite sind sicherlich nicht den Ökonomen anzulasten, sondern den Vertretern einer ökologischen Politik, die in den Parlamenten sitzen.

Heid: Einspruch von Herrn Creuzburg?

Creuzburg: Es ist angesprochen worden, daß ein Widerspruch zwischen Umweltschutz und Naturschutz bestehe. Man muß da sehr aufmerksam sein, wer das sagt, auch mit dem Wort „öko". Der größte Ökologe in Bayern ist das *Bayernwerk* mit seinen Sonnenreklametafeln. Das ist eine sehr wirksame Verdummungskampagne, auf die die Bürger reinfallen. Oben wurde mit Recht beklagt, daß der Bürger nicht sieht, was durch die Ökosteuerreform gelöst werden kann. Offenbar sieht er die Probleme nicht, die längerfristig auch auf die Wirtschaft zukommen. Man redet ihm ein, daß Expansion oberstes Ziel und Allheilmittel ist. Die Autoindustrie ist ja in Deutschland so wunderbar expansiv. Sie war vor dreißig Jahren in Amerika das Goldene Kalb, jetzt haben wir es übernommen. Wesentlich mehr als dreißig Millionen Autos auf den Straßen Deutschlands führen zum Infarkt, aber wohin sollen wir exportieren, mit unseren hohen Löhnen? Ich hatte von der Windenergie gesprochen als Beispiel eines Exportschlagers. Jetzt könnten wir unsere Autoindustrie umfunktionieren als Kraft-Wärmeindustrie, da ist ein riesiges Potential, auch für den Export. Ich will damit sagen, daß die moderne Technologie Impulse braucht und geben und sich bei der Bevölkerung artikulieren muß. Die Bürger müssen merken, was sie davon haben, sie müssen besser aufgeklärt werden. Wenn man in die Schulen geht, ist man oft überrascht, wieviele gute Ansätze - trotz mangelnder Unterstützung mancher Schulverwaltungen - von vielen Lehrern und Schülern das ökologische Bewußtsein der Heranwachsenden fördern. Dies ist der entscheidende

Ansatzpunkt, daß man die Ökologie, da es an der Universität offensichtlich zu spät ist, in den Schulen anfangen läßt. In der einzelnen Familie ist dies sowieso schwierig, aber die Schulen haben die Möglichkeit und die Verpflichtung, diesen Aspekt weiterhin zu fördern, denn er droht zu versinken. Die Ölkrise ist längst vorbei, es gibt kein Energieproblem in dem Bewußtsein der durchschnittlichen Bevölkerung, und das ist das Problem.

Heid: Alles Themen, die in Wahlkämpfen und Parteienstreitigkeiten eine höchst fragwürdige Rolle spielen. Dabei mag es um Vieles und Wichtiges gehen, nur um das, was in Fest- oder Programmreden *abstrakt* beschworen wird, darum geht es nicht: beispielsweise um vernetztes oder ursachenbezogenes Denken und Handeln, um langfristige und weltweite Planungshorizonte oder gar um die Mündigkeit der Bürger, die solides Wissen zur notwendigen Voraussetzung hätte.

Freilich gibt es in der Sache begründete Paradoxien, und es geht auch nicht ohne Güterabwägungen. Aber gerade darin finden auch interessenstrategische Argumentationsverzerrungen ihr Element. Ich nenne Beispiele. Solange Jugendliche oder Haushalte lernen, den Abfall zu entsorgen, um so sorgloser kann die Industrie den Abfall produzieren, der der Entsorgung bedarf. Ist die Entwicklung einer Umwelt- beziehungsweise Entsorgungsindustrie nicht darauf angewiesen, daß etwas Entsorgungsbedürftiges produziert wird? Es gibt fast keine Dummheit oder keinen Unsinn in dieser Welt, der nicht damit gerechtfertigt werden könnte, daß daduch Arbeitsplätze geschaffen würden.

Buchholz: Wenn neue Branchen entstehen, bilden sich unvermeidlicherweise auch neue Interessengruppen. Die eigentliche Frage geht vielmehr dahin, unter welchen Bedingungen zu solchen Interessengruppen, die sich an wirtschaftlichen Zielsetzungen orientieren, Gegengruppen, etwa im ökologischen Bereich, entstehen. Das ist eine schwierige Frage, die eher der Politikwissenschaft zuzuordnen ist. Das zweite Argument mit den Arbeitsplätzen wird sicherlich oft ideologisch mißbraucht, um Forderungen nach einem weiterreichenden Umweltschutz auf möglichst einfache Weise abzuwehren. Aus der Sicht der Ökonomie ist die Angelegenheit im Kern allerdings nicht allzu problematisch: Wenn ein allgemeines Bedürfnis besteht, daß gewisse Aktivitäten, hier eben solche, die umweltschädigend sind, reduziert werden, wird zwar kurzfristig die Arbeitslosigkeit steigen, aber dies ist nur ein Zwischenschritt bei einer Umstrukturierung der Wirtschaft, wie sie im Prinzip immer stattfindet. Aus welchen Gründen diese Umstrukturierung erfolgt, ist im Hinblick auf dieses

Argument zweitrangig. Wichtig ist vielmehr, daß Inflexibilitäten, die einer Umstrukturierung entgegenstehen, vermindert werden, so daß der Veränderungsprozeß reibungslos verläuft und nicht mit einer zu hohen transitorischen Arbeitslosigkeit verbunden ist. Dieses im Kern wirklich ziemlich unschuldige Argument in einer Situation vorzubringen, in der aus Gründen, die mit Umweltschutz wirklich nichts zu tun haben, die Sockelarbeitslosigkeit sehr hoch ist, ist natürlich sehr problematisch.

Heid: Noch eine letzte Runde: Was ist unter dem Stichwort "Ökologische Kompetenz" besonders wichtig, wo spielt die Musik der Umwelttheologie, der Umweltökonomie, des Umweltrechts und der Physik?

Schlögel: Ich kann von meinem Fachgebiet aus auf zwei Punkte hinweisen. Das eine kann ich analog zu dem sagen, was Herr Creuzburg vorgebracht hat: Wer sich heute mit der Ökologie beschäftigt, der ist nicht an einem *event* beteiligt, sondern an einer ganz mühsamen Kleinarbeit und das spüren wir gerade anhand dieser Diskussion mit ihren vielen einzelnen Facetten. Deshalb versuchen die Kirchen das Thema „nachhaltige Entwicklung" und was damit verbunden ist: die „Retinität", die Vernetzung, auf den verschiedenen Ebenen ins Bewußtsein zu heben. Dies ist eine Chance der Kirchen aufgrund ihrer weltweiten Präsenz. Allerdings können Sie nur einen begrenzten Beitrag leisten. Sie sind nur eine Stimme im Gesamtkonzert, und andere haben kräftigere oder mächtigere Stimmen.

Das zweite, und das ist mir aufgrund des Gesprächs wieder deutlich geworden: es ist wichtig, auf die jeweilige Sachkompetenz des anderen zu achten. Denn wir stellen hier fest – wie bei vielen anderen Themen auch –, daß in einer Öffentlichkeit, wo viele Probleme sehr komplex sind, diejenigen, die etwas zugespitzt formulieren und sehr vereinfachen können, die Chance haben, ihre Botschaft vermitteln und „rüberzubekommen". Es ist zum Beispiel, was die Umweltthematik angeht, eine Fehlentwicklung, daß sie sich jetzt im Augenblick nur auf die Frage „Atomkraft raus" und „wann" konzentriert, oder die sechs Pfennig mehr für Benzin. Das ist deshalb so, weil viele langfristigere Themen, die angesprochen werden müßten prinzipieller Art – wie die Gerechtigkeitsfragen weltweit und ähnliches –, völlig ausgeklammert werden. Wir an der Universität bewegen uns nur auf einem begrenzten Segment. Jede und jeder kann nur in ihrem beziehungsweise seinem Bereich versuchen, einen Beitrag zu leisten. Aus dem wissenschaftlichen Bereich sehen wir, wie eingeschränkt unsere Möglichkeiten dazu sind.

Buchholz: Ich möchte zunächst einmal auf ein Argument von Ihnen konkret eingehen. Ich denke, daß die Atomdebatte, die wir zur Zeit haben, extrem verhängnisvoll ist. Und zwar in dem Sinne, daß der implizite Konsens, irgendwann einmal aus der Atomenergie auszusteigen, aufgekündigt wurde, so daß jetzt das gesamte Problem der Atomenergie neu verhandelt zu werden scheint. Es gab ja in letzter Zeit auch Stimmen, die nicht den Ausstieg, sondern eine Art Wiedereinstieg forderten. Auch in der Politik können Schüsse nach hinten losgehen. Das scheint mir zur Zeit in der Umweltpolitik eine große Gefahr zu sein. Zu Ihrer eigentlichen Frage: Es klingt zwar ein bißchen nach Schlagwort, aber ich glaube, daß in Zukunft eine Globalisierung auch im Bereich der Umweltpolitik ganz wichtig werden wird. Dem sich globalisierenden Markt müssen Institutionen gegenübergestellt werden, die dafür sorgen können, daß der sich immer weiter ausdehnende freie Markt gerade im Umweltbereich nicht zu katastrophalen Entwicklungen führt. Dies ist kein gegen die Ökonomie gerichtetes Argument, sondern einfach die Übertragung dessen, was man in der Umweltökonomie schon immer sagt, auf den Weltmaßstab. Bei solchen Institutionen geht es zum einen sicher um internationale Abmachungen zwischen Staaten, zum anderen aber auch um andere Formen von Bürgerbewegungen. Was zu wünschen ist, sind internationale Umweltbewegungen. Hierfür liefert Greenpeace heute schon ein Beispiel. Bilden sich solche Gruppierungen, kann sich auch ein völlig neues Verständnis der Umweltproblematik ergeben, das genau in die Richtung zielt, die Herr Creuzburg skizziert hat, nämlich daß sich alle Bürger der Welt als Solidargemeinschaft begreifen, die sich als solche um langfristige Umweltschutzziele kümmern muß. Möglicherweise kann über eine solche Internationalisierung von Umweltbewegungen auch eine Solidarisierung auf anderen Ebenen erfolgen, und zwar dadurch, daß man über das Umweltziel das Gefühl bekommt, daß alle letztlich in einem Boot sitzen. Dadurch könnte eine weltweite Solidarität, was die Verteilung angeht, in einem positiveren Licht erscheinen als heute, das heißt, ich kann mir vorstellen, daß sich durch die weltweite Verbreitung des Umweltschutzgedankens auch in dem Bereich Verbesserungen ergeben könnten, den man klassischerweise mit Entwicklungshilfe bezeichnet. Dies ist natürlich eine sehr optimistische Erwartung.

Hendler: Ein Thema haben wir noch nicht angesprochen, und zwar das Verhältnis von Bevölkerungswachstum und Ökologie. Ist das Bevölkerungswachstum eine große Gefahr für die Ökologie oder wird die Gefahr überschätzt? Wenn es hier nicht um Überschätzung gehen sollte, dann habe ich das Gefühl, daß in der Politik so etwas wie Ohnmacht gegenüber diesem Phänomen besteht. Aber ob wir darüber jetzt noch sprechen können, ist eine andere Frage.

Wir waren aufgefordert worden, abschließend noch einmal über ökologische Kompetenz nachzudenken. Ich meine, daß darunter die Fähigkeit zu verstehen ist, bei Handlungen und Entscheidungen die ökologischen Auswirkungen zu erkennen und mitzubedenken. Aber ob man sie erkennen kann oder nicht, das ist vor allem auch eine Frage des Niveaus der Naturwissenschaften, die hier eine sehr große Bedeutung und Verantwortung besitzen.

Zur gegenwärtigen Lage der Politik nur noch eine Bemerkung: Es ist in der Tat gegenwärtig besonders auffällig, daß die Qualität der Politik daran gemessen wird, welche akuten Auswirkungen sich für das private Budget ergeben. Kaum wird ein Vorschlag unterbreitet, wird sofort krämerhaft durchgerechnet, wie er sich auf die persönlichen wirtschaftlichen Verhältnisse auswirkt. Ich habe dafür zwar einiges Verständnis bei denjenigen, die mit einem knappen privaten Budget auskommen müssen. Im übrigen aber meine ich, daß die mittel- und langfristigen Folgen politischer Maßnahmen bei den mit großem Eifer durchgeführten Rechenarbeiten stärker mitbedacht werden sollten.

Heid: Ich danke Ihnen für dieses Gespräch.

ERNST-H. HOFF,
JENS WALTER

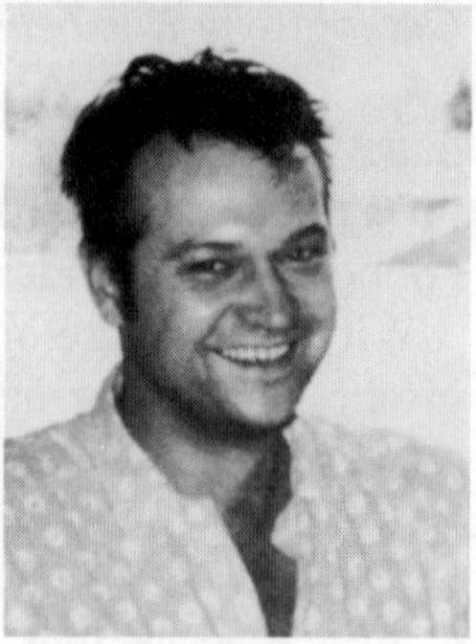

Wie wirksam ist das eigene Umwelthandeln? Ökologische Kontrollvorstellungen zu individuellem und kollektivem Handeln

1. Einleitung: Zur Diskrepanz von Bewußtsein und Handeln

Von einer Kluft zwischen Denken und Tun, einer Unabhängigkeit von Einstellung und Verhalten oder einer Diskrepanz zwischen Wissen und Handeln ist nicht nur in der Wissenschaft, sondern auch im Alltag häufig die Rede. Die Diskussion über Umweltbewußtsein und Umwelthandeln kann dafür als exemplarisch gelten. Auch mit Blick auf die im Titel dieses Jahrbuchs genannte umfassende „ökologische Kompetenz" stellt sich die Frage, ob und wann sie tatsächlich in Handeln umgesetzt wird. Auf wissenschaftlicher Ebene, in der Umweltbewußtseinsforschung, wird eine Diskrepanz weitgehend als generelles Faktum, geradezu als Regel akzeptiert. Es gibt allerdings einen Mangel an befriedigenden Erklärungen für den Befund fehlender oder sehr schwacher Zusammenhänge zwischen Indikatoren zum Bewußtsein und solchen zum Handeln. Unklar bleibt, welche spezifischen Formen von Bewußtsein unter welchen Bedingungen zu welchen Arten von Handeln führen (oder gerade nicht führen) und wie sich solche Formen entwickeln. Nicht sehr klar sind bereits von vornherein die Merkmalsbereiche und ihre Erfassung in den empirischen Studien, so daß deren Befunde möglicherweise eher als Artefakte und nicht als Belege einer generellen Unabhängigkeit beziehungsweise Diskrepanz interpretierbar sind.

Eigentlich weiß man nicht sehr genau, was man untersucht, was also wirklich mit Bewußtsein und was mit Handeln gemeint ist. Hier setzen unsere eigenen Überlegungen ein. Mit Hilfe eines Konzeptes zu unterschiedlichen Kontrollvorstellungen und Arten des Handelns läßt sich genauer angeben, wie und warum es zu spezifischen Diskrepanzen kommen kann oder gar kommen muß.

Unter Kontrollvorstellungen versteht man im Rahmen der darauf bezogenen (kontroll-)psychologischen Forschungstraditionen die Sichtweisen und Erklärungen des menschlichen, vor allem des eigenen Verhaltens beziehungsweise Handelns, die bei Personen in unterschiedlicher Weise anzutreffen sind. Während das menschliche Handeln ganz allgemein aus der wissenschaftlichen Außenperspektive handlungstheoretisch betrachtet wird, richten sich also die subjektiven Erklärungen im Alltag aus der Innenperspektive auf das eigene Handeln und die eigene Handlungskompetenz. Hier wie dort geht es aber um zum Teil ähnliche Fragen nach Freiheitsgraden, nach Handlungschancen und ihrer Nutzung, nach den inneren Kompetenzen und äußeren Barrieren bei der Realisierung von Absichten oder Zielen et cetera. Das gilt auch für *ökologische* Kontrollvorstellungen, die das ökologische Handeln und die ökologische Handlungskompetenz betreffen. Solche Vorstellungen können sich ebenfalls auf die Kluft zwischen dem (eigenen) Umweltbewußtsein beziehungsweise der „besseren Einsicht" einerseits und dem Umwelthandeln beziehungsweise dem Unterlassen von Handeln andererseits beziehen (zur Systematik von Handeln und Nicht-Handeln bzw. Unterlassen vgl. z.B. *Brennenstuhl* 1980). Man kann sie theoretisch als Bindeglied zwischen Bewußtsein und Handeln verstehen.

Ein erster Bestandteil dessen, was mit dem sehr weiten Begriff „Bewußtsein" gemeint ist, kann präziser als Sicht oder Verständnis der ökologischen Probleme per se, ihrer Entstehung, Beschaffenheit und Komplexität charakterisiert werden. Diesen ersten Teil bezeichnen wir auch als ökologisches Denken beziehungsweise Strukturwissen; darauf gehen wir hier nur am Rande, nämlich als Ausgangspunkt für unterschiedliche Kontrollvorstellungen ein (dazu ausführlich *Lecher* 1997). Der zweite, davon analytisch unterscheidbare Teil von Bewußtsein umfaßt die Kontrollvorstellungen. Hier geht es um die Konsequenzen, die sich aus den unterschiedlich verstandenen Problemlagen für deren Lösung durch menschliches Handeln ergeben. Soweit dabei auch über *eigenes* Handeln nachgedacht wird, kann man aber nicht bloß von einem Teil des Bewußtseins, sondern zugleich schon von einem Teil des Handelns selbst, gewissermaßen von dessen innerer Vorwegnahme und Vorbereitung sprechen. Unterschiedliche Wünsche, Ziele, innere Verpflichtungen, Absichten und so weiter können (unter Umständen gegeneinander) abgewogen, Realisationsmöglichkeiten angesichts innerer Kompetenzen und äußerer Einflüsse geprüft und Alternativen durchgespielt werden. Außerdem können die mehr oder minder starke Wirksamkeit von Handeln sowie denkbare Folgen antizipiert werden. Gleichgültig, wie reflektiert alle derartigen Einschätzungen sein mögen und welche emotionalen Tönungen sie aufweisen: sie sind Voraussetzung für die Realisierung einer Handlung oder für ihre Unterlassung. Bewußtsein und Handeln *überschneiden* sich also in den Kontrollvorstellungen; man kann sie kaum als *realiter* voneinander unabhängige Phänomene begreifen, und schon von daher macht die These einer ganz generellen Kluft wenig Sinn.

Aus diesen Vorüberlegungen ergibt sich, daß unser Beitrag nicht nur Kontrollvorstellungen, also die Ebene subjektiver Vorstellungen über Handeln betrifft und damit an kontrollpsychologische Traditionen (z. B. *sensu Rotter* 1966; oder im Sinne der attributionstheoretischen Forschung) anschließt. Er betrifft ebenso die Ebene des Handelns selbst und kann auch als Beitrag zur Weiterentwicklung handlungspsychologischer Konzepte (ähnlich wie bei *v. Cranach* 1994) gelesen werden. Kontroll- und handlungspsychologische Perspektiven werden also zusammengeführt (vgl. dazu auch *Preiser* 1988; *Skinner* 1995).

Ein Hauptproblem psychologischer Handlungstheorien (im Gegensatz zu soziologischen Theorien: z.B. *Habermas* 1981; *Joas* 1992), auf das wir noch zu Beginn hinweisen wollen, besteht in ihrer strikt teleologischen Ausrichtung, ihrer Konzentration auf zweckrationales, zielgerichtetes Handeln (*v. Cranach* 1994) und vor allem: in ihrer monadischen Fixierung auf jene Handlungseinheit, die ihren Ausgang stets nur von einem einzigen Akteur nimmt - dies auch noch dann, wenn der Gegenstand des Handelns sowie dessen „Einbettung" als sozial bezeichnet werden. Im Rahmen psychologischer Theorien wird auch das Handeln von Gruppen letztlich nach dem Modell der individuellen Handlungseinheit betrachtet. Was die Ebene der subjektiven Sichtweisen anbelangt, so geraten neuerdings neben Vorstellungen zur individuellen Kontrolle oder „Selbstwirksamkeit" zwar auch solche zur kollektiven Wirksamkeit in den Blick (*Bandura* 1995), aber insgesamt dominiert auch in diesem Forschungsbereich eine individuumzentrierte Perspektive. Eine solche Perspektive war zunächst auch bei der Entwicklung eines ersten Konzeptes zu ökologischen Kontrollvorstellungen bestimmend, das gleich (in Abschn. 2) skizziert werden soll. Erst durch Probleme der empirischen Umsetzung, auf die wir anschließend (in Abschn. 3) eingehen, sind wir darauf aufmerksam geworden, daß individuelles Handeln vielfach zugleich als kollektives betrachtet werden muß. Unser theoretisches Konzept ist deshalb vor allem mit Blick auf entsprechende, bislang in der Literatur noch nicht behandelte Handlungstypen erweitert worden (vgl. dazu Abschn. 4).

2. Ein vorläufiges Konzept zu ökologischen Kontrollvorstellungen

Im Anschluß an die wichtigsten kontrollpsychologischen Traditionen (*Rotter* 1966, *Levenson* 1974, *Skinner* 1995, im deutschsprachigen Raum vgl. *Krampen* 1987, *Flammer* 1990) und an eigene frühere Arbeiten (*Hoff* 1982, 1986, *Hohner* 1987, *Hoff/Hohner* 1992, *Hoff u.a.* 1991) haben wir zuerst zwischen folgenden Sichtweisen beziehungsweise Niveaus ökologischer Kontrollvorstellungen unterschieden (dazu und zu allen folgenden Schritten vgl. auch den ausführlichen Forschungsbericht von *Hoff/Walter* 1996):

Wenn Personen auf einem *fatalistischen Niveau* Umweltprobleme überhaupt wahrnehmen, so gehen sie von deren Unerklärbarkeit, Unvorhersehbarkeit, Unberechenbarkeit und Unbeeinflußbarkeit aus. Entsprechend gilt auch eigenes Verhalten zur Lösung solcher Probleme als irrelevant und dem Zufall unterworfen. Die ökologischen Kontrollvorstellungen auf diesem Niveau folgen gewissermaßen dem Motto: „Ich kann ja doch nichts tun - das ist eben Schicksal, und vielleicht haben wir ja doch noch Glück", eventuell noch mit dem externalen Zusatz: „Es hätte ja doch keinen Zweck, wenn ich als kleines Rädchen im Getriebe etwas täte".

Auf *deterministischem Niveau* ist die Problemsicht monokausal oder multikausal (bzw. mit Blick auf die Folgen: monofinal oder multifinal). Entsprechend richten sich auch die ökologischen Kontrollvorstellungen auf Lösungen, die bei einzelnen Ursachen ansetzen, oder der deterministische Blick fällt auf die Beseitigung einzelner Folgen beziehungsweise auf menschliche Eingriffe am Ende von Folgeketten. In den ökologischen Diskussionen spricht man auch von einem *end-of-pipe*-Denken. *Monokausale externale* Vorstellungen können etwa derart geäußert werden, daß mächtige andere Personen oder Institutionen als Instanzen zur Lösung von Umweltproblemen jenseits der ganz persönlichen Umwelt genannt werden - nach dem Motto: „Da kann ich als einzelner nichts tun, da ist die Unternehmensleitung, da sind die Politiker, da sind die Gesetzgeber zuständig". Dabei mag der Verweis auf andere Personen oder Kräfte vor allem zur Erläuterung und Legitimation der eigenen Untätigkeit dienen; oder externale Attributionen richten sich auf die Determination des eigenen Verhaltens: beispielsweise indem von Politikern erwartet wird, daß sie Gesetze schaffen, an denen dann das eigene Verhalten ausgerichtet werden muß. Daneben ist bei denselben Personen denkbar, daß zugleich *internale* Kontrollvorstellungen systematisch auf persönliche Problemlösungen in der nahen Umwelt gerichtet sind (z. B. auf die eigene Fähigkeit oder den eigenen Willen zur Mülltrennung im eigenen Haushalt). Differenzierter erscheint schließlich die Sicht einer *multikausalen* Problembewältigung, bei der interne und externe Kräfte auf dasselbe Ziel gerichtet sind und kumulativ wirksam werden (Beispiel: Die Lösung ökologischer Schwierigkeiten mit der Mülldeponie wird darin gesehen, daß eigenes, individuelles Verhalten im Haushalt zusammenkommen muß mit einer veränderten Strategie der Abfallbeseitigung im Industriebetrieb X, mit kommunalen Maßnahmen etc.).

Auf einem *Niveau*, das wir als *interaktionistisch* bezeichnet haben, richtet sich bereits die Problemsicht auf eine Fülle von Wechselwirkungen innerhalb von Systemen und zwischen ihnen (zur genauen Beschreibung *Lecher* 1997). Folglich werden auch Wechselwirkungen zwischen eigenen (inneren) und äußeren Kräften bei der Lösung von Umweltproblemen in Betracht gezogen. So bezieht man zum Beispiel die äußeren Widerstände, die der Realisierung eigenen Umwelthandelns im Wege stehen, kausal auf die inneren Faktoren - etwa als Ursache einer besonderen Mobilisierung von persönlicher Energie - was dann wieder zur Überwindung dieser Barrieren führen kann et cetera. Dort wo der einzelne zunächst ohnmächtig erscheint, wird nach Möglichkeiten gesucht, wie individuelle Energie in kollektives Handeln eingebracht werden kann.

Eine Vorstellung von kollektivem Handeln haben wir also zunächst ausschließlich im Rahmen des interaktionistischen Vorstellungsmusters für möglich gehalten. Das hat sich - wie gleich erläutert werden soll - später als falsch herausgestellt.

3. Probleme der empirischen Umsetzung

Wir haben nun etliche Fragen zu diesen Formen von ökologischen Kontrollvorstellungen entwickelt, die in einen umfassenderen Interviewleitfaden zur Ermittlung des ökologischen Verantwortungsbewußtseins von erwerbstätigen Erwachsenen eingefügt worden sind (*Lecher u.a.* 1992). Bei den inhaltsanalytischen Auswertungen von Interviews mit circa siebzig Beschäftigten aus unterschiedlichen Industriebetrieben sind wir auf Schwierigkeiten gestoßen, die erhebliche Zweifel an der Güte unserer eben skizzierten Klassifikation aufgeworfen haben. Vor allem fiel es schwer, Personen anhand einer Vielzahl einzelner Kontrollvorstellungen einem der beschriebenen Niveaus wirklich klar zuzuordnen; denn diese einzelnen Kontrollvorstellungen ein- und derselben Person waren in einigen Fällen kaum identifizierbar, und in anderen Fällen schienen sie inkonsistent, ja geradezu widersprüchlich zu sein.

Eine *erste Problemkonstellation* sah folgendermaßen aus: Manche Befragte äußerten sich zunächst eher optimistisch. Sie hielten eine eigene Einflußnahme (z.B. auf Probleme wie die Müllreduzierung) für möglich und eigenes Umwelthandeln für sinnvoll (internale Kontrollvorstellungen). Dieselben Personen gaben jedoch später fatalistisch oder external begründete resignative Einschätzungen ab - etwa nach dem Motto, letztlich habe ja doch alles keinen Zweck. Solche oder ähnliche Kombinationen zum Beispiel auch von interaktionistischen mit fatalistischen Vorstellungen waren in der ursprünglichen, eben dargestellten Klassifikation nicht vorgesehen und nicht einzuordnen. In einer Terminologie, die *Skinner u.a.* (1988, vgl. auch *Skinner* 1995) im Anschluß an *Bandura* (1982) vorgeschlagen haben, könnte man dieses Problem auch in folgender Weise beschreiben: Wenn Personen ihre Aufmerksamkeit auf die Relation von Akteur und Handlung beziehungsweise auf die Frage richten, ob sie selbst in der Lage seien, ein bestimmtes ökologisches Handeln durchzuführen, so mag es sein, daß sie ihre diesbezügliche *agency* hoch einschätzen (und internal oder interaktionistisch urteilen). Richten sie dagegen ihre Aufmerksamkeit auf die Relation von Handlung und Handlungsfolgen, so mag es sein, daß sie die Effektivität *(means-ends) gering* einschätzen, weil sie glauben, daß externe Kräfte eine Zielerreichung verhindern, daß die Umweltprobleme unlösbar oder daß fortgeschrittene, katastrophenartige Prozesse nicht mehr aufhaltbar seien.

Wir wollen nun aber ein konkretes Beispiel anführen, um zu zeigen, daß diese Differenzierung vielleicht in einem ersten Schritt sinnvoll sein mag, aber noch nicht den theoretisch zentralen Punkt trifft, den wir bei einer erweiterten Konzeption ökologischer Kontrollvorstellungen berücksichtigen müssen: Personen können zum Beispiel darauf verweisen, daß sie in der Lage seien (*agency*), Plastiktüten beim Einkauf abzulehnen, weiter: daß sie tatsächlich so handelten und das für sinnvoll hielten. Zugleich sind sie aber möglicherweise fest davon überzeugt, daß dies „aufs Ganze gesehen" doch nichts bringe (*means-ends*), da die Verpackungs- und Müllproblematik enorme Ausmaße angenommen habe. Das Problem deutet sich hier (und in ähnlicher Weise häufig in unseren Interviews) in der Formulierung „aufs

Ganze gesehen" oder in dem angeführten Motto „*letztlich* habe ja doch alles keinen Zweck" bereits an. Aufgrund der Komplexität der meisten ökologischen Problemlagen entfernen sich konkrete Handlung und Handlungsziel scheinbar voneinander. So ist der *agency*-Bezugspunkt die ganz konkrete Handlung des einzelnen Subjekts: sich beim Einkaufen keine Plastiktasche geben zu lassen. Das läßt sich mit Bezug auf handlungstheoretische Konzepte (in der Arbeitspsychologie: *Hacker* 1973, 1986, *Volpert* 1974, 1983, *Oesterreich* 1981) noch genauer analysieren: Die betreffende Person (Akteur) will keine Einwegplastiktüten mehr verwenden (Ziel), um unnötigen Müll zu vermeiden (Motivation). Um im Geschäft eine Plastiktüte ablehnen zu können (konkrete Handlung), muß sie eine Einkaufstasche oder ähnliches von zu Hause mitnehmen, gegebenenfalls anschaffen (Handlungsvoraussetzung, Teilhandlung). Damit ist eine vollständige Handlung beschrieben, bei der konkrete Aktion und Zielerreichung auf *demselben Abstraktionsniveau* liegen. Das im Beispiel jedoch implizit genannte Ziel, nämlich die Müllprobleme *insgesamt* in den Griff zu bekommen, liegt auf einem deutlich *höheren Aggregationsniveau*. Insofern ist es nur logisch, daß es hier zu einem Auseinanderklaffen von *agency* und *means-end* kommt. Was in dem Beispiel ebenso wie in entsprechenden Interviewäußerungen fehlt, sind Informationen über die vermittelnden Glieder, über die gedankliche Kette von den individuellen Handlungen, zu denen sich einzelne Akteure imstande sehen (oder nicht) und den Handlungszielen auf überindividuellen Ebenen. Auf diesen entscheidenden Punkt, der unten genauer ausgeführt wird, sollte ein erweitertes Konzept gerichtet sein.

In der Terminologie von *Skinner u.a.* läßt sich die gleichsam komplementäre, *zweite Problemkonstellation* so beschreiben, daß nun zwar eine positive *means-ends*-Vorstellung derart vorliegen mag, daß Mittel und Wege zu einer unter Umständen höchst effizienten Bewältigung von Umweltproblemen gesehen werden, daß aber zugleich eine negative *agency*-Vorstellung vorliegt, bei der Personen sich selbst ohnmächtig fühlen beziehungsweise nicht in der Lage sehen, entsprechend zu handeln. Auch darauf sind wir in unseren Interviews gestoßen. Diese Konstellation scheint noch einigermaßen durch unsere Beschreibung der monokausalen Kontrollvorstellungen auf dem deterministischen Niveau in unserer Klassifikation abgedeckt zu sein. Hier würden Personen sinngemäß argumentieren: „Was das Problem X anbelangt, kann ich selbst gar nichts machen; aber das ist Aufgabe der Politik, und wenn das Gesetz/die Regelung/das Verbot Y durchgebracht wird, dann ist das Problem schlagartig vom Tisch." Es gibt aber noch eine weitere Variante: Effektive Maßnahmen für eine Problemlösung werden gesehen, aber an deren Durchführung wird nicht geglaubt, da dem gewichtige andere Interessen, Regeln oder ähnliches entgegenstehen. Eine solche Argumentation könnte beispielsweise folgendermaßen lauten: „Um die Umwelt nicht weiter zu gefährden - und das wäre mir persönlich ungemein wichtig -, müßte das permanente Wirtschaftswachstum gebremst oder gestoppt werden. Eine Expansion ist aber essentieller Bestandteil unseres Wirtschaftssystems, und eine Alternative dazu gibt es nicht oder sie kann nicht durchgesetzt werden." Auch in den beiden Varianten dieser Konstellation erscheint die Unterscheidung zwischen *agency* und *means-ends* theoretisch weniger angebracht als die zwischen verschiedenen Ebenen beziehungsweise Aggregationsniveaus von Handeln. Zwar wird von persönlichen Zielen und Wünschen ausgegangen. Diese sind jedoch ebenso wie Lösungsstrategien und Handlungsmöglichkeiten auf einem Aggregationsniveau angesiedelt, das so weit von möglichen konkreten Handlungen einzelner entfernt ist, daß es nur „vernünftig" erscheint, den eigenen Zugriff auf effektive Lösungen gering oder gar fatalistisch als völlig sinnlos einzuschätzen. Die einzige Frage, die einen Ausweg aus einem derart „vernünftigen" Fatalismus aufzeigen könnte und auf die wir im folgenden zurückkommen, lautet, ob nicht doch individuelles Handeln möglich erscheint, nämlich jenes, das sich in kollektives integrieren läßt und in dieser Weise auch auf höheren Aggregationsniveaus wirksam wird.

Zwei weitere Problemkonstellationen bestanden darin, daß es zwar oberflächlich gleich erscheinende Sichtweisen gab, die jedoch ganz unterschiedliche Bedeutungen hatten. Solche Bedeutungen hatten wir zum Teil theoretisch nicht in Rechnung gestellt. Wenn wir beispielsweise in seltenen Fällen überhaupt auf fatalistische Vorstellungen der erwarteten Art stießen, so traten sie im Verein mit einer völlig indifferenten Sichtweise auf. Die Umwelt wurde für kaum gefährdet und eigenes Umweltverhalten daher für überflüssig gehalten. Nur Ausnahmen von diesem „Normalzustand", zum Beispiel Katastrophen, galten als unvermeidbares „Pech", das über die Menschen kommt und dem auch wieder das „Glück" (in Form einer sich stets regenerierenden Natur o.ä.) folgt. Daneben gab es eher resignativ-fatalistisch klingende Äußerungen von Personen, die sich intensiv betroffen fühlten und in deren Augen es gut erklärbar erschien, daß die Umweltzerstörung irreversibel und unaufhaltsam sei, so daß eigenes Handeln ebenfalls überflüssig erschien. Während fatalistische und externale Vorstellungen zumeist Begründungen für das Unterlassen von Handeln beinhalten, können internale und interaktionistische Vorstellungen häufiger als Voraussetzungen von Handeln im positiven Sinne einer auch äußerlich beobachtbaren

Realisierung gelten. In welchem Maße sie jedoch wirklich handlungsleitend werden, hängt von jener subjektiven Bedeutung beziehungsweise Zentralität des Handlungszieles ab (vgl. auch *Preiser* 1989), die wir im Alltag gern als „Betroffenheit" bezeichnen. Unterschiedliche subjektive Bedeutungen gleich erscheinender Äußerungen können sich aber nicht nur aus derart unterschiedlicher Betroffenheit, sondern auch aus den eben schon genannten unterschiedlichen Ebenen der Betrachtung ergeben. So ist zum Beispiel der gleiche internale und optimistische Hinweis darauf, daß man die Umweltprobleme schon „in den Griff" bekomme, kaum interpretierbar, solange offen bleibt, ob dabei an das globale Klima, an regionale Probleme oder solche im eigenen Haushalt gedacht wird.

Ein *fünftes Problem* ergab sich schließlich aus unserer falschen Annahme, kollektives Handeln werde erst im Rahmen interaktionistischer Vorstellungen genauer reflektiert. Wir wußten deshalb zunächst nicht, wie wir die Tatsache interpretieren sollten, daß fast sämtliche Befragten, auch die mit deterministischen Vorstellungen, nicht bloß in der „Ich"-, sondern in der „Man"-Form sprachen (zur darauf bezogenen Unterscheidung von *personal control* und *control ideology* s. *Gurin u.a.* 1978). Denn wenn der individuelle Akteur („ich") als verallgemeinerter („man") gedacht wird, geht es bereits in der Regel um eine erste Form des kollektiven Handelns beziehungsweise der Integration des individuellen in kollektives Handeln. Hier müssen zum eigenen Handeln gleiche Aktionen anderer Menschen hinzukommen, damit die eigene Handlung als Beitrag zur Zielerreichung überhaupt effektiv ist. Genau das war auch in vielen Interviews Thema: Welchen Sinn macht meine Einzelhandlung dann, wenn nicht viele ebenso handeln wie ich? In Äußerungen wie „Alle müssen an einem Strang ziehen" oder „Jeder an seinem Platz muß zur Problemlösung beitragen" kommt ganz klar die Denkfigur zum Ausdruck, daß ein Handlungsziel auf höherem Aggregationsniveau von vielen Akteuren geteilt werden muß und nur durch gleichsinniges Handeln dieser vielen Akteure einschließlich der eigenen Person erreicht werden kann.

4. Ein erweitertes Handlungs- und Kontrollkonzept

In der Problembeschreibung wurden unsere theoretischen Defizite und die wichtigsten Ansatzpunkte für eine erweiterte Konzeption bereits deutlich: Die bislang nur auf die individuelle Handlungseinheit bezogene monadische Perspektive wird der Komplexität der Umweltkrise und des darauf gerichteten ökologischen Handelns nicht gerecht. Über die kontroll- und handlungspsychologisch dominierende Betrachtung der einzelnen agierenden Person und ihrer nahen Umwelt hinaus müssen erstens höhere Ebenen beziehungsweise Aggregationsniveaus von Handeln zum Beispiel in Politik und Wirtschaft berücksichtigt werden (Abschn. 4.1). Zweitens ist es notwendig, Formen des kollektiven Handelns beziehungsweise der Integration des individuellen Handelns in kollektive Strategien zu beschreiben und als Gegenstand subjektiver Sichtweisen in unsere Klassifikation (und Entwicklungsabfolge) ökologischer Kontrollvorstellungen einzufügen (Abschn. 4.2). Drittens ist es erforderlich, ein erweitertes Verständnis von Fatalismus zu entwickeln, das ebenfalls in diese Klassifikation paßt (Abschn. 4.3).

4.1 Handlungsebenen und Handlungsziele

In Übersicht 1 werden zunächst die *zeitliche* Reichweite des ökologischen Denkens (Gegenwart, Biographie, Geschichte ...) und dann seine *räumliche* Reichweite von der nahen bis zur globalen Umwelt differenziert, um zu verdeutlichen, daß sich die ökologischen Kontrollvorstellungen hinsichtlich der Reichweite von ökologischen Problemlösungs- beziehungsweise Handlungsstrategien eng darauf beziehen. Angemerkt sei dazu nur, daß wir vor allem über die zeitliche Dimension noch viel genauer nachdenken müssen. Hier gibt es einerseits auf der individuellen Ebene nicht nur punktuelles, sondern auch langfristiges, auf biographische oder gar generationsübergreifende Prozesse ausgerichtetes Handeln (das in den psychologischen Theorien vernachlässigt wird); andererseits geht es auf den überindividuellen Ebenen nicht nur um langfristige ökologische Weichenstellungen, sondern es wird auch kurzfristig beziehungsweise kurzsichtig gehandelt.

Übersicht 1: Zur Reichweite im ökologischen Denken und in Kontrollvorstellungen

Reichweite von ökologischen Problemen als Gegenstand des ökologischen Denkens				
Zeitliche Reichweite	personale Gegenwart	Vergangenheit-Gegenwart-Zukunft „biographisch"	Vergangenheit-Gegenwart-Zukunft „historisch" i.S. der Geschichte des Menschen	Vergangenheit-Gegenwart-Zukunft Arten-, Erdgeschichte
Räumliche Reichweite	persönliche Umwelt	familiale, lokale, regionale Umwelt	„nationale" Umwelt	globale Umwelt Planet, Universum
Reichweite von Problemlösestrategien/Handeln als Gegenstand der ökologischen Kontrollvorstellungen				
Soziale Aggregations-niveaus	persönlich relevante soziale Systeme	regionale Institutionen, Kommunen etc.	Gesellschaft, Wirtschaft etc.	Welt-gesellschaft
Ebenen von Handeln	individuelles Handeln	regionales Handeln	nationales Handeln	internationales Handeln

Es erscheint zwar plausibel, daß Personen mit ökologischen Kontrollvorstellungen auf hohem Niveau den Blick verstärkt auf jene globalen Umweltprobleme richten, deren Lösung entsprechend auf höchster Handlungsebene zum Beispiel mit Hilfe international koordinierter Aktionen möglich erscheint, während Personen auf niedrigem Niveau dann, wenn sie Umwelthandeln nicht generell für sinnlos halten, allenfalls ihren Blick auf vereinzeltes individuelles Verhalten und inviduelle Folgen lenken. Es erscheint aber nicht sinnvoll, noch weitergehende Annahmen zu postulieren, zum Beispiel derart, daß sich Kontrollvorstellungen auf mittlerem Niveau ausschließlich auf mittlere Aggregationsebenen von Handeln beziehen. Denn in unserer Gesellschaft ist es kaum vorstellbar, daß Menschen gar nichts aus den Medien über globale ökologische Probleme (Beispiel: „Ozonloch") und diesbezügliche zum Beispiel politische Aktivitäten (Beispiel: „Konferenz in Rio") erfahren haben. Äußerungen zur Reichweite können als alleinige Indikatoren für die zunehmende Komplexität (und damit für die Niveaus) der ökologischen Kontrollvorstellungen also völlig in die Irre führen.

Viel wichtiger erscheint es demgegenüber, die *Sichtweisen von Verknüpfungen zwischen den Handlungsebenen* und zwischen den darauf gerichteten Wunschvorstellungen, Zielen und so weiter als Merkmal zur Unterscheidung der Niveaus von Kontrollvorstellungen heranzuziehen: Erst der fehlende Bezug des individuellen Handelns auf Ziele auf den überindividuellen Ebenen rechtfertigt die Rede von einem niedrigen Niveau des ökologischen Handelns und der darauf gerichteten Kontrollvorstellungen. Ist dagegen ein solcher Bezug vorhanden, so kann er erstens deterministisch im Sinne einer linearen Kette von Ursachen und Wirkungen begriffen werden. Dabei müssen individuelle Wünsche, Ziele, Absichten et cetera in kollektive überführt oder daraus abgeleitet werden. Auch das daraus hervorgehende tatsächliche Handeln erscheint nur bei oberflächlicher Betrachtung als individuell. Es kann zugleich kollektiv genannt werden, wenn der Entschluß zur Realisierung der Einsicht entspringt, daß Ziele auf höheren Aggregationsniveaus nur kollektiv erreicht werden können. Ein subjektiv hergestellter Bezug zwischen den Ebenen kann zweitens interaktionistisch im Sinne eines komplexen Netzwerkes von Wechsel- und Rückwirkungen zwischen den Aktionen einzelner und Prozessen auf höheren Aggregationsniveaus verstanden werden. Dazu paßt, daß nicht erst der kollektive Charakter von Zielen, sondern schon die kollektiv möglichen Handlungswege, also kommunikatives und kooperatives Handeln zweier, mehrerer und vieler Akteure in den Blick geraten. Das soll nun noch etwas genauer beschrieben werden.

4.2 Zur Integration des individuellen Handelns in kollektive Strategien. Niveaus von Kontrollvorstellungen

Das unterste *Niveau* der ökologischen Kontrollvorstellungen bezieht sich eigentlich auf „Nicht-Handeln", genauer gesagt: Handeln gerät gar nicht erst in den Blick oder erscheint völlig gleichgültig. Angesichts der eben genannten Probleme wollen wir es nun nicht mehr generell als fatalistisch, sondern als *indifferent* bezeichnen. Die fatalistische Konnotation tritt erst dann hinzu, wenn Probleme (als Ausnahme von einem unproblematischen

Dauerzustand) nicht mehr ignorierbar erscheinen. Dann erst kann von der indifferent-fatalistischen Vorstellung des Zufalls bei ihrer „Verursachung" und „Lösung" gesprochen werden (Stufe 1). Davon lassen sich erste Ansätze einer sehr konkretistischen Sicht von Problemen und ihrer individuellen Lösung unterscheiden (Stufe 2). Das entscheidende Merkmal der Abgrenzung gegenüber höheren Niveaus des (umweltbewußten) Handelns und der Kontrollvorstellungen ist, daß jeglicher Bezug zu höheren Aggregationsniveaus fehlt. Eigenes Handeln wird noch gar nicht im Sinne einer Lösung allgemeinerer Probleme oder als Teil kollektiver Strategien gesehen. In Übersicht 2 haben wir dieses Niveau noch einmal zusammenfassend dargestellt.

Erst auf dem *deterministischen Niveau* werden zeiträumlich verallgemeinerte Kausalbeziehungen (d.h. Aussagen im Sinne von: immer wenn/überall wo Ursache X, dann/dort Wirkung Y) formuliert. Das gilt nicht nur für die Problemsicht, das heißt für die mono- oder multikausale Erklärung der Entstehung von Umweltproblemen, sondern auch für das an den Einflußquellen oder an den Folgen (*end-of-pipe*) ansetzende menschliche Handeln zur Problembewältigung. Subjektiv wird hier ein *unidirektionales Grundmodell* leitend: Ausgangspunkt der Betrachtung ist die Seite der Einflußquelle (*locus of control*) beziehungsweise des einzelnen Akteurs, der aufgrund innerer Faktoren (Kompetenzen, Motive etc.) Ziele bestimmen und Absichten in die Tat umsetzen kann. Diese Ziele richten sich auf die Veränderung der anderen Seite, der „Umwelt" beziehungsweise Außenwelt, die ihrerseits nicht ebenfalls als wirkliche Einflußquelle, sondern eben als Objekt der intendierten Veränderung gedacht wird - auch dann, wenn es sich um „soziale" Umwelt beziehungsweise andere Akteure handelt, aus deren Perspektive man umgekehrt deren eigenes Handeln dann wieder genauso unidirektional begreift. Handeln als Weg zur Zielerreichung kann zwar dann, wenn das Ziel verfehlt oder nicht optimal erreicht wird, in korrigierter Form wiederholt werden (nur in dieser Weise „wirkt" die Umwelt auf die wahrnehmende Person „zurück")[1]; es bleibt jedoch unidirektional und an einen Akteur gebunden. Mit Blick auf generelle Umweltprobleme ist nun entscheidend, daß neben Ziele geringer auch solche mit größerer Reichweite treten und daß alle Ziele beziehungsweise Folgen von Handeln in Form linearer Ketten verknüpft werden können. Im Rahmen *deterministisch-monokausaler* Vorstellungen werden solche Ketten zunächst unter Umstän-

1 Vgl. auf wissenschaftlicher Ebene das kybernetische Modell von *Miller u.a.* 1960.

Übersicht 2: Indifferentes Niveau

Kurzbeschreibung	Graphische Veranschaulichung	Beispieläußerungen
Stufe 1: indifferent-fatalistisch		
generelle Problemsicht: *fehlt* Einzelprobleme: *zufallsbedingt, unlösbar* individuelles Handeln: *gleichgültig, sinnlos, unnötig, unwirksam* kollektive Strategien: *fehlen*	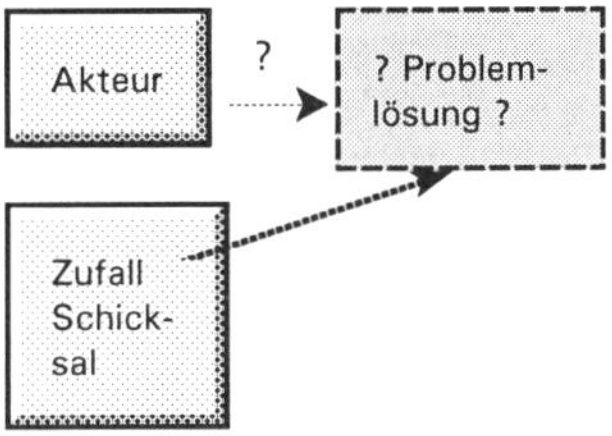	*„Es ist mir egal, ich kann ja doch nichts machen."* *„Der Zufall regiert."* *„Ich bin nur ein Rädchen im Getriebe."* *„Mir fällt nichts dazu ein."* *„Mit mir hat das nichts zu tun."*
Stufe 2: indifferent-individualistisch		
generelle Problemsicht: *fehlt* Einzelprobleme: *konkret lösbar* individuelles Handeln: *in Einzelfällen sinnvoll, sonst gleichgültig* kollektive Strategien: *fehlen*	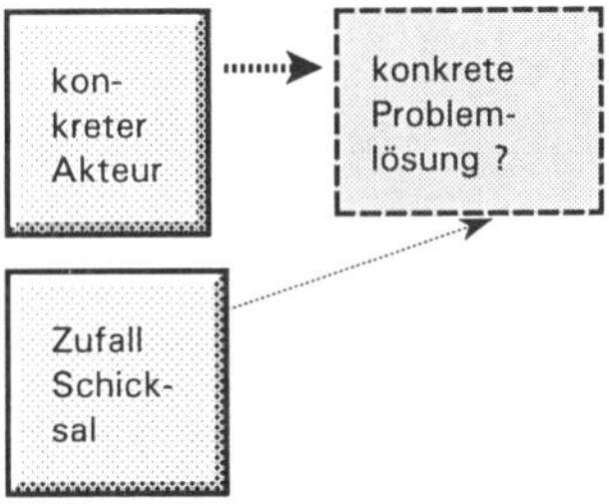	*„Am Arbeitsplatz kann ich darauf achten, daß mit dem chemischen Mittel X kein Schaden angerichtet wird, alles andere geht mich nichts an."*

den lückenhaft rekonstruiert. Das führt zu einer dichtomisierenden Betrachtung beziehungsweise zu einer getrennten Bindung internaler Vorstellungen an niedrige und externaler Vorstellungen an höhere Ebenen von Handeln (vgl. Übers 1): Was die persönliche, nahe Umwelt anbelangt, dominiert die internale Vorstellung von der „Machbarkeit" der Welt; hier meinen Personen, wirksam gegen Umweltprobleme angehen zu können. Auf die großen Probleme jenseits dieser eigenen, kleinen Welt beziehen sich dagegen die externalen Vorstellungen von der eigenen Machtlosigkeit beziehungsweise von der Zuständigkeit der mächtigen anderen Personen (z.B. der Politiker) oder Instanzen (z.B. der Unternehmen oder Konzerne). Dieses noch geringe Komplexitätsniveau (Stufe 3) haben wir im ersten Teil von Übersicht 3 anschaulicher darzustellen versucht.

Übersicht 3: Deterministisches Niveau

Kurzbeschreibung	Graphische Veranschaulichung	Beispieläußerungen
Stufe 3: deterministisch-monokausal		
Konkrete Problemlösungen: *individuelles Handeln (internal)* Allgemeine Problemlösungen: *Handeln anderer, auf höheren Ebenen (external)* Kausalketten (Ziele/Folgen)	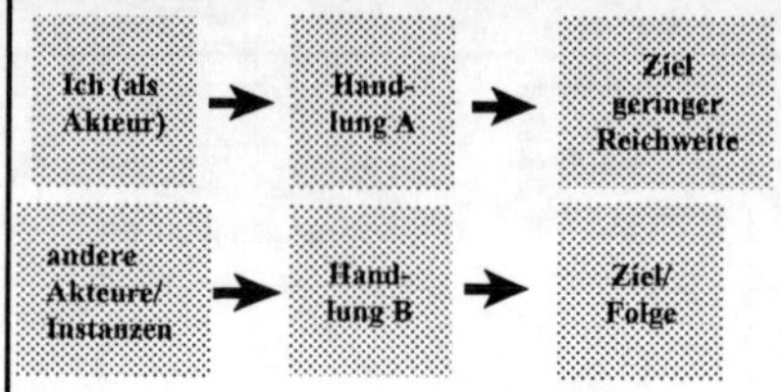	*„Ich kann etwas tun, um ökologischen Schäden, die mich persönlich/meine Familie betreffen, aus-zuweichen; was die großen Probleme anbelangt, da bin ich als einzelner machtlos, da haben nur die Politiker Einfluß."*
Verallgemeinerung des individuellen Akteurs: *Kollektiv-kumulatives Handeln Isolierte Akteure erreichen mit gleichem Handeln Ziele*	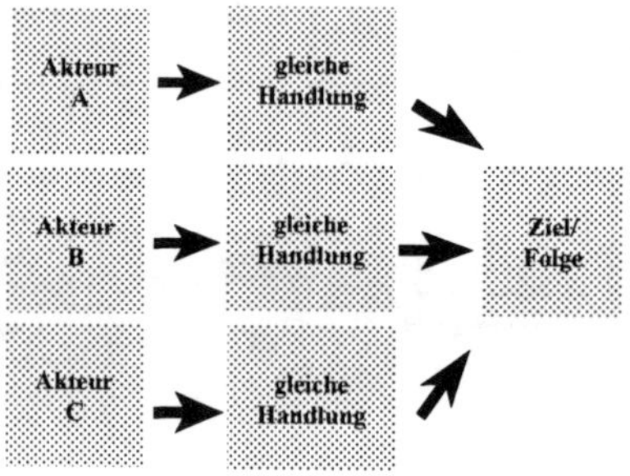	*„Damit sich etwas für die Umwelt verbessert, kann (muß) jeder an seinem Platz etwas dafür tun, zum Beispiel möglichst wenig Auto fahren, damit sich die Emissionen verringern." „Damit mehr Abfall recycelt werden kann, muß ich persönlich, genau wie alle anderen meinen Müll trennen."*
Stufe 4: deterministisch-multikausal		
zusätzlich: *Isolierte Akteure/Instanzen erreichen mit unterschiedlichem Handeln (u.U. auf unterschiedlichen Ebenen) Ziele*	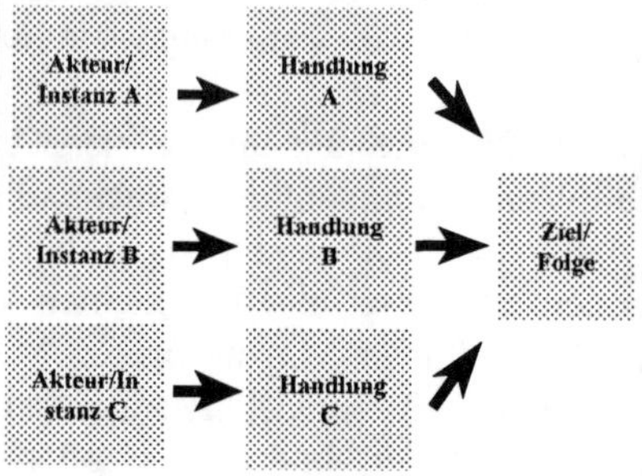	*„Wenn die Politiker bessere Gesetze machen, die Verbraucher bewußter leben, und die Industrie sich auf neue Technologien umstellt, kann das Ozon-Loch behoben werden.*

Je wichtiger nun Wünsche und Ziele von höherer Reichweite werden, desto mehr muß die zuvor genannte Lücke zwischen dem individuellen Handeln und solchen Zielen ins Auge springen. Für Umwelthandeln ist wie für jedes Handeln angesichts höchst komplexer und kollektiver Probleme ein eigentümliches Spannungsverhältnis charakteristisch. Die individuelle Handlung ist nämlich nicht mit dem unmittelbaren Ziel, dem sichtbaren Handlungsergebnis abgeschlossen und quasi vollständig. Die Erreichung des (eigentlichen) höheren Ziels ist nur dann gesichert, wenn viele oder alle anderen Menschen in der Region (im Lande, auf der Welt) genauso handeln wie man selbst. Die Lücke zwischen den Handlungsebenen kann also gedanklich nur dadurch geschlossen werden, daß das individuelle Handeln in einen kollektiven Gesamtzusammenhang integriert wird. Diese Verallgemeinerung der monokausalen Denkfigur wird ebenfalls in Übersicht 3 veranschaulicht. So wie „ich" kann „man" beziehungsweise können viele Menschen handeln. Das Individuum wird nur dann wirksam (und begreift sich auch selbst so), wenn *viele* oder alle die *gleiche* Handlung ausführen (Beispiel: die schon zuvor erwähnte Mülltrennung in möglichst vielen Haushalten). Wir sprechen in diesem Fall auch von *kollektiv-kumulativem Handeln*, denn erst die Kumulation der Einzelhandlungen führt zu einem Ziel, das nun zum kollektiven wird. Die Einzelhandlungen erfordern jedoch noch keine „Inter"-Aktion, das heißt keine wechselseitige Abstimmung durch (direkte) Kommunikation zwischen den isolierten Akteuren. Eine indirekt erforderliche Regulation zum Beispiel über die Medien soll hier beiseite gelassen werden, weil sie wohl auch für subjektive Vorstellungen auf diesem Niveau wenig bedeutsam erscheint.

Von einer komplexeren, nämlich einer *multikausal deterministischen* Vorstellungsform (Stufe 4, s. Übers. 3) kann gesprochen werden, wenn Personen die quasi „massenhafte" Ausführung einer Handlung häufig nicht mehr allein als ausreichend ansehen und *unterschiedliche* Handlungen verschiedener Akteure oder Instanzen in Rechnung stellen (Beispiel: Techniker entwickeln wenig schadstoffemittierende Entsorgungsverfahren und viele Privathaushalte trennen ihren Müll etc.: Alle Handlungen im Verein sind notwendig, um das Ziel einer zumindest regionalen Müllreduzierung zu erreichen). Auch hier sind die Akteure noch nicht direkt über ihre Handlungen miteinander verbunden, sondern nur indirekt über ihr Wissen, daß sie zur Erreichung eines gemeinsamen Ziels beitragen.

Auf dem *interaktionistischen Niveau* rückt *zusätzlich* zum kollektiv-kumulativen Handeln ein anderer Typus in das Blickfeld: Ausgangspunkt der Betrachtung ist nun nicht mehr nur eine Seite beziehungsweise ein

Akteur, dessen Handeln dann unidirektional betrachtet wird. Ausgangspunkt ist vielmehr die Relation zwischen zwei Seiten, die gleichzeitig beachtet werden und denen gleiches Gewicht zukommt. Ähnlich, wie man auf wissenschaftlicher Ebene im Rahmen interaktionistischer Traditionen zur Person-Umwelt-Beziehung (*Hoff* 1986) und zum sozialen Handeln (*Habermas* 1981; *Joas* 1992) von einem Grundmodell des Handelns als wechselseitiger und zirkulärer Beeinflussung von Personen, Faktoren und Instanzen ausgeht, wird auch im Alltag Handeln nicht nur als isoliertes, sondern als ineinander verschränktes, kommunikatives begriffen. Es gilt als Ort der *reziproken* Interaktion zwischen zwei oder mehreren Akteuren. In diesem Fall sprechen wir von *kollektiv-kooperativem Handeln* (zur Veranschaulichung s. Übers. 4).

Für das mehrmals als Beispiel herangezogene Müllproblem würde das bedeuten, daß der einzelne zwar weiterhin seinen Müll trennt, jedoch gleichzeitig auch Handlungsmöglichkeiten gemeinsam mit anderen sieht (z.B. Mitarbeit in einer Partei/einer Bürgerinitiative o.ä.). Zumindest theoretisch könnte man noch zwischen einem einfach- und einem komplex-interaktionistischen Vorstellungsmuster unterscheiden, wobei letzteres auf komplexere Interaktionen zwischen den Handlungsebenen beziehungsweise auf mehrere ineinander verschachtelte Handlungssysteme zielt. Um in unserem Beispiel zu bleiben: Es wird ebenfalls gesehen, daß das gemeinsame koordinierte Handeln Multiplikationsfunktion (z.B. über die Medien, die darüber berichten) haben und schließlich weitere Ebenen beeinflussen kann - etwa die Kommunal- und Landespolitik in Form von Abfall- und Verpackungsverordnungen oder Teile der Wirtschaft wie Entsorgungs- und Recyclingfirmen; und solche Erfolge können als ihrerseits rückwirkender, erneuter Ansporn für eigenes kollektives Handeln begriffen werden *et cetera*. Formen des kooperativen Handelns sind für die beteiligten Personen transparenter als jene des kumulativen Handelns, bei denen die anderen Akteure isoliert voneinander und zumeist anonym bleiben. Denn hier gehört die Kommunikation *zwischen* Personen und Kommunikation *über* die gemeinsamen Aktionen zum Handeln selbst. Ähnlich, wie in soziologischen Handlungstheorien (und nur dort) Handeln als "Aushandeln", als Abstimmung zwischen unterschiedlichen Deutungen, Interessen und so weiter beschrieben wird, können sich Personen mit dieser interaktionistischen Form der ökologischen Kontrollvorstellungen vor Augen halten, daß sie untereinander und mit Vertretern entgegengesetzter Positionen nicht in einem konfliktfreien Raum agieren. Eine Art Idealbild vom herrschaftsfreien Diskurs legen sie jedoch als Folie zugrunde, auf der sie erst die realen Ab-

Übersicht 4: Interaktionistisches Niveau

Kurzbeschreibung	Graphische Veranschaulichung	Beispieläußerung
Stufe 5: einfach interaktionistisch		
Handeln als Wechselwirkung von inneren und äußeren Faktoren, von Personen/Instanzen **kollektiv-kooperatives** (kommunikatives) Handeln	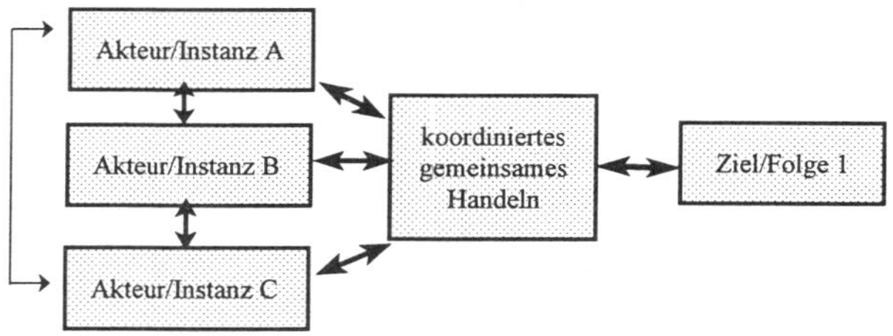	*„In vielen Alltagsbereichen kann ich etwas tun, auch wenn die Widerstände dagegen mehr oder minder groß sein können; dort, wo ich allein nichts erreiche, kann ich gemeinsam mit anderen Aktionen planen und besprechen."*
Stufe 6: komplex interaktionistisch		
zusätzlich: Wechselwirkungen zwischen Aggregationsniveaus/Ebenen; ineinander verschachtelte Handlungssysteme	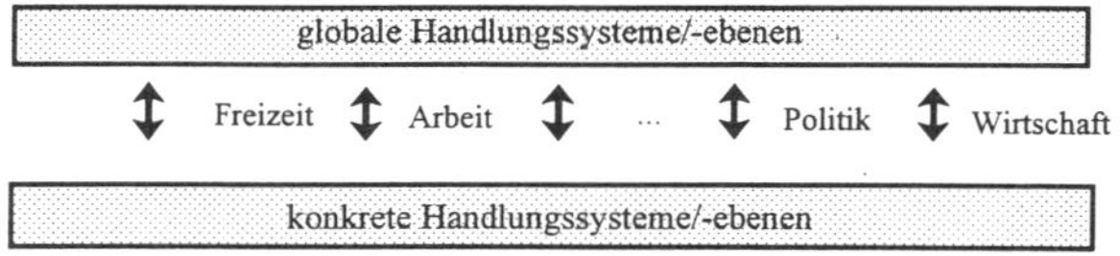	*„Die Dinge hängen zusammen; wenn die Menschen ihr Konsumverhalten ändern, ändert sich auch die Industrie; natürlich werden wir als Einzelne auch von der Industrie beeinfluß."*

weichungen davon einschätzen können; und ähnlich, wie es zuvor für die interaktionistische Vorstellung von individuellem Handeln ausgeführt worden war, werden nun auch für kollektives Handeln immer die äußeren Widerstände beziehungsweise nunmehr: die Interessengegenstände zwischen Gruppen, konfligierenden Werten et cetera mitgedacht. Personen sehen auf diesem Niveau, daß auch das gemeinsame Handeln *nicht* umstandslos zur Zielerreichung führt, ja, daß selbst das Erreichen von unscheinbaren Teilzielen zumeist schwer, nur langfristig oder manchmal auch gar nicht möglich ist.

4.3 Unterschiedliche Arten von Fatalismus

Wie zuvor erwähnt, waren wir in Interviews mit erwerbstätigen Erwachsenen entgegen unseren Erwartungen auf fatalistische Äußerungen gestoßen, die uns kaum mit anderen Vorstellungen derselben Personen vereinbar und nur schwer interpretierbar erschienen. Das ursprüngliche theoretische Verständnis von Fatalismus hat sich also als zu eng erwiesen (zur Kritik daran vgl. auch *Döring* 1994). Besonders die genauere Analyse der subjektiven Gründe, die für das *Unterlassen von Handeln* (nach dem Motto: das habe ja doch alles keinen Zweck) angeführt worden waren, hat uns zur Unterscheidung folgender Varianten von Fatalismus geführt, die nun sehr wohl mit Vorstellungen auf den eben beschriebenen verschiedenen Niveaus kompatibel sind: Für die ursprüngliche, erste Variante, die tatsächlich nur dem untersten, *indifferenten Niveau* zugeordnet werden kann, haben wir als Bestimmungsmerkmale die Unerklärbarkeit, Unbeeinflußbarkeit und Unberechenbarkeit von ökologischen Problemen sowie eine entsprechende Sinn- und Zwecklosigkeit von Handeln genannt.

Eine zweite Variante paßt zu der lückenhaften Rekonstruktion von Ursache-Wirkungsverbindungen zwischen der individuellen Handlungsebene und höchsten Aggregationsniveaus auf dem *deterministischen Niveau*. Hier tauchen neben den Verweisen auf die Zuständigkeit mächtiger externer Instanzen auch Äußerungen zu linearen, aber bereits als irreversibel begriffenen Entwicklungsverläufen auf, die individuelles Handeln zu konterkarieren scheinen. So ist etwa die Rede davon, daß es mit Blick auf einzelne Probleme oder insgesamt bereits „5 nach 12“ sei, daß es eben unaufhaltsame Entwicklungen gebe, die eigenes Handeln „letztlich” sinnlos machten. Von den genannten Bestimmungsmerkmalen bleibt als zentrales die Unbeeinflußbarkeit; dagegen tritt an die Stelle des Glaubens an die Unberechenbarkeit des zeitlichen Auftretens von Zufall, Glück oder Pech die gegenteilige Vorstellung eines klar berechenbaren Entwicklungsverlaufes, der aber nicht sehr genau erklärbar erscheint.

Eine dritte, gewissermaßen „aufgeklärte" Variante von Fatalismus bekommt auf dem *interaktionistischen Niveau* Gewicht: Weil Entwicklungsverläufe als nie wirklich umkehrbar und vor allem: als exponentiell erkannt werden, kann sich angesichts von katastrophalen Verläufen die besonders gut begründbare Überzeugung einstellen, daß menschliches Handeln bis zu einem gewissen Punkt noch sinnvoll gewesen wäre, nun aber völlig zwecklos erscheint. Mit anderen Worten: Ohnmacht erscheint gewissermaßen um so bodenloser, je besser Unbeeinflußbarkeit erklärbar erscheint. Auch mag dem Wissen um die Vielzahl reziproker Interaktionen, um die Vernetztheit und um die übergroße Komplexität ökologischer Probleme eine Überzeugung korrespondieren, daß die Vernetztheit von menschlichen Handlungssystemen, die auf eine Lösung zielen, demgegenüber allzu gering ausgeprägt sei. Den bei *Günther Anders* (1956) zentralen Gedanken, daß der Mensch der von ihm geschaffenen technischen Welt nicht mehr gewachsen sei, findet man hier mit Blick auf die Umweltproblematik. Sofern dieser Fatalismus noch einmal zum Gegenstand der ethisch moralischen Reflexion gemacht wird, muß sich allerdings nicht zwangsläufig resignative Passivität daraus ergeben, sondern es läßt sich auch noch angesichts pessimistischer Einschätzungen der Zukunft ein verantwortungsbewußtes Handeln begründen.[2] Unsere bisherigen Interviewerfahrungen weisen darauf hin, daß etliche Personen auf diesem Niveau einen permanenten Wechsel von optimistisch und pessimistisch getönten Kontrollvorstellungen selbst reflektieren und auf seine psychische Funktion hin prüfen.

2 Vgl. dazu eine Rede von *Hans Joas* mit dem bezeichnenden Titel: „Fatalismus wäre Todsünde" (1992).

Der Mensch, den *Chaplin* in „Modern Times" dargestellt hat: das Wesen, das selbst dann noch, wenn es nicht mehr seine Maschine bedient, wider Willen und tickhaft maschinenartige Bewegungen ausführt, und das nun voll Befremden oder Entsetzen feststellt, daß es selbst bereits Gerätstück geworden ist, dieses chaplineske Wesen existiert nicht. Die Darstellung ist verzerrt. Was den „modern man" befremdet, ist umgekehrt, daß er als ich-hafter Rest auch dann noch übrigbleibt, wenn er, dem Maschinenbetrieb eingeordnet, „eigentlich" nichts anderes sein sollte, „eigentlich" nichts anderes mehr zu sein wünscht, als ein „Rad". Was ihn erschreckt, ist zum Beispiel, daß er, vor dem Fließband stehend, nicht mitkommt; entweder, weil das Band eben mit zu reißender Strömung an ihm vorbeifließt; oder weil sein Leib sich auf die, für die verlangte Leistung erforderliche, Bewegungskombination nicht einstellen kann; oder weil er Gedanken nachhängt; oder einfach, weil es ihn juckt, und er sich für sein Leben gern kratzen möchte. Keinem anderen Geräteteil kann so etwas Skandalöses passieren. - (...)

Wer einmal mit einer neuen Fließbandarbeit konfrontiert worden ist, der weiß, welche Anstrengung es kostet, diese erste Konfrontierung in Gleichschaltung mit dem Maschinengang zu verwandeln, also mit der laufenden Maschine Schritt zu halten; und der kennt die Angst davor, nicht Schritt halten zu können. Da sie alltäglich ist, bleibt die Antinomie, die diese Einarbeitungsaufgabe darstellt, gewöhnlich unbekannt. Aber wenn man es sich klar macht, daß der Arbeitende sich aufs Konzentrierteste zu bemühen hat, in das Tempo und den Rhythmus der Maschine so hineinzugeraten, daß er mühelos arbeite; daß von ihm verlangt wird, daß er in wachster *Selbstkontrolle einen Automatismus* in Gang bringe; daß er *sich zusammennehmen* soll, *um nicht als er selbst zu funktionieren,* dann wird man wohl zugeben, daß die Aufgabe paradox ist. Die üblichen Ausdrücke „Anpassung" und „Übung" nennen die Operation nur; die paradoxe Zumutung an den Handelnden: sich als Handelnden auszulöschen, seine *Handlung in* einen bloßen (dazu noch heteronomen) automatischen *Vorgang* zu *verwandeln;* und selbst dann noch, wenn diese Verwandlung gelungen, diesen Automatismus skrupelhaft unter Kontrolle zu halten - diesen Widerspruch lassen die Ausdrücke im Dunkel. (... Die Einspielungsleistung des Arbeiters besteht darin), daß er sich selbst zum Organ des Gerätes mache; daß er sich vom Gange der Maschine *einverleiben lasse;* daß er es dahin bringe, *einverleibt zu werden* - kurz: daß *er aktiv seine eigene Passivisierung in die Hand nehme und durchführe.* Die Paradoxie der Zumutung ist unbestreitbar. In anderen Worten: Da er unter Aufbietung aller Konzentrationskräfte zu versuchen hat, statt selbst Zentrum zu sein, sein Zentrum ins Gerät zu verlegen, muß er *zugleich „er selbst"* und *„nicht er selbst"* sein. (...).

Herausgestürzt aus dem „Es", dem er eben noch unauffällig zugehört, und das er noch eben als beispielhaft anerkannt hatte, steht er nun da, und steht „coram": im Angesicht dessen, was er verspielt hat; und hat ein „Ich" zu sein - aber ein Ich, das (trägt es auch einen bestimmten Namen und einen bestimmten Leib und vielleicht sogar den bestimmten Webfehler einer individuellen Eigentümlichkeit) nichts ist als ein „defizienter Modus" des Gerätseins, nichts als ein skandalöses Nicht-gerät und ein auffälliger Niemand.

Aus: Anders 1956, 89-95

5. Schlußbemerkungen zum ökologischen Verantwortungsbewußtsein

Einleitend war darauf hingewiesen worden, daß wir zwischen dem ökologischen Denken beziehungsweise dem Problemverständnis als erstem und den ökologischen Kontrollvorstellungen als zweitem Teil von „Bewußtsein" unterscheiden. Ein dritter, in diesem Beitrag nicht behandelter Bestandteil beinhaltet schließlich Vorstellungen zu Verantwortung in einem moralischen Sinne; deswegen sprechen wir auch insgesamt von dem (diese drei Teile umfassenden) ökologischen *Verantwortungs*bewußtsein im Sinne einer umfassenden Handlungskompetenz (zur Gesamtkonzeption *Hoff* 1997, 1998). Bei den Vorstellungen zu Verantwortung beziehungsweise Moral geht es vor allem um das Ausmaß und die Begründung einer inneren Verpflichtung zum Handeln. Es liegt nun unseren Erachtens auf der Hand, daß die eben beschriebenen Haupttypen einer Integration des individuellen Handelns in kollektive Strategien mit unterschiedlichem Verantwortungsgefühl beziehungsweise mit einem unterschiedlichen Grad an Verbindlichkeit und individueller Verpflichtung einhergehen: Wenn ausschließlich *kollektiv-kumulatives* Handeln (auf dem deterministischen Niveau) in den Blick gerät, dann erscheint auch Verantwortung auf vielen Schultern verteilt (zu diesem Typus von Verantwortung vgl. *Nunner-Winkler* 1989). Der einzelne fühlt sich weniger zur Realisierung umweltgerechten Handelns verpflichtet, weil so viele andere unbekannte Menschen ebenfalls zuständig sind. Man muß nicht unbedingt nur an die vielen Menschen denken, die alle „an ihrem Platz" das „Richtige" tun. Ebenso nahe liegt der Gedanke, wie viele *nicht* umweltgerecht handeln; und dies kann wiederum der Entlastung vom „schlechten Gewissen" angesichts eigener Unterlassungen, Versäumnisse sowie Diskrepanzen zwischen Denken und Handeln dienen.

Im Gegensatz zu der bloßen Verantwortungsaufteilung bedeutet *kollektiv-kooperatives* Handeln immer auch Mit-Verantwortung für andere und für ein gemeinsames Projekt. Die Verpflichtung zum Handeln, auch Diskrepanzen zwischen Sagen und Tun, werden vielfach zum Gegenstand der Kommunikation und insofern dem einzelnen wirklich „bewußt" gemacht. Vor dem Hintergrund dieser Erfahrungen wird dann (auf dem interaktionistischen Niveau) wiederum rückwirkend - so unsere abschließende These - auch dem isolierten, kumulativ wirksamen Handeln des einzelnen eine neue Bedeutung, ein viel stärker verpflichtender Charakter zuerkannt.

Hartwig Heine,
Rüdiger Mautz

Verantwortung und Eigensinn. Die verschlungene Aneignung des Umweltschutzes durch das industrielle Bewußtsein

Das Wort „Aneignung" im Untertitel könnte mißverstanden werden. Wir unterstellen nicht, daß es bei Chemiemanagern eine Ausgangslage gibt, in der ihr berufliches Bewußtsein eine ökologiefreie *tabula rasa* bildet, die darauf wartet, mit dem ökologischen ABC beschriftet zu werden. Dies wäre eine Fiktion, der man mit Recht entgegenhalten könnte, daß die Chemieindustrie auch schon vor dem Aufkommen der Umweltbewegung versucht hat, ihre nicht intendierten Folgen für die - zumindest menschliche - Umwelt unter Kontrolle zu bringen, und daß man heute kaum einen Manager finden wird, auf den das Gesellschaftsthema Umwelt nicht in irgendeiner Weise „abgefärbt" hätte. Aber unser Erkenntnisinteresse zielt in erster Linie auf den Manager als Subjekt *beruflichen Handelns*, das sich in verschiedenen Tätigkeitsfeldern mit dem Thema Umweltschutz auseinandersetzt und es sich damit auf *spezifische* Weise aneignet. Es handelt sich also vor allem um das Wie dieser Aneignung. Daß er aufgrund seiner vor- und außerberuflichen Sozialisation vom Umweltthema mehr oder minder ergriffen ist, stellt dabei eine - nicht unwichtige - Randbedingung dar.[1]

---

1 Die folgende Darstellung beruht auf einer im Jahr 1990 durchgeführten Befragung von Führungskräften der unteren und mittleren Managementebene in zwei Unternehmen der deutschen Großchemie, in der es um die ökologisch motivierte Chemiekritik, ihre Kommunikation mit den Chemiekritikern und die Rolle des Umweltschutzes in ihrem Beruf ging, und auf den in den Folgejahren beobachtbaren Veränderungen der Unternehmenspolitik

Wir gehen von drei Grundannahmen aus:

- Die Umweltdiskussion und insbesondere die Chemiekritik hat in den vergangenen Jahrzehnten nicht nur die ökonomischen, sozialen, politischen und juridischen Rahmenbedingungen der Branche und ihrer Unternehmen grundlegend verändert, sondern auch die soziale Stellung ihrer Führungskräfte erschüttert. Für sie sind diese Jahrzehnte vom Kampf um soziale Selbstbehauptung und vom Bestreben geprägt, die außer Kontrolle geratenen Rahmenbedingungen des eigenen beruflichen Handelns wieder in den Griff zu bekommen. Für viele von ihnen bedeutete das die Erfahrung, daß die Rückgewinnung von Kontrolle nur dann eine Chance hat, wenn sich der Kontrolltypus selbst ändert - wenn sie sich stärker als bisher zu einem *dialogischen* Kontrolltypus durchringen, in dem sie das eigenständige Mitspielen anderer Akteure als Bedingung des eigenen Spiels anerkennen.
- Im Anschluß an neuere sozialpsychologische Veröffentlichungen (*Hoff/Lempert* 1990, 125ff; *Hoff/Lecher* 1994; vgl. auch *Hoff/Walter*) können wir den Kontrolltyp, von dem sich hier die Manager verabschieden müßten, „internale", und den Kontrolltyp, zu dem sie übergehen müßten, „interaktionistische" Kontrolle nennen. Zu beiden Kontrolltypen gehört jeweils ein eigener Bewußtseinstyp: *Internales Kontrollbewußtsein* hat die Tendenz, die Beziehung zwischen Ich und sozialer Umwelt so zu arrangieren, daß nur den vom Ich steuerbaren Umweltsegmenten Bedeutung zugemessen wird. *Interaktionistisches Kontrollbewußtsein* bedeutet demgegenüber die Bereitschaft, sich auf prozessierende Beziehungen einzulassen, die riskanter, da nicht vollständig vom Ich steuerbar sind und in denen auch Fremdsteuerung ins Spiel kommt. Der Wechsel im Kontrolltyp erfordert einen tiefgreifenden Bewußtseinswandel - wer zunächst gewohnt war, "alles unter Kontrolle" zu haben, und sich dann auf Interaktion einläßt, muß sich selbst verändern.
- Die Frage ist, inwieweit die Chemiemanager zu einem solchen Wechsel tatsächlich in der Lage sind. Hier wird ihr professionelles *Kompetenzbewußtsein* bedeutsam: Im Hinblick auf das gesamte industrielle Handeln sehen sie bei sich selbst eine gesellschaftlich herausgehobene *praktische, kognitive* und nicht zuletzt auch *moralische Kompetenz*. Sie sehen sich als Träger und Macher einer Produktionsweise, auf der die moderne Zivilisation beruht, und in diesem Zusammenhang *auch* als Macher des industriellen Umweltschutzes - aufgrund höherer

gegenüber der Öffentlichkeit. Schon allein wegen der Bedeutung, die hier dem Kommunikationsaspekt zukommt, beanspruchen die vorgetragenen Ergebnisse auch nur Geltung für die *Groß*chemie. Die Ergebnisse der Befragung wurden in *Heine/Mautz* 1995 ausführlich dokumentiert; im allgemeinen werden wir darauf verzichten, auf die entsprechenden Kapitel und Seitenzahlen hinzuweisen.

wissenschaftlicher Einsicht und einer Verantwortung, die nicht nur den Umweltschutz, sondern auch Zivilisation und Fortschritt im Auge behalten muß. Gegenüber dem Bewußtseinswandel, der den Übergang von der internalen zur interaktionistischen Kontrolle begleiten muß, erweist sich dieses Kompetenzbewußtsein als sperrig.

Der Kontext: die Chemieunternehmen als Mitgestalter ökologischer Modernisierung

In ihrem beruflichen Handeln sehen sich heute die Manager als Mitakteure von Unternehmen, die in den letzten Jahrzehnten gewaltige Schritte zur Verminderung der von ihnen ausgehenden Umweltbelastung getan haben. Eine sprunghaft gewachsene öffentliche Aufmerksamkeit und eine verstärkte staatliche Regulierung veranlaßten die Branche zu Kursänderungen, die zunächst nur als *Image-Korrektur* intendiert waren, aber Zug um Zug die Branchenpraxis veränderten. In den Unternehmen vergegenständlichte sich der Umweltschutz sowohl institutionell als auch in einer immer ausgefeilteren Umweltschutztechnik; er setzte nicht mehr nur *at the end of the pipe* an, sondern erfaßte fortschreitend die Abfallpolitik, die gesamte Produkt- und Verfahrensgestaltung und auch die Beziehung zu den Kunden. Der Umweltschutz wurde in das wirtschaftliche Kalkül integriert, was das Spannungsverhältnis zwischen unternehmerischen Gewinnzielen und Umweltrücksicht nicht aufhob, aber modifizierte: Es wurde auch ein Gebot ökonomischer Vernunft, den Umweltschutz möglichst vorausschauend in das eigene Kalkül einzubeziehen.

Ein neues Schlagwort kursierte durch die Managements: weg vom *reaktiven*, hin zum *präventiven* Umweltschutz. Es hat einen harten Interessenkern: die antizipierende Vermeidung von Störfällen, die zu neuen Medienkampagnen führen könnten, von verlorenen Forschungs- und Entwicklungskosten, weil ein neues Produkt nicht zugelassen wird, von kostspieligen Umrüstungen, die unvorhergesehene staatliche Auflagenänderungen erzwingen könnten, von steigenden Entsorgungskosten für Abfälle, weil sich die behördliche Gebührenordnung ändert, von unerwarteten Absatzproblemen, weil ein Produkt ins öffentliche Gerede gerät oder in einem Abnehmerland auf den Index gesetzt wird. Die Branche will die außer Kontrolle geratenen Rahmenbedingungen ihres Handelns wieder in den Griff

DAS ERSTE GROLLEN EINER LAWINE

Wenn Darwin heute lebte, wäre er entzückt und erstaunt, wie eindrucksvoll die Insektenwelt jetzt beweist, daß seine Theorien vom Überleben der Tauglichsten richtig sind. Durch intensives Sprühen mit Chemikalien werden gerade die schwächeren Tiere der Insektenpopulation ausgemerzt. Heute sind in vielen Gegenden und bei vielen Arten nur mehr die Starken und Tauglichsten übriggeblieben und trotzen unseren Bemühungen, sie zu bekämpfen. (...)

In der Zeit, als es noch kein DDT gab, wurden anorganische Chemikalien in einem Umfang angewandt, den man heute als außerordentlich maßvoll ansehen würde. Aber hier und da entwickeln sich dadurch bei den Insekten Linien, die Sprühen oder Stäuben mit Chemikalien zu überleben vermochten. (...) Plötzlich schien die Schildlaus (...) gemerkt zu haben, daß es nicht unbedingt nötig sei, unter dem Sprühregen der von den Obstzüchtern so emsig und reichlich angewandten Schwefelkalkbrühe zu sterben. In weiten Gebieten des Mittleren Westens wurden Tausende von Morgen Land mit schönen Obstgärten von Insekten verwüstet, denen das Sprühen nun nichts mehr anhaben konnte. (...) In den zwanziger Jahren sollte noch ein weiteres Insekt, der Apfelwickler, den vorteilhaften Weg der Resistenz einschlagen, obwohl man gegen ihn seit rund vierzig Jahren Bleiarsenat erfolgreich angewandt hatte. Doch erst das DDT und alle die vielen verwandten Stoffe, die mit ihm aufkamen, leiteten das wahre „Zeitalter der Resistenz" ein. Wer auch nur ein wenig über Insekten und die Dynamik von Tierpopulationen Bescheid wußte, hätte nicht überrascht zu sein brauchen, daß sich binnen sehr weniger Jahre immer deutlicher ein höchst unangenehmes und gefährliches Problem abzeichnete. (...)

Es ist vielleicht begreiflich, daß sich die chemische Industrie nur ungern mit der unangenehmen Tatsache der Resistenz abfindet. Selbst als im Jahre 1959 über hundert wichtige Insektenarten ausgesprochene Resistenz gegen Chemikalien zeigten, sprach eine der führenden Zeitschriften auf dem Gebiet der Agrikulturchemie von einer „echten oder eingebildeten" Resistenz der Insekten. Doch sosehr die Industrie auch eine günstige Wendung erhoffen mag, das Problem verflüchtigt sich deshalb nicht, und zudem sind damit ein paar unangenehme wirtschaftliche Tatsachen verknüpft. Eine davon ist, daß die Kosten für die Insektenbekämpfung ständig steigen. Es ist nicht möglich, die Chemikalien lange vorrätig zu halten; was heute als höchst vielversprechendes Insektizid gilt, kann morgen schon jämmerlich versagen. Die sehr beträchtliche Kapitalsanlage, die erforderlich ist, ein Insektizid herzustellen und herauszubringen, kann mit einem Schlag verloren sein, wenn die Insekten wieder einmal beweisen, daß brutale Gewalt nicht die richtige Methode ist, an die Natur heranzugehen. Mögen die Fachleute noch so schnell neue Anwendungsmöglichkeiten für Insektizide und neue Geräte dafür ersinnen, sie werden wahrscheinlich entdecken müssen, daß ihnen die Insekten immer einen Schritt voraus sind.

Darwin selbst hätte kaum ein besseres Beispiel für den Vorgang der natürlichen Auslese finden können, als es uns heute die Erscheinungen der Resistenz liefern. Aus einer ursprünglichen Population, deren Angehörige weitgehend verschieden in Körperbau, Verhaltensweise und Stoffwechsel sind, werden gerade die „zähen" Insekten die Angriffe mit Chemikalien überleben.

Aus: Rahel L. Carson: Der stumme Frühling, München 1962, 259ff.

bekommen - weshalb sie gleichzeitig, und das ist die Kehrseite der Medaille, mit allen Mitteln gegen einseitig von außen auferlegte Vorschriften zu Felde zu zieht und diese durch „freiwillige" Selbstverpflichtungen zu ersetzen sucht (*Longolius* 1993, 90ff, 96ff). Dabei muß sie sich verändern: Die Unternehmen drücken ihre Emissionen teilweise erheblich unter staatlich verordnete Grenzwerte, um Auflagenänderungen zuvorzukommen oder bei kleinen Störungen nicht gleich in den „roten Bereich" zu geraten; das antizipierende Aufspüren möglicher Gefahrenquellen wird zur betrieblichen Dauertätigkeit, ebenso wie die Suche nach Verfahrensverbesserungen, die das Abfallaufkommen verringern, auch wenn es dafür noch keine behördliche Auflage gibt; die toxikologische Erforschung der Eigenschaften neuer Unternehmensprodukte schließt auch Gesichtspunkte ein, die für ihre Zulassung noch nicht relevant sind, aber es einmal werden könnten; es entwickelt sich eine Tendenz zur ökologischen Gesamtabschätzung der Produkte „von der Wiege bis zur Bahre".

Der Umweltschutz im Berufsalltag der chemischen Führungskräfte

Aufgrund dieser Entwicklung sehen sich die Chemiemanager meist als Mitakteure von Unternehmen, deren *Potential* zur Umweltgefährdung zwar unverändert hoch ist und die hier in der Vergangenheit auch „gesündigt" haben, aber sich beim Umweltschutz seit einiger Zeit „in die richtige Richtung bewegen". Schwachpunkte des *status quo* - zum Beispiel noch nicht stillgelegte Altbetriebe mit hohen Emissionen - erscheinen demgegenüber als nachgeordnete Probleme. Das Selbstbewußtsein der Führungskräfte, beruflich über erhebliche Margen selbstbestimmten Handelns zu verfügen (*Kossbiel u.a.* 1987, 165ff), bemächtigt sich auch des industriellen Umweltschutzes, der im eigenen Berufsalltag breiten Raum einnimmt. Sie sehen sich nicht nur als Repräsentanten von Unternehmen, die ihre Hausaufgaben im Umweltschutz im großen und ganzen erledigen, sondern als dessen Gestalter.

Die Hinwendung der Unternehmen zum *präventiven* Umweltschutz stärkt dieses Selbstbewußtsein. Je „höher" managerielle Entscheidungen angesiedelt sind, das heißt auch zukünftige Trends und Entwicklungen von Roh-

(Der Umweltschutz-Aktivisten) kategorischer Imperativ ist Vorsicht: Selbst das Risiko eines Risikos ist demnach auszuschließen! (...) An der Debatte über die Pflanzenschutzmittel zeigt sich am besten, wie Vorsicht als Prinzip arbeitet. Umweltschützer verwiesen darauf, daß nachteilige Wirkungen von Pestiziden wie DDT erst Jahre nach ihrem ersten Einsatz auftraten. Obwohl DDT für den Menschen unschädlich sei, habe es sich in der Nahrungskette angereichert, bis es fleischfressende Raubtiere wie Otter und Seeadler töten konnte. Weil wir dieses Problem nicht vorausgesehen hätten, so das Argument der Umweltschützer, sollten Pestizide generell verboten werden, wenn wir ihre künftigen Auswirkungen nicht vorhersagen könnten. (...)

Man sollte allerdings nicht vergessen, daß DDT sich billig herstellen ließ und ältere Pestizide auf Arsenbasis ablöste, die für den Menschen tödlich und für die Umwelt schädlich waren. DDT befreite damals Amerika und Europa von Seuchen, die wie Malaria und Typhus von Mücken übertragen werden. Große Mengen von DDT liegen nun ungenutzt in vielen unterentwickelten Ländern, weil diese den Risiko-Begriff des Westens übernommen haben. Währenddessen breitet sich nach Berichten der Weltgesundheitsorganisation Malaria aus und rafft inzwischen jährlich über zwei Millionen Menschen hin. Wichtig ist dabei, daß die angebliche Wirkung von DDT offenbar reversibel ist: Die Otter- und Adlerpopulationen haben inzwischen wieder zugenommen. Die Ersatzpestizide haben sich, wie wir erst mit der Zeit gelernt haben, sogar förderlich ausgewirkt. Tatsächlich würde ohne den Einsatz von Pestiziden der Druck wachsen, mehr Land zu bebauen. Das würde möglicherweise die Artenvielfalt beeinträchtigen und - (...) - die Lebensmittelpreise anheben. (...)

Abzuwägen ist nicht Sache der Umweltschützer. Für diese Aktivisten scheint nur wichtig zu sein, ob eine Substanz oder Technik an sich Schaden anrichten könnte oder nicht. Ihre Kampagne gegen genetisch veränderte Nahrungsmittel macht das deutlich. Nach deren Bedenken könnten Nahrungsmittel wie genetisch veränderte Melonen oder Mais Auswirkungen auf Ökosysteme haben, die sich noch nicht erfassen und später vielleicht nicht mehr reparieren lassen. Die meisten Wissenschaftler geben zu, daß ein winziges Restrisiko bleibt, daß veränderte Gene in die Umwelt gelangen und ein winziger Anteil davon schädlich sein könnte. Aber genetisch verändertes Saatgut benötigt andererseits auch weniger Pestizide, weil es gegen die meisten Krankheitserreger resistent ist. (...)

Es gibt in der Tat nichts Absolutes; Risiken sind relativ. Einige Bedrohungen sind gefährlicher als andere, und daher sollten Regierungen versuchen, zuerst die größeren Risiken auszuschalten, bevor sie sich den kleineren zuwenden. Leider führt das Prinzip Vorsicht dazu, daß oft Regulierungen für weniger gefährliche Bedrohungen verhängt werden. (...) Unter Druck eingeführte Maßnahmen (richten sich) oft nur auf bestimmte Risiken, (...) zum Beispiel gegen die sehr geringe Wahrscheinlichkeit, aufgrund von Pestiziden zu sterben. Das umfassendere Gesamtbild wollen sie nicht sehen (...). Zum Beispiel sinkt ohne Pflanzenschutz bei Früchten und Gemüsen der Ernteertrag, steigen die Preise und geht der Verbrauch zurück, obwohl allgemein bekannt ist, daß frisches Gemüse und Früchte vor Krebs schützen. Demnach führt die Umweltschutzbewegung durch lästige Regulierungsvorschriften nur dazu, daß ein mögliches Risiko gegen ein bekanntes eingetauscht wird.

Als Gesellschaft können wir zwischen "Versuch und Irrtum" oder "Versuch ohne Irrtum" wählen (...) ohne den Versuch gibt es keine weitere Entwicklung. Vorsichtsmaßnahmen, die den Entwicklungsprozeß anhalten, sind das größte Risiko, dem wir uns stellen. Wir sind unseren Kindern schuldig, zunächst davon auszugehen, daß neue Produkte harmlos sind, jedenfalls so lange, bis sie sich als schädlich erweisen.

Roger Bate, European Science and Environment Forum, Cambridge, in: FAZ vom 20.10.1998, B 9 stoff- und Absatzmärkten, legalen Rahmenbedingungen, Wechselkursen, öffentlichen Meinungen in Rechnung stellen müssen, desto rationaler wird es, hier auch im Sinne des Kosten-Nutzen-Kalküls Unsicherheit in Rechnung zu stellen (*Wiesenthal* 1991, 290). Die zukünftige Entwicklung der Rahmenbedingungen für den industriellen Umweltschutz führt hier einen weiteren Faktor der Unsicherheit ein. Allein schon die Frage nach dem *längerfristigen* Unternehmensinteresse zeigt, wie dehnbar die Grenzen ökonomischer Rationalität werden. Zwar setzt sie der Ökologisierung des managerjellen Handelns weiterhin *Grenzen*: Es gibt einen Punkt, wo ökologisch veredelte Unternehmensprodukte nicht mehr verkäuflich und kurzfristige Kosten nicht mehr durch langfristige Nutzen-Hoffnungen kompensierbar erscheinen. Aber innerhalb dieser Grenzen ergeben sich Räume individuellen Ermessens, in denen viele Impulse die Entscheidungen beeinflussen, unter anderem auch Annahmen über die Entwicklung staatlicher Auflagen und öffentlicher Kritik. Diese Ermessensspielräume bieten Raum für die Überzeugung, persönliches ökologisches Verantwortungsbewußtsein beruflich praktizieren zu können - was das Bewußtsein stärkt, das eigene Umweltgewissen nicht am Werkstor abgeben zu müssen, und im wohlverstandenen Unternehmensinteresse zur Kritik an noch vorhandenen Umweltdefiziten ermuntert.

Der großen Mehrheit der Chemiemanager ist durchaus bewußt, daß diese Entwicklung, die ihnen heute die berufliche Wahrnehmung ökologischer Verantwortung ermöglicht, der Chemieindustrie auch von außen - von einer chemiekritischen Öffentlichkeit und einer entsprechend veränderten staatlichen Industriepolitik - aufgezwungen wurde. Aber ihre ökologische Handlungsautonomie löst sich in dieser Fremdbestimmung nicht auf, sondern erweist sich als eigenständiges Moment des Gesamtprozesses. Die veränderten Rahmenbedingungen für das unternehmerische Handeln bilden eine wichtige Voraussetzung für die Internalisierung des Umweltschutzes; ihre wichtigste *Triebkraft* ist das Manager-Interesse, diese Rahmenbedingungen wieder unter Kontrolle zu bringen.

Berufliches Handeln gegenüber staatlicher Regulierung

Dies gilt insbesondere für die staatliche Regulierung des industriellen Umweltschutzes. Durch behördliche Genehmigungsverfahren, Auflagen, Kontrollen und gerichtliche Sanktionen werden dem industriellen Handeln Regeln auferlegt, die - das begründet den Zugriff *von außen* - aus seinen eigenen Imperativen nicht ableitbar sind. Das Verhältnis der Führungskräfte zu dieser in den letzten Jahrzehnten erheblich ausgeweiteten staatlichen Regulierung ist zwiespältig. Im Prinzip wird sie akzeptiert - man sieht realistisch, daß ohne sie die Branche und das eigene Unternehmen weniger für den Umweltschutz tun würden, und daß sie überdies den Vorteil hat, auf nationaler Ebene beim Umweltschutz gleiche Wettbewerbsbedingungen zu schaffen (um so größer ist die Klage, daß sie auf internationaler Ebene immer noch nicht gewährleistet sind). Insofern kann zugestanden werden, daß die Eigenverantwortung für den Umweltschutz nicht im Widerspruch zu ihrer staatlichen Regulierung steht, sondern sie vielmehr voraussetzt. Ein Chemiker aus der Umweltschutzabteilung eines großen Chemiekonzerns drückte dies so aus:

> „Die direkten Auswirkungen der staatlichen Auflagen sind Kosten; die indirekten Auswirkungen bestehen darin, daß so der Rahmen für Handlungsmöglichkeiten geschaffen wird (...) Ich bin zutiefst überzeugt: Wenn es diese Gesetze nicht geben würde, wäre vieles nicht gemacht worden. Der Weg zur Selbstverantwortung führt über diese Auflagen".

Was im Prinzip gilt, gilt noch lange nicht *im besonderen*. So beklagen die Führungskräfte den ausufernden Bürokratismus, zu dem sie staatlich auferlegte Dokumentationspflichten zwingen, und die „Irrationalität" einzelner Auflagen, deren Umsetzung jede vernünftige Kosten-Nutzen-Relation sprengen würde oder die ökologisch am falschen Punkt ansetzen. Oft wird auch die Kompetenz der behördlichen Kontrolleure in Zweifel gezogen. Insbesondere die Drohung mit gerichtlichen Sanktionen, zum Beispiel bei einem Störfall, wird nicht nur als für jede Führungskraft existentiell bedrohlich, sondern auch als systemfremd und ungerecht empfunden: Bei Umweltdelikten sucht der Staatsanwalt individuell Verantwortliche, was in hierarchischen Unternehmensorganisationen fast immer ein Moment von Willkür enthalte, zum Beispiel wenn ein Betriebsleiter für die Nachlässigkeit ihm unterstellter Schichtfahrer geradestehen soll.

Die volle Bedeutung der staatlichen Auflagen für die Internalisierung des Umweltschutzes erschließt sich jedoch erst dann, wenn in die Betrachtung einbezogen wird, wie die Führungskräfte auf sie *handelnd reagieren*. Hier werden beide Momente sichtbar: einerseits der Versuch, sich aus der Abhängigkeit von den Auflagen so weit wie möglich zu befreien, andererseits die gerade dadurch geförderte berufliche Internalisierung des Umweltschutzes. Die Mittel sind Antizipation, Substitution und schließlich auch direkte Beeinflussung dieser Auflagen.

Die *Antizipation* haben wir bereits kennengelernt: Der *präventive Umweltschutz* verfolgt das Ziel, durch Änderungen in den politischen Rahmenbedingungen und behördlichen Auflagen nicht mehr „auf dem falschen Fuß" erwischt und zu kostspieligen Ex-post-Umstrukturierungen gezwungen zu werden. Beim Ausbau unternehmensinterner Kontrollinstanzen verbinden sich *Antizipation* und *Substitution*. Die unternehmensintern aufgebaute Kontrolle ist meist erheblich feinmaschiger, kompetenter und effektiver als es behördliche Außenkontrollen je sein können, zumal die Umweltschutzabteilungen mit der notwendigen Autorität agieren können, weil sie von den Vorständen inzwischen auch in der Unternehmenshierarchie hoch aufgehängt wurden. Aber nur eine Minderheit schließt daraus auf die Überflüssigkeit der staatlichen Außenkontrollen, obwohl sich die Kluft zwischen dem, was der Chemieindustrie staatlich auferlegt wird, und dem, was die Behörden *realiter* kontrollieren können, immer größer wird. Mehrheitlich ist den Führungskräften durchaus bewußt, daß das eigene Bestreben, die Außenüberwachung unternehmensintern so weit wie möglich zu substituieren, eben doch die Außenüberwachung voraussetzt. Ein guter Teil des Konfliktpotentials zwischen Umweltschutz und konkurrierenden Unternehmenszielen - Gewinn, fristgemäße Erfüllung von Produktionszielen - wird zur spannungsgeladenen Koexistenz von den klassischen Unternehmensfunktionen und eigener Umweltschutzabteilung „verinnerlicht". Die Dynamik des Bestrebens, die Rahmenbedingungen des eigenen Handelns wieder unter Kontrolle zu bringen, zeigt sich gerade hier, wo es auf das Kontrollinteresse der Außenwelt stößt: Der Versuch gelingt nur partiell, und auch nur in dem Maße, wie die Unternehmen den Konflikt zwischen Handlungsautonomie und Außenüberwachung internalisieren - der Übergang zu einer *interaktiven* Kontrollstruktur ist vorgezeichnet.

Überraschenderweise zeigt sich dieses Muster auch bei der *direkten Einflußnahme* auf die staatlichen Auflagen. Insbesondere in der Chemieindustrie ist sie längst auf allen Ebenen institutionalisiert. So hat sie Mitspracherechte bei der Formulierung der zentralen Abluft- und Abwasservorschriften, und auch die unternehmensspezifischen Umweltschutzauflagen wurden meist mit den zuständigen Behörden ausgehandelt. Viele Führungskräfte sind in solche Abstimmungs- und Aushandlungsprozesse involviert, sei es durch Mitarbeit in Fachausschüssen des *Verbandes der chemischen Industrie (VCI)*, sei es durch Teilnahme an den Verhandlungen zwischen Unternehmen und Behörden.

Die beteiligten Fachleute der Chemieindustrie verheimlichen nicht, daß es ihnen dabei zunächst um die „Praktikabilität" der staatlichen Vorgaben geht, was oft genug auf ihre Abschwächung hinausläuft. Da die gemeinsam akzeptierte Spielregel lautet, daß die Auflagen den „Stand der Technik" berücksichtigen sollen, mit dessen Fortschritt sie aber auch verschärft werden können, kommt es hier zu Tauschprozessen: Information über verfügbares *Know-how* seitens der Industrie gegen Auflagen, die den damit eröffneten Spielraum nicht voll ausschöpfen, seitens der Behörden. Die Industrievertreter machen mit solchen Informationen gelegentlich „Politik" (d.h. halten sie zurück: *Heine/Mautz* 1995, 102), zumal sich auch die Behörden, die einer mißtrauischen Öffentlichkeit Tätigkeitsnachweise liefern wollen, auf diesem Handlungsfeld „politisch" verhalten (d.h. aus Sicht der Industrievertreter manchmal unsinnig scharfe Verordnungen erlassen). Trotzdem konnte sich bisher in diesem Wechselspiel der Trend zu immer schärferen staatlichen und behördlichen Vorgaben behaupten. Und die institutionalisierten Einflußmöglichkeiten der Chemieindustrie bewirken überdies ihre *Selbstbindung* - ein Betriebsleiter erklärte uns, er müsse die für seinen Arbeitsbereich geltenden Grenzwerte auch deshalb „nehmen, wie sie sind", weil „der *VCI* an der Diskussion und am Zustandekommen von ihnen beteiligt ist".

Den Effekt, daß Kontrolle nicht nur die kontrollierte, sondern auch die kontrollierende Instanz bindet, versuchen die Führungskräfte auch umzudrehen - die *interaktionistische* Kontrolle, die nicht das Bestreben aufhebt, gegenüber der konkurrierenden Kontrollinstanz Boden gut zu machen, entwickelt ihre eigene „politische" Handlungslogik. So berichteten uns einzelne Manager, daß sie Behördenvertreter häufiger als früher in das Unternehmen bitten, und zwar in der Annahme, eine vertiefte „Einsicht in die Praxis" werde die Behörden samt ihren Auflagen und Verordnungen zu mehr „Realitätsnähe" erziehen. Alte Frontstellungen beginnen sich umzukehren: Früher waren es die Behördenvertreter, die sich um Zugang zu den Unternehmen bemühten, in denen sie die Führungskräfte mit einer Mischung von Herablassung und unverhohlener Abwehr empfingen. Nun sind es Manager, die sich aktiv darum bemühen, Behördenvertreter in die Unternehmen zu holen, und es sind Beamte, die „Berührungsängste" entwickeln (weil sie den öffentlichen Verdacht fürchten, durch allzuviel Tuchfühlung korrumpiert zu werden).

So setzt der Versuch der Manager, sich gegenüber der staatlichen Regulation des industriellen Umweltschutzes aus der nur reagierenden Rolle zu befreien, eine ganze Reihe von Prozessen frei, die den Umweltschutz in das Unternehmen internalisieren. Selbst die Versuche der Führungskräfte, sich prophylaktisch gegen die gerichtliche Verantwortlichen-Suche bei dem nie ganz auszuschließenden Störfall abzusichern, scheinen partiell ähnliches zu bewirken, obwohl sie sich auch als Flucht in die Verantwortungslosigkeit interpretieren lassen: Man „sichert sich ab", indem man auf allen Ebenen für den Ernstfall Katastrophenpläne entwickelt; man läßt Untergebene unterschreiben, daß sie über die in ihrem Arbeitsbereich geltenden Umweltschutzvorschriften instruiert wurden; man fertigt Aktennotizen an, wenn Vorgesetzte Umweltschutzinvestitionen ablehnen. Es ist nicht nur das Zuckerbrot erhoffter Handlungsautonomie, sondern auch die Peitsche drohender Gerichtsverfahren, die den Umweltschutz in den Berufsalltag hineinzwingt.

Für die Manager gibt es noch einen weiteren „politischen" Grund, staatliche Auflagen, Kontrollen und Sanktionen hinzunehmen: die chemiekritische Öffentlichkeit. Obwohl die Chemiemanager oft genug die „politische" Rücksichtnahme der Behörden auf die Öffentlichkeit beklagen, ist ihnen bewußt, daß die staatliche Regulierung des industriellen Umweltschutzes sie auch selbst gegenüber dieser Öffentlichkeit entlastet. Ein Chemiker aus einer unternehmensinternen Forschungsabteilung drückt dies so aus: „Wenn es die staatlichen Kontrollen nicht gäbe, müßten wir sie fordern. Denn wir haben ja mit dem Problem zu kämpfen, daß uns die Öffentlichkeit wenig Vertrauensvorschuß gewährt". Damit sind wir beim nächsten Punkt: der Auseinandersetzung der Chemiemanager mit der Öffentlichkeit.

Die schwierige Kommunikation mit der Chemiekritik: die Öffentlichkeitsarbeit

Seit etwa zwei Jahrzehnten wissen die Führungskräfte der Chemieindustrie, daß die Einstellung der Öffentlichkeit eine wichtige Rahmenbedingung ihrer Tätigkeit ist. Und zwar nicht nur aufgrund einer staatlichen Auflagen- und Kontrollpolitik, die von der „politischen" Rücksicht auf eine veränderte öffentliche Problemwahrnehmung geprägt ist, sondern auch aufgrund der Großkatastrophen, die in den letzten 25 Jahren die Branche heimsuchten (Seveso 1976, Bhopal 1984, *Sandoz* 1986) und deren verheerende Öffentlichkeitwirkung jedes Unternehmen noch heute verspürt, in dem es zu einem „Störfall" kommt. Das Fazit dieser kollektiven Erinnerungen lautet: „Bloß nicht (wieder) in die negativen Schlagzeilen kommen!" Und es hat sich herumgesprochen, daß sich die veränderte öffentliche Problemwahrnehmung auch auf die Absatzmärkte auswirken kann, wenn zum Beispiel alte Kunden plötzlich ihr ökologisches Image aufbessern und nur noch Produkte „mit Ökopaß" abnehmen wollen und so weiter.

Auf die gesellschaftliche Dominanz der Chemiekritik gestoßen wurde der einzelne Manager auch außerhalb des Unternehmens, bei der morgendlichen Zeitungslektüre und beim abendlichen Fernsehen, im privaten Freundes- und Bekanntenkreis und nicht zuletzt in der eigenen Familie, wo die eigene Frau, die eigenen „von den Lehrern aufgehetzten" Kinder über den in „so einer Dreckschleuder" arbeitenden Vater zu Gericht saßen. Was ihm schmerzlich klarmachte: Die öffentliche Chemiekritik bedroht nicht nur Handlungsfreiheit und Absatzmärkte des Unternehmens, sondern auch die eigene soziale Identität, die in einen schmerzhaften Spagat zwischen fortdauernder relativer Privilegiertheit und gesunkenem Sozialprestige geriet.

Damit wurde die Auseinandersetzung mit der chemiekritischen Öffentlichkeit für die Führungskräfte sowohl beruflich als auch persönlich zu einer zentralen Herausforderung. Traditionell gibt es für diesen Problembereich eine zuständige Instanz: die unternehmenseigene Abteilung für Öffentlichkeitsarbeit (und ihre Parallelinstanzen auf Branchenebene). Wir wollen zunächst die Entwicklung der Rolle betrachten, die ihr die Führungskräfte in dieser Auseindersetzung zuweisen.

Fast immer gab es hier eine erste Phase, in der die Führungskräfte von ihren Abteilungen für Öffentlichkeitsarbeit forderten, sie sollten dem öffentlichen Mißtrauen dadurch begegnen, daß sie erheblich „offensiver" als bisher die eigenen Erfolge im industriellen Umweltschutz darstellen sollten. Die soziale Umwelt wurde dabei als Objekt der „Aufklärung" konzipiert, dessen mangelnde Kompetenz es zunächst geraten sein ließ, es nicht mit noch *ungelösten* Problemen des industriellen Umweltschutzes zu behelligen - es sei ja nicht abzusehen, zu welch „irrationalen" Reaktionen dies führen könne. Aber gerade in den Unternehmen, in denen sich diese Art der „offensiven" Öffentlichkeitsarbeit durchsetzte, stellte sich mit der Zeit Ernüchterung ein - die Führungskräfte mußten die Erfahrung machen, daß sich die erhoffte „Vertrauensbildung" nicht einstellte. Die einsetzende Ursachenforschung führt zum Zweifel, ob es nicht gerade die Beschränkung der Öffentlichkeitsarbeit auf die Aufklärung über die eigenen Erfolge war, die die angestrebte „Vertrauensbildung" behindert - und zwar spätestens dann, „wenn doch einmal etwas passiert". Nun wird der Öffentlichkeitsarbeit ein verändertes inhaltliches Profil abgefordert: Sie soll, so ein Betriebsleiter, auch „die Fähigkeit zur Selbsthinterfragung zeigen" (!), und als „offensiv" gilt nun eine öffentliche Selbstdarstellung, die offen noch bestehende „Probleme" anspricht.

Was sich hier abzeichnet, ist der - aus Sicht der Führungskräfte zweifellos riskante, aber in einigen Unternehmen tatsächlich vollzogene - Übergang zu einer zweiten Phase der Öffentlichkeitsarbeit[2], die auf Unternehmensebene den Schritt von der internalen zur interaktionistischen Kontrolle vollzieht. Die Stilisierung des unternehmensinternen Umweltschutzes zur stromlinienförmigen Erfolgsstory auf Glanzpapier ist gewissermaßen der letzte Versuch, auf die außer Kontrolle geratene öffentliche Meinung einzuwirken, ohne ein interaktives Risiko einzugehen. Die freiwillige Offenlegung „kritischer" Informationen, das Eingeständnis eigener Versäumnisse und Fehler sowie noch ungelöster Umweltschutzprobleme eröffnet hingegen einen Prozeß, dessen Ausgang offen ist, da ihn auch die chemiekritischen Gegenspieler mitkontrollieren und somit für ihre Zwecke ausnutzen können - der aber die einzige realistische Chance bietet, wieder Einfluß auf diese Gegenspieler und auf den gesellschaftlichen Umweltdiskurs insgesamt zu nehmen. So erschöpft er sich auch nicht in einem anderen Stil der öffentlichen Selbstdarstellung, sondern nun bittet man früher bekämpfte Gegenspieler

2 So wurde etwa in einem Unternehmen nach einer Serie von Störfällen und einer sie begleitenden Informationspolitik, die das öffentliche Mißtrauen potenzierte, eine radikale Wende in der Öffentlichkeitsarbeit genommen, indem es zum Beispiel in eigenen Publikationen und öffentlichen Veranstaltungen auch Kritiker zu Wort kommen ließ usw.

(*Greenpeace!*) zu Gesprächen, öffnet ihnen gegenüber die Bücher und geht mit ihnen, wie kürzlich der *Hoechst*-Konzern mit dem *Öko-Institut Darmstadt*, auch Teilkooperationen zur Entwicklung ökologischer Unternehmensstrategien ein. Hier verwandelt sich der zunächst nur symbolisch gemeinte *talk* durchaus in konkretes Handeln.[3]

Die Stolpersteine des Übergangs oder: der kompetente Eigensinn

Die persönlichen Kommunikationserfahrungen der Manager mit einer meist chemiekritischen sozialen Umwelt zeigen jedoch, wie schwierig dieser Übergang bleibt. Gerade Manager neigen dazu, sich mit ihren Unternehmen zu identifizieren, und werden auch durch ihre soziale Umwelt in besonderer Weise mit ihnen identifiziert. Zudem beauftragten einige von der öffentlichen Chemiekritik besonders betroffene Unternehmen nicht nur ihre *Public Relations*-Profis, sondern ihre gesamte Führungsriege damit, in ihrem sozialen Umfeld als permanente „Botschafter" des Unternehmens aufzutreten. Die Manager hatten also Grund, auch ihrem eigenen Kommunikationsverhalten gegenüber der chemiekritischen Umwelt erhebliche Bedeutung beizumessen.

Das Problem dieser Kommunikation ist es, daß in sie von vornherein zwei Motive der Führungskräfte eingehen: zum einen das Ziel, die soziale Umwelt und die öffentliche Meinung für das Unternehmen und eigene berufliche Handeln günstiger zu stimmen. Dies bindet die Kommunikation von vornherein an eine *äußere* Erfolgskontrolle, denn damit ist es die Reaktion der sozialen Umwelt, die über Erfolg oder Mißerfolg der eigenen Kommunikationsbemühungen entscheidet. Zum anderen die Behauptung der eigenen sozialen Identität, über die zwar die soziale Umwelt mitentscheidet, die aber auch in Auseinandersetzung mit dieser Umwelt, notfalls auch gegen sie verteidigt werden kann. Hier ist es das *Subjekt*, welches sich die letztinstanzliche Bewertung vorbehält. Während die äußere Erfolgskontrolle das eigene Gesprächsverhalten zur interaktiven Öffnung (zum „Dialog") drängt, kann

3 Man vergleiche hierzu auch *Hasse/Japp* 1997, die unter Bezug auf *Nils Brunsson* diesen Umschlag auf der Ebene der Organisationspolitik beschreiben.

der Wunsch nach Selbstbehauptung eine Dynamik entwickeln, die zur kommunikativen Schließung führt.

Hier wird das besondere *Kompetenzbewußtsein* wichtig, mit dem die Führungskräfte in ihre Auseinandersetzung mit der Chemiekritik hineingehen. Zumindest dann, wenn sie ein technisches oder naturwissenschaftliches Studium hinter sich haben - was in der Chemieindustrie meist der Fall ist -, sind sie dahingehend sozialisiert, ihrem *Sachverstand* überlegene, weil *wissenschaftliche* Rationalität zuzubilligen. Dieser Überlegenheitsanspruch wird zwar gesellschaftlich nicht mehr vorbehaltlos anerkannt - es charakterisiert geradezu das neue gesellschaftliche Umweltbewußtsein, daß selbstbewußt gewordene „Laien" ihm mit prinzipiellem Mißtrauen entgegentreten. Aber solange noch jede seriöse ökologische Risikodefinition der wissenschaftlichen Form bedarf, wird ihm auch weiterhin Tribut gezollt.

In der Auseinandersetzung der Führungskräfte mit der chemiekritischen Öffentlichkeit wird dieser Kompetenzanspruch nicht geschwächt, sondern im Gegenteil zum Bewußtsein seiner Besonderheit gebracht. Sie sehen sich als Statthalter *praktischer* Rationalität, wenn sie die öffentliche Forderung zurückweisen, die Chemieindustrie müsse ihre Abfälle und Emissionen immer weiter auf „Null" bringen: Es gebe eine Grenze, jenseits derer weitere Verminderungsbemühungen das Prinzip des ökonomischen Einsatzes begrenzter Ressourcen verletzen. Sie sehen sich als Verteidiger *naturwissenschaftlicher* Rationalität, wenn sie sich gegen die *ideologische* Tendenz wehren, „Natur" für gut, „Chemie" für schlecht zu erklären und daraus etwa die Forderung abzuleiten, daß im Trinkwasser nicht die Spur chemischer Rückstände enthalten sein dürfe, auch wenn eine davon ausgehende Umweltgefährdung toxikologisch nicht mehr zu beweisen sei.

Gegen den moralischen Impetus der öffentlichen Chemiekritik beharren sie auf ihrer *ethischen* Kompetenz. Zwar macht ihre Antwort auf die öffentliche Kritik an der Gentechnik deutlich, daß diese Ethik im wesentlichen *anthropozentrisch* ist: Nur die menschliche Keimbahn solle für solche Eingriffe tabu sein; die gentechnische Manipulation anderer lebender Organismen sei gerechtfertigt, wenn es etwa der Produktion lebenswichtiger Arzneimittel diene. Aber ansonsten machen sie vielen ökologisch motivierten Chemiekritikern den Gegenvorwurf, daß sie eindimensional *nur* die Umwelt im Auge hätten. So sei bei allen Eingriffen in die technische Entwicklung zu beachten, daß es dabei nicht nur um die gefährdete Umwelt, sondern zugleich um Erhalt und Fortentwicklung der Zivilisation gehe, wobei hier oft auch auf die Dritte Welt verwiesen wird. Den eigenen ethischen Überlegenheitsanspruch untermauert die bei den Chemiekritikern wahrgenommene Doppelmoral: Sie verschlössen die Augen vor der Industrieabhängigkeit und Umweltschädlichkeit der eigenen Lebensweise.

Entsprechend eigensinnig ist die Reaktion auf den von der Chemiekritik ausgehenden moralischen Appell zur Verantwortung: Die Führungskräfte sehen sich als Träger einer umfassenderen Verantwortung, die sich der realen Problemkomplexität stellt. Ein solches mehrpoliges Verantwortungsbewußtsein hat zwei Wirkungen: Es ermöglicht die Überzeugung, mit der Chemiekritik moralisch nicht nur gleichziehen, sondern sie auch - als moralisch inkohärent und unterkomplex - überbieten zu können; und es begründet und legitimiert die eigene Handlungsautonomie.

So ist es nicht verwunderlich, daß die Führungskräfte bei ihren Begegnungen mit Chemiekritikern - insbesondere wenn es „Laien"-Kritiker sind - immer wieder versucht sind, sich in den Elfenbeinturm des eigenen Kompetenzanspruchs zurückzuziehen. Dabei verschließen sich nur wenige Führungskräfte der Erfahrung, daß eine Gesprächsführung, die vorrangig die eigene Kompetenz und die Inkompetenz des Gegenübers hervorhebt, ihr Ziel verfehlt. So versuchen sie auch meist, zumindest die Form ihres eigenen Kommunikationsverhaltens dialogischer zu machen, also „Kritik nicht einfach niederzubügeln", „zurückhaltend zu reagieren", dem Gesprächspartner zu zeigen, daß man versucht, seine Ängste zu „verstehen". Und in einer ganzen Reihe von Fällen wird deutlich, wie diese Bearbeitung der eigenen kommunikativen Form, die zunächst ganz instrumentell auf Vertrauensbildung zielt, das eigene Gesprächsverhalten auch inhaltlich verändert: Man lernt, „eine für alle verständliche Sprache zu sprechen"; man kommt zu einer differenzierteren Sicht des Gesprächspartners; man beginnt, ihm gegenüber auch die „negativen Aspekte (des Umweltschutzes im Unternehmen) zu verbalisieren".

Es gibt also durchaus Ansätze dafür, daß sich der Mechanismus *Rückgewinnung von Kontrolle durch Übergang zur Interaktion* auch im persönlichen Gesprächsverhalten durchsetzt. Trotzdem bleibt die Bereitschaft der Führungskraft zu einem dialogischeren Gesprächsverhalten gefährdet. Denn in diesen Begegnungen wird auch immer wieder ihr Bewußtsein überlegener Kompetenz stimuliert: wenn der chemiekritische „Laie" eine allzu provozierende Emotionalität und Ignoranz an den Tag lege, Fakten durcheinanderbringe, die Risiken falsch bewerte, nichts vom industriellen Umweltschutz verstehe und nicht einmal wisse, wie sehr seine eigene Lebensweise von der Industrie abhängig sei. Weil sich die Manager dabei auch existentiell herausgefordert sehen, beschränken sich diese Gespräche oft auf kurzatmige „Aufklärungs-" und Reglementierungsversuche. Auch wider die bessere Absicht, sie „erfolgreich" zu führen, fallen sie - so berichten sie selbst - immer wieder in Ungeduld, Ärger und Blockierung zurück.

Es gibt einen naheliegenden Ausweg aus diesem Dilemma zwischen Kompetenzanspruch und dem Selbstanspruch eines zielführenden Gesprächsverhaltens: die Beschränkung der Kommunikation auf die „Fachleute" unter den Chemiekritikern. Von den naturwissenschaftlich geschulten Führungskräften wird dieser Ausweg relativ häufig begangen. Das Gesprächsverhalten ist selektiv, und die eigenen öffentlichen Auftritte verfolgen die Strategie, zunächst einmal die Kritiker „mit Sachverstand" auszumachen, um dann die eigenen kommunikativen Anstrengungen, unter Umständen im stillen Kämmerlein, allein auf diese zu konzentrieren. Allerdings ist auch dieser Ausweg nicht gegen Enttäuschungen gefeit: Den Führungskräften kann auf Fachtagungen ihrer Profession bedeutet werden, daß sie nicht mehr als „Wissenschaftler", sondern nur noch als „Gekaufte der Industrie" anzusehen seien (*Heine/Mautz* 1995, 153). Andererseits zeigt sich aber auch, wie schnell bei der Kommunikation mit Fachkollegen neben die Beeinflussung das Beeinflußt-Werden treten kann. So berichtete ein Chemiker aus der industriellen Pflanzenschutzforschung, mit einem Vertreter des Freiburger *Öko-Instituts* habe er sich „hervorragend verständigen" können. „Die Diskussion mit ihm hatte Hand und Fuß, auch wenn das, was dieser Mann vertreten hat, vielen hier bei *X* sicherlich nicht gefallen würde" (S. 192). Die Beschränkung der Kommunikation auf die Profession macht die Grenze zwischen Unternehmen und Umwelt nicht nur durchlässiger (vgl. *Wiesenthal* 1997, 171), sondern kann auch zur subversiven Akzeptanz einer wissenschaftlich untermauerten Außenkritik führen. Aus der Sicht einer Managermehrheit ist jedoch die eigentliche Achillesferse dieser Beschränkung ihre Halbherzigkeit, da sie von vornherein einen großen Teil der Öffentlichkeit aus den eigenen Gesprächs- und damit auch Beeinflussungsbemühungen ausblendet.

Der Übergang zur Kontrolle durch Interaktion ist aber nicht nur durch den sperrigen Kompetenzanspruch der Manager gefährdet. Denn was sie trotzdem für viele von ihnen plausibel machte, ist die zwanzigjährige Erfahrung, daß die frühere komfortable Alleinkontrolle über die Rahmenbedingungen des eigenen Handelns nicht mehr möglich war, und daß allein schon der Versuch, zu ihr zurückkehren, zu noch mehr Kontrollverlust führte - daß also nur der Übergang zum interaktiven Kontrolltyp retten konnte, was noch zu retten war. Im neuen Zeitalter von Globalisierung, Standortkonkurrenz und struktureller Massenarbeitslosigkeit mögen manche Manager hoffen, diese Rahmenbedingungen auch ohne interaktive Abenteuer wieder in den

Griff zu bekommen, zumal die Verkürzung ökonomischer Rationalität auf die kurzfristige Rendite wieder als zeitgemäß gilt. Andererseits gibt es Gründe für die Annahme, daß die ökologische Sensibilisierung der Gesellschaft nicht einfach wieder verschwindet, auch wenn gegenwärtig das Umweltproblem in der öffentlichen Aufmerksamkeit nicht mehr oberste Priorität hat. Die Reaktionen von Öffentlichkeit und Politik auf die Hoechster Störfallserien von 1993 und 1996 machten deutlich, daß der Rückschlag des Pendels auch nicht überschätzt werden darf: *Hoechst* geriet anschließend in ein so tiefes Image-Loch, daß sich die Unternehmensführung zu einer radikalen Wende in ihrer Öffentlichkeitsarbeit veranlaßt sah - also zu einem Zeitpunkt, als in der Chemieindustrie die neue ökologische Eiszeit für viele Beobachter längst wieder angebrochen schien.

Abschließend können wir feststellen: In den letzten Jahrzehnten ist es zwischen Großchemie und chemiekritischer Außenwelt zu Ansätzen einer Interaktion gekommen, die nicht nur den vielbeschworenen „Dialog" förderte, sondern sich auch positiv auf den industriellen Umweltschutz auswirkte. Wir haben zu zeigen versucht, daß hinter diesen Ansätzen harte industrielle Eigeninteressen standen, und daß gerade das ihnen Bodenhaftung gab. Aus dem gleichen Grunde ist es jedoch gegenwärtig ungewiß geworden, ob sie sich verstetigen oder ob sie Episode bleiben. Wohin sich die Waage neigt, wird vor allem von der Entwicklung der ökonomischen, sozialen und politischen Rahmenbedingungen abhängen, in denen sich künftig die gesellschaftlichen Akteure des industriellen Umweltschutzes zu bewegen haben.

HERMANN STIER

Marktgesellschaftliche Bedingungen der Kluft zwischen Umwelteinstellungen und Umwelthandeln - Pädagogische Perspektiven

Daß der derzeitige Umgang mit der Umwelt sehr problematisch ist, daß er katastrophale Folgen nach sich ziehen kann, wird von vielen Menschen angenommen. Umweltschutzziele wie die Sicherung „gesunder natürlicher Lebensgrundlagen" gelten als wichtige Güter. Dennoch sehen die einzelnen für sich selber offenbar zu wenig stichhaltige Anlässe oder Gründe, umweltschutzbezogene Verhaltensweisen strikt(er) zu praktizieren. Viele Umfragen belegen das (z.B. *Preisendörfer/Franzen* 1996; *Tanner/Foppa* 1996). Im Zentrum meiner Überlegungen zu diesem Phänomen steht die Frage: Warum bekunden die Handelnden positive Einstellungen zur Umwelt sowie zum Teil auch umweltschützerische Handlungsbereitschaft, obwohl ihr tatsächliches Handeln davon vielfach erheblich abweicht?

Handlungstheoretisch betrachtet sind solche Positivbeurteilungen keine hinreichende Bedingung entsprechenden Handelns. Sie sagen nichts darüber aus, ob die Ziele auch praktisch handelnd angestrebt werden. Stellungnahmen wie „eigentlich sollte oder müßte man" oder Absichtsbekundungen wie „ich möchte in Zukunft mehr darauf achten" kommt noch nicht unbedingt Handlungsrelevanz zu. Sie stellen noch nicht einmal eine notwendige Voraussetzung für Umweltschutzhandeln dar (*Bilharz* 1996, 9).

Sieht man Handlungen als im wesentlichen auf kognitiv gesteuerten Entscheidungsakten begründet an, so liegt eine notwendige Bedingung zum Vollzug von Umweltschutzhandlungen in der Könnenskomponente: Der potentiell Handelnde muß entsprechende Verfügungsrechte sowie die notwendigen Mittel haben, um effektiv handeln zu können. Als hinreichende Bedingung von Handeln muß jedoch hinzukommen, unter den jeweils konkret bestehenden beziehungsweise wahrgenommenen situativen Konditionen (vgl. dazu *Poppers* Begriff „Logik der Situation": 1992, 114f, resp. 311) Umweltschutzziele auch tatsächlich anstreben zu wollen. Bezüglich der „Kluft" zwischen Umwelteinstellung und -handeln lassen sich so zwei

Arten von Restriktionen für umweltschutzbezogene Handlungsentscheidungen annehmen:

- *Könnensrestriktionen:* Sie bestehen in beschränkenden Voraussetzungen in Form subjektiver und vor allem objektiver Bedingungen, die die Realisierung von Umweltschutz erschweren oder verhindern,

und

- *Wollensrestriktionen:*Sie bestehen im Wahrnehmen von damit einhergehenden subjektiv unerwünschten Implikationen innerhalb der situativen Kontexte.

Beschränkende *subjektive* Voraussetzungen (z.B. mangelnde Informiertheit, Kompetenz, fehlender Wille) stellen Bedingungen dar, auf die über Umweltbildungsprozesse Einfluß genommen werden könnte. Durch Aufklärung über vorher nicht gesehene Spielräume des Handelns sowie die Erweiterung beziehungsweise den Aufbau subjektiver Kompetenzen hinsichtlich umweltschutzbezogenen Handelns werden individuellem Wollen Möglichkeiten des Umweltschutzhandelns aufgeschlossen. Stark bezweifelt werden kann jedoch, ob diese Chancen bieten für wesentliche Veränderungen zentraler Modi des marktgesellschaftlichen Umweltbezugs.

Wie aber stellt sich die Lage dar, wenn *objektive* Handlungsbedingungen für den mangelnden Vollzug von Umweltschutzhandeln ursächlich sind, wenn also die marktgesellschaftlich den einzelnen bereitstehenden Verfügungsrechte sowie -mittel dafür wenig Spielräume bieten - wollen die individuellen Akteure ihre *sonstigen* individuellen Zwecke nicht stark vernachlässigen oder aufgeben? Um grundlegende normativ-gesellschaftliche Voraussetzungen wie systematische Informationsbeschränkungen, Wissensbarrieren und Ausschlüsse aus Entscheidungsprozessen zu ändern, müßten institutionelle gesellschaftliche Bedingungen verändert werden.

Wollensentscheidungen vollziehen sich innerhalb von und bezogen auf jeweils wahrgenommene konkrete *Könnensbedingungen* als *Entscheidungsbedingungen.* Dies gilt, soweit Umweltschutzhandeln auf kognitiv gesteuert vorgenommenen Entscheidungen beruht - und dies wird für den weit überwiegenden Umfang umweltschutzgemäßer Aktivitäten angenommen.

Umweltrelevante Beeinflussungsmöglichkeiten von Einzelkalkulationen

Betrachtet man individuelles Umweltschutzhandeln ganz allgemein als Handlungsart innerhalb menschlicher Zweckverfolgungen, so stellt es kein selbstzweckhaft begründetes Tun im Sinne von Tätigkeiten dar, deren Ausübung selbst unmittelbar Spaß beziehungsweise Befriedigung bringt, wie etwa das Lesen eines unterhaltsamen Buches. Umweltschutz „produziert" gemeinhin etwas und bedingt dafür *Aufwendungen*: Er zielt auf die Erhaltung beziehungsweise die Verhinderung einer Destruktion allgemeiner Umweltqualitäten ab, die wesentliche Lebensgrundlagen verkörpern und basale Bedingungen ökonomischer Nutzungsprozesse sind. Im allgemeinen impliziert die Berücksichtigung von Umweltbelangen somit *zusätzliche* Anforderungen an Handeln: Sie erfordert Zusatz(kosten)aufwendungen sowie Ein- oder Beschränkungen des Handelns bis hin zu vollständigen Verzichtsakten. Umweltschutzanforderungen stehen somit auch spontanen lust- und neigungsbezogenen Zweckäußerungen tendenziell entgegen.

Die Akteurspositionen (wie zum Beispiel Unternehmerposition, Beschäftigtenposition, Konsumentenposition) differieren hinsichtlich ihrer gesellschaftlichen Handlungsbedingungen und -normen erheblich. Am Beispiel des Produkte produzierenden Unternehmers und des Konsumenten seien die unterschiedlichen umweltschutzbezogenen Handlungsspielräume kurz demonstriert:

Aufgrund ihres Produktionswissens verfügen *Produzenten* - im Vergleich zu Konsumenten - über relativ gute Wissensvoraussetzungen für gezielte Umweltschutzmaßnahmen. Produzenten könnten mit entsprechenden Investitionen für Umweltschutztechnologie oder einer Reduzierung hoch schadstoffträchtiger Produktionsprozesse somit merkbare Umweltschutzbeiträge erbringen. Innerhalb einzelwirtschaftlicher Produktionszusammenhänge reduziert eine Orientierung an Umweltschutzkriterien jedoch unternehmerische Verhaltensspielräume und somit Innovationsmöglichkeiten. Umweltschutz verursacht hier nur dann keine Beschränkungen und Zusatzkosten, wenn Produktionsvarianten, die seinetwegen eingesetzt werden, ohnehin koinzident sind mit betriebswirtschaftlich effizienten Produktionsverfahren. Mit einer starken Orientierung an Umweltschutzkriterien gingen Unternehmungen - *ceteris paribus* - das Risiko ein, ihre Gewinnmöglichkeiten zu untergraben und somit innerhalb der Konkurrenz ihre ökonomische Position zu gefährden. Wenn Umweltschutz sich nicht zumindest kostenneutral vollziehen läßt, nehmen sie ohne entsprechende staatliche Sanktionen deshalb normalerweise Abstand von Umweltschutzinvestitionen.

Im Vergleich zur Produzentenposition ist die des *Konsumenten* überwiegend eine abhängig-reaktive. Ihm fehlen zum einen zumeist notwendige umweltschutzrelevante Informationen zu Gutsqualität und umweltrelevanten Produktionsaspekten sowie zu Folgeaspekten der Produktion und Konsumtion, zum anderen verbindlich auf die Produzentenseite (ein)wirkende Beeinflussungsmöglichkeiten. Umweltschutzaspekte in die individuelle Nutzenverfolgung miteinzubeziehen, erbringt des weiteren meist keinen unmittelbaren konsumtiven Nutzenzuwachs. Zwar kann auf moralische Handlungsmotive bezogen umweltschutzmotivierten Aufwendungen bruchlos Sinn zugeordnet werden. Einer konsequenten Zugrundelegung solcher Motive stehen jedoch folgende negative Implikationen entgegen: Für Konsumenten, deren Kaufkraftausstattung zumeist relativ (zu ihren Bedürfnissen) knapp ist, reduzieren moralisch begründete Aufwendungen alternative Konsumoptionen. Den Handelnden stellt sich so die Frage von Verzichtsakten, ohne daß mit diesen umweltbezogene Ziele merklich und sicher befördert werden können; vor allem auch deshalb, weil nachhaltige Steuerungsimpulse durch umweltbewußte Kaufakte im allgemeinen kaum möglich sind.

Nur in den Fällen, in denen garantiert ist, daß die Aufwendung von Zusatzkosten für den Kauf von Ökoprodukten mit weniger Schadstoffbelastungen beim Gebrauch beziehungsweise Konsum verbunden sind (zum Beispiel bei Produkten anerkannter Verbände der ökologischen Landwirtschaft, die verbindliche und in ihrer ökologischen Positivwirkung einschätzbare Erzeugerkriterien erfüllen), ist eine gute Kalkulationsmöglichkeit sowie eine gezielte Steuerungswirkung des Nachfragers über das Konsumverhalten gegeben.

Im allgemeinen sind positive Wirkungen des (Zusatz-)Zwecks Umweltschutz, die gewöhnlich erst innerhalb längerer Zeiträume zum Tragen kommen, somit volkswirtschaftlicher und gesamtgesellschaftlicher Art. Bezogen darauf ist Umweltschutz ungebrochen als nützlich oder sinnvoll einstufbar. Insoweit trifft er auch ein gewisses Interesse der einzelnen Akteure. Praktisch steht konsequenter Umweltschutz jedoch in den meisten Fällen konträr zu unmittelbaren marktwirtschaftlichen Nutzenkalkulationspositionen. Spieltheoretische Modelle legen Dilemma-Situationen (Gefangenendilemma-Situationen bzw. Allmende-Klemmen) frei (u.a. *Krol* 1993), die individuelle Umweltschutzaufwendungen als Ausgaben festlegen, die aus einer individuellen ökonomischen Perspektive als problematische verortet werden: Solange nicht gewährleistet ist, daß die große Mehrheit der Handelnden zunächst „moralisch" investiert - und dies ist im allgemeinen nicht gewährleistet -, ist hierzu geleisteter individueller Aufwand relativ unwirksam, „ein Tropfen auf den heißen Stein". Umweltschutz ist somit auf der Basis der an kurzfristigen Resultaten orientierten Einzelnutzenposition zumeist als ökonomisch unrentabel einzustufen. Grundlegend daran etwas verändern könnten nur entsprechende institutionelle Bedingungsänderungen auf politischer Ebene.

Die aufgezeigten Implikationen gehen in die Bewertung von Umwelthandelnsoptionen ein. Sie bestimmen mit, ob Umweltschutzhandeln als individuell sinnvolle oder umgekehrt als suboptimale Handlung eingestuft wird. In dieser Bewertung prüft der einzelne beziehungsweise die einzelne Kalkulationseinheit situativ und rückbezogen auf eigene Motive und Zweckausrichtungen, inwieweit von ihm (bzw. ihr) als möglich wahrgenommene Umweltschutzoptionen genügend opportune - beziehungsweise zumindest akzeptable - Anlässe für eigenes Umwelthandeln darstellen: Damit ist die faktische Wollens- beziehungsweise die Entscheidungskomponente angesprochen. Das Resultat dieser Bewertung und nicht Umweltbewußtsein an sich wird handlungsbestimmend.

Marktstrukturell bedingt sind für die Kalkulation individuellen Umweltschutzhandelns in zentralen Handlungssituationen Anforderungen *konträrer* Art charakteristisch. Welche Implikationen hinsichtlich individueller Entscheidungen werfen sich mit ihnen auf? Man würde einseitig-rigoristisch kalkulieren, wenn man innerhalb solcher gesellschaftlicher Bedingungen ein konsequentes, strikt an Umweltkriterien orientiertes Handeln der einzelnen annähme oder einforderte, und dies damit begründete, daß deren Einhaltung eine zentrale Bedingung guter menschlicher Lebensbedingungen darstellt. Implizit würde man mit einer solchen Betonung gesamtgesellschaftlich-ethischer Handlungsaspekte subjektiv-ökonomische Nutzenkalkulationen ausgrenzen, die ansonsten als „Lebenselixier" des Marktes gelten. Auch die Betrachtung des Stellenwerts von Umweltqualitäten als allgemeinem Gut hilft hier als hinreichende Begründung nicht; es handelte sich um Appelle ohne ausreichenden *individuellen* „Nutzenboden".

Da umweltbezogene Zwecke und individuelle Nutzenkalkulationen unter den gegebenen marktgesellschaftlichen Bedingungen insofern nicht miteinander vereinbar sind, stellt sich die Frage nach (notwendigen) Präferenzsetzungen. Ein strikt umweltschutzbezogen ausgerichteter Akteur verhielte sich innerhalb solcher (dem Individuum vorgegebener) Bedingungen folglich als einseitig kalkulierender und somit aus seiner subjektiven Sicht bornierter Zweckeverfolger: Mit einem konsequenten Vollzug des Umweltschutzzwecks würde er das gesamte sonstige Spektrum marktgesellschaftlich möglicher Angebote individuellen Lebensvollzugs ausblenden. Daß dies so ist, liegt an den Bedingungen marktgesellschaftlicher Teilnahme beziehungsweise Steuerung. Unter komplexen, in zentralen Sphären von marktwirtschaftlichen Erfolgskriterien geprägten Situationen gewährleistet deshalb punktueller Rigorismus die Wahrnehmung von Lebensgestaltungsoptionen in der Breite gesellschaftlicher Handlungsmöglichkeiten nicht.

Was folgt daraus für die Verfolgung möglichst umfangreicher individueller Lebensgestaltungsoptionen? Will man an den gebotenen Möglichkeiten subjektiv breit(er) partizipieren, ist eine strikte Orientierung an Umweltschutzmaßstäben eine untaugliche Haltung. Als primäre Orientierung nahegelegt wird vielmehr die *Grund*ausrichtung individueller Handlungsmuster entsprechend den gültigen gesellschaftlichen Erfolgsmaßstäben, denn zunächst ist ökonomischer Erfolg (Erreichung und Sicherung einer guten Kaufkraft) die zentrale Basis der Realisierung marktwirtschaftlich bereitgestellter Lebensgestaltungsoptionen (Geld, Vermögen als zentrale Bedingung der Realisierung von Lebensgestaltungsoptionen innerhalb von Marktgesellschaften). Marktgesellschaftlichen Akteuren drängen sich insofern nahezu notwendig Opportunitätsbetrachtungen auf, die an sich Gewünschtes - zum Beispiel Umweltschutz - vielfach ausschließen.

Geht man davon aus, daß die objektiv vorliegenden Bedingungen von den einzelnen Handelnden überwiegend nicht in ihrem Stellenwert als systematisch (markt-)gesellschaftlich bestehende Hürden und Schranken von Umweltschutzhandeln erkannt werden, deutet sich eine grundlegende Bedingung des Entstehens der vielbeklagten Kluft zwischen Umwelteinstellungen und Umwelthandeln an: Die in den Umfragen nachgewiesenen abstrakten Positivhaltungen zum Umweltschutz treffen vielfach auf marktgesellschaftliche Handlungssituationen, in denen sie in Konkurrenz zu einzelökonomisch orientierten Nützlichkeitserwägungen der einzelnen Handelnden geraten. Aufgrund dessen entfalten typische marktgesellschaftliche Handlungsbedingungen ihre hemmende Wirkung auf Umwelthandeln, vielfach latent-situativ: Erst relativ handlungsnah, das heißt nur bezogen auf und innerhalb konkreter Handlungssituationen beziehungsweise während der individuellen „Einstellung" auf die Situation und dem dabei vorgenommenen *framing* (*Esser*, u.a. 1996, 12ff), werden sie als beschränkende wahrgenommen und beeinflussen so tatsächlich handlungsrelevant Wollensentscheidungen.

Orientierungspunkte individuellen Umwelthandelns

Auch wenn wohl die meisten individuellen Entscheidungen innerhalb marktgesellschaftlicher Handlungsbedingungen unter Zugrundelegung ökonomischer Einzelnutzenmotive als zentrale Entscheidungsvariablen getroffen werden, erweisen sich rein ökonomische Erklärungen als nicht ausreichend. Neoklassisch-ökonomische Erklärungen von Umwelthandeln sind schon von daher in ihren Prämissen zu eng angelegt; ihr modelltheoretischer Status nährt zusätzlich grundlegende Zweifel bezüglich ihrer empirischen Aussagekraft (*Waldrich* 1987, 301f). Unter anderem wird die Möglichkeit eindeutiger ökonomischer Entscheidungen unterstellt. In bezug auf Umweltgüterbewertungen lassen sich jedoch vielfach eindeutige ökonomisch-monetäre Bewertungsmöglichkeiten, die dafür eine logische Voraussetzung sind, ausschließen (*Schulz* 1989, *Bättig* 1993, 245ff). Die Ausdehnung von Nutzenoptimierungsmaßstäben über rein einzelökonomische hinaus - *rational-choice*-Ansätze (dazu *Lüdemann* 1997) - verbessert zwar die handlungstheoretischen Prämissen neoklassischer Couleur, sofern jedoch das, was jeweils Nutzen darstellt, nicht konkretisiert und spezifiziert wird, bleibt Nutzen als Maßeinheit ein leerformelhafter Begriff (*Prisching* 1996, 30). Alles und jedes kann als Nutzen eingestuft werden, so daß man ohne Kenntnis konkret-inhaltlicher Nutzenzuweisungen Handlungsentscheidungen nicht zureichend erklären beziehungsweise prognostizieren kann (s. dazu das Problem sogenannter Brückenhypothesen als notwendiges, empirisch aussagekräftiges Element solcher Erklärungen).

Einen *abstrakten* Anknüpfungspunkt bietet allerdings das neoklassisch-ökonomische Theorem einer subjektiven Abschätzung der jeweils situativ sich stellenden Opportunitäten als Grundbedingung von Handlungsentscheidungen (Opportunitätskostenmodell): Dieses nimmt Präferenzentscheidungen an, die innerhalb subjektiv positiv bewerteter Güterwünsche (Zweckorientierungen) vorgenommen werden. Dabei wird davon ausgegangen, daß Subjekte in Relation zu den jeweils gegebenen Alternativen etwas vor anderem ebenfalls positiv Bewertetem präferieren. Angenommen ist damit zum einen, daß eine subjektive Positivbewertung noch kein hinreichendes Kriterium für ein tatsächliches Mittel, Kosten und Zeit aufwendendes *Anstreben* ist. Es muß sich als praktisch erreichbares Ziel beziehungsweise Gut im Präferenzsetzungsprozeß erst „bewähren". Dies geschieht, indem der Handelnde die Implikationen seines Strebens im Verhältnis zu (wahrgenommenen) Alternativen des Handelns reflektiert und dann seine Entscheidung trifft. Zum zweiten ist damit angenommen, daß die konkreten situativen Bedingungen, unter denen die Entscheidung jeweils getroffen wird, wesentlich die Entscheidung beeinflussen: Erfolgswahrscheinlichkeiten und Zeitaufwand möglicher situationsspezifischer Alternativen sind von den objektiven Handlungsbedingungen abhängig. Zum Beispiel sind Kostenaufwendungen für Umweltgüter im Gegensatz zu individuell unmittelbar realisierbaren Nutzeneffekten vielfach nicht genügend sicher kalkulierbar.

Bei meinem Erklärungsansatz wird von den präzise anmutenden neoklassisch-umweltökonomischen Nutzenkriterien Abstand genommen. Im Gegensatz zu neoklassischen Ansätzen und auch zu *rational-choice*-Ansätzen soll nicht von fixen Nutzenvorstellungen (Nutzengrößen) der einzelnen Akteure, die innerhalb individueller Kalkulationen als Entscheidungsgrößen zugrundegelegt werden, ausgegangen werden. Vielmehr wird von situationsspezifischen Ausprägungen (Relevanzzuweisungen, Gewichtungen) individuell vorliegender Motive beziehungsweise Zweckorientierungen ausgegangen: Manche werden aufgrund der bestehenden Handlungsbedingungen zurückgestellt oder sogar aufgegeben, andere rücken in den Vordergrund und werden zu dezidiert verfolgten Zwecken. Indem *typische situationslogische Konstellationen*, in denen die einzelnen marktgesellschaftlichen Rolleninhaber stehen, in ihrer Grundstruktur analysiert werden, sollen so trotz der Komplexität und Ambivalenz konkreter Kalkulationsbedingungen innerhalb vieler Situationen marktgesellschaftlichen Umwelthandelns im folgenden Tendenzaussagen für Umwelthandeln herausgearbeitet werden. Man gewinnt darüber meines Erachtens an realitätsorientiertem Erklärungswert. Die Beschränkung auf Entscheidungs*tendenzen* begründet sich darin, daß konkretes individuelles Entscheidungshandeln letztendlich nur *subjektspezifisch* unter Verfügung über ausreichendes fallspezifisch-empirisches Wissen bestimmt werden kann.

Basis der Gewinnung von Tendenzaussagen ist die objektiv bestimmbare Zweckart, als die Umwelt(schutz)handeln in typischen marktgesellschaftlichen Handlungssituationen auftritt. Auf typische Ausübungsimplikationen, die mit der jeweiligen Zweckart grundgelegt sind, treffen nun Akteure mit ihren Motiven. Theoretisch unterstellt werden können analytisch unterscheidbare Motivtypen. Die Analyse der Relation beider - objektiv zur Disposition stehende Zweckart und Motivtyp - soll freilegen, wie und inwieweit bestimmte Motivtypen innerhalb typischer marktgesellschaftlicher Handlungssituationen realiserbar sind (also gut als subjektiv überzeugende Begründungsmuster von Handlungen gedeutet werden können; vgl. *Holzkamp* 1986) und bezogen auf welche Irritationen auftreten, in deren Konsequenz Umweltschutzgesichtspunkte tendenziell zurückgenommen oder unterlassen werden. So läßt sich auch analysieren, ob und inwieweit sich ein Konfliktpotential zwischen verschiedenen subjektiv virulenten Zwecktypen ausbildet beziehungsweise ob und inwieweit sie sich konkurrierend zueinander verhalten. Aus der Analyse dieses Verhältnisses sollen schließlich grundlegende Tendenzen des Umweltschutzhandelns freigelegt werden.

Anders als neoklassische oder an diese angelehnte Erklärungsansätze gehe ich also nicht davon aus, daß marktwirtschaftlich Handelnde in ihren Entscheidungen die Handlungsalternativen sämtlich mit monetären Bewertungsgrößen versehen und sich dann jeweils für die Alternative entscheiden, die den günstigsten monetären Kosten-Nutzen-Saldo aufzeigt. Statt dessen nehme ich zwei grundlegende Orientierungspunkte individueller Handlungsentscheidungen an: zum einen die Frage nach *Passung*, zum andern die nach *Äquivalenz*.

Zum Opportunitätskriterium „Passung"

Der Unterschied zwischen Passung und Äquivalenz ist ein sphärenspezifischer. Passung bezieht sich auf den marktwirtschaftlich vordefinierten Grundmodus menschlichen Erwerbshandelns, auf gewinn- und einkommensrelevante Zusammenhänge. Erfolgreich innerhalb dieser gewinn- und einkommensrelevanten Sphäre zu handeln, setzt voraus, sich nach dem in ihr gültigen Grundmodus auszurichten: einem „harten" monetären Kalkül.[1] Oben als systematisch herausgearbeitete Probleme können nun als *Passungsprobleme* zwischen dem geltenden einzelwirtschaftlichen Kalkül und

---

1 Hier kommt *Max Webers* Zweckrationalität gekoppelt an das Erwerbsmotiv in ziemlich reiner Form zum Tragen, deren ausgeprägtester Ausdruck die formale Rechenhaftigkeit in Geld ist (*Weber* 1980, 44f).

der Intention umweltgerechten ökonomischen Handelns gefaßt werden. Die Passungsfrage stellt sich beim Umwelthandeln deshalb, weil Umweltschutzbelange in einzelwirtschaftlicher Kalkülslogik nicht enthalten sind und in einzelwirtschaftliches Handeln erst integriert werden müßten. Umweltschutzziele werfen dann Passungsprobleme auf, wenn sie mit dem einzelökonomischen Gelderwerbszweck und seinen Voraussetzungen in Kollision geraten, diese hemmen, behindern oder ihnen direkt entgegenstehen. Genauer: Innerhalb gewinn- und einkommensrelevanter Sphären wird sehr eng an monetären Kosten-Nutzen-Kalkulationen als Entscheidungsregeln orientiert gehandelt. Denn

> „wer als einzelner unter Konkurrenzbedingungen aus moralischen Motiven zum Beispiel durch Umweltschutz oder Sozialleistungen eine Erhöhung seiner Kosten in Kauf nimmt, wird mit wirtschaftlichen Nachteilen und wirtschaftlichem Ruin bestraft." (*Homann* 1994, 1)

Nicht nur Kapitaleigner, sondern auch die Beschäftigten innerhalb ihres Berufshandelns unterliegen starken institutionellen „Zwängen" ökonomischer Erfolgskriterien des Handelns. Die innerhalb dieser Situationen bestehenden ökonomischen Konkurrenzbedingungen eröffnen nur kleine Spielräume, denn es besteht ein wechselseitiger Druck von Konkurrenten aufeinander, möglichst nur einzelwirtschaftliche Effektivitätskriterien zu berücksichtigen.

Angenommen wird deshalb, daß alle Implikationen einer Praktizierung von Umweltschutzhandeln, die innerhalb gewinn- und einkommensbezogener Sphären ökonomische Negativeffekte für die einzelnen Handelnden aufwerfen, tendenziell als hemmende Faktoren für tatsächliches Umweltschutzhandeln wirken. Die zentrale Rolle, die ökonomisch erfolgreiches Handeln für den Erwerb und die Sicherung individueller beziehungsweise einzelwirtschaftlicher Lebensgestaltungsoptionen einnimmt, ist dafür grundlegend. Ein striktes Aufgreifen von Umweltschutzforderungen paßt insofern innerhalb produktiver und beruflicher marktwirtschaftlicher Handlungsvollzüge nicht zu den Erfolgslogiken des Handelns. Erwerbsbezogene Passungsprobleme stellen somit eine allgemeine Schranke beziehungsweise Schwelle dar, die bei Entscheidungen zu umweltbezogenem Handeln erst einmal überwunden werden muß (vgl. die prägende Dominanz des Produktionssystems vor lebensweltlichen Sektoren, die unter anderem in *Jürgen Habermas'* Theorem der Kolonialisierung der Lebenswelt formuliert ist).

Wahrgenommene Nicht-Passungssituationen wirken somit im allgemeinen negativ hinsichtlich Ausmaß und Häufigkeit von Umweltschutzhandlungen. Innerhalb eindeutig von ökonomischen Erfolgsmaßstäben geprägter Handlungsbereiche grenzen Passungsanforderungen nicht-ökonomische Motivtypen als handlungsbedeutsame weitgehend aus. Hemmnisse der Ausübung von Umweltschutz werden zum einen um so stärker, je mehr oder direkter produktiv sowie berufsbezogen erfolgbringende Handlungsvollzüge negativ tangiert werden, zum anderen, je umfangreicher beziehungsweise kostenaufwendiger er sich insgesamt gestaltet.

Eine weitere Form von Passungsfragen ergibt sich bei der Frage der Mittel- und Zeitverwendung außerhalb unmittelbar produktiver und beruflicher Kontexte: Soll man Zeit oder Mittel, die man für umweltschutzbezogene Aktivitäten verwenden könnte, nicht besser für berufs- und karriereorientierte Zwecke (Qualifizierungsanstrengungen etc.) einsetzen?

Derzeit herrscht als gesellschaftliche Meinung vor, daß man innerhalb ökonomischer Handlungsvollzüge strikt an ökonomischer Rentabilität orientiert agieren soll und darf. Umweltschutzpostulate führen deshalb im allgemeinen nicht zur Infragestellung und zur Rücknahme ökonomischer Ziele, sondern allenfalls zur Berücksichtigung umweltbezogener Gesichtspunkte - wenn dies einzelökonomisch „zumutbar" ist. Warum wird diese systematische Nachgeordnetheit von Umweltschutz so wenig problematisiert? Warum widmet man sich so wenig der Frage, ob und inwieweit der bestehende marktwirtschaftliche Bezugsrahmen offenbar enge Schranken für Umweltschutz aufwirft?[2]

Zum Opportunitätskriterium „Äquivalenz"

Monetär meßbare Erfolge (Gewinn und Einkommen) zu erzielen, ist die primäre Zielstellung innerhalb produktiver und berufsbezogener Handlungssphären (und muß es sein, will das Subjekt sich Optionen seiner Lebensgestaltung sichern). Dafür ist eine möglichst strikte instrumentelle Ausrichtung an Markterfolgskriterien notwendiges Mittel (Passung). Die

---

2 Dazu wäre die Frage „ökologischer Marktwirtschaft" einer strengen Prüfung hinsichtlich ihrer Möglichkeiten und Grenzen sowie hinsichtlich ihrer politischen Realisierbarkeit überhaupt zu unterwerfen. Grundlegende Einwände finden sich unter anderem bei *Altvater* 1992; *Reheis* 1995; *Thomasberger* 1993.

Umweltschutzfrage stellt sich aber auch beim konsum- und freizeitbezogenen Handeln. In diesem Handlungsbereich werden Äquivalenzkriterien relevant: Konsum und Freizeit sind Sphären, in denen sinnvolles („nützliches") Handeln die „harten", eindeutig monetär meßbaren Kriterien und Entscheidungsregeln erweitert und transzendiert. Kriterien und Regeln werden subjektiv gestaltbarer: Sinnvolles Handeln konstituiert sich hier in subjektiven Attribuierungen nach einem qualitativen, „weichen" Kalkül. In dieser außerproduktiven sowie außerberuflichen Sphäre geht es viel stärker um die Realisation selbstgewählter Zweckorientierungen innerhalb subjektiv jeweils verfügbarer Möglichkeiten. Dabei fließen aber Elemente „harter" Kalküle ein, denn: Das Selbstgewählte besteht überwiegend in Form gesellschaftlich angebotener Möglichkeiten, für deren Ausschöpfung wiederum vielfach ein Einsatz von Geld (Kaufkraft) sowie knapper Zeit notwendig ist. Mit ihm können Verfügungsrechte sowie Güter und Dienstleistungen erworben werden. Potentiale der individuellen Lebensgestaltung sind somit sehr stark an die individuell verfügbare Kaufkraft einerseits sowie die Möglichkeiten, die das Marktangebot eröffnet, andererseits geknüpft.

Für die überwiegende Mehrheit der Bevölkerung kann nun als gegebene Bedingung eine grundlegende, durch die individuell jeweils verfügbare Kaufkraft hervorgerufene Beschränktheit der Freiheit der (Aus-)Wahl angenommen werden: Man hat wesentlich mehr Bedürfnisse, als man mit seinem Kaufkrafteinsatz und seiner knappen Zeit zu befriedigen in der Lage ist. Diese Mittelbeschränktheit macht es opportun zu kalkulieren, ob deren Einsatz subjektiv als genügend effizient eingestuft werden kann. Insofern ist man im allgemeinen auch innerhalb der hier thematisierten Sphären bemüht, einen haushälterischen Umgang mit seiner Kaufkraft vorzunehmen, individuelle Lebensgestaltungsoptionen nicht unnötig zu schmälern.

Daß Umweltschutz für den einzelnen Kosten aufwirft, ist also nicht das Problem; die Verfolgung von Zielen impliziert die Aufwendung von (knappen) Mitteln. Prekär werden (Kosten-)Aufwendungen erst und allerdings, wenn sie verausgabt werden, ohne daß mit ihnen eine genügende Wirkung[3] als Äquivalent verbunden werden kann: Erbringt eine (Kosten-)Aufwendung genügend materiellen Ertrag oder sinnbringenden Effekt als Gegenwert (Äquivalent)? Wenn nicht, werfen sich Zweifel hinsichtlich der Nütz-

---

3 Wirksamkeitsattributionen an das eigene Handeln (Kontrollbewußtsein) müssen dazu eine genügende Ausprägung haben. Siehe dazu auch den Beitrag von *Hoff/Walter*.

lichkeit oder Sinnhaftigkeit des jeweiligen Tuns auf. Diese Wirkungsbeurteilung ergibt sich aber erst in Relation zum Motivtyp, der eine solche Handlung trägt. Wird eine ungenügende Wirkung diagnostiziert, also eine Ineffizienz der Aufwendung hinsichtlich ihrer Zielstellung festgestellt, dann treten *Äquivalenzprobleme* auf. Sie befördern Tendenzen des Unterlassens von Umweltschutz.[4]

Äquivalenzprobleme stellen sich bezogen auf Handlungen (Lebensäußerungen) *nicht*,
- die unmittelbar Spaß machen (Funktionslust und konsumtive Dimension),
- die im Kauf von Gütern bestehen, für die man (eine gleiche Qualität unterstellt) nicht mehr als den üblichen Marktpreis zahlt,
- die unmittelbar als selbstwertbefördernd (zum Beispiel durch Kompetenzerleben) erlebt werden,
- die mit sozialer Anerkennung verbunden erlebt werden,
- die pflichtethisch motiviert sind.

Äquivalenzfragen werfen sich dann auf, wenn die für Umweltschutz aufzuwendenden Kosten disproportional hoch zu werden oder ohne nachhaltigen Effekt zu bleiben drohen. Sie werfen sich auf, weil die einzelnen Handelnden dem Einsatz von Zeitbudgets, Anstrengungen und Kaufkraftaufwendungen für Umweltschutzbelange genügend Sinn zuordnen können müssen (denn sie könnten diese innerhalb der Freizeit und Konsumsphäre gut auch anders verwenden).

---

4 Hier wird analog der ökonomischen *low-cost*-Hypothese (*Diekmann/Preisendörfer* 1992) argumentiert. Wenn Kosten für etwas fallen, wird eine Handlung - *ceteris paribus* - tendenziell häufiger ausgeübt bzw. ein Gut mehr nachgefragt. Wenn Handlungen also von gewissen Motivtypen her Äquivalenz zugeordnet werden kann, dann steigt damit die Wahrscheinlichkeit ihrer Realisierung.

Zur Frage umweltpädagogischer Konsequenzen

Für die gewinn- und berufsbezogene Handlungssphäre wurde eine Dominanz einzelökonomischer Handlungslogiken herausgefunden. Wenn und insoweit Umweltschutzpostulate in dieser Shpäre oder bezogen auf sie Nicht-Passungssituationen erzeugen, bleiben sie systematisch unrealisiert. Umweltschutz ist dort in wesentlichen Dimensionen nur stimulierbar, wenn er Gewinn und Einkommen nicht gefährdet. Umweltschutzeinstellungen auf der Grundlage nicht-ökonomischer Motive haben hier also kaum eine Chance, zum Tragen zu kommen. Diese Relation ist motivational nicht aufbrechbar. Von Moralappellen *et cetera* kann hier keine große Handlungswirksamkeit erwartet werden. Hier können nur Veränderungen der institutionellen Rahmenbedingungen des ökonomischen Handelns eine nachhaltige Beachtung umweltbezogener Kriterien bewirken.

Prinzipiell lägen nun innerhalb der Konsumsphäre größere Spielräume individueller Handlungsalternativen. Die Steuerungsmittel des Konsumenten sind allerdings hinsichtlich Effektivität und Umfang sehr beschränkt. Konsumtiv angelegtem Umweltschutz sind - von seiner umweltbezogenen Steuerungswirkung einmal abgesehen - ganz allgemein auch aus folgendem Grund enge Grenzen gesetzt: Einer individuellen Nutzung marktgesellschaftlicher Lebensgestaltungsoptionen widersprechen Handlungen, die systematisch eine Reduzierung der Partizipation an den angebotenen Möglichkeiten (dem gesellschaftlichen Güterreichtum) implizieren. Am Kriterium eines guten Lebens gemessen ist Umweltschutz „nur" *Mittel* für dieses; er kann nicht zum umfassenden Zweck allein werden: Nicht nur sind die einzusetzenden Kaufkraftmittel und Anstrengungen für ihn sehr beschränkt, er impliziert auch *Verzicht* auf „legitime" Genüsse wie Bequemlichkeit, Mobilität, Entfaltungsvielfalt. Daraus entwachsen Umweltschutzbemühungen prinzipielle Schranken.

Soweit Pädagogik von Menschen als Konsumenten nachhaltige Veränderungen fordert, dürfte sie die vielbeklagte Kluft zwischen Einstellungen und Handeln eher produzieren als aufklären und abbauen: Individuelle Akteure können auf ihrer privaten Handlungsebene vieles, was Umweltpädagogen raten beziehungsweise fordern, nicht mit ihren übrigen Zielen vermitteln. Gleichzeitig können sie diese Ratschläge beziehungsweise Forderungen nicht überzeugt und wissend ablehnen. Eine den Menschen individualisierende und ihn primär als Konsumenten aufgreifende Umweltpädagogik kann folgenden kontraproduktiven Effekt zeitigen: Infolge der Nichthinterfragung der beschränkten Konsumentenmöglichkeiten stimuliert sie partielle Umweltaktivitäten, die nur periphere, wenig wirksame oder nur illusionäre Effekte zeitigen. Das Subjekt meint dabei aber, daß es Wirkungsvolles tut: Selbsttäuschungen fungieren dann faktisch als Befriedigungs- beziehungsweise Stillhaltemechanismen. Sie ersetzen beziehungsweise blockieren ursachenbezogenes Handeln: Man kann stetig sein schlechtes Umweltgewissen befriedigen, weil man meint, etwas zu tun, ohne aber faktisch etwas Effektives zu tun.

Es wurden Motivtypen freigelegt, die nicht ertragsorientiert im Sinne eines ökonomischen kurzfristig realisierbaren Outputs sind. Sollten Umweltpädagogen vielleicht verstärkt an solchen nicht ertragsorientierten Motivtypen anknüpfen, die auf dem Bedürfnis nach sozialer Anerkennung und nach Selbstwert oder auch auf metaphysischen oder religiösen Denkgebäuden (Naturbezügen) basieren? Eine Umweltpädagogik, die sich an Maßstäben der Aufklärung orientiert, will ihre Adressaten nicht auf ein Ideal richtigen Umweltverhaltens verpflichten beziehungsweise „konditionieren". Es geht ihr um deren kritische Urteilskompetenz und ihr liegt daran, daß sich die Educanden in den Begründungs- und Beurteilungsprozeß gesellschaftlichen Umwelthandelns kompetent einschalten können (dazu *Breinbauer* 1991, *Heid* 1998, *Kahlert* 1990 und 1996).

Metaphysisch oder religiös begründete Motivtypen basieren jedoch nicht auf intersubjektiv gut begründeten Wissenselementen; sie entstammen spekulativen Denk- und Überzeugungsgebäuden. Verankerungsbemühungen traditionaler pflichtethischer Motivbegründungen schließen sich von vorneherein aus, weil damit Heteronomie und nicht Autonomie impliziert ist. Auf soziale Anerkennung oder Selbstwert gerichtete Verankerungsbemühungen können indoktrinierend-manipulativ werden: Ist es zulässig, an emotionale Dispositionen anzuknüpfen, um diese zur Durchsetzung bestimmter Ziele instrumentell auszunutzen? Aus der Sicht aufklärerischer Pädagogik dürfen Motivtypen nicht nur auf ihre möglichen Wirkungen hin betrachtet werden, sondern auch auf ihre pädagogischen „Produktions"-möglichkeiten und -implikationen: Lassen sich Motivtypen, die Schranken des Umwelthandelns abbauen könnten, gezielt erzeugen oder fördern? Was impliziert deren Verankerung an pädagogischen Konsequenzen?

Bestehen nun bei den „harten" Motivtypen Anknüpfungspunkte? Opportunitätsgesichtspunkte generieren vom Einzelnutzenstandpunkt aus als „rational" bewertete Handlungsoptionen. Sie lassen bestimmte Zwecke und Interessen als praktisch zu verfolgende (rationale) erscheinen und grenzen andere aus (dazu *Esser* 1994, 21). Die jeweils präferierten zu vollziehen, ist rational. „Rational" bedeutet, daß das als opportun wahrgenommene Handeln nicht beliebig auswechselbar ist. Ist das Ausgegrenzte aber „ausgrenzenswert", also unwichtig für menschliche Lebensqualität?

Systematisch ausgegrenzt werden bei „harten" Motivtypen unter anderem Umweltbelange. Bei diesen handelt es sich zum Teil um unwiederbringliche Umweltqualitätszustände, die Grundlage allgemeiner Lebensqualität sind; mit ihnen werden somit unabdingbare Qualitäten guten Lebens (unter Umständen sogar irreversibel) negiert. Faktisch sind Menschen damit systematisch in Situationen gestellt, in denen sie gegen ihre existentiellen Interessen handeln. Alles spricht aber für die Annahme, daß dieselben Menschen weiterhin an ihren existentiellen Interessen basal interessiert sind und sachlogisch sein müssen (Luftverschmutzung z.B. tangiert letztendlich das eigene Lebensglück und das der Nahestehenden). Die Tatsache, daß Menschen ein existentielles Interesse an der Erhaltung der Lebensgrundlagen haben, wird durch diese Ausgrenzung nicht falsifiziert.

Das Opportunitätsmodell zeitigt so paradoxe Konsequenzen! Die in ihm unterstellte Rationalität ist defizitär: Sie erreicht nur eine Dimension der Betrachtung, die den sachlichen und bedeutungsvollen Umfang der mit Umweltproblemen aufgeworfenen Dimensionen nicht vollkommen zu fassen in der Lage ist. Präferenzsetzungen beziehungsweise den unmittelbaren Wahlakt zugrunde zu legen oder einfach unproblematisiert als Ausdruck individuellen Wollens aufzugreifen, reicht für umweltpädagogische Befassungen nicht. Pädagogik, die sich direkt - ohne nach dem Genesezusammenhang zu fragen - auf das artikulierte Wollen der Menschen bezieht, kann die Systematik der Paradoxie nicht kognitiv „aufbrechen".[5]

Dafür wäre vorausgesetzt, die marktgesellschaftlichen Konstitutionsbedingungen von Präferenzen und Wahlentscheidungen zu reflektieren und die Paradoxie selbst zum Gegenstand umweltpädagogischer Aufklärung zu machen. *Bertram Scholz* führt an, daß Probleme wie die spieltheoretische Allmende-Klemme für das Lernziel „prosoziales Verhalten" ein geeigneter Gegenstand sind. Die Aufklärung über die Dilemma-Situation enthält allerdings ein ambivalentes Moment, da der Schüler nicht selbstverständlich zu dem Schluß kommen muß, „daß sozial erwünschte Kooperation für ihn immer das beste ist" (*Scholz* 1997, 225); er kann sich auch für die

---

5 Zu der sich hier ausdrückenden Paradoxie des Handelns unter Marktbedingungen s. *Hassenpflug* 1980, 98f.

sozial unerwünschten Handlungsoptionen entscheiden! Die ökonomisch-gesellschaftlich grundgelegte Paradoxie erscheint so auch als Problem pädagogischer Befassung mit ihr.

Die Paradoxie ist auf der Ebene ökonomischen Handelns wegen ihrer Verquickung im Einzelnutzenverfolgen nicht auflösbar. Es gibt daneben - und ihm vorausgesetzt - aber auch Handeln auf einer politischen (Gestaltungs-)Ebene. Will man die zugrunde liegenden Bestimmungsgrößen der Situationslogik, auf die man sich ökonomisch und beruflich zu beziehen hat, selber verändern, kann und *muß* diese Ebene beschritten werden. Im Unterschied zum unmittelbaren ökonomischen Handeln lägen hier Spielräume und sachlich begründete Möglichkeiten, durch eine Veränderung institutioneller Bedingungen ökonomischen Handelns (politische Rahmengestaltung), grundlegende Verbesserungen zu bewirken. Chancen dafür bietet eine politische (Umwelt-)Bildung, die ins Zentrum ihrer Bemühungen die Konstituierung von Wissen über systematische gesellschaftliche Verursachungszusammenhänge des Umweltproblems stellt.

Verbesserungen auf der politischen Ebene anzustreben, bedarf allerdings auch gewisser Anstrengungen und Aufwendungen. Zur Herstellung und Gewährleistung konsensual getragener Funktionszusammenhänge sind vielfach subjektiv einzubringende Vorleistungen sowie stetige Beiträge (die sich nicht immer aktuell „rechnen") notwendig. Zwar sind hier punktuelle Überwindungen des unmittelbaren kurzfristigen Egoismus gefordert, nicht aber schlechthin der Verzicht auf individuell erwünschte Ziele. Rationale Einsicht in die Gründe der Notwendigkeit solcher Vorleistungen und Beiträge - umweltbezogen zur Allmende-Sicherung - pädagogisch zu ermöglichen, verweist auf das Programm ethischer Urteilskompetenz anstelle bloßer Werterziehung (vgl. dazu *Weiler* 1992). Innerhalb umweltpädagogischer Bemühungen sollte somit diesem eine wichtige Rolle zukommen. Günstige Anknüpfungsmöglichkeiten hierzu bestünden unter anderem in sozialen und ethisch-moralischen Motiven von Menschen (vgl. *Etzioni* 1994).

RAINER EISFELD

Konkrete Utopien einer menschengerechteren Gesellschaft: Robert Jungk

I

Eines der großen Dokumente unserer Zeit: So lautete das einhellige Echo, als *Robert Jungk* 1952 jene Darstellung veröffentlichte, die ihn mit einem Schlag international bekannt machte, deren Titel gar zum geflügelten Wort wurde: „Die Zukunft hat schon begonnen." Bereits hier warf *Jungk* die erste der beiden Fragen auf, die fortan sein Werk durchziehen und für aufeinanderfolgende Generationen ihre Bedeutung behalten sollten.

„Darf ich denn mithelfen", so lautete diese Frage (auf die weiter unten zurückzukommen bleibt), „darf ich denn mithelfen am Bau einer kalten, künstlichen, lebensfeindlichen, entmenschlichten Welt? Ist es nicht konsequenter, an dieser Zukunft zu verzweifeln?"

Unter Kapitelüberschriften wie „Griff nach dem Himmel", „Griff nach der Natur", schließlich „Griff nach dem Menschen" beschrieb *Jungk* jene Maßlosigkeit einer in ihrem „ausschließlichen Streben nach Höchstleistung unmenschlichen" Technik, welche die zitierte bange Frage ausgelöst hatte. Für ihn stand die Zivilisation kurz davor, in eine totalitäre Phase einzutreten, die die verbliebenen Reste individueller Autonomie zu vernichten drohte, um den „verläßlichen lenkbaren Durchschnittsmenschen" *(Jungk)* als neuen Prototyp zu etablieren.

Die zweite Frage, die *Robert Jungk* sich selbst und seinen Lesern immer wieder vorgelegt hat, entstammt seiner Studie über Verdienst und Versagen jener Wissenschaftler, die erst die Atom-, dann die Wasserstoffbombe entwickelt hatten. In der Untersuchung, 1956 erschienen, der er den Titel „Heller als tausend Sonnen" gab, faßte *Jungk* die eigene Fassungslosigkeit einer Generation von Kernphysikern in die Worte: „Weshalb waren gerade sie, die doch ihren Beruf zuerst wählten, um einer chaotischen, gesetzlosen

Auch der Mensch selbst, der eigentliche Erdenker und Lenker dieser zweckgebundenen Welt, hat sich schließlich der neuen Knechtschaft nicht entziehen können. (...) Diese individuelle Ohnmacht ist die Vorbedingung der Teilhaberschaft an der Allmacht. Denn der Vorstoß zur „frontier" unserer Zeit hat eine Vorbedingung, die der Pionier des vorigen Jahrhunderts nicht erfüllen mußte: kollektive Anstrengung und Disziplin. (...) Es ist nur konsequent, daß der neue Pionier selbst den gleichen Methoden unterworfen wird, die er zur Beherrschung der Natur anwendet. Auch er wird wissenschaftlich beobachtet, auf seine Eignung geprüft, bis zum Äußersten seiner Fähigkeiten genutzt und wie irgendein anderes Werkzeug weggeworfen, sobald er den gewünschten Zweck nicht mehr erfüllt. Der „freie Wille" muß in diesem Zusammenhang geradezu als unstabiles Element gewertet und ausgeschaltet werden, der unsichere Faktor Mensch durch einen möglichst zuverlässigen Typus ersetzt werden. Wie in jeder Revolution haben die Aufrührer, Himmelsstürmer, Unzufriedenen zu verschwinden. Der verläßliche lenkbare Durchschnittsmensch wird zum neuen Pionierideal.

(...) So ist zur Zeit in den Vereinigten Staaten eine Welt im Entstehen, wie es sie nie zuvor gab. Es ist die von Menschen entworfene, im Höchstmaß vorausgeplante, kontrollierte und je nach dem Fortschrittsstand immer wieder „verbesserte" Schöpfung. Sie besitzt ihre besondere Art von Schönheit und von Schrecken. Denn obwohl die menschlichen Schöpfer sich bemüht haben, aus ihrer Kreation Schicksal, Zufall, Katastrophen, Unglück und Tod zu verbannen, so treten die Fortgewiesenen nun verkleidet nur noch viel eindringlicher auf: Kalkulationsfehler der Planstatistiker, Versagen der technischen Apparatur, Unfälle und Explosionen bringen ein Vielfaches an Leid.

Sogar die alten dunklen Mythen vom verschleierten Bild, dessen Vorhang niemand heben darf, von Geistern, Dämonen und verwunschenen Regionen, ja von der Hölle selbst, kommen in dieser scheinbar so genau ausgerechneten, rational entstandenen Welt zu neuer Geltung. Denn der Durchschnittsmensch bewegt sich in der zweiten, künstlich aus der Retorte gewonnenen Natur genauso unsicher wie seine prähistorischen Vorfahren in der primären Natur, weil nur die Spezialisten - und oft nicht einmal sie - die Wesen und Kräfte begreifen, die sie in die Welt gesetzt haben.

Diese „neueste Welt" ist keine ferne Utopie, kein Geschehen aus dem Jahre 1984 oder einem noch ferneren Jahrhundert. Wir sind nicht wie in den Zukunftsromanen von Wells, Huxley und Orwell durch den breiten Graben der Zeit von dem reißenden Tier Zukunft getrennt. Das Neue, Andere, Erschreckende lebt schon mitten unter uns. So ist es, wie alle historische Erfahrung zeigt, immer gewesen. Das Morgen ist schon im Heute vorhanden, aber es maskiert sich noch als harmlos, es tarnt und entlarvt sich hinter dem Gewohnten. Die Zukunft ist keine sauber von der jeweiligen Gegenwart abgelöste Utopie: die Zukunft hat schon begonnen. Aber noch kann sie, wenn rechtzeitig erkannt, verändert werden.

In dieser zukunftsbezogenen „neuesten Welt" haben die Grenzen von Tag und Nacht, von Licht und Finsternis keine Gültigkeit mehr. Die Tat des ersten biblischen Schöpfungstages wird von den späten Nachkommen des Prometheus annulliert. Damit der moderne Produktionsprozeß keine Unterbrechung erleide, brennen in den Fabriken von Sonnenuntergang bis Sonnenaufgang die künstlichen „Sonnen" der elektrischen Scheinwerfer. In fast allen großen Städten Amerikas gibt es Markthallen und Drugstores, die verkünden: *Wir schließen nie!* Es ist nur noch ein kurzer Schritt zu dem Augenblick, da der bereits in einem kalifornischen Laboratorium entwickelte künstliche „Nordlichteffekt" dem Himmel für immer sein Nachtgewand herunterreißt.

Aus: Die Zukunft hat schon begonnen. Amerikas Allmacht und Ohnmacht, Bern und München 1963, 20f.

Welt den Rücken zu kehren, ins Zentrum des politischen Sturmes hineingeführt worden?"

Halb unbewußte Flucht in eine vorpolitische Haltung bei weiten Teilen der Gesellschaft als Reaktion auf die Komplexität der Moderne, auf den Durchbruch und die Austragung von Interessenkonflikten ist uns als verbreitete Haltung nur zu vertraut. Dem entsprach gerade bei einer Mehrheit der Wissenschaftler an den Hochschulen und gerade in Deutschland bis in die jüngste Zeit ein durchaus *bewußter* Rückzug in einen als politikfrei und erst damit als genuin wissenschaftlich angesehenen Raum - in die vielzitierte Einsamkeit der Gelehrtenstube, moderner gesprochen ins Ghetto „reiner" Forschung. *Jungks* Frage benennt, nicht nur für die Kernphysik, die Alternative: entweder Erkennung und Anerkennung der Unausweichlichkeit gesellschaftlichen Bezugs und wertenden Urteils als Merkmale politischen Konflikts um die gerechte Ordnung - oder konsequente Indienstnahme des vorgeblich „einsamen" Wissenschaftlers durch das jeweilige soziale und politische System.

Damit ist das Thema bezeichnet, das *Jungk* in den folgenden Jahren zum Gegenstand immer eindringlicherer Analysen gemacht hat: daß ein wissenschaftlicher Fortschritt, der sich in Großtechnologien niederschlägt, unabweisbar soziale und politische Dimensionen besitzt und deshalb der Anlegung normativer Maßstäbe bedarf. Wiederum am besonders relevanten Beispiel der Kernenergie argumentiert: Um Schutz vor der Verseuchung durch radioaktive Strahlung teils zu gewährleisten, mehr noch, um sich und anderen die Lückenlosigkeit solchen Schutzes zu suggerieren, müssen beständige „Sicherheits"-Maßnahmen von nie gekanntem Ausmaß eingeführt werden. Wie *Robert Jungk* am Beispiel des französischen Wiederaufbereitungszentrums La Hague besonders plastisch gezeigt hat, gilt die Überwachung aber keineswegs nur den Produktionsabläufen im mechanischen Sinne, die sich reduzieren ließen auf ein „technisches" Problem für Ingenieure. Die Kontrolle, die Einschränkungen gelten mindestens ebenso denen, die sich veranlaßt sehen könnten, gegen unzureichende Produktionsbedingungen und die damit einhergehende Gesundheitsgefährdung zu protestieren, zu demonstrieren, zu streiken. Sie gelten ganz generell, in der Sprache dieser Technologie, dem „Risikofaktor Mensch" mit seiner Fähigkeit zum Zorn, aber auch zur Ermüdung, zur Gleichgültigkeit, zur Nachlässigkeit - wer weiß, zur Böswilligkeit. Konsequenz, in *Jungks* Worten: „Ein Land, das seine Atomindustrie ausbaut, wählt damit den ‚starken Staat' in Permanenz."

Wer *Jungks* Werk verfolgt hat, der weiß, daß Aussagen wie diese nicht einem von Beginn an festgelegten Standpunkt entsprechen. Sie sind das Ergebnis eines Lernprozesses, aus dem *Robert Jungk* selbst nie ein Hehl gemacht hat. Bis zu seinen Recherchen Ende der fünfziger Jahre über die „Strahlung" aus der Asche Hiroshimas, die noch nach den Kindern der erbgutgeschädigten Bombenopfer griff, hatte er die zivile, die „unschuldige" Nutzung der Atomenergie für vertretbar gehalten. Nun ging ihm auf, mit welcher Intensität und Langfristigkeit technologische Umbrüche, und sei es durch ihre „Abfälle", die Zukunft kommender Generationen auch zum Bösen prägen würden, wie sehr im übrigen friedliche und militärische Nutzung der Kernenergie sich zunehmend als siamesische Zwillinge erweisen. Die Auseinandersetzung mit Hiroshima hat *Jungk* „aus der alten Bahn geworfen und in eine neue Richtung geführt".

Aber noch Mitte der sechziger Jahre, als er sein Buch über die „große Maschine", den Teilchenbeschleuniger *CERN* bei Genf, schrieb, glaubt er, zumindest eine Grundlagenforschung sei denkbar, die - so der Untertitel der Studie - den „Weg in eine andere Welt" weise. Die Welt einer uneigennützigen internationalen Wissenschaftlerkooperation, an nichts interessiert als an Erkenntnis, Gegenpol - *so Jungk* - „zur Welt des Zweckdenkens, des Herstellungs- und Gewinnwahns, des Geistes der - insonderheit militärischen - Nutzbarmachung und Ausbeutung". Auch diese hoffnungsvolle These hat *Jungk,* so schwer ihm das nach eigenem Bekunden gefallen ist, revidieren müssen. „Das soziale Experiment *CERN*, diagnostiziert er, „ist nicht geglückt", ist gescheitert an der nun doch erfolgten militärischen Nutzbarmachung hochenergetischer Teilchenstrahlung (Stichwort: *SDI*[1]), an der Austragung wiederauflebender Rivalitäten durch den Bau nationaler Beschleuniger, an der Entwicklung schließlich auch von *CERN* zu einem technokratischen Großsystem, vielfältig vernetzt mit den Interessen staatlicher und industrieller Apparate.

---

1 *Strategic Defense Initiative*: das Projekt eines weltraumgestützten Raketenabwehrschirms.

II

Robert Jungks Biographie als wissenschaftlicher Publizist weist also bei aller Konstanz der analytisch-moralischen Grundhaltung Entwicklungsbrüche auf. Daß er selbst nie gezögert hat, sich zu dieser Brüchen und ihren Ursachen zu bekennen, hat seine Überzeugungskraft eher noch gesteigert. Im übrigen verweisen *Jungks* Ergebnisse auf ein drastisches Defizit der gängigen Demokratietheorien, die ihren Niederschlag in den *textbooks* und Einführungskursen der Politikwissenschaft gefunden haben. Auf eines von mehreren drastischen Defiziten, wäre hinzuzufügen, denn die Exponenten solcher Theorien haben es bereits früher versäumt, sich dem Gemeinplatz der militärsoziologischen Forschung zu stellen, wonach in den erheblich militarisierten Abschreckungsgesellschaften des Kalten Krieges zivile und militärische Interessen, *auch hier unter dem Stichwort „Sicherheit",* enge Verbindungen eingegangen sind. Die Frage der Konsequenzen solcher Verbindungen für die Politikformulierung in Demokratien parlamentarisch-pluralistischen Anspruchs ist auf konzeptioneller Ebene eher systematisch ausgeklammert als erörtert worden. Vergleichbares gilt für den „Atomstaat", wie *Jungk* ihn genannt hat, dessen Sicherheitserwägungen sich gegen die eigenen Bürger richten. Tatsächliche und ideologische Zäune, Betonmauern und Sachzwangdenken, entstehen um sogenannte „Hochrisikobereiche"; Überwachung und Kontrolle prägen ein politisches Klima, das demokratischer Mitwirkung diametral entgegengesetzt ist.

Solche Tendenzen sind geeignet, eine Entwicklung zu verstärken, die *Herbert George Wells* vor sechzig Jahren mit einem Bild aus der Humanmedizin dahingehend beschrieben hat, die menschliche Gesellschaft habe zwar Knochengerüst, Muskulatur und Verdauung bis zur Hypertrophie entwikkelt. Derweil seien die nervlichen Kontrollen jedoch unter einem Ballast von Vorurteilen, verzerrter Wahrnehmung, einseitiger Interessendurchsetzung sowie kritikloser Hinnahme herkömmlicher Gewohnheiten verkümmert. Zwei Kulturen haben sich, mit anderen Worten, herausgebildet, eine technisch-bürokratische und eine politisch-soziale. Der Komplexitätsgrad der ersten steigt fortwährend in Sprüngen; die Verarbeitungsfähigkeit der zweiten hingegen nimmt allenfalls linear zu. Die wachsende Kluft zwischen beiden fördert das Empfinden individueller Ohnmacht und die Emotionalisierung des politischen Stils. Eine Bereitschaft zur politischen Hingabe an

Es gibt unter den Atomforschern solche, die sich, enttäuscht von ihrem Mißerfolg im öffentlichen Leben, ins Laboratorium zurückgezogen haben und solche, die für eine immer intensivere Mitarbeit am Ganzen eintreten. Unter den jüngeren sehen nicht wenige ihre wissenschaftliche Arbeit als eine Art von intellektuellem Wettbewerb ohne tieferen Sinn und Verpflichtung an, aber es gibt unter ihren Altersgenossen schon wieder einige, denen die Forschung ein „religiöses Erlebnis" vermittelt.

So kann der Berichterstatter in diesem Stadium der erst seit etwa einem Jahrzehnt erneut aufgelebten Auseinandersetzung über die Rolle und die Aufgaben des Naturwissenschaftlers noch kein klares Fazit ziehen. Das Experiment, dem die Atomforscher unterworfen worden sind, befindet sich noch in voller Entwicklung.

Und doch scheint diesem Beobachter, der sich bewußt ist, daß er damit vielleicht ein vorschnelles und zu subjektives Urteil fällt, die geistige Unruhe und seelische Erschütterung, die er bei den Atomforschern fand, schon an sich ein beachtenswertes Phänomen zu sein. Während dreier Jahrhunderte glaubte der Naturwissenschaftler, er könne sich aus der Welt herausstellen, nun aber beginnt er, sich als ein Teil von ihr zu sehen: bedingt, begrenzt und mit dieser Einsicht auf dem Weg zu einer neuen Bescheidenheit. Er hat erkennen müssen, daß er wie jeder Mensch „sowohl Zuschauer wie Darsteller in dem großen Drama des Daseins ist". (Bohr).

Hinter der neuzeitlichen Naturwissenschaft stand bisher der „stolze Wille, die Natur zu beherrschen" (Pauli), eine Haltung, die vor allem in Bacons Ausspruch „knowledge is power" (Wissen ist Macht) ihren Ausdruck gefunden hat. Heute aber hört man weit öfter: „Wissen ist leider Macht". Dem Forscher ist „vor seiner Gottähnlichkeit bange" geworden, und er bekennt sich gegenüber den „unbeantwortbaren Geheimnissen des Universums, die unbeantwortet bleiben sollen", zur „Demut des Intellekts" (Feynman). In der Epoche, die in der Entwicklung der „absoluten Waffen" einen Höhepunkt erreichte, wurde der Fortschritt fast allgemein dem wissenschaftlichen und technischen Fortschritt gleichgesetzt, nun aber erklärt ein hervorragender Physiker: „Der Raum, in dem sich der Mensch als geistiges Wesen entwickelt, hat mehr Dimensionen als die eine, in der er sich während der letzten Jahrhunderte ausgebreitet hat" (Heisenberg).

Die neue Bescheidenheit wuchs wie die unmenschlichen und übermenschlichen Waffen zuerst am Baum der Atomforschung. Denn aus dem Studium der atomaren Welt gewannen die theoretischen Physiker die längst von den Religionen verkündete, nun aber auch wissenschaftlich nachweisbare Erkenntnis von der Begrenztheit menschlichen Beobachtungs- und Urteilsvermögens. So stammt die Atombombe, in deren Gewalt die Maßlosigkeit des modernen Menschen ihren deutlichsten Ausdruck fand, aus der gleichen Wurzel wie die neue auf kernphysikalischen Daten beruhende Philosophie des Maßes.

Als H.G. Wells 1946 kurz vor seinem Tod den Zusammenbruch des wissenschaftlichen Fortschrittglaubens erlebte, meinte er verkünden zu können, der Mensch sei am „Ende seiner Möglichkeiten" angelangt und fast unvermeidlich zum baldigen Untergang bestimmt. Vermutlich ist er jedoch nur am „Ende einer Möglichkeit" angelangt.

Wohin der Weg nun führen könnte, hat der einst in der „Familie" der Atomforscher als Zweifler bekannte Wolfgang Pauli angedeutet.1932 in Kopenhagen war er der „Mephisto" im „Faust". 1955 aber hatte dieser scharfe Geist sein Blickfeld so sehr erweitert, daß er zum beredten Schilderer eines lang vernachlässigten „inneren Heilsweges" wurde und zum Abschluß eines Vortrages über „Wissenschaft und abendländisches Denken" erklärte: „Entgegen der seit dem siebzehnten Jahrhundert strengen Einteilung der Tätigkeiten des menschlichen Geistes in getrennte Gebiete halte ich die Vorstellung vom Ziel einer Überwindung der Gegensätze, zu der auch eine das rationale Verstehen wie das mystische Einheitserlebnis umfassende Synthese gehört, für den ausgesprochenen oder unausgesprochenen Mythos unserer eigenen, heutigen Zeit."

Kann die „neue Bescheidenheit", gepaart mit der Wiederanerkennung eines inneren Heilsweges, auf kommende Jahrhunderte einen ähnlich starken Einfluß ausüben wie der nunmehr als verhängnisvoll erkannte Geist der Hybris?

Der Chronist wagt nicht zu prophezeien. Er will nur schildern und damit zu jenem großen Gespräch beitragen, das vielleicht einmal eine Zukunft ohne Furcht vorbereiten kann.

Aus: Heller als tausend Sonnen. Das Schicksal der Atomforscher, Bern und München 1963, 532f.

„einfache" Lösungen und „starke" Persönlichkeiten wird aufgebaut, die demokratischer Kontrolle direkt entgegenarbeitet.

Robert Jungk hat sich nicht darauf beschränkt, einen allein in seiner weltweiten Verbreitung einzig dastehenden Beitrag zu leisten zur Überwindung des Grabens zwischen technisch-bürokratischer und politisch-sozialer Kultur. Analytische Erhellung technischer Komplexität und die Anlegung ethischer Maßstäbe verbinden sich bei ihm in dem Ziel, dem Empfinden individueller Machtlosigkeit entgegenzuwirken und die Fähigkeit wie die *Bereitschaft zu politischem Einsatz im Bewußtsein sozialer Verantwortung* zu stärken. Dabei nichts zu beschönigen, nichts zu verschleiern, nichts zu übergehen - und trotz alledem nicht aufzugeben, festzuhalten an der Hoffnung, daß es anders werden könnte: Dies hat *Robert Jungk* in einer Rede über seine Freundschaft mit *Peter Weiss* als dessen und seine gemeinsame Lebensmaxime benannt.

Nirgends tritt dieser Realismus seines aufklärerischen Ansatzes deutlicher zutage als in „Strahlen aus der Asche". Wie ausgerechnet durch die Rüstungskonjunktur des Koreakrieges Hiroshima als „normale" Industriemetropole wiederersteht, auf welchen Wegen eine geplante „Stadt des Friedens" mit Mahnmalcharakter sich zu einem Schulbeispiel der Verdrängung entwickelt, wie selbst die verschiedenen Opfergruppen sich untereinander bekämpfen, in welchem Ausmaß noch jene koreanischen Zwangsarbeiterinnen und Zwangsarbeiter, die den Atombombenangriff überlebt haben, unter rassistischer Diskriminierung durch die Japaner leiden müssen - sämtliche Schattenseiten des Wiederaufbaus vermittelt *Jungks* Bericht mit erschrekkender Deutlichkeit. Ebenso aber registriert er die Signale der Solidarität, des Aufbegehrens gegen Gleichgültigkeit und Vergessen, des Widerstands schließlich auch in Hiroshima gegen die Gewöhnung an Kernindustrie und Kernwaffenrüstung. Immer aufs neue die Grenzen *und* die Möglichkeiten menschlicher Einsichtsfähigkeit auszuloten, ist nicht die geringste Aufgabe, die *Jungk* sich gestellt hat.

Es ist, als habe er sich immer wieder leiten lassen von einer zentralen Passage seiner vor fünfzig Jahren gedruckten Dissertation über den Kampf um die Pressefreiheit in der Schweiz Anfang des 19. Jahrhunderts. Dort heißt es:

„Zeitweise ergriff die alten Vorkämpfer freiheitlicher Gedanken eine tiefe Entmutigung, wenn sie sahen, was in ihrer Nähe und in der Welt vorging. Überall schien die Reaktion zu siegen. Und doch sollten die liberalen Vorkämpfer aus diesem

Zustand der Hoffnungslosigkeit und Mutlosigkeit allmählich erwachen, um mit Hilfe einer jüngeren Generation schließlich ihre Ziele zu erreichen.

III

„Verzweiflung oder Mitarbeit an der Zukunft" hieß, wie erinnerlich, auch die gleich eingangs zitierte Frage, die *Robert Jungk* in „Die Zukunft hat schon begonnen" aufgeworfen hatte. Relativ schüchtern, eingegrenzt auf einen vergleichsweise engen Personenkreis, fiel die Antwort aus, die er 1952 selbst darauf gab:

> „Neuorientierung wird nur möglich, wo vorläufig noch kleine Gruppen von Wissenschaftlern und Technikern ohne Rücksicht auf mögliche Zurücksetzungen und Berufsschwierigkeiten für eine höhere Sinngebung ihrer Arbeit kämpfen."

Dabei ist es für ihn nicht geblieben. Wo er anfangs nur auf die Minderheit jener Wissenschaftler und Ingenieure setzte, die aus einem gewandelten Berufsethos zu fragen begannen: „Wozu produziere ich?", da sah er später - so der Titel seines 1983 erschienenen Berichts - Ansätze eines „Menschenbebens" am Werk, Ansätze, denen nicht Fanatismus ihre Kraft gibt, sondern Prozesse inner- wie zwischenmenschlicher Veränderung. Eben nicht nur aus seiner eigenen Kritik an einer menschenrechtsfeindlichen Technologie-, Energie- und Militärpolitik, sondern aus der Erfahrung mit weltweiten Ansätzen zur Auflehnung exponierter Einzelner wie sozialer Bewegungen, aus der Darstellung verstreuter Aktivitäten und erster Erfolge dessen, was er „Zukunftswerkstätten" nannte für sanfte Technologien, humanere Arbeitsabläufe, tatsächliche Bürgerbeteiligung, für eine neue „Offenheit" zwischenmenschlicher Begegnungen - aus solchen Modellen der Hoffnung leitete *Jungk* konkrete Utopien ab.

Zukunftswerkstatt: Kein Ort, wie der Begriff zunächst nahelegen könnte, sondern eine gruppenorientierte Problemlösungsmethode, eine Art Versuchslabor zur Entfaltung von sozialer Kreativitität. *Robert Jungk* und *Norbert Müllert* haben das Konzept in den siebziger Jahren vorgestellt - entworfen als „Plattform für Bürgerbeteiligung, Chance für die sonst

(Die Zukunftswerkstatt ist auch) Schicksalsvorbereitung, denn wir können in große Schwierigkeiten kommen, etwa der Zusammenbruch unseres Energiesystems oder unserer Infrastruktur und Hungersnöte. Wir brauchen Fähigkeiten, mit so etwas umzugehen. Und die Zukunftswerkstatt hat da vor allem zwei Stellenwerte: Zum einen einen Beitrag zu einer umfassenderen Persönlichkeitsentwicklung und zum anderen zu einer Erhöhung des Selbstbewußtseins. Wenn ich weiß, daß ich selber auch etwas beitragen kann, daß man auf mich hört, daß man mir nicht nur sagt: Du mußt zuhören und Du mußt lernen, was andere gesagt haben, dann entwickelt sich in dem Menschen, dem man das zutraut, ein höheres Gefühl für seinen Eigenwert. Das ist ein ganz wichtiger Faktor. (... Es gibt) ein inneres Gesicht, etwas Eigenes, Unverwechselbares, und darum, darauf hinzuführen, halte ich für unglaublich wichtig.

Ein weiterer wichtiger Punkt ist, daß man in Zukunftswerkstätten lernt zu kooperieren, und da kommen wir auf eine Frage: Bringen die Leute nicht immer nur ihre eigenen Interessen ins Spiel? Wiederholen sie nicht nur, was sie sowieso schon gedacht haben? Das ist in der Tat eine große Hemmschwelle und da spielt der Moderator eine ganz wichtige Rolle.Wenn ich als Moderator so etwas höre, dann sage ich dem Betreffenden: Das habe ich schon öfter von Dir gehört. Jetzt dreh' es doch einmal um. Jetzt versuch' doch einmal das Gegenteil zu machen. Ich habe ja diese ganzen Kreativitätstechniken gelernt, wo man die Sache auf den Kopf stellt, wo man es paradox ausdrückt. Das sind zum Teil ganz mechanische Sachen, aber trotzdem merken die Leute mit einmal, es gibt ja nicht nur das, was ich denke, sondern es gibt noch andere Möglichkeiten. Durch den spielerischen Charakter der Zukunftswerkstatt können sie fixierte Denkstrukturen verlassen.

(...)

Es kommt ja noch etwas anderes hinzu. Was ich gemerkt habe, gerade wenn ich das mit Schülern mache, daß sie sich auf eine andere Weise den Wissensstoff aneignen als sonst. Ich habe das einmal phantastisch erlebt. Da war so ein Musikfest, und ich habe eine Zukunftswerkstatt gemacht über andere Formen von Musik. Was man mit Musik alles machen kann. Vieles, was die Plattenindustrie bietet, ist eigentlich schrecklich. Mir kam die Idee, wir machen unsere eigene Firma. Und jetzt mußte entwickelt werden, wie man so eine Firma organisiert. Da haben sich die Schüler mit einem Mal ums Firmenrecht gekümmert, um ökonomische Fragen. Die haben wirklich ihre Firma gemacht. Hätte ich denen einen Vortrag über Ökonomie und Konkurrenz gehalten, das hätte die nicht interessiert, das wäre Fremdwissen gewesen. Aber, dadurch, daß es ihre Sache war, haben sie sich selbst das Wissen besorgt. Ich habe gesagt, ihr habt jetzt ein Projekt und jetzt schaut mal zu, was es dazu an Wissen gibt. Aber das genügt nicht, sondern es muß noch etwas Neues dazukommen; verstehen Sie, d.h. die Motivation zum Lernen wird durch ein Eigeninteresse, das man ja sonst nicht hat, verstärkt.

(...)

Das habe ich einfach aus Erfahrung. Wie unglaublich engagiert die Teilnehmer plötzlich sind; Leute, die sich normalerweise für Wissen kaum interessieren, weil man sie ständig mit Wissen bombardiert, das sie gar nicht haben wollen. Plötzlich reißen sie sich selbst darum, etwas Neues zu erfahren.

Aus einem Interview (Olaf-Axel Burow) mit Robert Jungk in der Robert-Jungk-Stiftung, Salzburg, 1992

Sprachlosen, Herausforderung an die Mächtigen", wie beide damals schrieben (vgl. *Jungk/Müllert* 1981). Erfahrungen und Bedürfnisse Betroffener sollen in den Zukunftswerkstätten zur Sprache kommen, alternative Ideen entwickelt, erste Schritte zur Verwirklichung unternommen werden. Solche Werkstätten sind, kurz gesagt, als Versuch gedacht, die Beschäftigung mit dem Kommenden zu demokratisieren. Sie setzen in erster Linie lokal und regional an (Beispiele: Reorganisierung eines Krankenhauses; drohende Schließung eines Betriebs; Verbauung von Grünflächen; Abwanderung aus landwirtschaftlichen Gebieten), motivieren aber nicht selten zur Auseinandersetzung mit umfassenderen (nationalen, internationalen) Verursachungszusammenhängen.

Zukunftswerkstätten zielen darauf ab, Menschen zu aktivieren, ihr Selbstvertrauen zu stärken, ihre schöpferische Phantasie anzuregen. Wie bei jeder Demokratisierungsstrategie geht es letzten Endes darum, Kenntnisse zu vermitteln, Einstellungen zu wecken, eine mündige und selbständige Lebensgestaltung zu fördern - sprich: durch konkrete Erfahrungen die Fähigkeit zur rationalen Willensbildung, auch im gesamtgesellschaftlichen Bereich, zu stärken. Bester Beweis für das anhaltende Interesse an dem Konzept: Mittlerweile existiert bei der *Internationalen Bibliothek für Zukunftsfragen* der *Robert-Jungk-Stiftung* in Salzburg eine Datenbank mit den Namen von über 250 „Zukunftswerkstatt"-Moderatorinnen und -Moderatoren. Wirklich „hoffähig" geworden sind Werkstätten dieser Art nach dem Befund von *Beate Kuhnt* und *Norbert Müllert* (1993) zuerst in Dänemark. In dem eher unbürokratischen Klima des vergleichsweise kleinen Landes werden sie „wie selbstverständlich" bei Planungen zur Nutzung regenerativer Energien, bei der Schaffung neuer Beschäftigungsperspektiven, beim Einsatz neuer Technologien, bei Bildungsveranstaltungen und Forschungsvorhaben eingesetzt.

Die sozialen Versuchslabors, zu deren Konzipierung *Jungk* wesentlich beigetragen hat, zielen auf eine Gesellschaft, die - in der Formulierung des amerikanischen Soziologen *Amitai Etzioni* - gegenüber den Bedürfnissen ihrer Mitglieder sensibler und ihren eigenen egalitären Werten damit ähnlicher wird. Als Fernziel strebte *Robert Jungk* nichts geringeres an als einen Paradigmenwechsel, eine kopernikanische Wende, die einen neuen Bezugsrahmen für das geistige Leben unserer Epoche schafft: „Wissender" soll den sozial „blinden" Fortschritt ablösen, technische Experimente sollen sich deshalb gesellschaftlichen ein- und unterordnen.

Immer wieder wird die enorme Hoffnung deutlich, die *Robert Jungk* darauf setzte, daß viele einzelne - um noch einmal mit *Etzioni* zu sprechen - ihre sozialen Bindungen verändern, verwandeln lernen, anstatt sich ihnen anzupassen oder lediglich gegen sie zu protestieren. *Jungk* wurde in seinen Werken nicht müde, auf die Beispiele jener zu verweisen, die sich, so seine einprägsame Formulierung, „von Enttäuschten zu Entwerfern, von Erschütterten in Erschütterer" gewandelt haben. Ein Beispiel von der Art, die ihm vor Augen stand, soll hier angeführt werden, weil sich daraus zusätzlich ein Bezug ergibt zu unserer eigenen deutschen Geschichte - und auf diese Weise zu einem weiteren zentralen Aspekt von *Robert Jungks* Lebenswerk.

Am 23. Mai 1971 hielt *Daniel Ellsberg* einen Vortrag in Boston, Massachusetts. *Daniel Ellsberg* - das war jener vierzigjährige ehemalige Mitarbeiter zunächst der *Rand Corporation*, des berühmten *think tank*, danach des US-Verteidigungsministeriums, der einen Monat nach seinem Vortrag der *New York Times* die geheimen Pentagon-Papiere über den Vietnamkrieg zuspielte und damit die öffentliche Debatte in den USA über diesen Krieg nachhaltig beeinflußte. Das Thema seiner Rede lautete: „Über die Verantwortung von Staatsbediensteten in einem verbrecherischen Krieg". Zu dem Zeitpunkt, als *Ellsberg* sprach, hatten amerikanische Flächenbombardierungen, die Einrichtung von sogenannten „Feuer frei"-Zonen, der Einsatz von Napalm und Phosphor, die Verwendung von Herbiziden, schließlich Deportationen und Umsiedlungen in immer wachsendem Maße auch die südvietnamesische Zivilbevölkerung getroffen, die doch angeblich gegen die Angreifer aus dem Norden verteidigt werden sollte. Am Ende seines Vortrags zitierte *Ellsberg* aus einem Interview *Albert Speers,* der 1942 Minister des Dritten Reichs für Rüstung und Kriegsproduktion geworden war:

> „Wenn ich unwissend war, dann sorgte ich für meine eigene Unwissenheit. Wenn ich nichts sah, dann lag das daran, daß ich nichts sehen wollte. Es ist erstaunlich einfach, die eigenen Augen zu verschließen. Im Nürnberger Prozeß wurde mir dann das Foto einer jüdischen Familie vorgelegt, die in den Tod ging, eines Mannes mit seiner Frau und beider Kindern, die in die Gaskammer getrieben wurden. Ich konnte dieses Foto nicht mehr aus meiner Vorstellung verdrängen. Ich sah es nachts in meiner Zelle; ich sehe es immer noch vor mir. Es hat mein Leben entwertet."

Ellsberg gibt diese Sätze in seinem Buch „Papers on the War" wieder und fährt dann fort:

> „Als ich Ende Mai 1971 anfing, diese Stellen den Zuhörern in der *Boston Community Church* vorzulegen, glaubte ich anfangs, meine eigene Verfassung bliebe unberührt davon - bis ich merkte, daß meine Stimme leiser wurde und stockte. Ich sagte meinen Zuhörern: ‚Es fällt mir schwer weiterzulesen.' Nach einem Augenblick sprach ich dann weiter, aber ich beendete den Vortrag so schnell wie möglich.

Ich wußte, daß ich der wahre Adressat der Sätze war und daß meine Augen und meine Stimme auf die Anklagen reagierten."

Albert Speer - der Holocaust - die Fortdauer menschlicher Barbarei: In seinem Essay „Erziehung nach Auschwitz" schrieb *Theodor W. Adorno,* einer derer, die das sogenannte völkische Regime ins Exil gezwungen hatte und die zurückgekehrt waren, 1966:

„Man wird die Erwägung nicht abweisen können, daß die Atombombe, die buchstäblich mit einem Schlag Hunderttausende auslöschen kann, in denselben geschichtlichen Zusammenhang gehört wie der Völkermord."

Hinter dieser Verknüpfung der nuklearen Hochrüstung mit Auschwitz, die im ersten Augenblick befremden mag, steht die Gewißheit, daß in einem mit Kernwaffen ausgetragenen Krieg die millionenfache (Strahlen-)Vergiftung von Menschen auf der gesamten Erde sich in einem Ausmaß wiederholen würde, das denjenigen, die überlebt haben, Auschwitz als Auftakt erscheinen lassen könnte.

Welcher Zusammenhang besteht zwischen solchen Erwägungen und den Mahnungen, Warnungen, Gegenentwürfen *Robert Jungks?*

IV

Als *Jungk,* noch in den fünfziger Jahren, über die Vernichtung und Wiedererstehung Hiroshimas berichtete, fügte er in seinem Buch „Strahlen aus der Asche" einen Epilog an. Dieser Epilog schließt mit den Sätzen:

„Je länger ich mich mit der Geschichte Hiroshimas beschäftigte, um so klarer wurde mir, daß ich ein Teil von ihr war. Auch ich bin ein ‚Überlebender', der, wenn es das Schicksal nicht zufällig anders gewollt hätte, in einem der Massenvernichtungslager des Dritten Reiches umgekommen wäre. Und nun suchte ich am anderen Ende der Welt, am Rande Ostasiens, Antwort auf eine Frage, die mir mein eigenes Leben gestellt hatte.

Die Frage heißt: ‚Was haben wir, die Überlebenden des 2. Weltkriegs, bisher getan, um unsere Rettung zu rechtfertigen?' Ich hatte die Tatsache, verschont geblieben zu sein, jahrelang genauso gedankenlos hingenommen wie viele andere. Dann aber traf ich die Atomopfer von Hiroshima und erhielt durch sie eine Vorahnung des neuen Unheils, das auf uns zukommt. Seither weiß ich, daß wir, die Generation derer, die ‚noch einmal davongekommen sind', unsere ganze Kraft darauf verwenden müssen, daß unsere Kinder nicht nur so zufällig überleben wie wir." (1991, 317)

Überleben als Gnade, die man sich verdienen muß: *Robert Jungk,* 1913 geboren, in Berlin aufgewachsen, vor und noch nach seinem Abitur in der deutsch-jüdischen Schülerbewegung aktiv, wird 1933 am Tage nach dem Reichstagsbrand verhaftet, kommt frei, emigriert nach Paris, wird 1934 ausgebürgert. Illegal kehrt er nach Deutschland zurück, wo er Kontakte zur Widerstandsbewegung *Neu Beginnen* knüpft, muß erneut fliehen und geht über Prag nach Zürich. Hier setzt er sein Studium fort, schreibt aber zugleich, trotz Arbeitsverbots, unter mehreren Pseudonymen für die *Weltwoche* und andere Schweizer Zeitungen, durch die rigorosen Restriktionen der Schweiz gegen Exilierte - gegen Asylbewerber - ständig bedroht von Entdeckung, Gefangensetzung und, schlimmstes Schicksal, Ausweisung nach Deutschland. Mitte 1943 wird er tatsächlich verhaftet, auf Intervention der *Weltwoche* und seiner Hochschullehrer aber „nur" bis zum Jahresende interniert. Fast fünfzig seiner Verwandten bringen die Deutschen während dieser Jahre im KZ um. Als er über den polnisch-jüdischen Untergrund von der planmäßigen Vernichtung der Juden erfährt, will kein Korrespondent in Zürich ihm die Nachricht glauben.

Aus dem „Leiden, das jeden von uns betroffen hat", aus den „Wunden der Erinnerung, die wir alle in uns tragen", schrieb *Jungk* Jahrzehnte später in einem Aufsatz über „Mein Judentum", entspringe die Verpflichtung,

„den Menschen die Furchtbarkeit menschlicher Handlungsweisen ebenso vor Augen zu halten wie die aus diesem schrecklichen Dunkel entspringende Hoffnung auf Umkehr". Und er schloß mit den Sätzen: „Mein Judentum ist ein lauter Hilfeschrei, aber auch ein Hoffnungsruf, denn sogar Hiob konnte nicht ganz verzweifeln. Ich sagte das alles gerne viel leiser, viel zurückhaltender, viel nüchterner. Aber wer würde dann hinhören?"

Robert Jungks wichtigste Presseartikel aus der Zeit 1940 bis 1946 erschienen 1990 unter dem Titel „Deutschland von außen - Beobachtungen eines illegalen Zeitzeugen" erstmals als Buch. Bereits sie belegen jenes Vergangenheits- und Gegenwarts-, jenes *Geschichts*bewußtsein, ohne welches *Zukunfts*bewußtsein nicht denkbar ist. *Robert Jungks* angewandte soziale Phantasie ist der Entstehung einer praxisorientierten Futurologie nachhaltig zugutegekommen - Stationen: Konferenzen für Zukunftsforschung 1967,

1970, 1972 in Oslo, Kyoto und Bukarest; Honorarprofessur für Zukunftsforschung an der *Technischen Universität Berlin* 1970; Gründung des *Instituts für Zukunftsforschung* in Berlin und der *Internationalen Bibliothek für Zukunftsfragen* in Salzburg. Immer aber hat die Bemühung um das Morgen für ihn zunächst einmal Bemühen um die Aufarbeitung des Gestern und die erkennende Durchdringung des Heute bedeutet. 1946 gab er seiner Furcht Ausdruck, zur *Trägheit* der Herzen könnte auf lange Zeit die *Müdigkeit* der Herzen treten. Der daraus resultierenden Apathie, der Passivität, von der er stets gefürchtet hat, sie könnte den nächsten Weltkrieg vorbereiten helfen, galt sein lebenslanger Kampf. 1993 zeichnete die Universität Osnabrück ihn dafür mit der Ehrendoktorwürde aus. Anderthalb Jahre später, im Juli 1994, starb *Robert Jungk* in Salzburg.

Jungks Analysen und Entwürfe, getragen von einem radikalen Humanismus, haben einem Wissenschaftsverständnis bleibende Anstöße geliefert, das sich weder mit vorgeblichen „Sachzwängen" zufriedengibt noch mit einem falsch verstandenen Wertfreiheitspostulat, sondern den drei großen Fragen verpflichtet bleibt, die *Immanuel Kants* aufklärerischer Geist auch an unsere Zeit gerichtet hat:

„Was können wir wissen? Was sollen wir tun? Was dürfen wir hoffen?"

Auswahlbibliographie[**]

-, 1947: Die Schweiz unter dem Pressekonklusum von 1823 bis 1829. Phil. Diss. Straßburg (veröffentlicht unter dem Namen Robert Baum)

-, 1952: Die Zukunft hat schon begonnen. Amerikas Allmacht und Ohnmacht, Stuttgart

-, 1956: Heller als tausend Sonnen. Das Schicksal der Atomforscher, Stuttgart

-, 1959: Strahlen aus der Asche. Geschichte einer Wiedergeburt, Bern

- Eatherly, Claude, 1961: Off limits für das Gewissen. Der Briefwechsel zwischen dem Hiroshima-Piloten Claude Eatherly und Günther Anders. Hrsg. u. eingel. v. Robert Jungk, Reinbek

- und Fritz Vilmar, 1961: In der Todeskurve. Anweisungen zum Handeln angesichts des drohenden Atomchaos, Frankfurt a. M.

** Aus der von *Alfred Auer, Robert-Jungk-Bibliothek für Zukunftsfragen*, Salzburg, im Februar 1993 zusammengestellten Werkbibliographie ausgewählt von *Axel Bolder*.

- und Hans J. Mundt (Hrsg.), 1964: Deutschland ohne Konzeption? Am Beginn einer neuen Epoche. Zwanzig Beiträge internationaler Wissenschaftler, Schriftsteller und Publizisten, München usw.
- und Hans J. Mundt (Hrsg.), 1964: Der Griff nach der Zukunft. Planen und Freiheit. Neunzehn Beiträge internationaler Wissenschaftler, Schriftsteller u. Publizisten, München
- und Hans J. Mundt (Hrsg.), 1966: Das umstrittene Experiment: Der Mensch. 27 Wissenschaftler diskutieren die Elemente einer biologischen Revolution, München usw.
-, 1966: Die große Maschine. Auf dem Weg in eine andere Welt, Bern
- und Hans J. Mundt (Hrsg.), 1968: Der Weg ins Jahr 2000. Bericht der „Kommission für das Jahr 2000". Perspektiven, Prognosen, Modelle, München usw.
-, 1968: About „Mankind 2000", in: Standford Anderson (Hrsg.), Planning for diversity and choice. Possible futures and their relations to the man-controlled environment, Cambridge,79-97
-, 1968: Entwurf einer Europäischen Vorausschau-Institution, in: Bürgerinitiative (= Offene Welt. Zeitschrift für Wirtschaft, Politik und Gesellschaft; 97/98, Juni 1968), Köln und Opladen, 411-420
- zus. m. Ernst Benda und Ralf Dahrendorf, 1969: Zukunftsbezogene Politik. Notwendigkeiten, Möglichkeiten, Grenzen (= Schriften zur Staats- und Gesellschaftspolitik, 4), Godesberg
- und Johan Galtung (Hrsg.), 1969: Mankind 2000, Oslo
-, 1969: Vom blinden zum wissenden Fortschritt (Schriften der Nürnberger Akademie für Absatzwirtschaft), Essen
- (Hrsg.), 1969: Menschheitsträume. Visionen verändern die Wirklichkeit, Düsseldorf
- und Werner Filmer (Hrsg.), 1970: Terrassenturm und Sonnenhügel. Internationale Experimente für die Stadt 2000, Düsseldorf
- (Hrsg.), 1970: Technologie der Zukunft (= Heidelberger Taschenbücher, 75), Berlin
- und Hans J. Mundt (Hrsg.), 1970: Weil wir überleben wollen. Der Mensch zwischen Aggression und Versöhnung. Das Ciba-Symposium „Conflict in Society", München usw.
-, 1970: Leben und Wohnen in neuen Zeit- und Raumdimensionen, in: Eckart Heimendahl (Hrsg.): Zukunft im Kreuzverhör, Gütersloh, 61-86
-, 1972: Olympia als utopisches Spiel, in: Über das Spiel hinaus. Freizeiträume der Zukunft, München, 61-67
-, 1972: Die Zukunftsforschung und das Überleben der Menschheit, in: universitas 1972, 5, 455-464
-, 1973: Politik und Technokratie, in: Aufgabe Zukunft, Qualität des Lebens. Beiträge zuer vierten internationalen Arbeitstagung der Industriegewerkschaft Metall 11.-14.4.1972 in Oberhausen (= Demokratisierung, 8), Frankfurt a.M., 113-133
-, 1973: Anfänge eines anderen Wachstums, in: Christopher Horn (Hrsg.), Umweltpolitik in Europa, Frauenfeld, 34-44
-, 1973: Die Entwicklung sozialer Phantasie als Aufgabe der Zukunftsforschung, in: Dietger Pforte und Olaf Schwencke (Hrsg.), Ansichten einer künftigen Futurologie, München, 121-135

-, 1973: Der Jahrtausendmensch. Bericht aus den Werkstätten der neuen Gesellschaft, München
- und Hans J. Mundt (Hrsg.), 1973: Maschinen wie Menschen, Frankfurt a. M.
-, 1974: Zukunftsforschung und Zukunftsgestaltung. Plädoyer für eine „Neue Wissenschaft", in: Alfred Grosser u.a., Wirtschaft, Gesellschaft, Geschichte, Stuttgart, 247-263
-, 1975: Plädoyer für eine humane Revolution. Ein Gespräch mit Adelbert Reif, Zürich
-, 1975: Umweltschutz richtig an den Mann gebracht. Ideen aus einem sdr-Gespräch mit Robert Jungk. Hrsg. Pädagogische Arbeitsstelle für Erwachsenenbildung in Baden-Württemberg (= Diskussionspunkt, 5), Stuttgart-Inzighofen
-, 1975: Beteiligung der Öffentlichkeit an Vorbereitung und Erstellung von Prognosen, in: Walter Bückmann (Hrsg.), Die Frage nach europäischer Zukunftsforschung, Berlin, 309-332
- zus. m. Roman Antonoff und Peter Menke-Glückert (Hrsg.), 1976: Der sanfte Weg. Technik in einer neuen Gesellschaft. Mit Zwischenrufen von Robert Jungk. Prokol-Gruppe-Berlin, Stuttgart
- und Adam Weyer (Hrsg.), 1977: Die Grenzen der Resignation. Ein Versuch der Ermutigung und der Kritik, Wuppertal
-, 1977: Der Atomstaat. Vom Fortschritt in die Unmenschlichkeit, München
-, 1977: Aus den Katakomben des Atomstaats. Ein Brief an die Nachgeborenen, sofern es sie noch gibt, in: Bürgerinitiativen/Bürgerprotest - eine neue Vierte Gewalt (= Kursbuch, 50), Berlin, 139-147
-, 1978: Sicherheit als Wert in Technik und Gesellschaft, in: Verein Deutscher Ingenieure (Hrsg.), Maßstäbe der Technikbewertung, Düsseldorf, 151-162
-, 1978: Statt auf den großen Tag zu warten ... Über das Pläneschmieden von unten: ein Bericht aus „Zukunftswerkstätten", in: Kursbuch 53, Berlin, 1-10
-, 1978: Wie könnte eine „alternative Partei" aussehen? Vorschläge von Zukunftswerkstätten, in: Rudolf Brun (Hrsg.), Der grüne Protest. Herausforderung durch Umweltparteien (= fischer alternativ, 4022), Frankfurt a. M., 74-78
- u.a. (Hrsg.), 1978: Enzyklopädie der Zukunft, Tübingen
-, 1979: Unsere Zukunft ist kolonisiert. Einführung zur Zukunftswerkstatt, in: Michael Grupp (Hrsg.), Energiesucht. Die Gesellschaft unter dem Joch ihrer Energieversorgung, Fellbach, 70-77
- und Norbert R. Müllert (Hrsg.), 1980: Alternatives Leben, Baden-Baden
- und Norbert R. Müllert, 1981: Zukunftswerkstätten - Wege zur Wiederbelebung der Demokratie, Hamburg
-, 1981: Der neue Turm zu Babel. Kommunikations- und Sprachprobleme zwischen Wissenschaft und Öffentlichkeit, in: Oskar Schatz (Hrsg.), Brauchen wir eine andere Wissenschaft? X. Salzburger Humanismusgespräch, Graz, 181-190
-, 1981: Gespräch mit Robert Jungk, in: Die Rückkehr des Imaginären. Märchen, Magie, Mystik, Mythos, Anfänge einer anderen Politik, München, 58-70

- 1982, Günther Anders: Hiroshima ist überall. Hrsg. u. eingel. von Robert Jungk, München
-, 1983: Menschenbeben. Der Aufstand gegen das Unerträgliche, München
-, 1983: Die Schriftsteller und der Friede, in: Gewerkschaftliche Monatshefte 34 (1983) 1, 44-48
-, 1984: Ökologische Öffentlichkeitsarbeit, in: Wolfgang Beer (Hrsg.), Ökopädagogik. Aufstehen gegen den Untergang der Natur, Weinheim, 94-102
-, 1985: Europa als Vorreiter einer ökologischen Wirtschaft, in: Hypothese. Gesprächsforum der Hypo-Bank, Bregenz, 31-40
-, 1985: Ich hoffe, denn nur dann werde ich überleben, in: Philippe Dätwyler (Hrsg.), Not-Wendigkeiten. Auf der Suche nach einer neuen Spiritualität. Dreizehn Essays, Zürich, 195-203
-, 1986: Fünf Thesen zum Wandel der Wissenschaften, in: Verein Zukunftswerkstätte Krefeld (Hrsg.), Wissenschaft und Sinnlichkeit, Wien, 9-14
-, 1986: Und Wasser bricht den Stein. Streitbare Beiträge zu drängenden Fragen der Zeit, Freiburg i.B.
-, 1987: Sache - hier: Sachzwang, in: Reiner Jogschies (Hrsg.), Aus dem Wörterbuch des Unmenschen, Frankfurt a.M., 106-107
-, 1987: „1984" - Streitgespräch mit Robert Jungk, in: Dirk Baecker und Georg Stanitzek (Hrsg.), Niklas Luhmann, Archimedes und wir. Interviews, Berlin, 99-107
-, u.a., 1988: Zukünfte „erfinden" und ihre Verwirklichung in die eigene Hand nehmen. Was Bürgerinnen und Bürger in Zukunftswerkstätten entwickeln und vorschlagen (= Werkstattberichte, 78), Ratingen usw.
-, 1988: Sehnsucht nach einer ganz anderen Zukunft [Rede anläßlich der Verleihung des „Alternativen Nobelpreises" der „Right Livelihood Foundation"], in: Günther Fetzer (Hrsg.), Heyne Jubiläums Lesebuch, München, 269-273
-, 1988: Gegen den neuen Dogmatismus Poppers. Für eine humane Wissenschaft, Technik, in: Geist & Natur, 10-11
-, 1988: Projekt Ermutigung. Streitschrift wider die Resignation, Berlin
-, 1989: „Ich glaube an die Kraft der menschlichen Verbindung." Interview von Wolfgang Weirauch, in: Flensburger Hefte 1989, 25, 168-187
- und Norbert R. Müllert, 1989.: Zukunftswerkstätten, Hamburg (Überarb. u. aktualis. Neuausg. ersch. unter dem Titel: Zukunftswerkstätten. Mit Phantasie gegen Routine und Resignation (= Heyne-Sachbuch, 19/73), München)
-, 1990: Angriffsspitzen einer neuen Gesellschaft. Robert Jungk über Zukunftsmodelle für Ost und West, in: 'ran. 1990, 6, 35-36
-, 1990: Wider den Götzendienst am Altar der Forschung. Kritische Wissenschaftsberichterstattung - Erfahrungen aus über vier Jahrzehnten, in: Medium. 1990, 1, 41-45

-, 1990: Alternative Netzwerke - Saatbeete einer neuen Kultur, in: Jakob von Uexküll und Bernd Dost (Hrsg.), Projekte der Hoffnung. Der Alternative Nobelpreis, München, 392-396
- und Internationale Bibliothek für Zukunftsfragen in Salzburg (Hrsg.), 1990: Katalog der Hoffnung: 51 Modelle für die Zukunft, Frankfurt a. M.
-, 1990: Leben aus den „Graswurzeln", in: Andrew C. Revkin: Chico Mendes. Tod im Regenwald, München usw., I-VIII
-, 1990: Deutschland von außen. Beobachtungen eines illegalen Zeitzeugen, München
-, 1990: Zukunft zwischen Angst und Hoffnung. Ein Plädoyer für die politische Phantasie, München
-, 1991: Bildung als Zukunftsbewältigung, in: Günther Cyranek (Hrsg.), Computerkultur im Umbruch? Neue Technologien und die Zukunft für Schule und berufliche Bildung, Frankfurt a. M., 21-35
-, 1991: Menschenbeben 2000: Ostzukunft - Südzukunft, in: Olaf Schwencke (Hrsg.), Menschenbeben. Neue Aufgaben und Felder der Zukunftsforschung, Loccum, 5-19
-, 1991: Das Risiko als gesellschaftliche Herausforderung, in: Ulrich Beck (Hrsg.), Politik in der Risikogesellschaft, Frankfurt a. M., 302-311
-, 1991: [Wir trafen uns jeden Sonntag ...], in: Hans J. Schultz (Hrsg.): Mein Judentum, München, 278-286
-, 1992: „Für eine Mozartische Zukunft". Robert Jungk im Gespräch mit Gérard Mortier, in: Offizielles Programm der Salzburger Festspiele 1992, Salzburg usw., 3-11
-, 1993: Plädoyer für eine lebensrettende Wissenschaft. Rede anläßlich der Verleihung des Grades eines Doktors der Philosophie ehrenhalber durch den FB Sozialwiss. der Univ. Osnabrück am 12.1.1993 (Ms.)
-, 1993: Trotzdem. Mein Leben für die Zukunft, München
-, 1994: Plädoyer für eine lebensrettende Wissenschaft, in: W. Jeschke (Hrsg.): Das Science Fiction Jahr 1994, München, 227-233
-, o.J.: Mechanismen der Trennung, in: Hans J. Schultz (Hrsg.), Einsamkeit, Stuttgart, 124-134

HANS BERTRAM

Jahrbuch Bildung und Arbeit ’97: Transformation und Tradition in Ost und West*

Der amerikanische Präsident *Bill Clinton* konnte unlängst gegen den von den Republikanern beherrschten Kongreß durchsetzen, daß mit Unterstützung Washingtons in den USA 100.000 neue Lehrer eingestellt werden können. Bildung und Erziehung gelten in den USA immer noch als zentrale politische Kategorien, und eine Investition in diesem Bereich wird als Voraussetzung für eine konstruktive Gesellschaftspolitik erachtet, nicht nur als Verbesserung des Bildungswesens. Viele Antworten und viele Maßnahmen, die in den USA entwickelt werden, lassen sich jedoch schon deswegen nicht auf Deutschland übertragen, weil Traditionen und Problemlagen in den USA deutlich andere sind als in der Bundesrepublik. Wer die großen deutschen Tageszeitungen, Nachrichtenmagazine und Fernsehstationen verfolgt, findet selten Beiträge, die die Investition in Bildung als eine zentrale Antwort auf die gegenwärtigen Transformationsprozesse interpretieren und fordern. Die Sicherheit der Arbeitsplätze der 35- bis 60jährigen ist das alles beherrschende Thema.

Das *Jahrbuch Bildung und Arbeit '97* stellt sich explizit der Frage, wie eine Neugestaltung des Bildungswesens als Antwort auf die Strukturbrüche in Ost und West aussehen könnte. Die Herausgeber *Artur Meier, Ursula Rabe-Kleberg* und *Klaus Rodax* machen aber schon in ihrer Einleitung deutlich, daß die Antworten auf die Strukturbrüche der Moderne in Deutschland weniger optimistisch ausfallen als in den USA. Denn im deutschen Bildungswesen sind zwei Strukturbrüche gleichzeitig zu überwinden: Auf der einen Seite sind in Westdeutschland viele der klassischen Ausbildungs- und Berufswege obsolet geworden. In Ostdeutschland hingegen wird der Versuch unternommen, ein Bildungswesen zu transformieren in

---

* Ich danke dem *GAAC (Deutsch-Amerikanischen Akademischen Konzil)* und dem *Center for Advanced Study in the Behavioral Sciences*, Palo Alto, CA, für die Unterstützung des Forschungsaufenthalts.

Orientierung an dem westdeutschen Modell, ohne zu wissen, ob denn in den westdeutschen Strukturen tatsächlich die Antwort für die Zukunft liegt. Dieses Dilemma, Antworten für die Zukunft finden und gleichzeitig die Vergangenheit aufarbeiten zu müssen, aus ihr Konsequenzen zu ziehen und sich zu fragen, ob dies denn die richtigen Konsequenzen für eine gemeinsame Entwicklung in Deutschland sind, scheint in vielen Beiträgen auf. Manche Beiträge behandeln ausschließlich die Frage der Angleichung des ostdeutschen Bildungssystems an das westdeutsche, ohne die westdeutschen Strukturbrüche und Herausforderungen zu thematisieren.

So lernt man in diesem insgesamt sehr spannenden Jahrbuch viel über den Umgang mit unserer eigenen jüngsten Vergangenheit, wenig aber darüber, wie wohl die Zukunft des Bildungswesens und die Beziehungen von Bildung und Arbeit aussehen könnten. Das ist aber möglicherweise weniger den Autoren anzulasten als der Tatsache, daß die deutsche Bildungsdiskussion sich irgendwie im Kreise dreht. Das spannende „Streitgespräch" zwischen *Ludwig von Friedeburg* und *Hans-Joachim Meyer* macht das deutlich. Beide gehören sicherlich zu den innovationsfreudigsten Kultusministern der Republik. Doch was verhandeln diese wirklich hervorragenden Wissenschaftler und Politiker über die Zukunft der Universität? Es ist sicherlich nachvollziehbar, daß sie den Umgang mit 1990 und die daraus resultierenden Veränderungen an den ostdeutschen Hochschulen diskutieren. Wenn der sächsische Kultusminister jedoch betont, daß trotz der notwendigen Erneuerung heute rund siebzig Prozent des wissenschaftlichen technischen Personals aus den neuen Ländern kommen, fragt sich der sozialwissenschaftlich vorgebildete Leser, wieso hier nicht nach Fächern differenziert wird. Dann ließe sich feststellen, daß in den kultur- und geisteswissenschaftlichen Disziplinen die meisten Hochschullehrer aus dem Westen kommen, wohingegen die Relationen in den Naturwissenschaften ganz anders aussehen. Auch dies ist eine deutsche Tradition. Was die Erneuerung der Hochschulen angeht, bleibt man als Leser nach dem Interview eher ratlos. Da werden die finanziellen Engpässe der Hochschulen angesprochen, Mitbestimmungsregeln für Studenten thematisiert, die Regelungsdichte der Hochschulgesetze und die bürokratischen Wucherungen kurz und prägnant skizziert, doch verglichen mit den Diskussionen in den frühen siebziger Jahren, als auch Lösungen zur Beseitigung des „Muffs unter den Talaren" formuliert und teilweise auch durchgesetzt wurden, zeichnet sich diese Diskussion durch eine gewisse Ratlosigkeit aus. Das erkennen die Diskutanten auch selbst, aber die Alternative, den Hochschulen die Freiheit zu geben, sich selbst zu organisieren und im Wettbewerb miteinander die besten Modelle herauszufinden, wird allenfalls als Wettbewerb um die Studenten interpretiert. In Kalifornien konkurriert ein staatliches Hochschulsystem sehr erfolgreich mit einer privaten Universität (Stanford), und nicht nur Berkeley als sehr bekannte kalifornische Staatsuniversität kann da mithalten, sondern auch in Deutschland ganz unbekannte Staatsuniversitäten liegen in bestimmten Fächern weit vor Stanford.

Angesichts dieser Ratlosigkeit oder gar Mutlosigkeit solcher kreativen und erfahrenen Wissenschaftler und Politiker beschränken sich die übrigen Beiträge des gesamten Jahrbuchs auf Transformationsprobleme in Deutschland und Mitteleuropa in der Gegenwart und sparen die Zukunft aus. Ich formuliere das so scharf, weil ich mich persönlich frage, wer, wenn schon die Wissenschaftler und die Politiker, die sich professionell mit diesen Themen auseinandersetzen, keine Zukunftsvorstellungen entwickeln, das denn dann tun soll. Für die Aufbereitung und Analyse des Transformationsprozesses als Beschreibung und Interpretation der letzten zehn Jahre im Bildungs-, Weiterbildungs- und einigen ausgewählten Berufsbereichen ist das Jahrbuch eine unverzichtbare Quelle für weitere Diskussionen und eignet sich auch mit vielen Aufsätzen für Lehrveranstaltungen.

Klaus Rodax und *Artur Meier* diskutieren die unterschiedlichen Chancen von Kindern unterschiedlicher Schichten in der DDR und BRD. Sie weisen überzeugend nach, daß die Reproduktion soziokulturellen Kapitals in beiden deutschen Staaten unter ganz unterschiedlich politischen Bedingungen weiter funktionierte und die soziale Mobilität in beiden deutschen Staaten nicht signifikant offener geworden ist. Man kann nur hoffen, daß die hier entwickelte Forschungsperspektive noch in weiteren Untersuchungen ihren Niederschlag finden wird. Denn neben sozialer Ungleichheit gibt es natürlich auch regionale Ungleichheiten. *Hartmut Ditton* zeigt die Vielfalt der Lösungen, die in den neuen Bundesländern beim Übergang in das westdeutsche Bildungssystem gewählt wurden. Es wird deutlich, daß von einer einfachen Übernahme westdeutscher Strukturen nicht gesprochen werden kann, weil die gewählten Wege doch sehr unterschiedlich sind. Was allerdings bei ihm und auch den anderen Autoren nicht zur Sprache kommt, ist die Frage, ob Lehrer, die jahrzehntelang die Werte und Vorstellungen eines zutiefst undemokratischen Systems vertreten haben, heute gegenüber ihren Schülern glaubwürdige Verfechter der Demokratie der Bundesrepublik sein können. Solche Fragen sind aber für die zukünftige Entwicklung der Bundesrepublik entscheidend, wenn nicht sogar wichtiger als die Einschätzung der Veränderungen des Systems durch die betroffenen Schüler und Lehrer.

Ingrid Drexel und *Joachim Jaudas* vergleichen die Position westdeutscher und ostdeutscher Meister unterschiedlicher Qualifikation. Sie beschreiben sehr genau, wie sich die unterschiedliche Stellung der ostdeutschen Industriemeister und westdeutschen Handwerksmeister und Industriemeister in der Bundesrepublik und der DDR entwickelt hat und welche Anpassungsprobleme sich aus diesen unterschiedlichen historischen Bedingungen auch für die ostdeutschen Industriemeister ergeben haben. *Christiane Koch* untersucht die Entwicklung der Frauenerwerbstätigkeit in den neuen Bundesländern und stellt erneut fest, daß vor allem die Frauen die Verlierer am Arbeitsmarkt gewesen sind. Darin ist ihr ebenso zuzustimmen wie *Drexel* und *Jaudas*, wenn sie bei den ostdeutschen Industriemeistern aufgrund der großen Anpassungsleistungen, die sie zu erbringen haben, ein besonders hohes Risiko des Scheiterns sehen. Beide Analysen liefern sicherlich eine genaue Zustandsbeschreibung, doch stellen sich sieben Jahre nach der Wende möglicherweise andere Fragen: Westdeutsche Industriemeister, die etwa in der Werftindustrie jahrzehntelang Mitarbeiter großer Stahlkonzerne gewesen sind oder in der Maschinenbauindustrie gearbeitet haben, müssen aufgrund der westdeutschen Transformationen in der Arbeitswelt mit völlig neuen Arbeitstechnologien ähnliche Anpassungsleistungen erbringen und gleichzeitig mit Formen der Mitarbeiterführung umgehen, die historisch völlig neu sind.

Gleiches gilt für die westdeutschen Mütter. Die Vereinbarkeit von Beruf und Familie, die zunehmende Unsicherheit des Arbeitsplatzes des Hauptemährers und teilweise völlig neuen Berufsbilder sind im Privatleben und im Beruf dieser Frauen Herausforderungen, die sich für diese Frauengeneration neu stellen. Hätte es hier nicht nahegelegen, statt den Verlust der Vergangenheit zu beklagen, genau jene Anpassungsprozesse zu untersuchen, die über Erfolg oder Mißerfolg von Biographien entscheiden? So wird in beiden Aufsätzen letztlich eine soziologisch informierte Zeitgeschichte betrieben, eine Zeitdiagnose mit möglichen sozialpolitischen Konsequenzen für Ost und West unterbleibt jedoch. Ich frage mich aber, ob Sozialwissenschaftler den Transformationsprozeß überwiegend historisch behandeln sollten. So liegt beispielsweise inzwischen eine große Erfahrung mit den verschiedenen Programmen zur Qualifizierung und Arbeitsförderung vor. Hätten sich nicht gerade der Industriemeister und spezifische Gruppen erwerbstätiger Frauen und Mütter geradezu angeboten, über die

Schwierigkeiten solcher Programme zu berichten mit entsprechenden sozialpolitischen Konsequenzen? Bei der Ableitung bestimmter sozialpolitischer Konsequenzen muß man jedoch relativ konkret werden. Die Dokumentation der Anpassungsschwierigkeiten einer spezifischen Berufsgruppe reichen dazu ebensowenig wie die globale Beschreibung der Frauen als einer Gruppe. So hat man nach der Lektüre dieser beiden Aufsätze das Gefühl, noch einmal sehr gut über bestimmte historische Entwicklungen informiert worden zu sein, ohne wirklich etwas über die Konsequenzen des Transformationsprozesses, dem Ost- und Westdeutschland gemeinsam unterworfen sind, erfahren zu haben.

Dagegen finden sich im Aufsatz von *Wolfgang Hörner* neben der Beschreibung des Übergangs vom polytechnischen Unterricht zum dualen System in den neuen Bundesländern genau solche Überlegungen. Sein Gedanke, daß die Verknüpfung von Allgemeinbildung und Berufsausbildung im Rahmen einer Neuordnung der Sekundarstufe II mit dem Abschluß einer Berufsausbildung und einer fachgebundenen Hochschul- oder Fachhochschulreife eine sinnvolle Alternative zu der zu beobachtenden Tendenz darstellt, nach dem Abitur eine Lehre anzuschließen, ist nicht nur für Ostdeutschland von Bedeutung, sondern für die gesamte Republik. Bildungsforschung, wie sie *Hörner* präsentiert, zeigt zweierlei. Zunächst werden historische Erfahrungen verarbeitet, nicht aber um Verluste zu beklagen und die Schwierigkeiten des Transformationsprozesses zu thematisieren, sondern um daraus Konsequenzen für die Zukunft abzuleiten. Eine solche Perspektive macht darüber hinaus deutlich, wie spezifische ostdeutsche Erfahrungen für die weitere Entwicklung in der gesamten Bundesrepublik von Bedeutung sein können.

Obwohl die beiden Klassikertexte von *Pawel Blonski* und *Georg Kerschensteiner* mit der Diskussion der Arbeitsschule gut an den Text von *Wolfgang Hörner* anschließen, fehlt ihnen eine Einordnung. Vielleicht sollte in zukünftigen Jahrbüchern nur ein Klassiker abgedruckt werden, dafür aber mit einem biographischen Kommentar versehen, wie es *Helmut Steiner* am Ende des Jahrbuchs tür *Wladimir N. Schubkin* vorlegt. So wichtig und verdienstvoll diese Biographie auch ist und auch anzuerkennen ist, daß die Herausgeber mit ihrem Versuch, Osteuropa in das Jahrbuch einzubeziehen, eine Öffnung der Forschungsperspektiven versucht haben, so sehr stellt sich doch die Frage, ob hier nicht weniger mehr gewesen wäre. Statt der drei Klassiker hätte vielleicht einer mit Biographie, Originaltext und Auswahlliteratur gereicht. Denn ein solches Jahrbuch will man auch in der Lehre einsetzen.

In einem eigenen Abschnitt „Transformation in die Moderne" wird in drei Texten die Entwicklung in Mittel- und Osteuropa beschrieben, um sich dann doch wieder Deutschland zuzuwenden. Die Texte von *Melvin Kohn*, *Claire Wallace* und *Peter Grootings* beschreiben unterschiedliche Aspekte dieses Transformationsprozesses. In *Kohns* Vergleich von Polen und der Ukraine geht es wie in vielen seiner früheren Arbeiten um die Wechselwirkung zwischen Schichtzugehöngkeit, Arbeit und Persönlichkeitsentwicklung. Bei allem Respekt für die vielen internationalen Vergleichsstudien von *Kohn* sind zwei Seiten über die Entwicklung von Polen und vier Seiten über die Entwicklung der Ukraine zu wenig, um wirklich etwas über den Transformationsprozeß in diesen Ländern zu erfahren. Es ist einfach schade, da *Melvin Kohn* in vielfältigen Arbeiten empirisch recht genaue Zusammenhänge beschrieben hat, die sich hier aus dem kurzen Text nicht erschließen. Man hätte gern mehr über die Klassenstrukturen Polens und der Ukraine erfahren, über die unterschiedliche politische Entwicklung sowie über die Verknüpfungen zwischen Klasse, Arbeit und Persönlichkeit in diesen Ländern.

Auch der Aufsatz von *Claire Wallace* läßt mehr Fragen offen als er beantwortet. Auch hier wird nicht klar benannt, nach welchen Kriterien Polen und die Ukraine miteinander verglichen werden. Die unterschiedliche Geschichte beider Länder, insbesondere ihre unterschiedliche Bildungsgeschichte und die unterschiedlichen historischen Traditionen werden nur am Rande erwähnt, obwohl *Artur Meier* und *Klaus Rodax* deutlich machen, welche immense Bedeutung historische Traditionen in Deutschland für die Bildungsentwicklung haben. Warum soll dies in Osteuropa anders sein als in Westeuropa? Beim Vergleich des Aufsatzes von *Hörner* mit dem von *Wallace* wird deutlich, daß auch ein Vergleich zwischen osteuropäischen Ländern der gleichen Sorgfalt bedarf wie der innerdeutsche Vergleich. Denn *Wallace* kann nicht unterstellen, daß der Leser die institutionellen Strukturen des Übergangs vom Bildungs- zum Beschäftigungssystem in beiden Ländern kennt, und kann schon gar nicht Kenntnis über die historischen Veränderungen erwarten.

Die Schwierigkeiten eines solchen Vergleichs macht auch der Text von *Peter Grootings* deutlich. Wenn *Grootings* beispielsweise behauptet, daß die westlichen Länder in den letzten 15 Jahren eine Bildungspolitik entwickelt haben, die diese Länder mit den Herausforderungen der Zukunft fertig werden läßt, während das für Osteuropa nicht der Fall sei, so fragt man sich, ob die Jugendarbeitslosigkeit in Frankreich Ausdruck einer solchen Zukunftsstrategie ist oder ob die Schwierigkeiten in Italien, für Jugendliche einen Beruf zu finden, oder die Übergangsprobleme von jungen Erwachsenen in Deutschland, nach der Ausbildung eine Arbeit zu finden, von einer 15jährigen Zukunftsstrategie künden. Mir scheint, daß *Grootings* das zentrale Problem Osteuropas, nämlich den Zusammenbruch vieler Wirtschaftsbereiche und das Fortbestehen einer Reihe traditioneller Strukturen, besonders im Bereich der Bildungsbürokratie, gar nicht thematisiert. Als Leser hätte man sich gewünscht, daß er mit seinem internationalen Vergleich auch unter institutionellen Aspekten so konkret geworden wäre, daß man zumindest eine gewisse Ahnung davon bekommt, was in einigen osteuropäischen Ländern beim Übergang vom Bildungs- zum Beschäftigungssystem passiert. Ich selbst bin dafür kein Spezialist und weiß nun auch nicht mehr als vorher.

Als Leser ist man ganz erfreut, im Beitrag von *Hartmut Wenzel* konkret, anschaulich und nachvollziehbar etwas über die subjektiven Bewältigungsstrategien am Beispiel von zwei ausgewählten Biographien zu erfahren. Hier wird deutlich, daß die Akteure im Transformationsprozeß eigene Strategien entwickeln, um mit den Umbrucherfahrungen fertig zu werden. Dieser anschaulich und gut geschriebene Aufsatz leitet gut zur Fragestellung von *Andreas Flitner* über, welche Folgen die tiefgreifenden Veränderungen im Transformationsprozeß für Autorität und Erziehung im gesamten Deutschland haben werden. *Flitner* demonstriert, daß bei allen politischen und strukturellen Unterschieden zwischen West- und Ostdeutschland in der Vergangenheit die zentrale Zukunftsfrage für den Erzieher bleiben wird, in welcher Weise Kinder befähigt weden, die Zukunft unserer Gesellschaft zu gestalten. Er gibt dabei eine Antwort, die in dieser Weise bis heute weder in der westdeutschen Schule noch in der früheren ostdeutschen Schule Wirklichkeit gewesen ist. Nicht die Unterordnung unter erwachsene Autoritäten oder die Ablösung von den Erwachsenen, sondern die Fähigkeit, sich auf den Austausch zwischen den Generationen einzulassen, die eigene Gestaltungsfähigkeit von sozialen Beziehungen zwischen den Generationen und zur gleichen Generation sind die zentralen Ziele einer modernen Pädagogik.

Warum auf *Flitners* theoretisch-pädagogische Analyse ein Aufsatz von *Susanne Heyn, Kai Uwe Schnabel* und *Peter Martin Roeder* zu Stabilität und Wandel berufsbezogener Wertvorstellungen in der Statuspassage

Schule-Beruf folgt, bleibt Geheimnis der Herausgeber. Dieser Aufsatz gibt zunächst einen Überblick über die Ergebnisse der Jugendforschung zu Arbeitseinstellungen von Jugendlichen, um dann zu prüfen, ob und wie sich westdeutsche und ostdeutsche Jugendliche in diesem Übergangsprozeß unterscheiden. Ihre Ergebnisse zeigen nur geringe Unterschiede zwischen West und Ost, machen aber klar, daß der Stellenwert der Arbeit im Verhältnis zu anderen Lebensbezügen im Sinne einer Gleichgewichtsethik interpretiert werden kann. Hier hätte man sich Vergleichsmöglichkeiten mit Osteuropa gewünscht.

Die *New York Times* vom 9. Januar 1999 berichtet, daß allein im Dezember 1998 knapp 380.000 neue Arbeitsplätze in den USA entstanden sind. Die Arbeitslosenquote liegt bei knapp vier Prozent auf einem Niveau, das seit dreißig Jahren nicht mehr erreicht wurde. Im November 1998 widmet sich in derselben Zeitung eine längere Debatte der Tatsache, daß heute mehr junge Frauen als Männer die Universität besuchen. Die Armutsquote ist von zwanzig Prozent auf knapp dreizehn Prozent zurückgegangen. Die jungen Männer scheinen nach der *High School* und häufig vor Beendigung des *Colleges* in die Arbeitswelt zu wechseln. Diese Entwicklung verläuft parallel zu immensen Freisetzungen und Entlassungen in traditionellen Industriebereichen. Und der Zukunft zugewandt? *Axel Bolder* und *Wolfgang Hendrich* behandeln die Entwicklungen in den USA nicht, sondern verhandeln wiederum Deutschland. Das tun sie kundig und engagiert, und man kann viel über die unterschiedlichen Strukturen beruflicher Weiterbildung und die damit verbundenen theoretischen Ansprüche lernen. Auch ihre kritischen Bemerkungen zu manchen Vorstellungen zur Weiterbildung sind lesenswert. Nur wenn sie vom westlichen Wertesystem sprechen, über den Verlust der Erwerbsperspektive reflektieren oder über die Umdeutung der Frauenerwerbstätigkeit nachdenken, wäre ein Blick in die USA vielleicht hilfreich gewesen. So haben in den USA etwa die vollbeschäftigten Frauen gegenüber den Männern im Einkommen enorm aufgeholt. Einkommensmäßig sind hier die wenig qualifizierten Männer als Verlierer und die Frauen trotz aller bestehenden Benachteiligung eher als Gewinner der gegenwärtigen Entwicklung zu bezeichnen. Muß man nicht, wenn es um Zukunft geht, andere Länder, die einen anderen Weg gegangen sind, zum Vergleich heranziehen? Wer etwa die Weiterbildungsangebote der Universität Berkeley oder eines *Community College* mit deutschen Arbeitsförderungsmaßnahmen vergleicht, sieht nicht nur, daß man für die Weiterbildungsangebote bezahlen muß, sondern auch, daß viele der Angebote direkt auf neue Entwicklungen am Arbeitsmarkt und in der Wirtschaft reagieren. Wieso schaffen es die Amerikaner, im Laufe ihres Berufslebens durchschnittlich elfmal den Arbeitsplatz zu wechseln? Warum hat es eine Industriestadt wie Pittsburgh geschafft, die Strukturkrise der Industriegesellschaft zu überwinden, Duisburg jedoch nicht? Ohne einen Vergleich mit den Entwicklungen in den USA verbleibt die Auseinandersetzung mit der Zukunft eigenartig vergangenheitsorientiert. In diesem Aufsatz, wie in vielen anderen in diesem Buch, wird zwar über Transformation und Strukturwandel gesprochen, aber es bleibt der Eindruck zurück, daß Zukunft, Modernisierung und der Übergang von der industriellen zur postindustriellen Gesellschaft vorwiegend ein Problem der Wiedervereinigung ist.

Daß Transformationsprozesse jedoch auch Optionen für Neugestaltung und Revision alter Strukturen enthalten, erfährt man in diesen Jahrbuch kaum. Die Konzentration der Transformationsanalyse auf den Vergleich von Ost- und Westdeutschland und Osteuropa führt zu dem falschen Eindruck, daß Westdeutschland der Maßstab für Zukunftsgestaltung sei. Eine Konfrontation westdeutscher Entwicklungen mit den USA statt des Vergleichs mit Osteuropa hätte vielleicht zu einem externen Beurteilungsmaßstab geführt, der jetzt einfach fehlt. Solange wir aber nur auf die innerdeutschen Verhältnisse schauen und nach Osteuropa, fehlt uns die Möglichkeit, beurteilen zu können, was spezifischen Traditionen in Westdeutschland geschuldet ist und was möglicherweise Ergebnis des Verschwindens der Industriegesellschaft ist. Zum zweiten aber benötigen wir solche internationalen Vergleiche, da sich nur dadurch Perspektiven entwickeln lassen, die in Reformvorschläge umgesetzt werden können. Das betrübt an dem *Jahrbuch für Bildung und Arbeit* am meisten: Nur wenige Autoren formulieren auf Grund ihrer eigenen wissenschaftlichen Erkenntnisse und ihrer eigenen wissenschaftspolitischen Positionen Zukunftsvorstellungen. Das ist nicht ein spezifisches Dilemma der Autoren dieses Buches, sondern geradezu typisch für die gegenwärtige Debatte in der Bildungssoziologie: ungemein kenntnisreich, empirisch gut abgesichert, aber eben doch sehr deskriptiv.

So legt man das Buch aus der Hand mit dem Gefühl, unendlich viele Details aus einem Nachschlagewerk erfahren zu haben, das in vielen informativen Aufsätzen Veränderungen im Schichtungs-, Bildungs- und Berufssystem Ost- und Westdeutschlands beschreibt, aber die von *Pierre Bourdieu* aufgeworfene Frage, ob wir den wilden ursprünglichen Kapitalismus in neuem Gewand als eine konservative Revolution erleben, wird in diesem Buch nicht einmal am Rande diskutiert. Die beschriebenen Probleme und Prozesse haben mehr mit bürokratischen Regeln, Besitzständen und Traditionen zu tun. Vielleicht ist die Bundesrepublik auch in ihrem westlichen Teil eine ständische Gesellschaft, wie es *Artur Meier* für die frühere DDR behauptet hat. Man kann nur hoffen, daß die Herausgeber ihre Autoren ermuntern, Transformation in Zukunft auch auf Zukunft bezogen zu interpretieren, und sie ermutigen, wie es einige Autoren des Buches schon getan haben, sich auch zur Zukunft des Bildungswesens zu äußern. Nichtsdestotrotz gehört dieses Buch in jede sozialwissenschaftliche Bibliothek, weil es nur wenige so differenzierte Analysen zu einzelnen Bereichen des Bildungswesens in Ost- und Westdeutschland gibt.

Literatur

ABRIC, Jean-Claude, 1984: A theoretical and experimental approach to the study of social representations in a situation of interaction, in: Farr/Moscovici 1984, 169-183

ADAM, Barbara, 1998: Timescapes of Modernity. The Environment and Invisible Hazards, London

AGARWAL, Anil, und Sunita NARAIN, 1991: Global Warming in an Unequal World: A Case of Environmental Colonialism, New Delhi

ALLAN, Stuart, Barbara ADAM und Cindy CARTER (Hrsg.), 1999: The Media Politics of Environmental Risks, London

ALTVATER, Elmar, 1992: Der Preis des Wohlstands oder Umweltplünderung und neue Welt(un)ordnung, Münster

ANDERS, Günther, 1956: Die Antiquiertheit des Menschen, 1-2, München

ANDERSON, Alison, 1997: Media, Culture and the Environment, London

ANDRESEN, Steinar, und Jørgen WETTESTAD, 1995: International Problem-Solving Effectiveness, in: International Environmental Affairs 7 (1995), 127-150

AUCLAIR, Georges, 1982: Le double imaginaire de la modernité, in: Ders., Le mana quotidien, Paris 1982, 267-288

AUER, Alfons, 1984: Umweltethik. Ein theologischer Beitrag zur ökologischen Diskussion, Düsseldorf

AURAND, Karl, Barbara HAZARD und Felix TRETTER (Hrsg.),1993: Umweltbelastungen und Ängste, Opladen

BÄTTIG, Christoph, 1993: Umweltökonomie auf dem Holzweg, in: D. Reichert und W. Zierhofer (Hrsg.): Umwelt zur Sprache bringen. Über umweltverantwortliches Handeln und den Umgang mit Unsicherheit, Opladen 1993, 245-264

BAHRDT, Hans Paul, 1974: Umwelterfahrung. Soziologische Betrachtungen über den Beitrag des Subjekts zur Konstitution von Umwelt, München

BAHRDT, Hans Paul, 1994: Schlüsselbegriffe der Soziologie. München, 6. Aufl.

BANDURA, Albert, 1982: Self-efficacy mechanism in human agency, in: American Psychologist 37 (1982), 122-147

BANDURA, Albert, 1995: Exercise of personal and collective efficacy in changing societies, in: Ders. (Hrsg.): Self-efficacy in changing societies, New York

BECHMANN, Gotthard, und Klaus P. JAPP, 1997: Zur gesellschaftlichen Konstitution von Natur, in: Stefan Hradil (Hrsg.): Differenz und Integration, Frankfurt a.M. und NewYork, 551-567

BECK, Ulrich, 1987: Die Entmündigung der Sinne - Alltag und Politik in der Risikogesellschaft, in: Gewerkschaftliche Monatshefte 38 (1987) 2, 66-76

BECK, Ulrich, 1994: The Reinvention of Politics: Towards a Theory of Reflexive Modernization, in: Ulrich Beck, Anthony Giddens und Scott Lash: Reflexive Modernization Politics: Tradition and Aesthetics in the Modern Social Order, Stanford, CA

BECK, Ulrich, und Elisabeth BECK-GERNSHEIM (Hrsg.), 1994: Riskante Freiheiten, Frankfurt a.M.

BELL, Allan, 1995: News Time, in: Time & Society 4 (1995) 3, 305-364

BEGLEY, S., und H. TAKAYAMA, 1989: The World's Eco-outlaw, in: Newsweek, May 1, 1989

BENEDICK, Richard Elliot, 1991: Ozone Diplomacy: New Directions in Safeguarding the Planet, Cambridge, MA

BERGER, Peter A., 1995: „Life politics", in: Leviathan 23 (1995) 3, 445-458

BERGER, Peter A., und Stefan HRADIL (Hrsg.), 1990: Lebenslagen, Lebensläufe, Lebensstile (= Soziale Welt, Sonderb. 7), Göttingen

BILHARZ, Michael, 1996: Können Naturerfahrungen Einfluß auf ökologisches Handeln haben? Sechs Thesen zu (nicht) möglichen Transfereffekten von Naturerfahrungen, Ms., Universität Regensburg

BILLIG, Michael, 1993: Studying the thinking society: social representations, rhetoric, and attitudes, in: Glynis M. Breakwell und David V. Canter (Hrsg.), Empirical Approaches to Social Representations, Oxford 1993, 39-62

BIRKE, Martin, Carlo BURSCHEL und Michael SCHWARZ (Hrsg.), 1997: Handbuch Umweltschutz und Organisation. Ökologisierung - Organisationswandel - Mikropolitik, München

BLUMER, Jay, und Michael GUREVITCH, 1996: Media Change and Social Change: Linkages and Junctures, in: James Curran und Michael Gurevitch (Hrsg.): Mass Media and Society, 2. Aufl., London, 1996, 120-137

BMU (= BUNDESMINISTERIUM FÜR UMWELT, NATURSCHUTZ UND REAKTORSICHERHEIT) (Hrsg.), 1992: Bericht der Bundesregierung über die Konferenz der Vereinten Nationen für Umwelt- und Entwicklung im Juni 1992, Bonn

BMU (= BUNDESMINISTERIUM FÜR UMWELT, NATURSCHUTZ UND REAKTORSICHERHEIT) (Hrsg.), 1994: Umwelt 1994. Politik für eine nachhaltige, umweltverträgliche Entwicklung. Zusammmenfassung, Bonn

BMU(=BUNDESMINISTERIUM FÜR UMWELT, NATURSCHUTZ UND REAKTORSICHERHEIT) (Hrsg.), 1997: Aktionsprogramm Umwelt und Gesundheit, Bonn

BODENSTEIN, Gerhard, Achim SPILLER und Helmut ELBERS, 1997: Strategische Konsumentscheidungen: Langfristige Weichenstellungen für das Umwelthandeln (= Diskussionsbeiträge des Fachbereichs Wirtschaftswissenschaften der Gerhard-Mercator-Universität - Gesamthochschule - Duisburg, 234), Duisburg

BOGUN, Roland, 1996: Was heißt „ökologische Lebensstile?" Fragen und Anmerkungen zum Verhältnis von Lebensstilanalyse und sozialwissenschaftlicher Umweltforschung (= Arbeitspapiere der ZWE „Arbeit und Region", 26), Bremen

BOGUN, Roland, 1997: Lebensstilforschung und Umweltverhalten. Anmerkungen und Fragen zu einem komplexen Verhältnis, in: Brand 1997a, 211-234

BOGUN, Roland, Martin OSTERLAND und Günter WARSEWA, 1990: Was ist überhaupt noch sicher auf der Welt? Arbeit und Umwelt im Risikobewußtsein von Industriearbeitern, Berlin

BOLSCHO, Dietmar, und Gerd MICHELSEN, 1997: Umweltbildung unter globalen Perspektiven. Initiativen, Standards, Defizite, Bielefeld

BOPPEL, Werner, und Norbert REICHEL, 1995: Acht Jahre Modellversuch des Bundes und der Länder zur Umweltbildung. Erste Bilanz und Perspektiven, in: Deutsche Gesellschaft für Umwelterziehung/Institut für die Pädagogik der Naturwissenschaften (Hrsg.): Modelle zur Umwelterziehung in der Bundesrepublik Deutschland, 6, Kiel 1995, 32-40

BORN, Manfred, 1997: Indikatoren zur Nachhaltigen Entwicklung, Bremen

BOURDIEU, Pierre, 1998: Die Worte des Eisenbahners, in: Ders.: Gegenfeuer. Wortmeldungen im Dienste des Widerstands gegen die neoliberale Invasion (= édition discours, 23), Konstanz

BRAND, Karl-Werner (Hrsg.), 1997a: Nachhaltige Entwicklung. Eine Herausforderung an die Soziologie, Opladen

BRAND, Karl-Werner, 1997b: Probleme und Potentiale einer Neubestimmung des Projekts der Moderne unter dem Leitbild „Nachhaltige Entwicklung". Zur Einführung, in: Ders. 1997a, 9-32

BREINBAUER, Ines M., 1991: Vom Vorrang hartnäckigen Fragens gegenüber eilfertigem Perpetuieren alter Fehler, in: Viertelsjahresschrift für wissenschaftliche Pädagogik 1991, 3, 280-300

BRENNENSTUHL, Waltraud, 1980: Ziele der Handlungslogik, in: Hans Lenk (Hrsg.), Handlungstheorien - interdisziplinär, 1.: Handlungslogik, formale und sprachwissenschaftliche Handlungstheorien, München 1980, 35-66

BROADBENT, Jeffrey, 1998: Environmental Politics in Japan - Networks of Power and Protest, Cambridge usw.

BROMBERG, Heather, 1996: Are MUDs Communities? Identity, Belonging and Consciousness in Virtual Worlds, in: Robert Shields (Hrsg.): Cultures of the Internet. Virtual Spaces, Real Histories, Living Bodies, London 1996, 143-52

BRÜGGEMANN, Beate, und Rainer RIEHLE, 1995: Natur- und Umweltwahrnehmung in Europa, Fallstudie Deutschland. Ms. INFIS, Berlin

BUND und MISEREOR (Hrsg.), 1996: Zukunftsfähiges Deutschland. Ein Beitrag zu einer global nachhaltigen Entwicklung, Basel usw.

BUNDESREGIERUNG, 1997a: Auf dem Weg zu einer nachhaltigen Entwicklung in Deutschland, Bonn

BUNDESREGIERUNG, 1997b: Forschungsrahmen der Bundesregierung. Mobilität. Eckwerte einer zukunftsorientierten Mobilitätsforschungspolitik, Bonn

BURWITZ, Hiltrud, Henning KOCH und Thomas KRÄMER-BADONI, 1992: Leben ohne Auto. Neue Perspektiven für eine menschliche Stadt, Reinbek

CALDWELL, Lynton Keith, 1990: International Environmental Policy: Emergence and Dimensions, Durham, NC, 2., überarb. Auflage (zuerst: 1984)

CANZLER, Weert, und Andreas KNIE, 1993: Das Ende des Automobils, Berlin

CARL-SEVERING-SCHULEN: TRANSSOTECH-PROJEKT, 1996: Transnationales Pilotprojekt zur Integration neuer Kommunikationstechnologien in die kaufmännische Berufsausbildung unter besonderer Berücksichtigung der sozial- und umweltverträglichen Gestaltung von Technik und Arbeit, in: 3. Jahresbericht der Kollegschule 1996/97, Bielefeld 1996

CHARNOVITZ, Steve, 1992: Gatt and the Environment: Examining the Issues, in: International Environmental Affairs 4 (1992), 203-233

CHARNOVITZ, Steve, 1995: Improving Environmental and Trade Governance, in: International Environmental Affairs 7 (1995), 59-92

CHOUCRI, Nazli (Hrsg.), 1993: Global Accord: Environmental Challenges and International Responses, Cambridge, MA

CRANACH, Mario v., 1994: Die Unterscheidung von Handlungstypen - Ein Vorschlag zur Weiterentwicklung der Handlungspsychologie, in: Bärbel Bergmann und Peter Richter (Hrsg.), Die Handlungsregulationstheorie. Von der Praxis einer Theorie, Göttingen 1994, 69-88

DE HAAN, Gerhard, 1993: Reflexion und Kommunikation im ökologischen Kontext, in: Heino Apel (Hrsg.): Orientierungen zur Umweltbildung, Bad Heilbrunn 1993, 119-172

DE HAAN, Gerhard, 1994: Bemerkungen zur Situation der Umweltbildung, in: Gudrun Friedrich, Wolfgang Isensee und Gottfried Strobl (Hrsg.): Praxis der Umweltbildung. Neue Ansätze für die Sekundarstufe II, 1, Bielefeld 1994, 37-60

DE HAAN, Gerhard (Hrsg.), 1996: Ökologie - Gesundheit - Risiko, Berlin

DE HAAN, Gerhard, und Udo KUCKARTZ, 1996: Umweltbewußtsein. Denken und Handeln in Umweltkrisen, Opladen

DE HAAN, Gerhard, Udo KUCKARTZ, Anke RHEINGANS und Katrin SCHAAR, 1996: Leitbilder im Diskurs um Ökologie, Gesundheit und Risiko. Perspektiven ökologischer Kommunikation, in: de Haan 1996, 291-314

DE SOLA POOL, Ithiel, 1983: Technologies of Freedom, Cambridge, MA

DEUTSCHE GESELLSCHAFT FÜR ERZIEHUNGSWISSENSCHAFT, 1997: Programm zur Umweltbildungsforschung, o. 0.

DICKENS, Peter, 1996: Reconstructing Nature. Alienation, Emancipation and the Division of Labour, London

DIEKMANN, Andreas, und Carlo JAEGER (Hrsg.), 1996: Umweltsoziologie (= KZfSS, Sonderh. 36), Opladen

DIEKMANN, Andreas, und Peter PREISENDÖRFER, 1992: Persönliches Umweltverhalten, in: Kölner Zeitschrift f'ür Soziologie und Sozialpsychologie 44 (1992) 2, 225-251

DIERKES, Meinolf, 1988: Organisationskultur und Leitbilder als Einflußfaktoren der Technikgenese, in: Verbund Sozialwissenschaftliche Technikforschung, Mitteilungen 3 (1988), 49-62

DIERKES, Meinolf, Ute HOFMANN und Lutz MARZ, 1992: Leitbild und Technik, Berlin

DÖRING, Thomas, 1994: Selbstbestimmung, soziale Abhängigkeit und Zufall - Drei kontrolltheoretische Konstrukte aus einer handlungstheoretischen Sicht in einer Typenkonstruktion und ihrer Beziehung zu zwei Erhebungen des moralischen Urteils. Unveröff. Diplomarbeit, Universität des Saarlandes, Saarbrücken

DOUGLAS, Mary, 1970: Purity and Danger: Pollution and Taboo, Harmondsworth

DOUGLAS, Mary , 1992: Risk and Blame, London

DUBS, Rolf, 1995: Konstruktivismus: Einige Überlegungen aus der Sicht der Unterrichtsgestaltung, in: Zeitschrift für Pädagogik 41 (1995), 889-903

DUCLOS, Denis, 1996: Nature et démocratie des passions, Paris

DUMONT, Louis, 1983: Essais sur l'individualisme, Paris

EIZNER, Nicole, 1994: Les représentations sociales de l'environnement. Le cas de la France. Agral-CNRS, Paris.

EIZNER, Nicole, 1995: Les représentations de l'environnement. Comparaison entre l'Allemagne, la France et l'Italie. Agral-Euros, Paris.

EIZNER, Nicole, 1996: De la nature de l'environnement, in: Marc-Olivier Gonseth, Jacques Hainard und Roland Kaehr (Hrsg.), Nature en tête. Musée d'ethnographie de Neuchâtel, Neuchâtel, 111-120

ENQUETE-KOMMISSION „SCHUTZ DES MENSCHEN UND DER UMWELT" DES DEUTSCHEN BUNDESTAGES (Hrsg.), 1994: Die Industriegesellschaft gestalten. Perspektiven für einen nachhaltigen Umgang mit Stoff- und Materialströmen, Bonn

ESSER, Hartmut, 1994: Von der subjektiven Vernunft der Menschen und von den Problemen der kritischen Theorie damit. Auch ein Kommentar zu „Millers kritischen Anmerkungen zur Rational Choice Theorie", in: Soziale Welt 45 (1994) 1, 16-32

ESSER, Hartmut, 1996: Die Definition der Situation, in: Kölner Zeitschrift für Soziologie und Sozialpsychologie 48 (1996) 1, 1-34

ETZIONI, Amitai, 1994: Jenseits des Egoismusprinzips. Ein neues Bild von Wirtschaft, Politik und Gesellschaft, Stuttgart

FALK, Richard, 1993: "Global Apartheit. The Structure of the World Economy, in: Third World Resurgence 37 (1993), 15-17

FARR, Robert, 1993: Theory and method in the study of social representation, in: Glynis M. Breakwell und David V. Canter (Hrsg.), Empirical Approaches to Social Representations, Oxford, 15-38

FARR, Robert, und Serge MOSCOVICI (Hrsg.), 1984: Social Representations (Editions de la Maison des Sciences de l'Homme), Cambridge und Paris

FERRY, Luc, 1992: Le nouvel ordre écologique. L'arbre, l'animal, l'homme, Paris

FETSCHER, Iring, 1991: Überlebensbedingungen der Menschheit. Ist der Fortschritt noch zu retten? Berlin

FLAMENT, Claude, 1981: L'analyse de similitude: Une technique pour les recherches sur les représentations sociales, in: Cahiers de Psychologie Cognitive 1981, 1, 375-396

FLAMMER, August, 1990: Erfahrung der eigenen Wirksamkeit. Einführung in die Psychologie der Kontrollmeinung, Bern

FLAVIN, Christopher, und Odil TUNALI, 1995: Getting Warmer: Looking for a Way out of the Climate Impasse, in: World Watch 8 (1995) 2, 10-20

FRANZEN, Axel, 1996: Umweltbewußtsein und Verkehrsverhalten, Bern

FUHRER, Urs, 1995: Ökologisches Handeln als sozialer Prozeß, Basel

FUNABASHI, Harutoshi, 1992: Environmental Problems in Postwar Japanese Society, in: International Journal of Japanese Sociology, 1992, 1

GAMSON, William, 1975: The Strategy of Social Protest, Homewood, IL

GEERTZ, Clifford, 1973: The Interpretation of Cultures, New York

GERSTENMAIER, Jochen, und Heinz MANDL, 1995: Wissenserwerb unter konstruktivistischer Perspektive, in: Zeitschrift für Pädagogik 41 (1995), 867-888

GESTRING, Norbert, Hartwig HEINE, Rüdiger MAUTZ u.a., 1997: Ökologie und Urbanität. Untersuchungen zu einem anscheinend unauflöslichen Widerspruch, Braunschweig und Wiesbaden

GIDDENS, Anthony, 1991: Modernity and Self-Identity, Cambridge

GIDDENS, Anthony, 1993: Tradition in der post-traditionalen Gesellschaft, in: Soziale Welt, 44 (1993) 4, 445-485

GIDDENS, Anthony, 1994: Beyond left and right, Cambridge

GILLWALD, Katrin, 1995: Ökologisierung von Lebensstilen (= WZB, FS III 95-408), Berlin

GIORDAN, André, 1996: Environnement: décider dans l'incertitude, in: Marc-Olivier Gonseth, Jacques Hainard und Roland Kaehr (Hrsg.), Natures en tête. Musée d'ethnographie de Neuchâtel, Neuchâtel 1996, 159-170

GREENPEACE (Hrsg.), 1994: Ökosteuer - Sackgasse oder Königsweg? Ein Gutachten des Deutschen Instituts für Wirtschaftsforschung, Berlin

GURIN, Patricia, Gerald GURIN und Betty M. Morrison, 1978: Personal and ideological aspects of internal and external control, in: Social Psychology 41 (1978), 275-296

HAAS, Peter M., 1990: Obtaining International Environmental Protection through Epistemic Consensus. Special Issue: Global Environmental Change and International Relations, in: Millennium 19 (1990), 347-364

HAAS, Peter M., 1992: Introduction: Epistemic Communities and International Policy Coordination, Special Issue: Knowledge, Power, and International Policy Coordination, in: International Organization 46 (1992), 1-37

HAAS, Peter M., Robert O. KEOHANE und Marc A. LEVY (Hrsg.), 1993: Institutions for the Earth. Sources of Effective International Environmental Protection, Cambridge, MA

HABERMAS, Jürgen, 1981: Theorie des kommunikativen Handelns, Frankfurt a.M.

HACKER, Winfried, 1973: Allgemeine Arbeits- und Ingenieurpsychologie. Psychische Struktur und Regulation von Arbeitstätigkeiten, Berlin

HACKER, Winfried, 1986: Arbeitspsychologie, Bern

HANSEN, Anders (Hrsg.), 1993: The Mass Media and Environmental Issues, Leicester

HASSE, Raimund, und Klaus P. JAPP, 1997: Dynamik symbolischer Organisationspolitik. Umwelt- und Selbstanpassung als Folgewirkung ökologischer Leistungserwartungen, in: Birke u.a. 1997, 134-162

HASSENPFLUG, Dieter, 1980: Umweltökonomie und Fachökologie als Gegenstände philosophischer Aufhebung einer „Ökonomie" der Natur - Eine philosophische Studie zum Ökologieproblem der Industriegesellschaft, Kassel

HEAP, Nick, Ray THOMAS, Geoff EINON, u.a. (Hrsg.), 1995: Information Technology and Society, London

HEID, Helmut, 1997: Erziehung zu Verantwortungsbereitschaft. Ideologiekritische Analyse, in: Comenius-Institut u.a. (Hrsg.) Handbuch Religionsunterricht an berufsbildenden Schulen, Gütersloh 1997, 81-85

HEID, Helmut, 1998: Ökologische Pädagogik? Kritische Anmerkungen zu den Voraussetzungen umweltpädagogischen Denkens und Handelns, in: M. Borrelli und J. Ruhloff (Hrsg.): Deutsche Gegenwartspädagogik, III: Interdisziplinäre Verflechtungen und intradisziplinäre Differenzierungen, Hohengehren 1998

HEINE, Hartwig, und Rüdiger MAUTZ, 1995: Öffnung der Wagenburg? Antworten von Chemiemanagern auf ökologische Kritik, Freie Universität Berlin

HEISIG, Ulrich, und Wolfgang LITTEK, 1995: Wandel von Vertrauensbeziehungen im Arbeitsprozeß, in: Soziale Welt 46 (1995) 3, 282-304

HELLER, Geneviève, 1979: Propre en ordre, Lausanne

HELLIGE, Hans-Dieter, 1995: Hierarchische Ablaufsteuerung oder kooperative Bewältigung von Problemzusammenhängen, in: Hellmuth Lange und Wilfried Müller (Hrsg.): Kooperation in der Arbeits- und Technikgestaltung, Münster und Hamburg, 135-164

HELLIGE, Hans-Dieter, 1996: Technikleitbilder auf dem Prüfstand, Berlin

HENGSBACH, Friedhelm, 1996: Brauchen wir einen „neuen" Sozialstaat? Zur Zukunftsfähigkeit unserer sozialen Sicherungssysteme (= Oldenburger Universitätsreden, 81), Oldenburg

HILDEBRANDT, Eckart, 1997: Nachhaltige Lebensführung unter den Bedingungen sozialer Krise - einige Überlegungen, in: Brand 1997a, 235-249

HOFF, Ernst-Hartmut, 1982: Kontrollbewußtsein: Grundvorstellungen zur eigenen Person und Umwelt bei jungen Arbeitern, in: Kölner Zeitschrift für Soziologie und Sozialpsychologie 34 (1982) 2, 316-339

HOFF, Ernst-Hartmut, 1986: Arbeit, Freizeit und Persönlichkeit, Bern; 2. überarb. und aktualis. Aufl. Heidelberg 1992

HOFF, Ernst-Hartmut, 1997: Verantwortungsbewußtsein und Industriearbeit im Zeichen der Umweltkrise, in: Gerhard Blickle (Hrsg.), Ethik in Organisationen, Göttingen

HOFF, Ernst-Hartmut, 1998: Kollektive Probleme und individuelle Handlungsbereitschaft - Zur Entwicklung von Verantwortungsbewußtsein, in: Matthias Grundmann (Hrsg.), Konstruktivistische Sozialisationsforschung: Ansätze und methodische Überlegungen zu einer konstruktivistischen Theorie der Sozialisation, Frankfurt a.M.

HOFF, Ernst-Hartmut, und Wolfgang LEMPERT, 1990: Kontroll- und Moralbewußtsein im beruflichen und privaten Lebensstrang von Facharbeitern, in: Ernst-Hartmut Hoff (Hrsg.), Die doppelte Sozialisation Erwachsener. Zum Verhältnis von beruflichem und privatem Lebensstrang, München, 125-154

HOFF, Ernst-Hartmut, und Hans-Uwe Hohner, 1992: Methoden zur Erfassung von Kontrollbewußtsein (= Max-Planck-Institut für Bildungsforschung, Materialien aus der Bildungsforschung, 43), Berlin

HOFF, Ernst-Hartmut, und Thomas LECHER, 1994: Ökologisches Verantwortungsbewußtsein, Vortragsmanuskript, Berlin

HOFF, Ernst-Hartmut, Wolfgang LEMPERT und Lothar LAPPE, 1991: Persönlichkeitsentwicklung in Facharbeiterbiographien, Bern

HOFF, Ernst-Hartmut, und Jens WALTER, 1996: Ökologische Kontrollvorstellungen. Theoretische Überlegungen zu einem Teilkonzept im Projekt „Industriearbeit und ökologisches Verantwortungsbewußtsein" (= Freie Universität, Institut für Arbeits-, Organisations- und Gesundheitspsychologie, Berichte aus dem Bereich „Arbeit und Entwicklung", 10), Berlin

HOHNER, Hans-Uwe, 1987: Kontrollbewußtsein und berufliches Handeln, Bern

HOLZBERGER, Rudi, 1995: Das sogenannte Waldsterben. Zur Karriere eines Klischees: Das Thema Wald im journalistischen Diskurs, Bergatreute

HOLZKAMP, Klaus, 1986: Die Verkennung von Handlungsbegründungen als empirische Zusammenhangsannahmen in sozialpsychologischen Theorien: Methodologische Fehlorientierung infolge von Begriffsverwirrung, in: Zeitschrift für Sozialpsychologie 17 (1986) 3, 216-238

HOMANN, Karl, 1994: Wettbewerb ohne Moral? In: Zur Debatte. Themen der Katholischen Akademie in Bayern 24 (1994) 4, München

HOMER-DIXON, Thomas F., 1993: Physical Dimensions of Global Change, in: Nazli Choucri 1993, 43-66

HOMER-DIXON, Thomas, 1994: Environmental Scarcities and Violent Conflict: Evidence from Cases, in: International Security 19 (1994), 5-41

HURRELL, Andrew, und Benedict KINGSBURY (Hrsg.), 1992: The International Politics of the Environment: Actors, Interests, and Institutions, New York und Oxford

HURRELMANN, Klaus, 1986: Einführung in die Sozialisationstheorie. Über den Zusammenhang von Sozialstruktur und Persönlichkeit, Weinheim und Basel

HURRELMANN, Klaus, 1996: Angstbesetzte Risikowahrnehmung bei Kindern und Jugendlichen, in: de Haan 1996, 79-93

IMBER, Mark F., 1994: Environment, Security and UN Reform, New York

INGOLD, Tim, 1996: Hunting and Gathering as Ways of Perceiving the Environment, in Roy Ellen und Fukui Katsuyoski (Hrsg.): Redefining Nature. Ecology, Culture and Domestication, Oxford, 117-155

JACOBSON, Harold K., und Edith Brown WEISS, 1995: Strengthening Compliance with International Environmental Accords: Preliminary Observations from a Collaborative Project, in: Global Governance 1 (1995), 119-149

JAHN, Thomas, 1990: Das Problemverständnis sozial-ökologischer Forschung. Umrisse einer kritischen Theorie gesellschaftlicher Naturverhältnisse, in: Institut für sozialökologische Forschung (Hrsg.), Jahrbuch für sozial-ökologische Forschung, Frankfurt a. M., 15-41

JAHN, Thomas, und Irmgard SCHULTZ, 1995: Stadt, Mobilität und Lebensstile - ein sozial-ökologischer Forschungsansatz, in: Hans Sahner und Stefan Schwendtner (Hrsg.): Gesellschaften im Umbruch (= 27. Kongreß der Deutschen Gesellschaft für Soziologie, Kongreßband II: Berichte aus den Sektionen und Arbeitsgruppen), Opladen, 795-800

JOAS, Hans, 1992: Kreativität des Handelns, Frankfurt a.M.

JONAS, Hans, 1992: Fatalismus wäre Todsünde, in: Dietrich Böhler und R. Neuberth (Hrsg.), Herausforderung Zukunftsverantwortung. Hans Jonas zu Ehren, Münster

JODELET, Dénise, 1984: Représentation sociale: phénomènes, concept et théorie, in: Serge Moscovici (Hrsg.), Psychologie sociale, Paris 1984, 357-378

JUNGERMANN, Helmut, und Paul SLOVIC, 1993: Die Psychologie der Kognition und Evaluation von Risiko, in: Gotthard Bechmann (Hrsg.): Risiko und Gesellschaft. Grundlagen und Ergebnisse interdisziplinärer Risikoforschung, Opladen, 167-207

JUNGK, Robert, und Norbert R. MÜLLER, 1981: Zukunftswerkstätten - Wege zur Wiederbelebung der Demokratie, Hamburg

KAHLERT, Joachim, 1990: Umwelterziehung zwischen Aufklärung und Simplifizierung. Bedingungen von Rationalität in der Umweltpolitik als Herausforderung der politischen Bildung, in: Gegenwartskunde 39 (1990), 503-531

KAHLERT, Joachim, 1996: Rationalitätsmängel in der ökologieorientierten Bildungsarbeit: sozialwissenschaftliche Problemanzeige, Beispiele und eine didaktische Alternative, in: Bernhard Claußen, und Birgit Wellie (Hrsg.): Umweltpädagogische Diskurse. Sozialwissenschaftliche, politische und didaktische Aspekte ökologiezentrierter Bildungsarbeit, Frankfurt a.M. 1996, 137-159

KALT, Gero (Hrsg.), 1992: Schlecht informiert. Wie Medien die Wirklichkeit verzerren. Eine Fallsammlung, Institut für Medienentwicklung und Kommunikation, Frankfurt a.M.

KATO, Akihiko, 1998: Structure of Social and Political Consciousness in the 1990s. Paper presented at the 5th meeting of the German-Japanese Society for Social Sciences 1998 (unpublished)

KELL, Adolf, 1997: Jahrbuch Bildung und Arbeit '96: Die Wiederentdeckung der Ungleichheit. Strukturierungsvorschläge und Entwicklungslinien, in: Artur Meier, Ursula Rabe-Kleberg und Klaus Rodax (Hrsg.): Transformation und Tradition in Ost und West (= Jahrbuch Bildung und Arbeit '97), Opladen, 340-351

KELLY, Petra, 1993: A Very Bad Way to Enter the Next Century, in: Jeremy Brecher, John Childs und Jill Cutter (Hrsg.): Global Visions. Beyond the New World Order, Boston, MA, 133-143

KEOHANE, Robert O., Peter M. HAAS, und Marc A. LEVY, 1993: The Effectiveness of International Environmental Institutions, in: Haas u.a. 1993, 3-26

KILIAN, Michael, 1987: Umweltschutz durch Internationale Organisationen: Die Antwort des Völkerrechts auf die Krise der Umwelt? Berlin

KLANDERMANS, Bert, 1992: The Social Construction of Protest and Multiorganizational Fields, in: Aldon D. Morris and Carol M. Mueller (Hrsg.): Frontiers in Social Movement Theory, New Haven and London, 77-103

KÖSTERS, Walther, 1993: Ökologische Zivilisierung. Verhalten in der Umweltkrise, Darmstadt

KOSSBIEL, Hugo, Arno BAMMÉ und Bernd MARTENS, 1987: Ingenieure und Naturwissenschaftler in der industriellen Forschung und Entwicklung, Frankfurt a.M. und New York

KRAMPEN, Günter, 1987: Handlungstheoretische Persönlichkeitspsychologie, Göttingen

KRIESI, Hanspeter, 1993: The Political Opportunity Structure of New Social Movements: Its Impact on Their Mobilization, in: John Jenkins und Bert Klandermans (Hrsg.): The Politics of Social Protest. Comparative Perspectives on States and Social Movements, Minneapolis, MN, 1993, 167-198

KROL, Gerd-Jan, 1993: Ökologie als Bildungsfrage? Zum sozialen Vakuum der Umweltbildung, in: Zeitschrift für Pädagogik 39 (1993) 4, 651-672

KUHNT, Beate, und Norbert MÜLLERT, 1993. In: Sekretariat für Zukunftsforschung (Hrsg.): Zukünfte, Juli 1993, 48f.

KULESSA, Margareta, 1995: Umweltpolitik in einer offenen Volkswirtschaft. Zum Spannungsverhältnis von Freihandel und Umweltschutz, Baden-Baden

LALLI, Pina, 1990: La «communication écologique» des médecines douces, in: Revue internationale d'action communautaire/International Review of Community Development 75 (1990), 51-56

LALLI, Pina, 1995: L'ecologia del pensatore dilettante. Rappresentazioni sociali della natura e dell'ambiente, Bologna

LANGE, Hellmuth, 1995: Automobilarbeiter über die Zukunft von Auto und Verkehr, in: Kölner Zeitschrift für Soziologie und Sozialpsychologie 47 (1995) 1, 141-156

LANGE, Hellmuth, Wolfgang HANFSTEIN und Susanne LÖRX, 1995: Gas geben? Umsteuern? Bremsen? Frankfurt a.M.

LATOUR, Bruno, 1994: Nous n'avons jamais été modernes. Essai d'anthropologie symétrique, Paris.

LECHER, Thomas, Ernst-Hartmut HOFF, Elisabeth DISTLER und Michael JANCER, 1992: Zur Erfassung des ökologischen Verantwortungsbewußtseins. Ein Interviewleitfaden mit Erläuterungen (= Freie Universität, Psychologisches Institut, Berichte aus dem Bereich „Arbeit und Entwicklung", 1), Berlin

LECHER, Thomas, 1997: Die Umweltkrise im Alltagsdenken, München

LEVENSON, Hanna, 1974: Activism and Powerful Others: Distinctions within the Concept of Internal-External Control, in: Journal of Personality Assessment, 38 (1974), 377-383

LITTIG, Beate, 1995: Die Bedeutung von Umweltbewußtsein im Alltag, Frankfurt a.M.

LONGOLIUS, Stefan, 1993: Eine Branche lernt Umweltschutz. Motive und Verhaltensmuster der deutschen chemischen Industrie, Berlin

LÜDEMANN, Christian, 1997: Rationalität und Umweltverhalten, Wiesbaden

LUHMANN, Niklas, 1986: Ökologische Kommunikation, Opladen

LUHMANN, Niklas, 1991: Soziologie des Risikos, Berlin und New York

MACNEILL, Jim, Pieter WINSEMIUS, und Taizo YAKUSHIJI, 1991: Beyond Interdependence: The Meshing of the World's Economy and the Earth's Ecology, New York

MARZ, Lutz, und Meinolf DIERKES, 1992: Leitbildprägung und Leitbildgestaltung (= WZB, FS II), Berlin 1992, 92-105

MATURANA, Humberto, und Francisco VARELA, 1987: Der Baum der Erkenntnis, Bern usw.

MCKIBBEN, Bill, 1989: The End of Nature, New York

MEADOWS, Dennis, Donella MEADOWS, Erich ZAHN und Peter MILLING, 1972: Die Grenzen des Wachstums. Bericht des Club of Rome zur Lage der Menschheit, Stuttgart

MEYER-ABICH, Klaus Michael, 1984: Wege zum Frieden mit der Natur. Praktische Naturphilosophie für die Umweltpolitik, München

MILLER, George A., Eugene Galanter und Karl H. PRIBRAM, 1960: Plans and the structure of behavior, New York

MOLDASCHL, Manfred, 1994: Arbeitsorientierte Rationalisierung, Frankfurt a.M.

MONTADA, Leo, und Elisabeth KALS, 1995: Perceived Justice of Ecological Policy and Pro-environmental Commitments, in: Social Justice Research 1995, 3, 305-327

MOSCOVICI, Serge, 1961: La psychanalyse: son image et son public, Paris

MOSCOVICI, Serge, 1972: La société contre nature, Paris

MOSCOVICI, Serge, 1984: The phenomenon of social representations, in: Farr/Moscovici 1984, 3-69

MOSCOVICI, Serge, 1989: Questioni per il ventunesimo secolo, in: Studi di sociologia, 26 (1989) 4, 450-466
NAKANE, Chie, 1967: Tate-shakai noningen kankei, Kodansha, Tokio
NAKANE, Chie, 1970: Japanese Society, Berkeley
NEGT, Oskar, 1989: Plädoyer für einen neuen Lernbegriff, in: Landesinstitut für Schule und Weiterbildung (Hrsg.): Informationen Weiterbildung in NW 1989, 1, 27f; zuerst: Zweiwochendienst 1988, 21
NUNNER-WINKLER, Gertrud, 1989: Kollektive, individuelle und solidarische (fürsorgliche) Verantwortung, in: Jahrbuch für Rechtssoziologie und Rechtstheorie, 169-190, Opladen
OBERTHÜR, Sebastian, 1994: Climate Change Convention: Preparations for the First Conference of the Parties, Environmental Policy and Law 24 (1994), 299-303
OESTERREICH, Rainer, 1981: Handlungsregulation und Kontrolle, München
OKIMOTO, D., und T. ROHLEN (Hrsg.), 1988: Inside the Japanese System, Stanford, CA
OSTERLAND, Martin, 1990: Normalbiographie und Normalarbeitszeitverhältnis, in: Berger/Hradil 1990, 351-362
PAARLBERG, Robert L., 1993: Managing Pesticide Use in Developing Countries, in: Haas u.a. 1993, 309-350
PÉRALDI, Michel, 1985: Les espaces verts et leur mythes, in: Le Genre humain 1985, 12, 203-216
PHARR, S., 1990: Losing Face, Berkeley
POFERL, Angelika, Karin SCHILLING und Karl-Werner BRAND, 1997: Umweltbewußtsein und Alltagshandeln. Eine empirische Untersuchung sozial-kultureller Orientierungen, Opladen
POLITISCHE ÖKOLOGIE, 1997: Themenheft Zukunftsaufgabe Umweltbildung (= 51)
POPPER, Karl R., 1992: Die offene Gesellschaft und ihre Feinde, 2, Paderborn
POSTER, Mark, 1995: The Second Media Age, Oxford
PREISENDÖRFER, Peter, 1996: Umweltbewußtsein in Deutschland, Berlin
PREISENDÖRFER, Peter, und Axel FRANZEN, 1996: Der schöne Schein des Umweltbewußtseins. Zu den Ursachen und Konsequenzen von Umwelteinstellungen in der Bevölkerung, in: Diekmann/Jaeger 1996, 219-244
PREISER, Siegfried, 1988: Kontrolle und engagiertes Handeln. Enstehungs-, Wirkungs- und Veränderungsbedingungen von Kontrollkognitionen und Engagement, Göttingen
PREISER, Siegfried, 1989: Erfassung kausaler und finaler Attributionen im beruflichen und politischen Lebenskontext, in: Günter Krampen (Hrsg.), Diagnostik von Attributionen und Kontrollüberzeugungen, Göttingen usw. 1989, 32-39
PRISCHING, Manfred, 1996: Moralisches Paradigmenbasteln. Ein neuer Anlauf zur Sozioökonomie, in: Soziologische Revue 19 (1996) 1, 29-35
PRITTWITZ, Volker von, 1996: Verhandeln und Argumentieren, Opladen
PROSE, Friedemann, und Klaus WORTMANN, 1991: Energiesparen: Verbraucheranalyse und Marktsegmentierung der Kieler Haushalte. Unveröffentl. Endbericht, Kiel
PUCHALA, Donald J., und Roger A. COATE, 1989: The Challenge of Relevance: The UN in a Changing World Environment. Acuns reports and papers, 1989-5
PYE, L., 1985: Asian Power and Politics, Cambridge, MA

REHEIS, Fritz, 1995: Ökologische Blindheit. Die Aporie der herrschenden Wirtschaftswissenschaft, in: Das Argument 37 (1995) 1, 79-90

REICHEL, Norbert, 1997: Agenda 21 als Impuls. Von der Umweltbildung zur Bildung für nachhaltige Entwicklung, in: Politische Ökologie 1997, 27-32

RENAUT, Alain, 1995: Naturalisme ou humanisme? In: Philosophie politique, 6 (1995) (La nature), 59-73

RERRICH, Maria, 1990: Ein gleiches gutes Leben für alle? Über Ungleichheitserfahrungen im familialen Alltag, in: Berger/Hradil 1990, 189-205

REUSSWIG, Fritz, 1994: Lebensstile und Ökologie, Franfurt a.M.

RHEINGOLD, H., 1995: The Virtual Community. Surfing the Internet, London

RHODES, Rod., 1997: Understanding Governance. Policy Networks, Governance, Reflexivity and Accountability, Buckingham

RICH, Bruce, 1994: Mortgaging the Earth: The World Bank, Environmental Impoverishment, and the Crisis of Development, Boston

ROBINS, Kevin, 1995: Cyberspace and the World We Live In, in: Mike Featherstone und Roger Burrow: Cyberspace, Cyberbodies, Cyberpunks, London

ROCHESTER, J. Martin, 1986: The Rise and Fall of International Organization as a Field of Study, in: International Organization 40 (1986), 777-813

ROCHESTER, J. Martin, 1993: Waiting for the Millennium: The United Nations and the Future of World Order, Columbia, SC

ROSENGREN, Karl, 1994: Starting Up, in: Ders. (Hrsg.): Media Effects and Beyond: Culture, Socialisation and Lifestyles, London, 297-306

ROTTER, Julian B., 1966: Generalized expectancies of internal versus external control of reinforcement (= Psychological Monographs, 80; whole No. 609)

ROWLANDS, Ian H., 1995: The Climate Change Negotiations. Berlin and Beyond, in: The Journal of Environment and Development 4 (1995) 2, 145-165

RSU (= RAT VON SACHVERSTÄNDIGEN FÜR UMWELTFRAGEN), 1994: Umweltgutachten 1994, Stuttgart

RSU (= RAT VON SACHVERSTÄNDIGEN FÜR UMWELTFRAGEN), 1996: Umweltgutachten 1996, Stuttgart

SCHAHN, Joachim, und Thomas GIESINGER (Hrsg.), 1993: Psychologie für den Umweltschutz, Weinheim

SCHOLZ, Bertram, 1997: Allmende-Klemme: Kooperatives Handeln im Umweltschutz, in: Gegenwartskunde 45 (1997) 2, 219-226

SCHULZ, Werner, 1989: Ansätze und Grenzen der Monetarisierung von Umweltschäden, in: Zeitschrift für Umweltpolitik 12 (1989) 1, 55-72

SCHULZ, Irmgard, und Ines WELLER, 1997: Bestandsaufnahme der Ergebnisse der einschlägigen sozialwissenschaftlichen Forschung zu den Themenkreisen Umweltbewußtsein, und -verhalten, Wertewandel, neue Lebensstile und neue Wohlstandsmodelle, in: Umweltbundesamt (Hrsg), Texte, 30/97, 110-188

SCHULZE-BUSCHOFF, Karin, 1995: Familie und Erwerbsarbeit in der Bundesrepublik. Rückblick, Stand der Forschung und Design einer Lebensformentypologie (= WZB, FS III 95 - 402), Berlin

SEBENIUS, James K., 1993: The Law of the Sea Conference. Lessons for Negotiations to Control Global Warming, in: Sjöstedt 1993, 189-216

SENGHAAS-KNOBLOCH, Eva, Brigitte NAGLER und Annette DOHMS, 1996: Zukunft der industriellen Arbeitskultur, Münster und Hamburg

SIEBENHÜNER, Bernd, 1996: Umweltbewußtsein - weitergedacht (= WZB FS II 96-402), Berlin

SILVERSTONE, Roger, 1996: Future Imperfect: Information and Communications Technologies in Everyday Life, in: William Dutton (Hrsg.): Information and Communication Technologies. Visions and Realities, 1996, 217-231

SJÖSTEDT, Gunnar (Hrsg.), 1993: International Environmental Negotiations, Newbury Park, CA

SKINNER, Ellen A., 1995: Perceived Control, Motivation and Coping, London

SKINNER, Ellen A., Michael CHAPMAN und Paul BALTES, 1988: Control, means-ends and agency beliefs: a new conceptualization and its measurements during childhood (= Journal of Personality and Social Psychology, 54 (1988), 117-133

SOROOS, Marvin S., 1986: Beyond Sovereignty. The Challenge of Global Policy, Columbia, SC

SOROOS, Marvin S., 1994: Confronting Global Environmental Change (Review Essay), in: Mershon International Studies Review - International Studies Quarterly Supplement, 38 (1994) 2, 299-306

SPRINZ, Detlef, 1994: Editorial Overview. Special Section: Strategies of Inquiry into International Environmental Policy, in: International Studies Notes 19 (1994), 32-34

STAIRS, Kevin, und Peter TAYLOR, 1992: Non-Governmental Organizations and the Legal Protection of the Oceans. A Case Study, in: Hurrell/Kingsbury, 110-142

STEINBERG, Rudolf, 1996: Verfassungsrechtlicher Umweltschutz durch Grundrechte und Staatszielbestimmung, in: Neue Juristische Wochenschrift 49 (1996) 31, 1985-2056

STEINHOFF, P., 1992: Death by Defeatism and Other Fables: The Social Dynamics of the Rengo Sekigun Purge, in: T.S. Lebra (Hrsg.) Japanese Social Organization, Honolulu

SUSSKIND, Lawrence E., 1994: Environmental Diplomacy. Negotiating More Effective Global Agreements, New York

TANNER, Carmen, und Klaus FOPPA, 1996: Umweltwahrnehmung, Umweltbewußtsein und Umweltverhalten, in: Diekmann/Jaeger 1996, 245-271

TARROW, Sidney, 1988: Democracy and Disorder. Protest and Politics in Italy, 1965-1975, Oxford

THACHER, Peter S., 1993: The Mediterranean. A New Approach to Marine Pollution, in: Sjöstedt 1993, 110-134

THOMAS, Urs P., 1991: Le programme des nations unies pour l'environnement: contraintes et stratégies, in: José A. Prades, Jean-Guy Vaillancourt und Robert Tessier (Hrsg.), Environnement et développement, Montréal 1991, 129-147

THOMAS, Urs P., 1993: The United Nations Environment Programme: An Evaluative Analysis, Diss., Montréal

THOMAS, Urs P., 1995: Lean and Green. A Fresh Look at Sustainable Development, in: Ecodecision 15 (1995), 62-63

THOMASBERGER, Claus, 1993: Öko-Steuern als Mittel des ökologischen Umbaus? Über die Fragwürdigkeit ihrer theoretischen Fundierung, in: Das Argument 35 (1993) 1, 47-61

TRETTER, Felix, 1993: Ängste um Umwelt und Gesundheit, in: Aurand u.a. 1993, 271-297

UEXKÜLL, Jakob von, und Georg KRISZAT, 1983: Streifzüge durch die Umwelten von Tieren und Menschen. Ungekürzte Ausgabe, Frankfurt a. M. (zuerst: 1934)

UNIVERSITÄT BREMEN, FB 8, 1997: Projektbericht 1997: Verwaltungsstrukturreform und Bürgernähe der kommunalen Müllentsorgung der Stadtgemeinde Bremen (= Studienprojekt Wintersemester 1995/1996 bis Sommersemester 1997), MS, Bremen

VAN DEN DAELE, Wolfgang, 1997: Soziologische Beobachtung und ökologische Krise, in: Stefan Hradil (Hrsg.): Differenz und Integration, Frankfurt a. M. und NewYork, 568-578

VAN DEN DAELE, Wolfgang, und Friedhelm NEIDHARDT (Hrsg.), 1996: Kommunikation und Entscheidung. Politische Funktionen öffentlicher Meinungsbildung und diskursiver Verfahren, Berlin

VAN DIEREN, Wouter (Hrsg.), 1995: Mit der Natur rechnen. Der neue Club-of-Rome-Bericht: Vom Bruttosozialprodukt zum Ökosozialprodukt, Basel usw.

VERGÈS, Paul, 1985: Pour une possible méthodologie pour l'approche des représentations économiques, in: Communication-Information 1985, 6 (213), 375-396

VESTER, Michael, Peter v. OERTZEN, Heiko GEILING u.a., 1993: Soziale Milieus im gesellschaftlichen Strukturwandel, Köln

VOLPERT, Walter, 1974: Handlungsstrukturanalyse als Beitrag zur Qualifikationsforschung, Köln

VOLPERT, Walter, 1983: Das Modell der hierarchisch-sequentiellen Handlungsorganisation, in: Winfried Hacker, Walter Volpert und Mario von Cranach (Hrsg.): Kognitive und motivationale Aspekte der Handlung, Bern 1983, 38-58

VOSS, Gerhard, 1994: Umsteuern mit Ökosteuern? BDI, Köln

WALDRICH, Hans-Peter, 1987: Moral und Marktwirtschaft, in: Gegenwartskunde 1987, 2, 299-309

WALLERSTEIN, Immanuel, 1997: Sotsial'noe Izmenenie Vechno? Nichto Nikogda ne Izmeniaetsa? In: Sotsiologcheskie Issledovania 1(1997), 8-21

WARSEWA, Günter, 1997: Moderne Lebensweise und ökologische Korrektheit. Zum Zusammenhang von sozialem und ökologischem Wandel, in: Brand 1997a, 195-210

WEBER, Max, 1980: Wirtschaft und Gesellschaft, 5. Aufl., Tübingen

WEILER, Hagen, 1992: Ethisches Urteilen oder Erziehung zur Moral?, Opladen

WEIZSÄCKER, Carl Friedrich v., 1984: Bewußtseinswandel, München

WIESENTHAL, Helmut, 1991: „Rational choice", Unsicherheit und ökologische Rationalität, in: Frank Beckenbach (Hrsg.): Die ökologische Herausforderung für die ökonomische Theorie, Marburg 1991, 281-298

WIESENTHAL, Helmut, 1997: Adaption und Innovation. Neun Thesen zum Verhältnis von Unternehmen und Gesellschaft, in: Birke u.a. 1997, 163-186

WILDAVSKY, Aaron, 1993: Vergleichende Untersuchung zur Risikowahrnehmung: Ein Anfang, in: Bayerische Rückversicherungs-AG (Hrsg.): Risiko ist ein Konstrukt. Wahrnehmungen zur Risikowahrnehmung, München 1993, 191-212

WISSENSCHAFTLICHER BEIRAT der Bundesregierung Globale Umweltveränderung (Hrsg.), 1997: Welt im Wandel: Wege zu einem nachhaltigen Umgang mit Süßwasser, Ms., Bremerhaven

YANITSKY, Oleg, 1993: Environmental Initiatives in Russia: East-West Comparisons, in: Anna Vary und Pal Tamas (Hrsg.): Environment and Democratic Transition. Policy and Politics in Central and Eastern Europe, Dordrecht usw. 1993, 120-145

YANITSKY, Oleg, 1996a: Ekologicheskoe Dvizhenie v Rossii. Kriticheskii Analiz, Moskau

YANITSKY, Oleg, 1996b: The Environmental Movement in a Hostile context: The Case of Russia. Paper presented at The Second European Conference on Social Movements, 2-5 October, Ms., Victoria-Gasteiz

YANITSKY, Oleg, 1997: Modernization and Globalization from the Perspective of a Transition Society. Paper presented at the International Conference Sociological Theory and Environment, 20-23 March, Ms., Woudschoten

YOUNG, Oran R., 1994: International Governance. Protecting the Environment in a Stateless Society, Ithaca, NY

Autorinnen und Autoren des Jahrbuchs 1998

Barbara Adam, Dr., ist Dozentin für Gesellschaftstheorie an der Universität von Wales in Cardiff. Sie ist Gründungsherausgeberin von *Time & Society* und Autorin zahlreicher Publikationen zum Thema Soziale Zeit.

Hans Bertram, geb. 1946, Prof. Dr.; Lehrstuhl für Mikrosoziologie an der *Humboldt*-Universität zu Berlin; 1998/99 *Fellow* am *Center for Advanced Study in the Behavioral Sciences*, Palo Alto, CA. Arbeitsschwerpunkte: Jugend- und Familiensoziologie, Politischer und Sozialer Wandel in den neuen Bundesländern. Mitherausgeber *Berliner Journal für Soziologie.*

Roland Bogun, geb. 1955, Dr. rer. pol., wissenschaftlicher Mitarbeiter in der Zentralen Wissenschaftlichen Einrichtung „Arbeit und Region" der Universität Bremen. Schwerpunkte: Umwelt-, Risikobewußtsein und -verhalten, subjektorientierte Sozialforschung.

Wolfgang Buchholz, geb. 1952, Dr. rer. pol., nach der Habilitation Lehrtätigkeit an der Universität Tübingen und der Europa-Universität *Viridiana* in Frankfurt/Oder, ist Professor für Volkswirtschaftslehre an der Universität Regensburg. Arbeitsschwerpunkte: Umweltökonomie, Finanzwissenschaft, Ökonomische Theorie der Politik, Ökonomie und Ethik.

Martin Creuzburg, geb. 1937, Dr. rer.nat., Dipl.-Physiker, von 1966 bis 1970 Forschungs- und Lehrtätigkeit an der Universität von Rochester, NY, ist seit 1970 Professor für Physik in Regensburg. Schwerpunkte: Experimentelle Forschung in Festkörper-Spektroskopie; interdisziplinäre Aktivitäten im Umwelt- und Energiebereich.

Peter Dickens, Dr., Dozent für Soziologie an der Universität von Sussex in Brighton, steht vor dem Wechsel an die Universitäten Cambridge und Essex. Interessenschwerpunkte: Verhältnis von Natur- und Sozialwissenschaften, Rolle von Organisationen des tertiären Sektors bei der Entwicklung alternativer Wertsysteme und Arbeitsbeziehungen.

Rainer Eisfeld, geb. 1941, Dr. rer. pol., Professor für Politikwissenschaft an der Universität Osnabrück, Mitglied des Kuratoriums der Stiftung KZ-Gedenkstätten Buchenwald und Mittelbau-Dora.

Friedrich Engels, 1820-1895, nach Kaufmannsgehilfenprüfung und Militärdienst im väterlichen Zweigbetrieb in Manchester; dort Studium der Klassiker der Nationalökonomie und der „Lage der arbeitenden Klasse". Koautor des *Kommunistischen Manifests* und Mitherausgeber der *Rheinischen Zeitung* in Köln im Revolutionsjahr 1848. Seit 1870 Generalrat der *Internationalen Arbeiterorganisation*, war er wesentlich beteiligt an der Popularisierung des historischen Materialismus und der Förderung der sozialistischen Bewegung.

Iring Fetscher, geb. 1922 in Marbach, aufgewachsen in Dresden, Studium von 1945 bis 1950 in Tübingen und an der *Sorbonne* in Paris, Dr.; Prof. em. (1963-1988) für Politikwissenschaft und Sozialphilosophie an der *Johann-Wolfgang-Goethe*-Universität Frankfurt a.M.

Anselm Görres, geb. 1952, Dr., Volkswirt und Unternehmensberater, Inhaber der *ZMM Zeitmanagement München GmbH*, ist Mitgründer und Vorstandsmitglied des *Fördervereins Ökologische Steuerreform.*

Helmut Heid, geb. 1934, Dr. rer. pol., Dipl.-Hdl., nach Lehrtätigkeit an der Universität zu Köln und der Freien Universität Berlin Professor für Allgemeine Pädagogik in Regensburg. Arbeitsschwerpunkte: Grundlagen der Erziehungswissenschaft, Wechselbeziehungen zwischen Ökonomie, Politik und Pädagogik, ideologiekritische Analyse alternativer Konzeptionen pädagogischen Handelns und Denkens. Mitherausgeber *Jahrbuch Bildung und Arbeit.*

Hartwig Heine, geb. 1937, Dr., Studium von Physik, Philosophie und Sozialwissenschaften in Göttingen und Hannover. Seit 1985 wissenschaftlicher Mitarbeiter am Soziologischen Forschungsinstitut Göttingen (*SOFI*); bisherige Arbeitsachwerpunkte: Umweltbewußtsein und -verhalten; Stadt, Wohnen, Mobilität; Berufssituation und Bewußtsein industrieller Produzenten.

Reinhard Hendler, geb. 1947, Dr. iur., lehrt nach der Habilitation in Göttingen und Professuren an den Universitäten Konstanz, Marburg und Regensburg heute an der Universität Trier. Arbeitsschwerpunkte: Umweltrecht, Raumplanungsrecht, Strukturen der politischen Willensbildung und Entscheidung (insbesondere Fragen der Demokratie, des Föderalismus und der Selbstverwaltung).

Ernst-H. Hoff, geb. 1946, Dr. phil., Dipl.-Psych., Professor für Psychologie im Institut für Arbeits-, Organisations- und Gesundheitspsychologie an der Freien Universität Berlin. Schwerpunkte: Arbeits- und Organisationspsychologie, Berufliche Sozialisationsforschung, Umweltpsychologie in der Arbeitswelt, Forschung zu „Professionalisierung, Geschlecht und Integration der Lebenssphären".

Joachim Kahlert, geb. 1954, Prof. Dr., Erziehungswissenschaftler an der Fakultät für Psychologie und Pädagogik der *Ludwig-Maximilians*-Universität München. Schwerpunkte: Grundschulpädagogik, Umweltbildung.

Pina Lalli, Dr. der Soziologie und Sozialforschung, ist Professorin für Kommunikationssozologie an der Abteilung Kommunikationswissenschaften der Universität Bologna.

Hellmuth Lange, Prof. Dr., lehrt an der Universität Bremen; Forschungszentrum Arbeit-Umwelt-Technik (*artec*). Arbeitsfelder: Industrie- und Betriebssoziologie, Umwelt-, Wissenschaftssoziologie; (neuere) Projekte zu Kooperationsproblemen zwischen Individuen, Akteuren und Akteurgruppen als Folge von umweltbezogenen Konflikten und neuen Umweltnormen.

Helmut Loiskandl, Dr., ist, nach Lehrtätigkeiten in Europa, Amerika und Australien, heute Professor für Soziologie an der *Tokiwa*-Universität in Mito (Japan).

Rüdiger Mautz, geb. 1954, Dr.; Studium der Sozialwissenschaften in Göttingen, langjähriger wissenschaftlicher Mitarbeiter am Soziologischen Forschungsinstitut Göttingen (*SOFI*); bisherige Arbeitsschwerpunkte: Umweltbewußtsein und -verhalten; Stadt, Wohnen, Mobilität; Berufssituation und Bewußtsein industrieller Produzenten.

John Parry, *Research Fellow* am Institut für Erziehungswissenschaften der Universität Sussex in Brighton, arbeitet z.Z. am Abschluß seiner Dissertation.

Klaus Rodax, geb. 1948, Dr. soz., Privatdozent an der Universität Bielefeld. Schwerpunkte: Bildungs- und Erziehungssoziologie, Forschungsmethoden, Klassiker der Soziologie. Mitglied im Sprecherrat der Sektion „Bildung und Erziehung" der Deutschen Gesellschaft für Soziologie. Geschäftsführender Mitherausgeber *Jahrbuch Bildung und Arbeit.*

Herbert Schlögel, geb. 1949, Dr. theol., Ordenspriester, ist nach Seelsorgertätigkeit in Köln, Promotion in Bonn, Habilitation in Würzburg und Lehrtätigkeit an den Universitäten zu Köln und Würzburg Professor für Systematische Theologie in Regensburg. Arbeitsschwerpunkte: Moraltheologie und Spiritualität, Ökumenische Ethik, Pastorale Herausforderungen aus ethischer Sicht, Bioethik.

Hermann Stier, geb. 1952, Dipl.-Päd., Mitarbeiter an einem DFG-Projekt zum Thema Mediensozialisation an der Universität Regensburg, arbeitet an seiner Dissertation zur Umweltpädagogik.

Urs P. Thomas, Dr., bis vor kurzem als Gastwissenschaftler am Institut für Umweltwissenschaften (Greige) der Universität von Québec in Montréal, arbeitet als Politikwissenschaftler in der Schweiz.

Jean-Guy Vaillancourt, Ph.D. an der Universität von Kalifornien in Berkeley, ist Professor für Soziologie an der Universität von Québec in Montréal. Arbeitsschwerpunkte: Politik, Ökosoziologie, Religion und Friedensforschung.

Jens Walter, geb. 1964, Dipl.-Psych., wiss. Mitarbeiter im Institut für Arbeits-, Organisations- und Gesundheitspsychologie an der Freien Universität Berlin. Schwerpunkte: Arbeits- und Organisationspsychologie, Psychologische Handlungstheorien, Gruppenarbeit, Umweltpsychologie in der Arbeitswelt, Organisationsberatung.

Günther Warsewa, Dr. rer. pol., Wiss. Mitarbeiter in der Zentralen Wissenschaftlichen Einrichtung „Arbeit und Region" der Universität Bremen; aktuelle Arbeitsschwerpunkte: Stadtentwicktung, politische Ökologie; Geschäftsführung des Bremer Perspektiven-Labors (wissenschaftliches Beratungsgremium beim Bürgermeister der Freien Hansestadt Bremen).

Oleg N. Yanitsky, Dr., ist Professor für Umweltsoziologie im Institut für Soziologie der Russischen Akademie der Wissenschaften in Moskau und Vorsitzender der Sektion „Umwelt und Gesellschaft" der Russischen Gesellschaft für Soziologie. Arbeitsschwerpunkte: Stadtsoziologie, Umweltsoziologie.

Rückschau: Jahrbuch Bildung und Arbeit '96

Axel Bolder, Walter R. Heinz, Klaus Rodax (Hrsg.):
Die Wiederentdeckung der Ungleichheit.
Tendenzen in Bildung für Arbeit

Der erste Jahresband des „Jahrbuchs Bildung und Arbeit" nimmt die Ungleichheitsdiskussion, die für die arbeits- und beschäftigungsbezogene Bildungsforschung konstitutiv war, wieder auf. Dabei wird deutlich, daß das Thema nicht etwa obsolet geworden, sondern tabuisiert worden ist.

Mit einer Einleitung von Axel Bolder, Walter R. Heinz und Klaus Rodax

und Beiträgen von

Lynne Chisholm; Ludwig v. Friedeburg; Frank Coffield; Torsten Husén; Paul Kellermann; Harry Maier zu:
Bildung und soziale Ungleichheit im Gesellschaftsvergleich

Beate Krais; Hartmut Ditton; Andreas Witzel, Vera Helling, Ingo Mönnich; Karlheinz A. Geißler, Frank Michael Orthey; Harry Friebel zu:
Strukturelle und institutionelle Dimensionen von Bildung und Ungleichheit in Deutschland

Hans Bertram, Marina Hennig; Helga Krüger zu:
Geschlechterverhältnis, Bildung für Arbeit und soziale Ungleichheit

Friedrich Schleiermacher (Klassiktext);
Karlheinz A. Geißler, Hermann Schmidt (Streitgespräch);
Stefan Egger, Andreas Pfeuffer, Franz Schultheis (zu Pierre Bourdieus Lebenswerk)

Leske + Budrich 1996

Kart., 363 S., DM 48,-
ISBN 3-8100-1223-8

Rückschau: Jahrbuch Bildung und Arbeit '97

Artur Meier, Ursula Rabe-Kleberg, Klaus Rodax (Hrsg.):
Transformation und Tradition in Ost und West

Der zweite Jahresband hat fortwährende Tradition und tiefgreifende Umwälzungen in der Welt der Bildung und der Welt der Arbeit in Ost und West - in ihren Wechselbeziehungen - zum Thema. Manches deutet darauf hin, daß sich der Widerspruch zwischen den beiden Sphären im Widerstreit und in der Ambivalenz von Tradition und Transformation verschärft.

Mit einer Einleitung von Artur Meier, Ursula Rabe-Kleberg und Klaus Rodax

und Beiträgen von

Hartmut Ditton; Klaus Rodax, Artur Meier; Manfred Stock; Ingrid Drexel, Joachim Jaudas; Christiane Koch; Mirjam M. Hladnik; Wolfgang Hörner zu:
Transformation und Tradition;

Melvin L. Kohn; Claire Wallace; Peter Grootings; Helmut Wenzel; Andreas Flitner; Susanne Heyn, Kai Uwe Schnabel, Peter M. Roeder; Axel Bolder, Wolfgang Hendrich zu:
Transformation in die Moderne;

Pawel Petrowitsch Blonski; Georg Kerschensteiner (Klassiktexte); Ludwig v. Friedeburg, Hans-Joachim Meyer (Streitgespräch); Helmut Steiner (zu Wladimir Schubkins Lebenswerk); Adolf Kell (zum Jahrbuch '96)

Leske + Budrich 1997

Kart., 378 S., DM 48,-
ISBN 3-8100-1901-1

Vorschau: Jahrbuch Bildung und Arbeit ’99

Axel Bolder, Walter R. Heinz, Günter Kutscha (Hrsg.):
Deregulierung der Arbeit - Pluralisierung der Bildung?

Im vierten Jahresband des *Jahrbuchs Bildung und Arbeit* wird der Frage nachgegangen, welche Entwicklungstendenzen die Bildungs- und Berufsbildungssysteme in Europa an der Jahrtausendwende nehmen werden: In welcher Form passen sich Bildungssysteme an die Dynamik der Arbeitsmärkte an und inwieweit kommt es zu einer “regulierten Pluralität” von Ausbildungswegen und zu Mustern sozialverträglicher Gestaltung von Qualifizierungsprozessen und Erwerbsverläufen?

Mit einer Einleitung ins Thema von Axel Bolder, Walter R. Heinz und Günter Kutscha

und Beiträgen zu

Tendenzen: Im Zeichen der Globalisierung:
Deregulierung der Arbeit - Pluralisierung von Bildung

Fallstudien: Rationalisierung und Reorganisation von Arbeit - Umbau von Bildungsinstitutionen

Risiken: Gesellschaftliche Auswirkungen regulierter Pluralisierung

Perspektiven: Gestaltungsoptionen

sowie Klassiktext, Streitgespräch, Lebenswerk, Diskussion des Jahrbuchs ’98

Leske + Budrich 2000

Kart., ca. 320 S., ca. DM 48,-
ISBN 3-8100-2623-9